# 성호사설의 세계

역사적 사유와 지리적 해석

# 성호사설의 세계 • 역사적 사유와 지리적 해석

초판 1쇄 발행  2015년 1월 26일

지은이    강병수·손용택

펴낸이    김선기
펴낸곳    (주)푸른길
출판등록  1996년 4월 12일 제16-1292호
주소      (152-847) 서울시 구로구 디지털로 33길 48 대륭포스트타워 7차 1008호
전화      02-523-2907, 6942-9570~2
팩스      02-523-2951
이메일    purungilbook@naver.com
홈페이지  www.purungil.co.kr

ISBN     978-89-6291-268-5  93910

*이 도서의 국립중앙도서관 출판예정도서목록(CIP)은 서지정보유통지원시스템 홈페이지
(http: //seoji.nl.go.kr)와 국가자료공동목록시스템(http: //www.nl.go.kr/kolisnet)에서 이용
하실 수 있습니다.(CIP제어번호: CIP2015001004)

李瀷星湖僿說

# 성호사설의 세계

## 역사적 사유와 지리적 해석

강병수 · 손용택 지음

푸른길

# 책을 펴내며

18세기 거유(巨儒)이자 실학자로 평가받는 성호 이익(1681~1763)이란 인물을 천착하며 연구한 지 오랜 기간이 지났다. 각각 역사와 지리를 전공하는 두 필자가 그동안 성호와 관련된 글들을 학회지를 통해 발표한 것 중에서 『성호사설』을 다룬 논문만 한데 엮어 책으로 내 보자는 데 의견의 일치를 보았다. 마침 두 필자가 발표한 논문들을 한 권으로 엮어 낼까를 구상하며 모아 보니 책이 될 만하였다.

『성호사설』에 관한 공동 저술을 역사학 전공자와 지리학 전공자가 어울려 낸다는 것은 감회가 새롭기도 하고 어려운 일이기도 하다. 대학 시절 동기 동창으로 보낸 우정과 친밀한 관계가 어려운 점들을 극복하게 해 주었다. 우려했던 난점은 저서를 내는 데 일목요연한 체재와 내용이 함께 요구되는 것 때문이었다. 그런 점이 이 책의 제한점이 될 수 있음을 미리 밝혀 둔다. 솔직히 말해 두 필자가 전공도 다르고 『성호사설』을 바라보는 관점도 분명 차이가 있기 때문이다.

그럼에도 불구하고 이 책을 내며 안도하는 바는 『성호사설』 전반에 대한 그동안의 연구 성과가 거의 없었다는 점이다. 그리고 『성호사설』을 전공이 다른 두 필자의 시선이 융합된 총합적 성찰에서 찾을 수 있다는 점이다. 두 가지의 안도감을 방편으로 하여 저술로 내놓아 학계에 조금이나마 신선한 기여를 했으면 하는 바람이다. 『성호사설』을 각각 단편적이고 부분적으로 고찰한 여러 견해들 속에서 성호의 학문 및 사상의 폭과 깊이도 읽을 수 있을 것이고, 낱낱의 개별을 아우르는 전체 내용 속에서 성호의 학문과 사유의 범주를 어림잡아 재단하는 근거로도 활용할 수 있을 것이다. 또 한편으로는 『성호사설』을 고찰하려는 연구자들에게 『성호사설』 자체를 이해하는 데 쉽게 접근할 수 있는 계제(階梯) 수단으로서도 기대를 해 본다.

『성호사설』은 이익의 어느 저술보다도 자신의 학문과 사유가 덜 정제된 객관적인 내용을 담았다고 해도 과언이 아니다. 자신의 생애 학문 활동과 사회생활이 가장 왕성한 시기 전체를 아우르는 학문과 사상, 내지 사유를 40여 년 이상 담아내려고 했던 '필생의 역작'이기에 『성호사설』은 '성호학(星湖學)'의 시작이자 중심이며, 핵심을 내포하고 있다는 필자의 해석이다.

17세기 후반 이후 18세기는 조선의 시대적 변화를 가져온 실학기로 그 시기의 학문과 사상을 대표하는 한 지성 집단인 성호학파의 중심이자 대표였던 성호 이익의 일생의 걸작이 『성호사설』이라는 인식을 하게 되는 시점에서, 이 연구가 혹시나 그 큰 뜻을 잘못 이해하거나 왜곡시키지는 않을까 하는 불안한 마음도 없지 않다. 그렇지만 필자들은 그동안의 사유와 해석을 바탕으로 한 견해들을 세상에 드러내어 독자 제현의 질정을 기대해 보는 바이다.

이 글들의 장(章) 구성에서 알 수 있듯이 오랫동안 천착해 오면서 다른 전공 분야의 새로운 연구 성과를 반영하려 노력하였으며, 미진했던 기왕의 글들은 과감히 수정, 보완하기도 하였다. 전공 분야가 달라 들쑥날쑥한 접근이나 견해들은 이 책을 출판한 이후에도 독자들의 아낌없는 질정을 받아들여 두 필자가 학자적 신념으로 정정하여 완성시킬 것을 분명히 기약한다.

끝으로 이 책을 펴낼 수 있도록 흔쾌히 허락해 주신 (주)푸른길 김선기 사장님께 감사드린다. 아울러 완성된 원고의 전체 편집 체제뿐만 아니라 윤문과 교정을 통해 책이 되도록 수고해 주신 김란 팀장과 팀원들의 노고에 이 자리를 빌려 감사의 말씀을 전한다.

청계산 자락에서

필자 대표 씀

# 차 례

# 서문

이익(李瀷)은 1681년에 태어나 1763년 83세의 생애를 살았다. 그는 평안도 운산(雲山)에서 태어났으나 이듬해인 1682년 부친을 여의고 경기도 안산군 첨성리(瞻星里: 현재 안산시 성포동 일대)로 돌아와 일생을 이곳에서 보냈다. 그의 본관은 여강(驪江)이고, 자는 자신(自新)이며, 호는 성호(星湖)이다. 일정한 스승도 없이 학문을 시작하여, 평생 동안 잔병치레를 하였지만 다행히 83세의 수를 누려 학문적 성과를 이룰 수 있었다. 그러한 그의 평생에 걸친 학문 활동과 사유 체계는 크게 두 시기로 나누어 고찰될 수 있을 것이다.

두 시기 가운데 전반기는 그가 유학자로서 양반 가문을 배경으로 전통적 유학 공부에 전념, 이를 바탕으로 나름대로 관료 진출도 시도하였던 기간이다. 두 번째는 관료의 꿈을 포기하고 재야에 남아 전반기의 학문 연마를 기반으로 청나라에서 들어온 한역서학서(漢譯西學書)를 통해 서구 문물에 간접적으로 접근, 세계관을 넓히면서 자신의 독자적인 학문 세계를 추구하여 많은 저술을 남긴 시기이다. 더 나아가 그의 사문(師門)들과 강학(講學)까지 펼치면서 성호학파를 형성하였으며, 대유(大儒)로서 심원한 학덕을 이룬 60대 이후 말년에는 근기남인(近畿南人)을 넘어서서 남인의 종주였던 퇴계의 영남 학맥을 끌어들여 당대 남인의 산림적(山林的) 역할과 책임을 다하려 했던 기간이 그것이다.

## 1. 전기 학문의 성장과 발전(1681년~1720년대)

17세기 성호 이익도 양반 가문에서 태어나 학인(學人)으로서 당대 정치적 입지나 영향에서 벗어날 수가 없었다. 이익이 태어나기 전해인 1680년부터 경신대출척(庚申大黜陟)으로 남인의 몰락이 시작된다. 당시 그의 부친 이하진(李夏鎭, 1628~1682)은 백호(白湖) 윤휴(尹鑴) 등과 함께 배척을 당하여 진주목사로 좌천되었다가 평안도 운산으로 유배되어 1682년(숙종 8) 그곳에서 서거하게 된다. 그 뒤 숙종의 환국 정치라는 잦은 권력 부침의 정치권력의 변화에서 남인, 특히 근기남인들은 1694년 갑술옥사(甲戌獄事)를 계기로 권력의 중심에서 멀어지는 추세로 전락한다.

당대의 정치 형국이 그러함에도 불구하고 이익의 청장년기는 평범한 양반 가문과 별반 다름이 없었다. 그는 선대로부터 자신의 당대에 이르기까지 사회경제적인 측면에서 명예와 부를 누릴 수 있는 가문적인 배경을 계승하고 있었다.[1] 그의 8대조 이계손(李繼孫, 1423~1484)이 문학(文學)으로 집안을 일으켰고, 그 뒤 증조 이상의(李尙毅, 1560~1624)는 여주 이씨 중시조로 추앙될 정도로 현달한 인물이다. 특히 그는 1586년(선조 19) 별시문과에 병과로 급제한 뒤[2] 대사간·대사성·대사헌, 이조·형조·공조 판서, 그리고 의정부 찬성에 이르기까지 중요한 관직을 역임하였고, 1612

년에는 실학자로 평가받는 『지봉유설(芝峯類說)』를 쓴 이수광(李晬光)과 함께 청나라에 주청사(奏請使)로 다녀오기도 하였다.[3]

그 뒤 조부 이지안(李志安, 1601~1657)은 1651년 별시문과에 병과로 급제한 뒤[4], 정언·지평 등을 지내는 등 강직한 성품의 소유자로 법질서를 바로 세우는 진언을 잘하였던 인물로 평가되고 있다. 이어 부친 이하진도 1666년(현종 7)에 식년문과 갑과 2인으로 급제한 뒤[5], 사헌부 지평, 대사성·도승지·대사헌 등을 역임하는 등 권력의 중심에서 중요한 역할을 하였다.

이와 같이 선대부터 이어져 온 양반 가문으로서의 내력에 의한 사회적 위치와 경제적 힘을 바탕으로 이익이 학문을 하는 데에는 부족함이 없었던 듯하다. 그러한 가학 전통을 기반으로 그는 관료 진출을 희망하였고, 1705년 나이 25세 때는 과거 초시에 입격하였다. 그러나 그 뒤 녹명(錄名)이 규식에 맞지 않아 회시(會試)에는 응시하지 못했다고 한다. 그 이듬해는 중형(仲兄) 이잠(李潛)이 세자(후에 경종) 보호를 위한 노론을 공격하는 소를 올렸다가 장살(杖殺)되는 비운을 맞게 된다. 자신의 학문적인 스승이자 보호자였던 중형 이잠의 희생을 직접 목도한 그는 관료로 진출할 꿈을 일단 접고 재야에서 학문에 전념할 결심을 굳힌 것으로 여겨진다.[6]

그렇지만 그가 관료 진출의 꿈을 완전히 포기하지는 않았던 것으로 보인다. 그는 장년기에 『논어』·『맹자』·『대학』·『중용』·『시경』·『서경』·『역경』·『가례』·『심경』·『근사록』·『소학』 등 11개의 경서(經書)에 관한 질서(疾書)를 저술하였는데, 특히 정치이론서인 『맹자질서』는 그 대표적인 사례이다. 또한 비슷한 시기에 당대 현실 비판과 대안 제시를 담은 그의 저술 『곽우록(藿憂錄)』은 남인의 정치적 입장이 좋아진 1720년대 경종이 즉위한 시기의 노작으로 해석된다.[7] 비록 이념적인 측면이 강한 내용을 중심으로 다루었지만 국가 제도나 사회 문제에 대한 예리한 대안 제시로 볼 때 관료 진출의 기회가 주어지면 자신의 꿈을 펼치려는 그의 의지를 담고 있는 사례들이 보이기 때문이다.

한편, 이익은 내재적 학문과 사상을 기반(제경 질서 등을 저술할 정도로 유학 경서를 자기화한 것으로 이해함)으로 외래적 학문과 사상을 담은 한역서학서(漢譯西學書)를 접하였는데, 특히 그가 두각을 나타내는 조건을 갖출 수 있었던 배경의 하나로 당시 근기남인 가운데 어느 학자보다도 서구 문물에 대한 선각적인 지식의 습득이 가능하였던 점을 들 수 있다. 그가 세계관의 사유의 전환을 가져올 수 있었던 결정적 계기는 바로 서학에 있었다고 생각되며, 또한 그것은 사우들과의 학문적 교유 또는 강학에서도 드러나고 있다.

사상적 변화의 측면에서 내재적으로는 정주 성리학(程朱性理學)의 새로운 발전과, 대외적으로는 일부 지식층을 중심으로 서구 문물에 대한 이해가 점점 배태되던 시기였다. 반세기 전인 17세기 전반까지만 하더라도 조선의 사상계는 유교, 불교, 도교 및 양명학까지도 어느 정도 수용될 수 있는 탄력적인 분위기였다. 그러나 17세기 말에 이르러 조선은 정주 성리학의 만연에서 오는 정치 사회적 폐단과 서구 문물의 유입이라는 내재 사상에 대한 도전에 직면함과 동시에, 정통 사상으로서 정주 성리학의 재정립이라는 시대적 과제가 놓여 있었다.

조선 후기 정치 사회적 지배층은 새로운 서구 문물을 경계할 뿐만 아니라, 내재적 학문 및 사상의 반성적 성찰과 재정립으로 전환하는 재야 세력의 학문과 사상의 다양성 추구를 막으려 하였다. 노론을 중심으로 한 정치 세력은 정주 경학을 성학(聖學)으로 규정한 뒤 이를 비판할 수 없도록 사상계 분위기를 만들었고, 정주 경학을 조금이라도 비판하는 학설이나 견해는 성학을 왜곡하거나 폄훼하는 것으로 간주하여 이단으로 몰아가고 있었다.

조선 정부를 비롯한 정치사상계의 지배 세력들 사이에 퍼져 있던 노·불학(老·佛學)의 배척과 양명학의 이단시로 정주 경학 이외의 학문에 쉽게 접근하지 못하는 정치 사회적 분위기에도 이익은 노장 사상과 불교에 대해 배척적인 태도를 취하지 않았을 뿐 아니라 양명학도 이단시하지 않았던 사실이 읽혀진다.■8 이러한 예로 이익은 송대 주자(朱子)와 육구연(陸九淵)이 벌여 온 논쟁에 대해 다음과 같이 비판하고 있다.

주자와 상산(象山: 육구연)이 서로 편지를 주고받으며 태극도설(太極圖說)을 변론한 것은 고금을 통한 일대 논쟁이었다. 그러나 이 도설(圖說)의 본뜻이 만약 상산이 가리킨 바와 같다면 상산만이 그르게 여긴 것이 아니라 주자 역시 그르게 여긴 것이며, 만약 주자가 가리킨 바와 같다면 주자만이 옳게 여긴 것이 아니라 상산도 반드시 그르게 여긴 것은 아니다. 이는 '그 문장을 다룬 것이지 도를 다룬 것은 아니다.' (중략) 무릇 유가에서 서로 다투는 말들에 이런 따위가 많으니 경계할 만하다. 주자와 상산 사이에 다툰 것은 다만 '무극이태극(無極而太極)'이란 이 다섯 글자에 관계된 것뿐인데, 이 다섯 글자의 뜻을 해결하지 못하여 천마디 만마디 말에 이르기까지 하였으니 너무 지나친 것 같다.■9

이익은 두 학자의 논쟁 내용이 경세(經世)의 도, 즉 세상을 경륜하는 데 아무런 도움이 되지 못하고 있음을 비판, 경계하였던 것이다. 한편 그는 경서를 공부하는 당시의 학인들에 대해서도 경세에 불필요한 학문에 전념하는 실태를 다음과 같이 비판하고 있다.

『대학』에는 장구(章句)와 혹문(或問)이 있고, 또 장구어류(章句語類)와 혹문
어류(或問語類)가 있으며, 그리고 대전제자설(大全諸子說)이 있어서 사람마
다 이 한 편 『대학』에 대한 동이득실(同異得失)을 끝까지 따지느라 다른 데
는 미칠 겨를이 없었으니, 이것이 세교(世敎)가 매양 떨어지는 이유이다.■10

이익은 두 학설의 논점이 시대적 문제를 해결할 수 있는 방편적인 것과
는 동떨어진 비실용적인 문제에만 매달려 쓸데없는 논란을 벌인 사실에
대해 냉정하게 진단하고 있다. 여기서 그의 경세관과 실학관이 엿보인다.
한편 1680년 경신대출척으로 실세한 남인과는 대조적으로 정국을 잡게
된 서인 정권은 정주 경학의 한계가 드러난 17세기 말 새로운 사상 발전이
요구되던 시기에 1683년 이후 노론(老論)으로 정권을 전단(專斷)하면서 오
히려 정주 경학을 보다 철저히 강화하는 방향으로 이론을 무장해 가고 있
었다.■11 결국 노론 정권에서 소외된 다른 정파의 입장은 노론 정권과의 정
치사상적 차별화를 가져올 수밖에 없었다. 성호 이익의 중년기 이후 정치
적인 입지도 바로 중앙 집권 세력으로부터 배척되던 남인의 형세였다.■12
그러나 앞서 논급한 바와 같이 현실 정치에 직접 참가할 기회를 갖지 못해
재야 세력으로 남아 있던 관계로 극한 정쟁 대립에 직접 휘말리지는 않은
처지였다. 이러한 현실 정치와의 일정한 거리를 둔 그의 입지는 오히려 정
파적으로 대립적인 대척점을 어느 정도 탈피, 어떤 측면에서는 냉정하게
객관적인 학문과 사상 추구를 견지할 수 있는 여건으로 작용하고 있었다
고 생각된다.
그러한 입장에서 이익의 학문 추구 방법은 노론 학계의 학문 성과까지
도 적극 배척하려 했던 근기남인의 현실 참여파와는 일정한 차이가 있었
다고 이해된다. 다시 말하면 그의 학문 태도와 학문 추구 방법은 노론 학

계의 학문적 성과까지도 비판적으로 수용할 수 있는 유연한 처지에 있었고, 이 때문에 그의 사상은 초정파적으로, 심지어는 탈조선 중기의 단계로 일보를 내딛는 모습으로 해석되는 가능성을 열어 놓고 있었다. 그의 내재적 학문과 사상의 진전된 결정체의 하나가 바로 1715년부터 1720년대 사이에 완성한 것으로 보이는 『사칠신편(四七新編)』의 저술이라고 할 수 있다.■13

『사칠신편』의 내용은 이익 당대는 물론 그 이전 조선의 대표적 성리학 설을 모두 비판, 수용하고 있다. 이 저술의 핵심 내용은 학파적·정파적으로 남인의 학문적 종주인 퇴계 이황의 학설이지만, 그와 논쟁을 벌였던 고봉 기대승, 그와 학설을 달리한 율곡 이이 등의 그것들도 객관적으로 비판, 수용하여 한 차원 높은 사칠론에 대한 견해를 표방하고 있음을 알 수 있다. 특히 주목할 점은 퇴계의 일부 학설도 비판하는가 하면, 이이 및 기대승의 학설 일부는 인정, 수용하고 있다는 사실이다.■14 이는 결국 이익의 당대까지 조선 전체를 통섭(統攝)해 온 성리학 사칠론의 전체에 대한 재정립 또는 수렴적인 이해의 수준에 다가서는 그의 사상적·학문적 위치를 확인시켜 주는 측면이기도 하다.


## 2. 후기 학문의 완성과 세계관의 확대(1730~1763년)

1730년대에 들어서면 성호 이익의 나이는 50대가 되는데, 이 시기에 이르면 근기남인으로서 그의 학문적 성과는 영남 남인에게까지 널리 알려지고, 학덕으로 그가 근거하고 있는 근기 지역은 물론 남인 전체의 재야 세력을 아우를 수 있는 대표적 입지를 다져 가고 있었다.■15 동시에 그의 내재적인 정주 경학으로서의 세계관은 확고하게 정립되어 이를 기반으로 청나라에서 들어온 한역서학서를 통해 서구 문물까지도 유연하게 받아들이고 있는 사유의 심대(深大)함이 사우들에게 드러나고 있었다는 생각이다.■16

또한 이 시기에는 퇴계의 언행록(言行錄)을 발췌하여 편집한 『도동록(道東錄)』이 완성됨과 동시에 40여 년의 장·노년기의 사상을 담은 『성호사설(星湖僿說)』이라는 백과전서의 완성을 보게 된다.■17 『성호사설』은 성호 이익 자신이 밝힌 바대로 1761년에 40년 전이라 하였으므로, 1720년대부터 가벼운 집필에 들어갔음을 추정할 수 있다. 두 저술은 그의 문인(門人) 안정복(安鼎福)과 윤동규(尹東奎) 등에 의해 전자는 1752년 『이자수어(李子粹語)』로 책제(冊題)가 바뀌고,■18 후자는 이익의 일생을 가늠하는 잣대로 규정짓기에 조금도 손색이 없는 역작으로■19 당대 백과전서로서의 지식을 유감없이 발휘한 것인데, 이후 안정복에 의해 『성호사설유선(星湖僿說類選)』으로 재정리되어 간행된다.■20

특히 이익의 『성호사설』은 생애 전반기 제경 질서(諸經疾書)의 탄탄한 기초 저술이 그 기반이 되고, 『곽우록』 등의 정치적 신념이 내포되어 있는 저술 및 그 과정에서 사우들과의 강학과 학문적 교유를 통한 세계관의 성장과 확대가 모두 반영되어 있다고 해도 과언이 아니다. 그렇지만 이익의 학문과 사상이 담긴 유고(遺稿)들은 일찍이 그의 생전과 사후에 보수적인 입장을 대변하는 의양적(衣樣的)인 학문 추구 방법이 주체가 되어야 한다는 신념을 가졌던 문인들이 중심이 되어 그 흐름선상에서 지속적인 수정과 보완을 통해 간행된 측면이 매우 높았다고 이해된다.■21

그러한 사례 가운데 이익의 생애 전반기에 완성한 『사칠신편』의 견해 중에 신후담(愼後聃)에 의해 제기된 공희로이발설(公喜怒理發說)이란 새로운 학설을 이익이 인정하고, 그 새로운 학설을 수반시키기 위해 중발(重

跋)을 지어 『사칠신편』에 실을 움직임이 있었다.■22 그렇지만 윤동규와 안정복 같은 보수적인 학문 추구 방법의 입장에 있던 문인들은 자신들의 견해를 끝까지 지키려 하였고■23, 신후담·이병휴(李秉休)·권철신(權哲身)·이기양(李基讓) 등과 같이 진보적으로 자득적(自得的)인 학문 추구 방법을 선호했던 문인들의 세계관이 관철될 기회가 주어지지 못하는 시대적인 한계는 여전히 잔존하고 있었다.■24

성호 이익의 내재적인 학문과 사상에 대한 폭넓은 지식의 기반과 서구 문물의 선각적인 접근의 기회는 그와 교유하는 문인들과의 강학에서 그 위치를 확인받는 동시에 그의 학문 자체도 그만큼 더 심대해져 갔다. 특히 그가 두각을 나타낸 것은 당시 근기남인 가운데 어느 학자들에 뒤지지 않은 서구 문물에 대한 지식의 선습득(先習得)으로 이룬 세계관의 확대였다. 이 시기에 오면 그의 서학 이해는 다음과 같은 세계관의 확대로 이어짐을 엿볼 수 있다.

지구 아래와 위에서 사람이 살고 있다는 말은 서양 사람들에 의해 비로소 자세히 알게 되었다.■25

당시 조선의 지식인 대부분은 물론 순암 안정복조차도 조선 중세의 우주관인 천원지방(天圓地方)의 학설을 믿고 있었다. 그런데 이익은 이미 한 역서학서를 통해 지구가 모난 것이 아니라 둥글어서 지구의 위와 아래에 사람이 살고 있다는 우주관을 갖기 시작했다는 사실이다. 또한 그는 자신이 들은 바에 의하면 서역(西域)에 대유사(大流沙)가 있는데, 이는 중국 북쪽에 있는 사막과는 비교할 수 없을 정도로 크고■26, 서양의 천문학은 중국이 좇을 수 없을 정도로서, 서양의 천문학이 첫째이며 회회(回回)가 그

다음이라고 하였다. 이와 같이 천문학에 관해서도 서양 천문학의 우수성을 인정함으로써 중국 중심의 지식이 모두 진리가 되지는 않는다는 식으로 그의 세계관이 바뀌고 있음을 읽을 수 있다.[27]

그가 유가(儒家)의 학문과 사상으로 다져 온 내재적 세계관의 사유에서 좀 더 확대하여 새로운 세계관으로 전환할 수 있었던 조건은 바로 선대로부터 물려받은 한역서학서를 볼 수 있는 기회를 얻음과 동시에 이를 통해 서구 문물을 이해한 데 있었다고 할 수 있다. 그리고 그러한 사실은 사우들과의 지식의 교유 또는 강학에서도 드러나고 있었음을 앞에서도 이미 언급한 바 있다.

한편 그는 사회적·정치적으로 불리한 처세를 학문 추구로 승화시켜 나갔으며, 서양 문물에 관한 지식을 습득함으로써 세계관을 확대하고, 심원한 사유를 통해 당대 조선이 안고 있던 폐단에 대한 냉철한 비판 의식을 가질 수 있었다고 여겨진다. 결국 내재적 학문과 사상으로 다져 온 사유의 전환기에 그는 한역서학서라는 간접적인 서구 문물에의 접근 기회로 제한적이기는 하지만 우주관을 넓혀 가고 있었고, 동시에 당대를 비판적으로 바라볼 수 있는 시야를 가지게 되었다. 그의 냉철한 비판 의식과 세계관의 확대는 중국을 세계의 중심으로 믿어 온 조선 중기까지 일반 학인(學人)들의 인식조차도 극복해 나가는 기회를 얻고 있었음을 이해할 수 있다.

한편, 그는 유가 경전의 도덕에 대응되는 현실 문제를 하위 개념으로만 인식하지 않고 상대적인 진리로 파악해 가고 있었음이 확인된다. 한 가지 예로 그는 문(文)의 지나친 지배와 숭상 때문에 상대적으로 비하된 무(武)의 위치를 다음과 같이 긍정하고 있었다.

문과 무는 같은 것이다. 만약 세상이 어지럽지 않다면 어찌 무를 쓸 필요가 있겠는가? 하지만 어지러운 시대가 다스려진 시대보다 더 많았으니, 만약 도둑을 미리 제거하지 않는다면 예악도 시설(施設)할 수 없게 된다. 그러므로 선왕이 무교(武敎)를 마련하여, 시골에는 향사(鄕射)가 있고, 나라에는 대사(大射)가 있다. 사(射)와 어(御)가 육예(六藝) 중에 두 가지를 차지하였으니, 문과 무가 똑같다는 것을 여기서 알 수 있다.■28

그리고 당시 문에만 치우쳐 있던 조선의 현실을 비판적으로 바라보면서 다음과 같이 무기 개발의 필요성까지 인식하기도 한다.

무진년 통신사의 수역(首譯) 박상순(朴尙淳)이 일본에서 화총 두 자루를 가져와서 나라에 바쳤다고 한다. 이 말이 사실이라면 성지(城池)를 높고 깊게 만든다든가 예리한 병기를 만들 필요 없이 편하게 적을 물리칠 수 있을 것이다. 그러나 우리나라 사람들은 편한 것만 너무 좋아하기 때문에 이런 기계가 있어도 연구해 보려 하지 않고 그냥 방치해 둔다.■29

즉 그는 기계 연마나 기술 발달에 소홀히 하고 있는 당대 조선의 현실을 비판함으로써 물질문명의 발전에 대해 갈망하고 있었음을 엿볼 수 있다. 또한 그는 당시 정파적으로 얽힌 이해관계와 첨예한 정쟁은 과거제도의 지나친 시행과 왕의 권도(權道)의 모순에서 유래됨을 진단하는가 하면,■30 심지어 과거는 지식인들을 제도적인 틀 속으로 끌어들여서 묶어 두려는 고도의 정치적 술책이라는 위험한 비판도 서슴지 않을 만큼 과거만으로 관료를 뽑는 관료 선발 제도의 현실을 우려하였다.

당 태종은 거자(擧子)를 바라보고 "천하가 이미 나의 투식(套式) 속으로 들어왔구나!" 하였으니, 이것은 진정(秦政: 진시황의 이름)이 시서(詩書)를 불질러 백성을 어리석게 만든 것과 무엇이 다른가?■31

이와 같이 중국 당나라의 과거제도를 빌려 그 제도의 모순과 한계를 예리하게 비판하고 있다. 물론 그는 과거 자체를 부정하는 것이 아니라, 과거의 시행 방법으로 인한 그 폐단을 문제점으로 지적하였다. 즉 과거를 지나치게 많이 시행한다든가, 현실적으로 실용적인 문제를 시험 과목으로 하지 않고 사장(詞章) 등을 시행한 것 등과 같은 폐단을 비판하였던 것이다. 이어 그는 과거의 폐단으로 인한 정쟁을 막는 방법은 엄격한 신상필벌(信賞必罰) 제도를 정립하는 것이라고 주장하였다. 그는 정치적 논란으로 많은 문제점이 노정되는 붕당을 없애는 방법으로 다음과 같은 입법의 필요성까지 제안하고 있다.

나는 예전에 '붕당론(『곽우록』에 논문이 실려 있음)' 한 편을 지어 향배의 기틀을 밝히면서 끝내는 이(理)의 구멍이 막히고 백성의 뜻이 정해진 연후에, 상으로써 권장하고 벌로써 시위하는 것으로 결론을 내렸는데, 이것으로 만족하다는 생각이다. 상은 반드시 재보(財寶)가 아니라 그 녹질(祿秩)을 높여주고, 벌은 주극(誅極)이 아니라 계급을 떨어뜨려 올라가지 못하게 하면 된다. 대체로 영달을 가져오는 청탁의 길이 일체 폐기되면 아무리 종용하여 당을 만들려 하여도 불가능하게 될 것이다. (중략) 그러므로 법을 세우는 것만이 상책이 된다는 것이다. 법이 서면 풍기(風紀)가 아래로부터 바로잡히게 된다.■32

더 나아가 그의 현실적인 과거 시행 방법에 대한 문제의식과 그 폐단의 지적은 여기서 그치지 않는다.

시골 사람은 서울에서 멀리 떨어져 있어 서적이 많지 않고 문견이 넓지 못하니, 습속과 기품이 서울 사람들을 어떻게 따를 수가 있겠는가? 따라서 '문과방목(文科榜目)'이 나오면 서울의 귀한 집 자제들이 8~9할을 차지하게 된다. 만약 재주와 덕행이 있는 자가 서울에만 있다고 한다면 말이 되겠는가?■33

그는 과거제도 시행 방법이 안고 있는 폐단의 하나를 적시하면서, 서울의 문벌 중심으로 치러지는 듯한 과거제도 시행에서 오는 권력 세습의 우려를 우회적으로 비판하고 있다. 그가 현실 문제를 직시하여 그 폐단이 노출된 사례들을 지적해 내는 입장은 제도적인 문제와 양반층 계급에만 국한되지 않는다. 정주 성리학이 줄기차게 비판해 온 인간의 기초적 본능에 대해서조차 그는 인간의 현실적 본능을 이해의 시각으로 바라보고자 하였음이 다음과 같은 사례에서 엿보인다.

내 이미 실 한 오리 쌀 한 톨을 판출(辦出)하지 못하거니와 생활할 물질을 어디서 얻을 것인가? (중략) 구걸하면서 곤욕을 당하는 것은 경하고 생사의 관계는 중하니, 차라리 그 모욕을 무릅쓰고 중함을 구하는 것이 인간의 상정이리라. (중략) 어떤 장님 걸인이 옷은 해어졌고 배는 고프지만 집에 붙어 있을 수가 없어 남의 집 문밖에 앉아 울면서 하늘을 향해 "죽여 주기를 원합니다. 죽여 주기를 원합니다."라고 하니, 그 뜻은 참으로 죽고 싶지만 그대로 안 되는 것이다. 지금도 내가 잊지 않고 그때를 생각하면 눈물이 쏟아질

정도이다.■34

　그는 배고픈 백성들의 도적질을 이[蝨]에 비유, 이는 자신이 죽게 될
줄 알면서도 사람의 피를 빨아먹는 처지라고 측은한 마음으로 바라보면
서■35, 어리석은 백성들이 도적질을 하면서까지 삶을 구하는데, 비록 부득
이하여 그를 잡아 죽이게 되지만 삶을 위한 그들의 그 처절한 정만은 용서
되어야 한다는 견해이다. 이러한 사고는 인간의 기초적 욕망도 도덕적 체
면 못지않게 절실하게 배려되어야 한다는 실용적인 문제의식에서 출발하
고 있음이 엿보인다. 그의 당대 사회 현실에 대한 냉정한 비판 의식은 결국
자신의 정치 사회적인 처지를 대변하는 측면도 있다고 읽혀진다.

　이익의 현실 문제에 관한 비판 의식은 정주 경학과 한역서학서 등에 기
반한 내재적·외래적 문물에 대한 통합적 지식 습득과 이해에서 출발하고
있으며, 그 연장선에서 그의 사유를 추측해 볼 때 조선 중기 학인들 대부분
의 세계관을 넘어서고 있다는 해석이 가능하다. 그는 정통 유가 경서의 학
문 세계를 재인식하면서 그것을 기초적 진리로 받아들인다. 즉 그는 천지
가 개벽한 지 오래되었고, 요순 이후부터 인문이 크게 갖추어져 그 언어가
지극히 단련되어 미진한 점이 없는 육경(六經)의 문자는 누구도 감히 헐뜯
을 수가 없다■36고 확신한다. 또한 경(經)과 전(傳)에 관해서도 다음과 같
이 자신의 이해를 분명히 한다.

　채허재(蔡虛齋)가 이르기를 "육경은 정종(正宗), 사서는 적전(嫡傳), 송의 사
　유(四儒: 주돈이·정이·장재·주희)는 진파(眞派)이다."라고 하였는데, 이는
　진실로 그렇다.■37

여기서 한편으로는 이익의 생애 후반기 사유의 한계를 읽을 수 있는데, 그의 만년의 사유 체계는 정통 유가로서 공맹의 도덕관에서 결코 벗어나 있지 않음을 보여 주고 있다.[38] 그러한 사유 세계는 결국 현실에 대한 문제의식과 같은 그의 실용적 사고가 도덕관이라는 상대적 가치의 측면으로 나타나고 있기는 하지만, 그의 사유 세계 전체의 무게 중심은 여전히 공맹의 도덕관에 실려 있음을 알 수 있다.

더욱이 그가 상대적인 가치를 둔 현실 문제에 관한 방편적인 대안론은 여전히 도덕의 유지나 확대에 필요한 차순위(次順位)로 인식하고 있었다는 사실이다. 그런데 그러한 유가 육경의 세계가 절대 진리로 인식하는 가치 세계와 현실 이해관계를 긍정적으로 바라보는 가치관을 각각 도덕관과 사공관(事功觀)으로 분류해 볼 수 있는데, 그중 다음에서 보는 바와 같이 그는 사공을 도덕과 상대적으로 동등한 가치로 보려 하였다는 측면이다. 즉 사공과 도덕에 관해 다음과 같이 이해하고 있다.

사공(事功)은 밖으로 나타나는 것이요 덕(德)은 안에 있는 것이니, 사람은 사공으로써 시험하면 그 덕성을 알 수 있다.[39]

이로써 선험적인 덕성이 경험적인 사공에 의해 드러날 수 있음을 분명히 하고 있다. 그렇지만 그는 사공에만 전념하면 도덕의 상실을 가져올 것이라고 경계하였다. 따라서 온 천지 만물의 이치를 자세히 알고, 또한 고금의 사변(事變)을 널리 궁구해서 시대에 따라 알맞게 하여 자연스레 법칙에 따르는 사고를 가져야 한다는 것이 그의 견해이다.[40] 정주 경학을 기초로 다진 내재적인 학문과 사상은 제경 질서의 저술로 유가 경학 세계관에 회의를 나타내기 시작하였고, 한역서학서라는 대외적 문물의 접촉[41]

이 촉발제가 되어 유가 경학 세계관에 회의적이던 이익 자신의 학문 추구에 한층 확신을 가지는 계기가 된 것으로 보인다.

그 결과 그가 현실 이해가 얽혀 있는 사공의 가치도 도덕의 상대적 가치로 긍정하는 데 주저함이 없이 두 가지 가치를 절충해 가는 세계관을 보다 확고히 하는 모습으로 전개된 것으로 볼 수 있다. 그러한 이익의 사유 세계는 격물 사상의 외연(外延)으로서 인의에 바탕을 둔 도덕과 실적(實的)인 가치 체계로 사공을 대비시켜 가며 통합적으로 분석함으로써, 모든 사물에 대한 진리 추구에서 객관적으로 접근하게 되는 시각으로 발전하였다. 그러한 그의 합리적 사고는 당시 정주 경학만을 최고의 진리로 여기던 유가들에게 교조문(敎條文)이라고도 할 수 있는 『춘추좌전(春秋左傳)』에 담긴 사실의 오류까지도 비판, 이를 객관적으로 해석해 내려는 의지를 나타내게 된다.

『춘추』 희공 16년에, "돌처럼 큰 별이 송나라에 다섯 번이나 떨어졌고, 이 달에 또 여섯 마리의 익새[鷁]가 후퇴하여 날았다."라고 하였는데, (중략) 무릇 새가 날아갈 때는 일정한 방향이 없는데 어찌 후퇴하여 날아간다고 했을까? 만약 나아가려고 하다가 도리어 후퇴하게 되었다면 반드시 몰아치는 빠른 바람이 있었을 것이다. 그렇다면 "큰 바람이 불었다."라고 하면 될 텐데 (중략) 좌씨(左氏)는 "별이 떨어졌다." 하였으니, 대개 흐르는 별이 땅에 떨어지면 모두 돌이 되며 지금 사람도 가끔 증험한 자가 있는데, 그것이 워낙 컸기 때문에 돌로 알았던 모양이다. ■42

이 인용문에서 읽을 수 있듯이 이익은 객관적인 사고로 전통 미신들을 비판적으로 성찰하고 있었고, 사물 궁구에 대한 그의 시각은 대외관에도 그대로 표출되고 있다. 유가의 육경에 담긴 내재 사상의 전반적 이해를 기반으로 하고, 거기에다가 서구 문물이라는 한역서학서에 담긴 새로운 세계관이 더해져 그의 학문과 사상의 높이를 한 단계 올려놓았던 것이다.

그는 "여섯 쪽으로 된 「방성도(方星圖)」는 서양에서 나온 것인데, 이는 중국 사람이 미처 생각해 내지 못했던 것이다. 또한 중국 사람은 남극을 보지 못했기 때문에 은하가 동북방으로 머리를 두고 서남방으로 꼬리를 두어서 둘레가 반원형의 고리 옥처럼 한쪽이 트여 있는 줄로만 알았지, 그것이 남쪽으로 돌아서 북쪽으로 제자리돌이가 되어 둥근 고리처럼 중간이 조금도 끊어진 곳이 없다는 것을 누가 알았겠는가?"■43라고 자문자답하는 형식으로 새로운 지식을 얻은 데 대한 감탄과 자부심을 복합적으로 표현하고 있다.

또한 그는 "지구 위아래에 사람이 살고 있다는 말을 서양 사람들에 의해 비로소 알게 되었다."■44라는 지구의 구체적인 실체에 접근하고 있는 새로운 이해는 물론 전통 우주관에서도 『주역』의 내용을 비판하기에 이른다. 즉 그는 『주역』에 "땅의 도는 지극히 고요하며 덕이 방정(方正)하다."라는 기록으로 말미암아 '하늘이 둥글고 땅이 모나다는 학설'이 생기게 된 것이라고 본다. 그러나 "오늘날 땅 위로 보이는 하늘이 182도 반이 강하므로 반천(半天)이 되니, (지구의) 네 모서리가 없음을 알 수 있다."■45라는 견해로 미루어 그가 차츰 전통적 우주관에서 탈피해 가는 모습을 엿볼 수 있다.

더 나아가 그는 지구의 자전설에 대해서도 다음과 같은 견해를 밝히고 있다.

하늘은 항상 움직이지 않고 지구가 안에서 돈다고 의심하는 자가 있으니, 여기에 안천(安天)의 논설이 나온 것이다. 그러나 지구가 허공에 떠 있어도 떨어지지 않는 것은 하늘이 운행하기 때문이니, (중략) 만약 하늘과 지구가 모두 돈다면 지구는 마침내 아래로 떨어지고 말 것이다. (중략) 안천의 논설은 서력(西曆)의 '하늘은 영원히 고요하여 움직이지 않는다'는 설과 서로 부합되나, 만약 영원히 고요하다면 지구가 어디에 의지하겠는가?▪46

이 인용문을 보면 이익이 아직 천동설(天動說)에 긍정하고 있는 사유를 나타냄을 알 수 있다. 그러나 다음의 인용문에서 그는 전통적 천동설을 다소 의심을 가지고 바라보려는 견해를 보이고 있다.

장주(莊周)는 "하늘은 움직이는 것인가? 땅은 막혀 있는 것인가? 해와 달은 그곳을 경쟁하는 것인가? 누가 이를 주장하며 누가 이를 강유(綱維)하며 누가 무사(無事)한 데 거(據)하여 미루어 이를 행하는 것인가? 생각건대, 그 기함(機緘: 기관이 닫힘)이 있어서 그만두려 하여도 그만둘 수 없는 것인가?" 하였다. 그런데 이에 대해 주자는 일찍이 "이 몇 가지 주장이 아주 훌륭하다. 이는 그의 견득(見得)이 결국 여기에까지 이르렀음을 단적으로 보여 주는 것이다."라고 하였다. 대체로 장자(莊子)의 학은 노자(老子)의 학에서 나왔으므로 그 귀추를 구명하면 이것이 바로 그 말이다. 이는 서양의 '하늘은 영원히 움직이지 않는다는 설'과는 같지 않다. 아는 자는 어느 것을 취할는지 모르겠다. 어떤 자는 "영원히 움직이지 않으면 하늘은 결국 떨어지고 말 것이다."라고 한다. 이 주장도 한편으로는 일리가 있으나 이는 아는 자와 함께 논의할 내용이다.▪47

그리고 당대 중국 중심의 천체관과 서양의 천체관을 함께 인용한 것으로 볼 때, 이익은 동서양의 천동설 비교와 회의는 물론 지구 자전에 대한 사유까지 하고 있었을 것으로 추측된다. 그가 천동설이나 지구 자전에 관한 자신의 최종적 이해를 보류한 것으로 미루어 조선이나 중국뿐 아니라 서양에서조차 공식적으로 인정되지 않던 지구 자전설의 투영이 성호에게도 나타나고 있음을 알 수 있다.[48] 이는 그의 세계관의 한계이기도 하지만 그보다는 당대 조선의 우주관에 대한 과학 수준의 한계에 기인함이 크다고 할 수 있을 것이다.

그렇지만 이익의 사유는 이때가 되면 정주 경학의 세계에 갇히지 않고 만물을 보다 객관적으로 성찰할 수 있는 시각으로 확대되고 있었다고 이해된다. 이와 같이 탈정주 경학적 사유는 중국 중심의 지리적 천하관도 탈피하고 있었고, 사상적 측면에서도 중국 중심의 천하관을 어느 정도 극복해가고 있었다. 그리고 그러한 사유의 기반 위에서 그의 전반적인 중국 문물에 관한 세계관도 바뀌어 갔고, 사물에 대한 이해도 보다 객관적으로 해석하는 데 한발 앞서게 된 것이 아닌가 생각된다.

# | 서문 – 주 |

1. 김학수, 2005, "성호 이익의 학문연원-가학의 연원과 사우관계를 중심으로-", 『성호학보』 1, pp.57~112 참조.
2. 『국조방목』, 선조 무술(宣祖戊戌) 동년별시방(同年別試榜).
3. 이성무, 1997, "성호 이익의 생애와 사상", 『조선시대사학보』 3, pp.100~102.
4. 『국조방목』, 효종 신묘(孝宗辛卯) 동년별시방(同年別試榜).
5. 『국조방목』, 현종 병오(顯宗丙午) 식년문과별방(式年文科別榜).
6. 정만조, 2011, "성호 이익의 학문 탐구와 정치적 위상", 『성호학보』 10, pp.18~22 참조.
7. 정만조, 앞의 논문 참조.
8. 서종태, 1989, "성호학파의 양명학 수용-복암 이기양을 중심으로-", 『한국사연구』 66; 서종태, 1992, "녹암 권철신의 양명학 수용과 그 영향", 『국사관논총』 34; 서종태, 1994, "천진암 주어사 강학과 양명학", 『이기백선생고희기념 한국사학논총』, 일조각.
   서종태는 1996년 박사학위 논문(서강대)에서도 이들을 자세히 다루고 있다.
9. 『성호사설』「경사문」, 태극설(太極說).
10. 『성호사설』「경사문」, 유학(儒學).
11. 김준석, 1987, "조선후기 기호사림의 주자인식-주자문집·어록연구의 전개과정-", 『백제연구』 18, 충남대학교백제연구소.
12. 그의 선대는 대북(大北) 계열과 깊은 관계가 있고, 그의 대에 이르러 남인계와 통혼을 이루지만 노론·소론계와도 학문적인 교류는 있었던 것으로 이해되고 있다. 전게 주 3)의 이성무 논문 참조.
13. 『성호문집』 속집 권5, 을축(1745년)조 및 『하빈전집』 내편 권9, 상성호론사칠 별지 참조; 안영상, 1998, 『성호 이익의 성리설 연구』, 고려대 박사학위논문.
14. 『사칠신편』에 의하면 퇴계의 인마설(人馬說)을 비판하는가 하면, 이이와 기대승의 주기적인 입장을 일부 긍정하고 있다.
15. 정만조, 2011, 앞의 논문, pp.23~30 참조.
16. 차기진, 1995, 『성호 이익의 서학인식과 척사론에 대한 연구』, 한국정신문화연구원 한국학대학원, pp.55~57.
   그에 의하면 이익의 조카 이병휴(李秉休)는 1740년대에 서학에 관심을 갖고 있었고, 1750년대는 윤동규와 안정복이 이익에게 서학을 알고 싶어 하는 질의가 많았다는 견해가 그것이며, 이는 1770년대까지 이어지고 있었다는 사실을 밝혀내고 있다.

17. 『성호문집』 권16, 답안백순(答安百順) 신사(1761): 僿說之成卷 非始意也 自四十年 前 隨見志疑 揮筆忙寫 不復看閱 近因族子爲之謄傳.

18. 『순암문집』 권3, 답소남윤장서(答邵南尹丈書) 임신(1752): 道東錄開名粹語 非敢不 告長者而先爲此標題也 當初謄寫時 原冊無衣 恐其浮獎 以休紙爲假衣而信筆書以李 先生粹語五字于冊面 後來思之 更覺未安 (중략) 改題李子粹語而反賜獎詡者 寔出於 無我之德 (중략) 自東方以來 學問之盛 無過於退溪則李子之稱 實無可疑 而擧天下而 論之 周程張朱之稱子 皆無異辭.

19. 『성호문집』 권16, 답안백순 신사(1761): 今見目錄 心驚何至 如是繁夥不擇耶 其中時 務數條 或似有理 若能揀出十分居一則瀷之幸也.

20. 『성호사설』은 천지문·만물문·인사문·경사문·시문문 등 5개 문(門)으로 분류하여 3,000여 항목이 넘는 것으로 이해되며(한우근, 1977, 『국역 성호사설』 해제, 민족문화추 진회), 2014년 현재 다른 판본에 대한 연구 과제가 남아 있어 성호 이익이 처음 남긴 유 고의 항목들은 이보다 수적으로는 많이 상회할 것으로 추정된다. 그리고 안정복이 편집 한 『성호사설유선』은 『성호사설』의 '문(門)'의 분류를 '편(編)'으로 바꾸어서 천지편·인사 편·경사편·만물편·시문편 등 5개 편을 '문'의 상위 개념으로 분류하고, 그 하위 체계로 각 편마다 몇 개의 '문'으로 다시 분류하였으며, 이어 '문'의 하위 체계로 1,332개의 칙(則) 으로 분류하여 『성호사설』의 분류 체계보다는 진전된 체계를 갖추기 위해 노력한 것으로 이해된다.

21. 강병수, 1987, 『순암 안정복의 사상연구』, 동국대 석사학위논문; 1992, "순암 안정복 의 성리학 인식", 『향토서울』 51에서 순암 안정복 사상의 보수적인 측면을 나름대로 고 찰하였다. 따라서 『성호사설유선』의 자료 이용은 배제하였다. 비교 검토에 대한 고찰은 다음을 기약하고자 한다. 그리고 성호 이익 유고의 간행 경위는 다음 장에 자세히 다루고 자 한다.

22. 강병수, 2011, "하빈 신후담의 사칠론 전개—공희로이발설의 형성 배경과 그 영향—", 『한국실학연구』 22.

23. 강세구, 2000, "성호학파의 理氣論爭과 그 영향—公喜怒論爭과 그 영향을 중심으로—", 『龜泉元裕漢敎授定年紀念論叢(下)』, 혜안, pp.437~467.

24. 이때 보수적인 입장에 있던 안정복·윤동규와 보다 진보적인 입장에 있던 이병휴·권철 신·이기양 등은 신후담의 새로운 학설에 대해 찬반으로 논쟁을 벌였다. 결국 보수적인 입 장을 견지한 안정복 등의 견해를 받아들여 신후담의 학설만 중발을 지어 실으면서도 핵심 적인 내용은 싣지 못하게 되었다. 성호 생전에 신후담·이병휴 등이 중심이 되어 '칠정 가 운데 공정한 것은 이가 발한 것'이라는 주장에 대해 안정복·윤동규 등이 적극 반대하자

성호는 결국 침묵으로 중립을 지키고 말았다. 이러한 침묵을 두고 성호가 죽자 서로 자신들의 입장을 성호의 견해라고 주장, 중발을 지으면서 안정복·윤동규 등의 주장이 관철된 것으로 이해된다(이러한 서로의 주장은 이병휴의 『정산고(貞山稿)』와 윤동규의 『소남문집(邵南文集)』에 두 인물이 서찰로 20여 년 이상의 격론을 펼치는 내용 속에 잘 나타나 있다).

25. 『성호사설』 「천지문」, 지구(地球).

26. 『성호사설』 「천지문」, 성수해조(星宿海條).

27. 『성호사설』 「천지문」, 중서력삼원(中西曆三元).

28. 『성호사설』 「경사문」, 불욕망무(不欲忘武).

29. 『성호사설』, 「만물문」, 화전(火箭).

30. 『성호사설』 「인사문」, 탕평(蕩平).

31. 『성호사설』 「경사문」, 거자입투(擧子入套).

32. 『성호사설』 「인사문」, 붕당(朋黨).

33. 『성호사설』 「인사문」, 사과(詞科).

34. 『성호사설』 「인사문」, 개자(丐者).

35. 『성호사설』 「인사문」, 기한작도(飢寒作盜).

36. 『성호사설』 「경사문」, 경문단련(經文鍛鍊).

37. 『성호사설』 「인사문」, 진파적전(眞派嫡傳).

38. 이익이 정주학을 계제로 한 육경 세계를 추구한 측면에서는 정주학의 극복일지는 모르지만, 수사학[洙泗學: 고학(古學)]을 이상으로 하는 한 정주학의 근본을 벗어날 수는 없는 것이었다.

39. 『성호사설』 「경사문」, 심호재덕(心好才德): 事功見外 德性存內 試以人事功而德性可知矣.
이익은 「인사문」의 영강사공(永康事功)·공험(恭儉)의 두 논문에서도 유술(儒術)과 사공에 대해 논술하였는데, 여기서 유술의 입장을 상대적으로 더 두둔하고 있기는 하다.

40. 『성호사설』 「인사문」, 공검(恭儉): 後世儒術事功 判爲二塗互相譏議經生學士 (중략) 蓋天下物理博極 古今事變 因時制宜決斷中蒙 將何以幹旋危亂救拯焚溺哉….

41. 그가 서구 문물에 대해 학문적으로 접근한 시기는 자세히 밝혀져 있지 않다. 다만 그가 재야의 학자이면서 범조선적인 차원에서 서구 문물을 부분적으로 먼저 깨달았다는 측면이다. 이에 대한 연구 성과로는 다음의 논저가 대표적으로 참고가 된다(박성래, 1984, "이익의 서양 과학 수용", 『동원 김흥배박사 고희기념논문집』, 한국외국어대학교출판부). 이원순, 1986, "성호 이익의 서학 세계", 『조선서학사연구』, 일지사; 강재언, 1990, "18세기

서학전파와 반응—서학 수용의 선구자 이익", 『조선의 서학사』, 민음사.

42. 『성호사설』 「경사문」, 육익퇴비(六鷁退飛).

43. 『성호사설』 「천지문」, 성토탁개도(星土坼開圖).

44. 주 25) 참조.

45. 『성호사설』 「천지문」, 천원지방(天圓地方).

46. 『성호사설』 「천지문」, 천수지전(天隨地轉).

47. 『성호사설』 「경사문」, 현빈(玄牝). 이익은 노장학을 경직된 유교적 교조관으로 배척하지 않았음을 여기서 엿볼 수 있다.

48. 이미 서양에서는 코페르니쿠스(1473~1543)가 중세적인 천동설을 부정하고 지동설을 주창하여 갈릴레이(1564~1642)가 로마 교황 우르바누스 8세에게 그 학설을 버릴 것을 서약함으로써 지동설은 이단으로 금지되었다. 따라서 중국에 온 선교사들도 천동설을 따를 수밖에 없었다. 그러므로 야소회사(耶蘇會士)들의 한역서학서를 통해 세계 지리를 이해하게 된 이익도 그러한 한계성을 뛰어넘을 수는 없었던 것으로 이해된다.

李漢星湖僿說

제1장

# 『성호사설』의 편찬 배경과 목적

이익은 『성호사설』 자서(自序)에서 '희필(戲筆)'이라고 겸양의 표현으로 시작하면서 처음부터 목적된 권질의 저술이 아니라고 술회한다.[1] 그러나 "기록해서 남겨 놓은 것들을 분류하여 권질로 만들어 보니 쓸데없는 말임에는 틀림없지만, 그 이름을 '사설(僿說)'로 붙인 것은 어쩔 수 없는 형세[勢]"라고 하면서 "백에 하나라도 후대에 쓸 만한 것이 없겠는가?"[2]라는 역사적 기대감을 은근히 드러내고 있다. 그러므로 『성호사설』의 표면적 편찬 동기는 여가를 통해 독서한 내용들을 비망기(備忘記) 형태로 남기고자 한 데 있었음을 알 수 있다.

그리고 이익의 조카 이병휴도 『성호사설』의 편찬 동기와 그 과정을 "독서응사(讀書應事)의 여가 시간에 견문과 사색에서 얻은 것이 있으면 즉시 기록하셨고, 그것이 쌓여서 권질로 만들게 된 것"이라고 회고한다.[3] 또한 일찍이 17세부터 성호의 문인이 된 소남 윤동규도 『성호사설』의 편찬 동기를 "학문하는 가운데 여력이 있을 때 저설(著說)하였다."[4]라고 회고하면서 "그 질의 문류(門類)와 조례(條例)는 순암 안정복이 정리하였다."[5]라고 기술하고 있다. 그러나 「천지문(天地門)」·「만물문(萬物門)」 등과 같은

5개 문류로 분류한 것은 성호 이익이 분류 체계에 대한 고민을 크게 하지 않은 것으로 이해되고, 문류 형식에 항목과 내용을 맞춰 분류한 것은 주로 안정복이 한 것으로 그 과정에서 성호 이익의 근본 취지에 흠이 되지 않도록 하였다. 그렇게 한 취지는 안정복이 『성호사설』 편찬 동기를 밝힌 내용 가운데 드러나고 있다.

그런데 안정복의 회고에 앞서 이익의 저술 내용이 당대 남인들의 정적인 노론의 중요한 관심과 경계 대상이 되고 있었다. 즉 『성호사설』을 완성한 1760년대 정치 사회는 남인의 일부가 정권에 참여하기는 하였지만 노론의 전권 행사가 절정에 달하고 있었다. 그런 정치적 상황에서 근기남인 이익은 산림(山林)이라는 재야 학인으로서 노론의 경계 대상이었다. 당시 이익의 저술 가운데 사서삼경 및 『소학(小學)』, 『심경(心經)』, 『근사록(近思錄)』 등 11가지 경서에 대한 새로운 해석을 한 질서(疾書)가 있었는데, 특히 주자 경학을 비판한 내용이 많았다.

이익이 질서를 저술하게 된 동기도 경학 집주를 독서한 뒤에 '자득사상(自得深思)' 또는 '탐구자득(深究自得)'하여 주자 경학을 비판한 비망기 형태로 기록하였다가 권질을 이룬 것이라고 자술한 것으로■6 보아 주자 경학에 대한 자기 해석을 가하는 수준에까지 이르렀다는 이해가 가능하다.

이익의 질서 내용은 당시 학문과 시대성에 대한 예리한 비판을 가하고 있는 것이어서 근기남인으로 성호학과 전체의 안위(安危)와도 관련되어 있었다. 시(詩)나 제경 질서의 내용이 당대 조선 노론 천하의 공격이나 비판의 대상이 되자, 안정복은 『성호사설』의 내용까지 염려하면서 당시 저술 동기를 다음과 조심스럽게 술회하고 있다.

성호 선생이 쓴 『성호사설』은 서문에 "'사설'이라는 책은 성호 옹이 쓰신 것이다. 성호 옹은 여가가 많은 분이었다. 독서의 여가에 전기나 자집(自集), 시가, 전해지는 이야기나 해학에서 얻은 것을 그대로 써 놓다 보니 서책을 이루었고, 또 그것이 이름이 없어서는 안 되었기 때문에 '사설'이라고 명명하였다."라고 하였으니, 쓸데없는 말이라는 것을 확정 지은 것이다. 또한 성호 선생이 나에게 보낸 편지에, "이 글은 40년 전에 한가로운 생각을 부질없이 기록한 것이니, 망령된 글이라는 것을 상상할 수 있을 것이다. 그대가 간행하고 싶다면 곧바로 감정(勘定)하되 나에게 묻지 말고 모두 삭제하고 조금만 남겨 둠으로써 끝없는 시비를 모면하게 해 준다면 다행이겠다."라고 하셨는데, 선생님께서 이미 그러한 일이 있을 줄 예상하였던 것이다. 그런데 우리가 현명하지 못하여 선생님의 본의를 체득하지 못하는 바람에 글을 놓고 산정(刪定)할 때 차마 버리지 못한 것이 많았고, 따라서 방만함을 벗어나지 못하여 일이 이 지경에까지 이른 것이다. 그러나 이 책을 훌륭하게 여기는 사람들은 어찌 그렇게 말하겠는가?■7

순암 안정복이 "우리가 현명하지 못하여 선생님의 본의를 체득하지 못하는 바람에 글을 놓고 산정할 때 차마 버리지 못한 것이 많았"다고 후회하는 회고담을 통해 『성호사설』을 편찬할 당시 일부 산정한 사실이 있었음을 역으로 이해할 수 있다. 그렇지만 그가 스승 이익의 저술 의도를 최대한 존중한다는 입장에 있었다는 사실도 확인된다. 안정복이 회고한 이익의 『성호사설』 저술 동기는 표면적일 뿐 학문과 사상의 연혁이 전제된 내용적 동기, 즉 내면적 동기는 아니라는 이해이다.

그렇다면 내면적 동기로는 어떤 성격과 측면이 있을까. 그것은 결국 그의 표면적 동기의 내면에 감춰져 있는 사상 형성의 배경이라고 추정된다. 사상 형성의 배경은 그의 생애에 겪은 정치적 사건, 그리고 주자 경학과는 다른 사회적 발전과 서학의 유입이라는 시대적 추세의 영향이라고 이해된다. 바로 그의 의지와 관련 없는 선대의 정치 사회적 활동의 결과와 18세기 조선 문물의 발전적 흐름의 영향이 그것이다.

이익의 부친 이하진은 그가 두 살 되던 때 유배지에서 병사하는데, 이는 근기남인의 입지를 단적으로 보여 주는 사례이다. 이익의 불우한 환경은 이때부터 시작되었고, 이후 자신의 학문적 스승인 둘째 형 이잠이 1706년 세자(뒤에 경종)를 옹호하는 정치적 입장을 취하다가 노론 정권에 의해 장살(杖殺)되는 참혹한 광경을 목도하게 된다. 당시 이익은 부친 이하진의 유배지에서의 죽음과 둘째 형 이잠의 장살을 경험한 뒤로 항상 위기의식을 가지고 있었다. 그가 "서인들이 자주 찾아오지만 자신은 화살에 한 번 상처를 입은 새와 같은 처지라 그들의 마음에 무슨 속셈이 숨겨져 있을지 몰라서 항상 두렵다."■8라고 토로한 사실이 그 단적인 예라고 할 수 있다.

늘 정치 사회적 위기의식에 사로잡힌 이익이 노론 전권의 정치적 음모를 끊임없이 의식하면서 재야 학자로, 그리고 당대 남인의 산림으로서 책임 의식을 가지고 후대에 남기고 싶은 기록을 모은 것이 '사설'로 엮어진 것이라고 해석된다. 당시 뛰어난 학인으로서 특출한 재능을 발휘하지 못하는 근기남인의 산림이었던 그가 자신이 쌓아 온 지식과 시대적 세계관을 노론 전권의 정치적 음모에 휘말리지 않으면서 후세에 전하기 위한 방법으로 '만록(漫錄)' 성격의 '사설'을 남기게 되었던 것이다.

사실 1720년대가 되면서 이익은 본격적으로 한역서학서를 탐독함으로써 동양적 세계와는 다른 타자의 세계에 눈을 뜨게 되었다. 『직방외기(職方外記)』를 탐독하면서 중국 중심의 지리적 이해에 매몰되어 왔던 타자에 대한 무지를 깨달았고, 『천주실의(天主實義)』와 『영언여작(靈言蠡勺)』 등을 통해 서양인들의 정신세계를 들여다보려 하였다. 『천문략(天問略)』을 읽고 난 뒤 중국의 역법이 세계 최고가 아님을 문하생들과의 담론을 통해 문인들에게 확인시키려 하였고, 서양 의학을 통해『황제내경(黃帝內經)』과『동의보감(東醫寶鑑)』등 의학 세계의 한계를 인식해 나가고 있었다.■9

그는 당대 동양적 학문과 지식 세계를 제대로 이해할 수준이었던 시기에 한역서학서를 통해 비록 다른 세상의 사상이지만 동양보다 더욱 자세한 학문 추구의 창구를 얻었고, 나아가 새로운 세계가 더 넓고 광대하다는 것도 알게 되었다. 그의 새로운 세계에 대한 인식은 자신이 처한 18세기 조선의 현실을 직시하는 정신적 시야와 학문 추구 방법을 객관화시켜 주는 데 결정적인 단초가 되었다고 판단된다.

또한 1715년경『사칠신편(四七新編)』의 완성, 선진 경학과 정주 경학이 지배해 온 세상에 대한 회의와 비판적 시각으로 집필한 성호의 질서 등과 한역서학서를 통해 얻은 새로운 우주관 등이 함께 작용된 1720년대부터 1760년대 초반까지 40여 년 동안 독서와 학문적 교유 및 사회적 경험을 통해 얻은 사실들을 수시로 기록하여 모은『성호사설』은 바로 성호라는 한 인물이 만든 백과전서류임에는 틀림없다.

1. 『성호사설』 자서: 僿說者 星湖翁之戲筆也 翁之作是說也 何意直無意 無意奚其有此哉.

2. 『성호사설』 자서: 始也爲其排忌錄之卷 旣又爲之因列於端目 又不可徧閱乃門類入遂成卷帙 又不可無名 名之以僿說 勢也非意之也 (중략) 然糞壤草芥 至賤物也 或輸之田疇養成嘉穀 取之廚爲美饌 此書者 善觀者采之 亦安知百無一收也乎.

3. 『성호문집』 부록 권1, 「가장(家狀)」 종자병휴(從子秉休): 於讀書應事之暇 或得於見聞 或得於思索 則輒隨而記之 積累成帙名曰 僿說.

4. 『성호문집』 부록 권1, 「행장(行狀)」 문인 윤동규: 僿說者 餘力所及時 著爲說.

5. 『성호문집』 부록 권1, 「행장」 문인 윤동규: 及其成帙 列其條例 授門人安鼎福 使之整釐.

6. 『성호문집』 권32, 「맹자질서서(孟子疾書序)」: 疾書者何思起便書 盖恐其旋忘也 不熟則忘 忘則思不復起 是以熟之爲貴 疾書其次也亦所以待乎熟也.

7. 『순암문집』 권8 서, 답황신수서(答黃莘叟書) 무신(1788): 先生序此書曰 僿說者 星湖翁之筆也 翁優閒者也 讀書之暇 或得之傳記 得之子集 得之詩家 得之傳聞 得之詼諧. 隨手亂錄 遂成卷帙 又不可無名 故曰 僿說 其爲無用之空言定矣 又嘗與余書曰 此書是四十年前 閑思漫錄 謬妄可想 君欲刊正 富直加勘覈 不須問我 盡爲汰去 只存些少 俾免無限舌齒爲幸 先生盖已知有此等事矣 余輩不肖不能 仰體本意 臨文節刪 多有不忍棄者 而未免汗漫 致有此事 然使善觀書者 言之豈至於是乎.

8. 『순암문집』 권16 잡저, 「함장록(涵丈錄)」: 西人或多來見 自是傷弓之鳥 常恐有何機關在中也 雖盡我之所見 彼之信否 何可知也.

9. 강병수, 2003, "성호 이익과 하빈 신후담의 서학 담론-뇌낭에 대한 인식을 중심으로-", 『한국실학연구』 6, pp.39~57 참조.

李瀷星湖僿說

제2장

「천지문」의 연구 서설

# 1. 머리말

『성호사설』에 관한 기왕의 연구는 다음과 같은 몇 가지 방향으로 전개
되었다. 첫째, 이익 개인의 저술과 학문 및 사상에 관한 개설적 차원에서
본 저술을 백과전서류라는 기초적 평가 단계의 수준에서 이해하는 것이
다. 그 대표적 논저가 정석종의 「이익의 성호사설」[1], 강만길·이익성의
「성호사설」[2], 강세구의 「성호 이익과 성호사설」[3], 한우근의 「성호사설
해제」[4], 유천영의 「성호 이익의 성호장(星湖莊) 연구」[5], 신병주의 「실학
과의 호수 성호 이익─성호사설」[6], 강명관의 「한가하게 쓴 방대한 사전─
이익의 성호사설」[7] 등이다.

둘째, 『성호사설』을 이익의 학문과 사상을 이해하는 중요한 사료라는
의미와 시각에 중심을 둔 심화 연구의 고찰이 또 하나의 연구 성과이다. 즉
(1) 18세기 조선 과학 사상의 특징으로 서학의 수용 과정을 고찰하거나[8],
(2) 정주 경학과의 차별성에 관점을 두고 전개한 사상적 차원의 연구[9], (3)
근대적 지향의 제도 개선 지향이라는 측면을 발견하려는 고찰[10], (4) 백과

전서류로 자리매김하고자 하는 것을 전제로 신뢰와 권위가 부여된 자료로서 인용하는 사례[11] 등이 그것이다.

이와 같이 『성호사설』에 대해 백과전서류로서 전체 내용을 구체적으로 다룬 연구 지향은 아직까지 없었다고 생각된다. 그러므로 필자는 성호 이익의 학문과 사상이 총합적으로 담긴 저술의 「천지문」을 먼저 구체적으로 고찰해 보고자 한다. 이 저술은 내용 전체에 걸쳐 자신의 견해보다는 객관성을 유지하기 위해 일일이 전거 문헌들을 밝혀 놓고 있다. 다만, 개별 항목의 저술 시기를 밝히지 않아 그의 학문과 사유의 성격 등을 파악하려 할 경우 어느 항목에 기준을 두어야 할 것인가는 지속적 과제로 남는다는 생각이다. 그럼에도 불구하고 이 저술은 당대 최고 학인의 총합적 작품이라는 측면에서 이익의 사상과 사유의 세계, 18세기 조선적 사상의 현실을 이해하고 해석하는 데 귀중한 자료라고 확신한다.

필자는 「천지문」·「인사문」·「경사문」·「만물문」·「시문문」 등 필자는 다섯 부분으로 구성되어 있는 『성호사설』을 지속적으로 고찰할 것을 기약하고자 한다. 그러므로 이번 연구 과제는 가장 먼저 「천지문」의 항목과 내용을 세부적으로 분석하는 고찰이 될 것이다. 이익이 「천지문」을 통해 사유하려 했던 지향이 지니는 역사적 의의와 가치를 함께 검토해 보는 기회를 갖고자 한다.


## 2. 「천지문」의 항목 구성

「천지문」의 항목은 『성호사설』 전체 항목수 3,007개[12] 가운데 222개로[13] 7%를 차지하고 있다. 그리고 「경사문」이 1,048항목으로 35%를 차

지하여 가장 많은 반면에 「천지문」이 가장 적은 편이다. 또한 「인사문」이
990항목으로 33%를 차지하고, 「시문문」이 378항목으로 13%를, 「만물
문」이 368항목으로 12%를 차지하고 있다. 그러므로 항목수의 다소(多少)
는 경사문〉인사문〉시문문〉만물문〉천지문의 순이다.

「천지문」에서 한국 역사 내에서, 즉 우리 문물의 범위를 다룬 항목이
99항목으로 전체에서 차지하는 비중이 44%나 된다. 「천지문」 부분에서
44%의 비중에 달하는 항목의 정보를 다루었다는 사실은 성호 이익의 관
심이 조선의식으로 크게 자리를 잡아가고 있었음을 단적으로 보여 주는
측면이라고 해석된다. 한국적 문물 중심의 범주를 다룬 항목들만을 열거
하면 다음 〈표 1〉과 같다.

〈표 1〉

| 연번 | 항목명 | 연번 | 항목명 | 연번 | 항목명 |
|---|---|---|---|---|---|
| 1 | 기지아동(箕指我東) | 34 | 여국(女國) | 67 | 백두산(白頭山) |
| 2 | 태미천시(太微天市) | 35 | 풍기유전(風氣流傳) | 68 | 박(雹) |
| 3 | 도성(都城) | 36 | 비류수(沸流水) | 69 | 윤관비(尹瓘碑) |
| 4 | 지도묘사(地圖描寫) | 37 | 화령(和寧) | 70 | 박초풍(舶趠風) |
| 5 | 월려필(月麗畢) | 38 | 두만쟁계(頭滿爭界) | 71 | 영풍(獰風) |
| 6 | 능라사(綾羅徙) | 39 | 고죽안시(孤竹安市) | 72 | 모재론천재<br>(慕齋論天災) |
| 7 | 병영(幷榮) | 40 | 춘천보장(春川保障) | 73 | 나풍미민(羅風未泯) |
| 8 | 획계(畫界) | 41 | 분야(分野) | 74 | 폐사군(廢四郡) |
| 9 | 흑룡강원(黑龍江源) | 42 | 지후(地厚) | 75 | 역원(曆元) |
| 10 | 철령위(鐵嶺衛) | 43 | 관중(關中) | 76 | 신라시말(新羅始末) |
| 11 | 흥경(興京) | 44 | 조선지방(朝鮮地方) | 77 | 삼한금마(三韓金馬) |
| 12 | 동국지도(東國地圖) | 45 | 조석천(潮汐泉) | 78 | 낙랑예맥(樂浪濊貊) |
| 13 | 호로항구(葫蘆項口) | 46 | 해랑도(海浪島) | 79 | 옥저읍루(沃沮邑婁) |
| 14 | 강화정주(江華貞州) | 47 | 성취생현(星聚生賢) | 80 | 졸본부여(卒本夫餘) |

| 15 | 국중인재(國中人才) | 48 | 상당독고(上黨獨高) | 81 | 발해황룡(渤海黃龍) |
|----|------------------|----|------------------|----|------------------|
| 16 | 오성취정(五星聚正) | 49 | 여진(女眞) | 82 | 동선관(銅仙關) |
| 17 | 동국지맥(東國地脈) | 50 | 수리(水利) | 83 | 고려비기(高麗秘記) |
| 18 | 선비산맥(鮮卑山脈) | 51 | 오성국(五星國) | 84 | 조선사군(朝鮮四郡) |
| 19 | 태음(太陰) | 52 | 가도(椵島) | 85 | 생숙여진(生熟女眞) |
| 20 | 백두정간(白頭正幹) | 53 | 명지남경(明之南京) | 86 | 영남속(嶺南俗) |
| 21 | 석굴(石窟) | 54 | 패산(浿滻) | 87 | 조석(潮汐) |
| 22 | 태을술(太乙術) | 55 | 우녀(牛女) | 88 | 김해속(金海俗) |
| 23 | 지진풍뢰(地震豊雷) | 56 | 목성토쇠(木盛土衰) | 89 | 북도노정(北道路程) |
| 24 | 동방인문(東方人文) | 57 | 설화(雪花) | 90 | 벽골제(碧骨堤) |
| 25 | 재이(災異) ① | 58 | 노인성(老人星) | 91 | 공험비(公險碑) |
| 26 | 재이(災異) ② | 59 | 형혹입남두<br>(熒惑入南斗) | 92 | 요계시말(遼界始末) |
| 27 | 수간미곤(首艮尾坤) | 60 | 일만이천봉<br>(一萬二千峰) | 93 | 울릉도(鬱陵島) |
| 28 | 중서력삼원<br>(中西曆三元) | 61 | 지경(地鏡) | 94 | 삼한(三韓) |
| 29 | 인면박(人面雹) | 62 | 계명장경(啓明長庚) | 95 | 서관(西關) |
| 30 | 비양도(飛颺島) | 63 | 조물기명(造物忌名) | 96 | 한민명전(限民名田) |
| 31 | 제주(濟州) | 64 | 사한천(絲澣川) | 97 | 괴풍폭우(怪風暴雨) |
| 32 | 고려주군(高麗州郡) | 65 | 강하(江河) | 98 | 원전(轅田) |
| 33 | 수근목간(水根木幹) | 66 | 한도(漢都) | 99 | 양남수세(兩南水勢) |

한편, 「천지문」에 다루고 있는 항목 전체를 유형별로 분류해 보면 다음과 같다.

(1) 지명과 관련된 것으로는 병영·흥경·호로항구·장령흑룡(長嶺黑龍)·선비산맥·성수해(星宿海)·남무동전서주(南畝東田西疇)·하투(河套)·비양도·비류수·화령·관중·해랑도·아누산(阿耨山)·여진·오국성(五國城)·가도·명지남경·패산·제잠(鯷岑)·사한천·백두산·졸본부여·동선관·생숙여진·벽골제·울릉도·삼한·풍취라대형(風吹蘿帶形)·서관 등 30항목이고, (2) 유물과 관련된 것으로는 공험비·일구(日晷) 등 2항목이다.

(3) 유적과 관련된 것으로는 벽골제·윤관비(지명으로도 분류됨) 등 2항목이고, (4) 제도와 관련된 항목으로 철령위가 하나 있고, (5) 작품과 관련된 것으로는 동국지도·성토탁개도(星土圻開圖) 등 2항목이며, (6) 인물과 관련된 것으로는 장초(張楚)·위박(衛朴) 등 2항목이다. 그리고 (7) 문헌과 관련된 것으로는 시헌력(時憲曆)이라는 항목이 있고, (8) 물품과 관련된 것으로는 염(鹽)이라는 항목이 있는 것이 특징이며, 그 밖에는 모두 (9) 개념 항목이 181항목이나 차지한다.

또 하나의 '분야'라고 할지 아니면 '근대적 학문 분류' 형식으로 항목 전체를 한 번 분류해 보고자 한 것인데, 다음과 같다. 「천지문」은 물론 다른 부분도 마찬가지겠지만, 이익이 각 항목마다 다루고 있거나 다루고자 한 내용은 한 분야에만 한정한 것도 있지만, 두 개 혹은 세 개 분야를 함께 포괄적으로 다룬 경우도 적지 않다.

(1) 과학 분야에 관련된 항목으로는 태미천시·일광도사(日光倒射)·월려필·세차(歲差)·일구(日晷)·오성(五星)·오성취정(五星聚井)·성토탁개도·태음·석굴·지진풍뢰·재이①·재이②·배천배제(配天配帝)·성월변(星月變)·일월도(日月道)·북진(北辰)·작두모탈(鵲頭毛脫)·수간미곤·일천지극(日天之極)·구중천(九重天)·중서력삼원·일경지경(日徑地徑)·일일칠조(一日七潮)·시헌력·급풍번엽(急風飜葉)·관혜(觀慧)·방성도(方星圖)·분야·지후·일식·염·우(雨)·뇌진(雷震)·일출입(日出入)·홍예음수(虹蜺飮水)·뇌부(雷斧)·혜성(彗星)·태백현(太白見)·노결위상(露結爲霜)·수리·혼개(渾蓋)·월지종성(月之從星)·설화(雪花)·양구백육(陽九百六)·노인성·일남지(日南至)·용집(龍集)·역상(曆象)·제곡서성진(帝嚳序星辰)·귀여어종(歸餘於終)·형혹입남두·지경(地鏡)·일천지행(日天之行)·두병(斗柄)·석천(釋天)·계명장경·팔방풍(八方風)·지구(地球)·천맥(泉脈)·

수단지함(水斷地陷)·죽통인수(竹筒引水)·박·박초풍·영풍(獰風)·모재론천재·재백종백(載魄終魄)·역원·동온하량(冬溫夏涼)·혜패(彗孛)·천원지방(天圓地方)·납갑(納甲)·산하영(山河影)·백홍관일(白虹貫日)·조석·천행건(天行健)·수종(水宗)·칠십이후(七十二候)·측천(測天)·운한(雲漢)·월중미흑(月中微黑)·천문천대(天問天對)·목빙(木氷)·천반출지(天半出地)·범해육행(泛海陸行)·한도·담천(談天)·천수지전(天隨地轉)·양남수세·천지남북(天地南北) 등 90개이다.

(2) 지리에 관련된 항목은 전하양사(全河兩徙)·흑룡강원·대류사(大流沙)·철령위·흥경·동국지도·호로항구·강화정주(江華貞州)·장령흑룡·동국지맥·선비산맥·성수해·백두정간(白頭正幹)·석굴(石窟)·서관·남무동전서주·하투·단기강역(檀箕疆域)·일행양계도(一行兩界圖)·재이②·수간미곤(首艮尾坤)·비양도·제주·고려주군·비류수·화령·두만쟁계·고죽안시·지후·관중·위우궤전(圍圩櫃田)·조선지방·조석천·해랑도·아누산·일본낙지(日本樂地)·상당독고·여진·수리(水利)·오국성·가도·명지남경(明之南京)·패산·동삼성·일만이천봉·제잠·팔방풍(八方風)·지구·수단지함·사한천·강하·백두산·박·영풍·나풍미민·서도관액(西道關阨)·폐사군·역원·신라시말·삼한금마·낙랑예맥·옥저읍루·졸본부여·발해황룡·동선관·천원지방·조선사군·탁하(濁河)·생숙여진·김해속·북도노정·벽골제·공험비·요계시말·울릉도·삼한·풍취라대형·서관·수근목간·한도·하원북류(河源北流) 등 81개이다.

(3) 민속과 관련된 항목으로는 육정육갑(六丁六甲)·살생제천(殺生祭天)·천하수세(天下水勢)·태음·모두(旄頭)·부열(傳說)·삼원갑자(三元甲子)·태을술·재상(災祥)·선후갑경(先後甲庚)·작두모탈·인면박·풍기유전(風氣流傳)·관혜(觀慧)·천변(天變)·구진등사(鉤陳螣蛇)·성취생현·우

녀 · 목성토쇠 · 양구백육(陽九百六) · 노인성 · 월기(月忌) · 사여성(四餘星) · 자묘(子卯) · 두우검기(斗牛劍氣) · 조물기명 · 모재론천재 · 천중(天中) · 고려 비기 · 혜패(彗孛) · 조선득세(朝鮮得歲) · 팔궁비복(八宮飛伏) · 납갑 · 백홍관 일(白虹貫日) · 영남속 · 김해속 · 산가술(山家術) · 칠십이후(七十二侯) · 합장 (合葬) · 풍취라대형 · 운한(雲漢) · 괴풍폭우 · 조명(造命) · 오방신(五方神) · 무혜성(撫彗星) · 영광중변이(瑩壙中變異) · 수근목간 · 도한 · 양남수세 등 49개이다.

(4) 역사에 관련된 항목은 국중인재 · 중토남북(中土南北) · 오성취정 · 동방인문(東方人文) · 장초(張楚) · 봉국지제(奉國之制) · 춘천보장(春川保障) · 천변(天變) · 관중 · 위박 · 여진 · 패산 · 일남지(日南至) · 석천(釋天) · 윤관비 · 서도관액(西道關阨) · 폐사군 · 신라시말 · 삼한금마 · 낙랑예맥 · 옥저읍루 · 졸본부여 · 발해황룡 · 동선관 · 고려비기 · 조선득세(朝鮮得歲) · 조선사군 · 생국여진 · 영남속 · 김해속 · 벽골제 · 공험비 · 요계시말 · 울릉도 · 삼한 · 서관 · 한민명전 · 원전 · 역원 · 수근목간 · 목석중자(木石中字) 등 41개이다.

(5) 유학 분야에 관련된 항목으로는 수세대운(水勢大運) · 배천배제(配天配帝) · 천중(天中) · 칙원획괘(則圓畫卦) · 물각태극(物各太極) · 덕운(德運) · 귀신(鬼神) · 합장 · 조명(造命) · 원전(轅田) · 오방신(五方神) · 무혜성(撫彗星) · 월중미흑(月中微黑) · 천문천대(天問天對) · 영광중변이 · 양남수세(兩南水勢) · 간지(干支) · 천지남북(天地南北) · 나풍미민(羅風未泯) 등 19개이다.

(6) 정치에 관련된 항목으로는 한세오년(寒歲澳年) · 북도노정(北道路程) · 일식 등 3개이다.

(7) 경제 · 산업에 관련된 분야는 위우궤전 · 한민명전 · 원전 등 3개이다.

(8) 사회에 관련된 분야는 조명 · 오방신 등 2개이다.

(9) 국방에 관련된 분야는 도성·북도노정·공험비 등 3개이다.

(10) 어문에 관련된 분야는 능라사·목석중자(木石中字) 등 2개이다.

(11) 예술 분야에 관련된 항목으로는 지도묘사(地圖描寫)·낙종서방(樂
從西方) 등 2개이다.

(12) 향토 분야 항목으로는 영남속·김해속 등 2개이다.

위의 12개 분야 분류는 각각 한 분야만을 중심으로 정리해 본 것이다. 그
런데 지도묘사·염지·오성취정·태음·석굴·재이②·배천배제·작두모
탈·수간미곤·관혜·지후·천변·관중·일식·위우궤전·목석중자·여진·
수리·패산·설화·양구백육·노인성 ·일남지·자묘·석천·팔방풍·지구·
수단지함·박·영풍·모재론천재·나풍미민·서도관액·폐사군·역원·천
중·신라시말·삼한금마·낙랑예맥·옥저읍루·졸본부여·발해황룡·동선
관·고려비기·혜패·조선득세·천원지방·납갑·조선사군·백홍관일·생
숙여진·영남속·김해속·북도노정·삼한·합장·풍취라대형·서관·운한·
한민명전·조명·원전·오방신·무혜성·월중미흑·영광중변이·천문천
대·수근목간·한도·양남수세·천지남북 등 71개 항목은 2개 분야 이상의
내용을 포함하여 포괄적·복합적으로 다루고 있다.

또한 각 항목에서 2개 분야 이상의 내용을 담고 있는 포괄적 의미를 지
니지만, 근대적 사유와 전근대적 지식에 매몰되어 혼효된 내용을 다룬 것
들도 있다. 후자에 해당되는 항목으로는 태음·배천배제·작두모탈·혜
관·천변·일식·양구백육·노인성·일남지·자묘·모재론천재·혜패·조선
득세·납갑·백홍관일·운한·천문천대·한도·양남수세 등 19개이다.

이와 같은 분야 분류는 근대적 관점의 이해 차원에서 시도한 것이다. 그
렇지만 성호 이익 당대의 학문적 관점과는 관련이 없다. 또한 전근대 학인
들의 분류 개념에 대한 구체적 고찰은 다른 기회의 주제로 다루어야 할 성

격으로 돌리고자 한다. 더욱이 근대적 관점에서 분류해 본 것이지만 전근대와의 학문 분류적 연속성을 어떻게 찾아야 할 것인가는 보다 심도 있는 연구 주제와 함께 천착되어야 한다는 입장이다.


## 3. 「천지문」 내용의 분류

내용의 분류는 '삼국 이전 우리 역사와 강역', '국방 관련 자료 고찰', '과학 분야−천문 지리·자연 질서·자연물', '강역 및 지리의 중요성', '전통 유학 사상과 민속과의 관계', '신분제 문제', '중국 문물의 고찰', '중농주의 시각', '일본에 관한 고찰', '역사적 문헌의 중요성 인식', '인재 등용에 대한 지역 차별 문제' 등 11개 주제로 통합, 분석하고자 하였다.

이러한 분류는 필자의 관점에서 분석한 것인데, 포괄적으로 종합한 것이다. 물론 보다 자세한 분류가 필요한 측면도 없지는 않지만 천지문 전체 항목을 모두 다루고자 하였다. 그러므로 1차적 고찰에 그치려 한 것도 세부적이고 부분적인 천착의 연구를 하고자 하는 연구자를 위해 항목의 취사선택이라는 번거로움을 덜어 주는 데 조금이나마 기여하고 싶은 바람에서이다.

이상과 같이 11개로 분류한 항목과 내용은 다음의 표로 정리하였는데, 가능한 한 객관성을 유지하기 위해 자세한 설명은 덧붙이지 않고 전체 내용이 담고 있는 의미만을 담고자 하였다.

## 1) 삼국 이전 우리 역사와 강역

〈표 2〉

| 연번 | 항목명 | 내용 |
|---|---|---|
| 1 | 기지아동 | 고조선의 지명 및 제도 명칭의 흔적을 고찰. |
| 2 | 획계 | 고조선의 지명 및 제도 명칭의 흔적을 고찰. |
| 3 | 국중인재 | 기자(箕子) 문화, 진한의 유래 등을 고찰. |
| 4 | 병영 | 조선의 유래, 순임금 때 12주 중 우리 민족의 고대 지역을 고찰함. |
| 5 | 선비산맥 | 조선의 유래, 순임금 때 12주 중 우리 민족의 고대 지역을 고찰함. |
| 6 | 동방인문 | 단군 문화, 기자 문화, 삼한의 유래, 유학의 등장 등을 다룸. |
| 7 | 단기강역 | 단군과 기자의 역사를 객관적으로 이해. |
| 8 | 비류수 | 고대 비류수에 대한 위치를 비정함. |
| 9 | 조선지방 | 고대 단군과 기자가 차지하고 있던 지명을 고찰함. |
| 10 | 낙랑예맥 | 낙랑의 옛 지명 고찰을 통해 역사의식을 드러냄. 요동·평양·경주 등을 역사적 낙랑 지역으로 이해하고자 함. |
| 11 | 옥저읍루 | 옥저와 읍루 지역의 범주를 압록강과 두만강 바깥 지역으로 고찰, 우리 민족의 고대 활동지를 확인하고자 함. |
| 12 | 졸본부여 | 졸본부여 지역의 비정과 주몽·해모수, 고구려·부여 등과 연계성을 면밀히 검토하고 있음. |
| 13 | 발해황룡 | 발해 지역의 범주에서 그 이전 시대의 옥저·부여·고구려 등의 활동 영역을 고찰, 요서 지역의 일부에 황룡국 또는 황룡성에 대한 내용을 살펴봄. |
| 14 | 삼한 | 한(韓)의 유래(전국시대 한나라 사람들이 동쪽으로 와서 붙인 이름) 및 이동에 관한 고찰. 「춘추전」, 창해현(滄海縣) 비정(한강 이남을 중국이 부르던 명칭). 마한은 금마(金馬)의 금에서, 한은 전국시대 한나라의 이동에서 이들이 만든 국가로 이해함. |

〈표 2〉의 내용에서 이미 간략히 정리하였지만, 더 구체적으로 이익이 가졌던 사유나 인식은 다음과 같다. ① 단군 문화를 우리 역사의 시작으로 이해하였다. 동방인문·단기강역 등의 항목이 그것인데, 이러한 인식은 기자조선을 한국사의 시작인 측면으로 이해해 가던 조선 중기 유학사적 시각을 반성하면서 여말선초 단군에 대한 당대 민인들의 의식을 탈중화적 세계관 시각에서 되찾은 것으로도 이해된다. ② 병영·선비산맥 항목에서는

순임금을 동이족으로 상기시키면서 그 시대는 화이(華夷)의 분별이 처음부터 없었을 것임을 이해하고 있다.[14] 그리고 순임금이 다스린 12주 가운데 병주(幷州)·영주(榮州)가 고조선 강역에 있었을 것으로 성호와 마찬가지로 필자도 추정하고 있다.

③ 특히 고대 국가 형성 이전의 한국사의 활동 영역에 주목한 항목으로 비류수·옥저읍루·발해황룡 등이 있다. 그러나 ④ 발해황룡 항목에서는 발해사를 우리 역사로 인식하지 못하는 한계를 드러내고 있고, 삼한 항목에서는 삼한의 '한'의 명칭을 전국시대 한나라에서 이동한 세력이 붙인 것으로 해석하고 있다.

## 2) 국방 관련 자료 고찰

〈표 3〉

| 연번 | 항목명 | 내용 |
|------|--------|------|
| 1 | 도성 | 도성은 대소에 관계없이 그것을 지켜 내려는 지혜로운 정책이 전제되어야 함을 강조하고 있음. |
| 2 | 춘천보장 | 수도를 춘천으로 하면 지리적 요새의 안전을 보장할 수 있다는 견해. |
| 3 | 동선관 | 관방 지역으로 동선관이 중요 요충지 역할을 해왔기 때문에 이 지역을 철저히 고찰하여 관액지(關阨地)로 삼을 만하다는 역사적 지식을 밝힌 내용. |
| 4 | 북도노정 | 유몽인(柳夢寅)의 안변책(安邊策)을 소개, 북방 국경 지역의 대로(大路)로 통하는 지름길 여섯 가지를 고찰함. 압록강과 두만강 남쪽으로의 요충지를 자세히 고찰함으로써 국정에 도움이 되도록 함. |

〈표 3〉의 내용에서 이미 검토하였듯이, 이익은 국방의 요충지에 대한 관심이 높았던 것으로 이해된다. ① 도성 항목에서는 도성이 자리하는 지역의 자연적 위치의 중요성뿐만 아니라 국가를 지키려는 지혜와 의지라는 정신적 측면의 중요성을 강조하고 있다. ② 춘천보장 항목에서는 춘천이 수도로서의 지리적 입지로 매우 안전하다는 특별한 인식을 갖고 있음을

밝히고 있으며, 북도노정 항목에서는 선현들의 국방 의지가 담긴 문헌을 소개하여 후대에 널리 알리고자 하였음을 엿볼 수 있다.

## 3) 과학 분야

### (1) 천문 지리

〈표 4〉

| 연번 | 항목명 | 내용 |
|---|---|---|
| 1 | 세차 | 『서경』의 하늘과 해와 달의 움직임을 고찰, 하늘과 별은 서로의 움직임에 관련이 없다는 서학 인식으로 『서경』 내용을 비판함. |
| 2 | 오성 | 오성의 움직임과 국가 흥망을 연결시킨 역사적 사실을 비판함. |
| 3 | 성토탁개도 | 천체 운행에 관한 자신의 사유 관점을 고찰함. 서학의 영향으로 중화 문화 세계를 벗어나는 시각을 보임. |
| 4 | 모두 | 오랑캐를 상징하는 별이름으로 해석. 오랑캐라는 의미가 결코 부정적인 것이 아님을 이해하고자 함. |
| 5 | 성월변 | 별과 달의 규칙적 움직임과 변화를 이해한 고찰. |
| 6 | 일월도 | 태양과 달의 움직임의 궤적을 설명함. |
| 7 | 북진 | 북극성의 머리 위치인 북극을 가리키는 것으로 이해함. |
| 8 | 일천지극 | 서양의 천문학을 인용하여 '태양의 운동'을 이해하고자 함. |
| 9 | 구중천 | 천문에 관한 기록. 서학에 관한 내용도 언급함[종동천(宗動天)]. 튀코 브라헤(Tycho Brahe)의 학설에 가까운 것으로 이해됨. |
| 10 | 중서력삼원 | 천문학은 서양이 중국보다 우월함을 역설. |
| 11 | 일경지경 | 서양의 『천문략(天問略)』을 소개, 태양과 지구의 지름에 관한 견해. |
| 12 | 시헌력 | 탕약망(湯若望, 아담 샬)의 역서를 소개하면서 매우 뛰어남을 칭송함. |
| 13 | 혜관 | 혜성의 움직임을 지구의 사회 현상과 직접 연결시켜 설명함. |
| 14 | 방성도 | 별자리를 그린 천문도로, 서양의 『방성도』를 경험한 뒤에 기록한 것으로 이해됨. |
| 15 | 분야 | 천문의 분야설(分野說)을 설명함. 서학의 영향이 드러나 있음 |
| 16 | 지후 | 지구의 지름이나 둘레를 계량적으로 이해하고자 함. |
| 17 | 천변 | 천문의 분야설을 설명함(서학의 영향이 배어 있음). |
| 18 | 일식 | 일식과 정치 관계를 연관 있는 것으로 이해한 고찰. |

| 19 | 일출입 | 전통적 지식으로서, 지구의 모양을 탄환처럼 이해하고 있음. 서학의 이해가 없었던 기간에 기록한 것으로 추측됨. |
|---|---|---|
| 20 | 혜성 | 혜성에 관한 전통과 근대적 사유로의 해석을 하고 있음. |
| 21 | 영두천구 | 별의 떨어짐과 소리의 관계를 고찰함. |
| 22 | 태백현 | 태양의 빛이 아침과 점심, 저녁에 달리 느껴지는 이유를 고찰함. 점성술을 언급하고 있음. |
| 23 | 일광도사 | 달은 태양의 빛을 받아 밝음을 '물통의 물이 햇볕에 반사되어 집 안의 들보에 비친다'는 사실로 증험하고 있음. |
| 24 | 상당독고 | 지구 위의 높낮이의 잘못된 인식을 고찰(지구가 둥글다는 인식으로 가까이 가고 있는 것으로 이해됨). |
| 25 | 혼개 | 혼천설(渾天說)과 개천설(蓋天說)을 고찰. 서학 이해가 있었음을 알 수 있음. |
| 26 | 월지종성 | 달이 별의 기운에 따르는 것을 보고 기후를 예측함. |
| 27 | 역상 | 역법의 전개를 역사적으로 고찰함. 성인의 지혜를 가진 자라도 철저하지 못한 것이 있다고 주장. 서양 역법이 최고임을 다시 확인. |
| 28 | 제곡서성진 | 별들의 움직임을 통한 역법 형성과 그것을 만든 것이 여러 대에 걸쳐 정밀하게 되었다는 이해의 고찰. |
| 29 | 형혹입남두 | 형혹성(熒惑星)이 남두(南斗)를 침범함. 유성의 관찰을 잘 기록한 중국 문헌과는 달리 고려 시대의 우리나라 문헌인 『고려사』에는 형혹성이 남두를 침범하는 큰 유성의 흐름을 적지 못하는 천문학의 미발달을 한탄함. |
| 30 | 일천지행 | 태양과 하늘의 움직임. 태양과 하늘과 지구의 둘레를 측정해 숫자로 보려는 근대적인 과학 정신. 아담 샬(탕약망)의 『주제군징(主制君徵)』, 디아즈(Diaz, 陽瑪諾)의 『천문략』을 인용. 서학을 깊이 이해하고 신뢰함. |
| 31 | 사여성 | 오성 밖에 있는 보이지 않는 행성별 4개가 있다는 점술들의 말이 허위라는 입장을 피력함. |
| 32 | 석천 | 하늘을 설명하는 역사적·과학적 용어를 모두 고찰하고 있음(근대적 사유의 이해가 보임). |
| 33 | 계명장경 | 두 별의 이름을 합친 말. 수성과 금성을 일컫는 말로 이해. 정초(鄭樵)의 견해를 소개함. |
| 34 | 지구 | 서양 과학. 만유인력 이해의 한계를 보임. |
| 35 | 재백종백 | 달의 윤곽에서 밝음이 없는 부분을 백(魄)이라 하였음. 인용 전거: 『법언(法言)』, 『주자어류(朱子語類)』, 『서경(書經)』, 『자휘(字彙)』, 『설문해자(說文解字)』, 『육서고(六書攷)』, 『한서(漢書)』, 노자(老子), 『초사(楚詞)』 등. |
| 36 | 역원 | 사마천의 『역서』, 반고의 『한서』, 『사기』, 『자치통감강목(資治通鑑綱目)』, 육국연표(六國年表: 초·연·제·한·위·조) 등을 인용하여 고찰하고 있음. |

| 37 | 혜패 | 천문 우주에서 혜성 가운데서도 나쁜 것으로 이를 당대 햇빛과 지구와의 거리, 혜성의 크기 등으로 분류하여 고찰함으로써 근대적 천체관에 가까운 사상을 보여 줌. |
|---|---|---|
| 38 | 천원지방 | 천원지방 이론의 진위를 실험적으로 고찰하여 지방(地方)의 견해가 사실이 아닐 것임을 추측해 냄(근대적 사유 단계로 해석됨). |
| 39 | 산하영 | 달에 나타난 그림자는 산하(山河)의 그림자가 아니라 태양의 빛을 받아 드러난 형상으로 파악함(근대적 사유로 추측). |
| 40 | 천행건 | 원주와 반지름을 통해 하늘의 거리를 측정하고자 하였음. 장주(莊周)와 탕약망의 학설을 인용, 지구 자전의 가능성의 사유를 하였으나 결국 주역의 "하늘의 운행이 건전하다."라고 했으니 이 기록에 따르겠다(서학 인식)고 결론(당대 최고의 우주관이라고 할 수 있음). |
| 41 | 측천 | 달과 해와 하늘의 거리 및 크기를 측량하고자 하는 사유를 보임. |
| 42 | 월중미흑 | 달 가운데의 약간 검은 점. 달의 형상과 육지 조석과의 관계를 고찰함. 달 표면상의 밝은 부분과 검은 부분은 해의 비춤과 그렇지 않은 부분의 차별로 해석. 주자가 산하(山河)의 그림자로 해석한 측면을 비판함. 서학에 대한 수용과 인식이 엿보임. |
| 43 | 천문천대 | 굴원(屈原)과 유자후(柳子厚)의 천문(天問)보다 장자의 사유가 사실에 가깝다고 이해. 서학의 이해와 수용에서 발전된 사유가 엿보임. 지구와 해와 달, 하늘의 운행, 구름과 비의 관계, 바람의 풍향에 대한 과학적 사유를 함. 지구 자전의 사유를 한 사례사가 됨. 특히 서학에 대한 인식의 연장선으로 이해됨. |
| 44 | 세차 | 주자가 『서경』 기삼백장(朞三百章)을 집주한 내용 중에서 '계절의 한서(寒暑)가 하늘과 해와 별과 관계가 있는 것'처럼 해석한 부분을 비판. 하늘과 태양은 기후 영향에 서로 관련이 없다고 해석함으로써 주자 경학을 극복하고자 함. 〈근대적 인식〉 |
| 45 | 천반출지 | 하늘이 반쯤 지구 위에 나옴에 대한 이치를 고찰함. "하늘이 땅 위에 반만 나오는 것은 무슨 까닭인가? 사람이 둥근 공 위에 있으면 공의 반면(半面)이 보이는 것이니, 지구가 둥글므로 하늘도 반면만 보이는 것이라는 주장임. 〈근대적 이해와 해석〉 |
| 46 | 범해육행 | 바다를 건너고 육지를 걸음. 〈근대와 전근대가 겹쳐 있는 사유〉 지구가 둥글지만 하늘이 돌고 있다는 인식으로 근대적 지구자전설에 가까우면서도 한계를 가짐. |
| 47 | 담천 | 지구자전설과 천동설 등 천체의 운행을 서학과 동학의 관점에서 고찰. 그러나 『주역』에 기초한 전근대적 해석을 함으로써 시대적 타협을 보이고 있음. 〈근대적 관점과 전통의 관점의 절충〉 |
| 48 | 천수지전 | 하늘을 따라 지구가 돌아감(주자). 〈근대와 전통과의 혼효〉 하늘과 지구가 동시에 돈다면 지구는 떨어질 것이라는 관점. |
| 49 | 천지남북 | 하늘의 남쪽과 북쪽. 천체에 대한 전통적인 견해를 보임. 〈전근대적 사유를 지님〉 |

| 50 | 무혜성 | '혜성을 어루만짐'이라는 뜻으로 해석. 주자 해석을 비판하고 있음. 유향(劉向)의 혜성에 관한 해석을 긍정하고, 주자의 해석을 비판한 것으로 판단됨. |
| 51 | 귀여어종 | 주자가 당의 공영달(孔穎達)의 역법을 잘못 이해한 것을 비판함. |
| 52 | 월려필 | 달이 필성(畢星)에 걸쳤다는 『시경』의 기록을 과학적으로 증험하여 사유해 보고자 함(경학 사상도 담겨 있음). |

〈표 4〉의 내용에서 이미 고찰하였듯이, 서학의 영향을 받고 있던 측면을 그의 천문관과 우주관에서 잘 드러내 주고 있다. ① 「천지문」에서 이익의 우주관은 천문천대·담천 항목을 통해 자세히 보여 주고 있다. 전통적 우주관으로 성호 당대까지도 개천설과 혼천설이 있었다. 개천설은 '천원지방'이라는 전통적 천체관이고, 혼천설은 달걀의 노른자처럼 땅이 둥글게 우주의 중심에 위치하고 둥근 하늘이 그 둘레를 감싸는 모양이라는 학설이다.

성호학파 가운데 이익을 제외한 윤동규, 신후담, 이병휴, 안정복 등은 우주관에는 깊은 관심을 갖지 않았던 것으로 이해되고, 따라서 모두 개천설에 대해 의문을 제기한 기록이 보이지 않는다. 그러나 이익은 담천의 항목에 팔가(八家)의 우주관을 소개하고 있는데, 『서경집전(書經集傳)』에 개천설·혼천설·선야설(宣夜說) 등이 기록되어 있고, 『이아소(爾雅疏)』에는 채침(蔡沈)의 3개 설 외에 흔천설(昕天說)·궁천설(穹天說)·안천설(安天說) 등과 합쳐 6개의 설을 기록하고 있다. 또한 팔가를 소개한 『관상완점(觀象玩占)』에는 이 6가지 설에 방천설(方天說)과 사천설(四天說)이 추가되어 있다. 결국 이익은 이들 『서경집전』, 『이아소』, 『관상완점』의 설을 종합적으로 적용해야 우주관이 성립된다고 이해하였다.

② 지구 구형을 다룬 항목으로는 방성도·성토탁개도 등이 있다. 이익은 아직 지구의 인력에 관한 정보를 접하지 못하였던 당시임에도 불구하고

서양 학설을 빌려 땅의 위와 아래에 사람이 살고 있다고 이해하였다. 이익보다 한 세대 앞선 대표적 인물로 김시양(金時讓, 1581~1643), 김시진(金始振, 1618~1667) 등은 지구의 위와 아래에 사람이 살 수 없다고 하였다. 그런데 이익은 개미가 계란 위아래에 붙어서 돌아다니는 것처럼 인간도 지구 위아래에 살 수 있다는 가설을 제기한 남극관(南克寬, 1689~1714)을 함께 비판하면서 지심론(地心論)으로 설명하고자 하였다. 그는 지구 항목에서 '지심(地心)'에는 상하와 사방에서 모두가 안으로 쏠려 들어오는데, 지구처럼 커다란 것이 중앙에 걸려 있으면서 조금도 움직이지 않음을 보아 추측할 수 있다는 견해를 피력하였다.

③ 지전(地轉)을 사유한 항목으로는 앞에서 다룬 담천·천문천대 등이 있다. 굴원은 「천문(天問)」에서 우주에 대한 의문을 제기하였고, 이에 대한 답변을 겸하여 유종원(柳宗元)은 「천대(天對)」를 쓴 일이 있다. 그러나 이들보다 먼저 장자(莊子)가 「천운편(天運篇)」에 우주에 대한 의문, 즉 지동(地動)이냐 지정이냐를 잘 표현했다고 이해하였다.

이익은 담천 항목에서 "성진천의 둘레가 50만 리나 되어 너무 커서 하루에 한 번씩 돌기가 어려우리라"고 말하고, 이어서 "배를 타고 가면 배가 앞으로 가는 것이 아니라 산이 뒤로 가는 것처럼 보인다."라는 비유를 들어 지구 자전을 사유하였다. 그러나 그는 다시 천문천대 항목에서 결국 "비록 이 이론이 이치가 있지만 『주역』에 하늘은 끊임없이 움직인다고 했으니 이것이 믿음 직하지 않을까?"[15]라고 직답을 회피하고자 하였다. 이어 그는 "성인은 모르는 것이 없으니, 이 한마디야말로 믿을 만하니, 따라서 이를 좇겠다."[16]라는 결론을 맺고 있다.

그런데 지전설과 관련하여 안정복의 『성호사설유선』에서의 기사 취급 의도랄까 아니면 목적이 숨어 있는 측면도 없지는 않다. 『성호사설유선』

에서는 단호하게 지전설을 부정하는 기사가 머리에 실려 있다.『성호사설유선』「담천」조에 '천행건(天行建)'을 내세우면서 지전설 부분은 전부 삭제한 것이다. 그리고 지전설의 가능성을 사유한「천문천대」조와「천수지전」조는 아예『성호사설유선』에서 누락시키고 있다.■17

④ 역산(曆算)은 동아시아 전통 사회에서는 가장 중요한 분야에 속한다. 17세기 중국에서 들어온 서양의 역산은 중국과 조선에서 그 정밀성 또는 정확함 때문에 찬사를 받는 커다란 영향력을 발휘하였다. 이익은 시헌력·역상 항목에서 서양력인 시헌력(時憲曆)만이 일식과 월식 등을 정확히 예보해 낼 수 있다고 이해하였다. 다만, 시헌력은 하늘의 운행 도수를 계산하기보다는 사람의 눈으로 볼 수 있는 것만을 근거로 하였으므로 인력(人曆)이지 천력(天曆)은 아니라는 해석이다. 그래서 그는 음양가들은 천수(天數)를 점치기 위해 시헌력보다는 대통력(大統曆)을 사용한다고 이해하였다.

이러한 측면 외에 근대적 사유를 하였던 항목으로 대표적인 것이 일천지행·천문천대·천원지방 등인데, 일천지행은 태양과 하늘과 지구의 둘레를 계량적으로 추측해 보려는 과학 정신을 보여 주고 있고, 천문천대에서는 지구 자전의 가능성을 사유하고 있으며, 천원지방은 지구가 네모지지 않다는 사실을 실험적 고찰을 통해 증험하려 하였다. 그리고 신분제 문제를 고찰한 조명은 임금과 재상만이 세상을 만드는 것이 아니라 사서인(士庶人)도 운명을 만들 수 있다는 인식을 보인다. 기타 근대적 사유에 접근하고 있는 항목의 서술로는 단기강역·성토탁개도·구중천·중서력삼원·시헌력·지후 등이라고 할 수 있다.

## (2) 자연 질서

⟨표 5⟩

| 연번 | 항목명 | 내용 |
|---|---|---|
| 1 | 일구 | 해시계를 통해 열대와 한대의 중간 지점을 하고자 함. |
| 2 | 태음 | 달의 위치에 따라 달라지는 자연재해를 고찰함. |
| 3 | 지진풍뢰 | 자연 질서인 지진과 바람과 벼락 등을 미신적으로 이해. |
| 4 | 재이① | 재이를 인간과 결부시키는 것은 잘못이며, 자연 현상으로 그것을 인간 세상에 잘 적용해야 함을 강조. |
| 5 | 재이② | 중국과 조선에서 일어난 천재지변의 사례를 모아 고찰함. |
| 6 | 작두모탈 | 자연 현상을 새의 털갈이와 비교하여 설명함. |
| 7 | 일일칠조 | 하루에 일곱 번씩 조수가 일어나는 현상을 설명하면서 『직방외기(職方外紀)』 소개. 『곤여도설(坤輿圖說)』 소개. |
| 8 | 급풍번엽 | 바람과 비와 같은 자연 현상을 생태계와 비유함. |
| 9 | 우 | 비의 생성 과정을 합리적으로 고찰함. |
| 10 | 뇌진 | 천둥과 벼락의 이치를 설명하고, 빛과 소리의 흐름을 전통적 지식으로 고찰함. |
| 11 | 홍예음수 | 무지개의 현상을 빛과 물의 흡수로 이해한 것을 고찰, 그러나 무지개에 창자가 있다는 주자의 주장을 비판함. |
| 12 | 노결위상 | 이슬이 얼어 서리가 됨을 과학적인 안목으로 이해함. |
| 13 | 설화 | 눈송이를 과학적으로 고찰함. |
| 14 | 팔방풍 | 계절 또는 풍향 바람의 하나로 지식 정보로 설명함. |
| 15 | 천맥 | 물의 흐르는 이치를 샘의 맥으로 고찰함. |
| 16 | 수단지함 | 물줄기가 끊어지고 땅이 꺼지는 이치를 고찰함. |
| 17 | 죽통인수 | 대나무 통으로 물을 위로 끌어올리는 이치를 과학적으로 설명함. |
| 18 | 박 | 우박의 생성 이치를 합리적으로 고찰함. |
| 19 | 영풍 | 태풍을 전근대적으로 인식하면서 용의 장난으로 이해하는 한계를 보임. |
| 20 | 모재론천재 | 김안국이 천재를 논한 것에 대한 견해를 표명함. |
| 21 | 동온하량 | 땅의 기운 때문에 겨울에도 따뜻하고 여름에 서늘할 수 있다는 고찰이 뛰어남. |
| 22 | 백홍관일 | 무지개의 이치를 논함. 그러나 무지개의 특이한 현상을 재이와 연관지어 국치와 연결시키고 있음. |
| 23 | 조석 | 한백겸(韓百謙)이 동해에 조석이 없음을 사람의 혈맥에 비유한 것은 잘못이라고 비판함. 하늘과 태양과 달의 운행에 의해 영향을 받고 있다고 주장함. |

| 24 | 수종 | 바다의 '파고(波高)의 현상'을 속칭하는 말. 수고의 설명을 지구의 둥글다는 것에서 비유. 지구 원구(圓球)를 확실하게 사유하고 있음. 제염업의 입지 조건도 함께 고찰함. |
|---|---|---|
| 25 | 괴풍폭우 | 바람이나 폭우와 같은 자연적 질서에 대한 전근대적 이해. |
| 26 | 목빙 | 전한 시대 유향(劉向)의 『오행전(五行傳)』 기록을 근대적 실험과 사유로 증험한 사례. 나뭇가지에 얼음이 어는 이치를 배나 감이 언 것은 찬물에 담가서 변화하는 이치로 실험한 사실을 고찰. 〈근대적 인식〉 |
| 27 | 박초풍 | 바다에서 불어오는 바람으로 중국에서는 박초풍, 조선에서는 강소풍이라고 이해한 고찰. |

〈표 5〉의 내용에서 이익은 지구의 자연 질서에 관심을 가지고 고찰하고 있다. 지진에 대해 이익은 수단지함의 항목에서 견해를 밝히고 있다. 그리고 천맥·죽통인수의 항목에서는 땅속에서 물길의 흐름과 물의 균형 등을 고찰하였다. 조석에 대해서는 조석 항목을 통해 서양의 이론과 자신의 견해를 피력하고 있다. 특히 이 항목에서는 아리스토텔레스(亞利斯多)를 소개하기도 한다. 그리고 조석은 달에 따라 그 시간이 결정되고 해에 따라 그 성쇠가 좌우된다면서, 이는 페르비스트(Verbiest, 南懷仁)의 『곤여도설(坤輿圖說)』에 의해서도 증명된다고 밝히고 있다.


### (3) 자연물

〈표 6〉

| 연번 | 항목명 | 내용 |
|---|---|---|
| 1 | 오성취정 | 소금을 다룸. |
| 2 | 염 | 소금의 생성과 이치를 고찰함. |
| 3 | 뇌부 | 벼락이 친 뒤에 만들어진 도끼로 해석. 〈전근대적 인식〉 |

〈표 6〉의 내용에서는 소금의 생성과 이치에 특히 관심을 보이고 있다. 오성취정·염 항목에서는 소금의 이치와 생성 과정을 자세히 고찰하고 있

다. 이익이 소금에 관심을 갖게 된 측면은 여러 가지가 있겠지만, 모든 음
식을 소금에 절인 탓에 그를 찾아온 문객들이 입에 맞지 않아 손수 반찬을
준비해 방문했다는 스스로의 회고담이 있다. 이 회고담에서 엿볼 수 있듯
이 그가 매일 먹는 소금에 대해 관심을 갖게 된 한 가지 동기가 바로 염 항
목의 설정으로 드러난 것이 아닌가 추측된다.

## 4) 강역 및 지리의 중요성

〈표 7〉

| 연번 | 항목명 | 내용 |
|---|---|---|
| 1 | 지도묘사 | 선비도 지도 그리는 방법을 알아야 한다고 강조. |
| 2 | 흑룡강원 | 우리 민족의 젖줄의 시원을 파악하려 한 측면이 엿보임 |
| 3 | 철령위 | 민족의 강역 의식이 강하게 투영되어 있는 내용을 담음. |
| 4 | 흥경 | 파저강(婆猪江) 위치의 중요성에 관심을 둠. |
| 5 | 동국지도 | 지도의 정확성을 지적. 대마도가 우리 땅임을 인식. 중국 동북 지역의 지질적 환경을 한족과는 다른 역사로 그려 보고 있음. 정상기(鄭尙驥)가 그린 지도를 소장하고 있음을 알 수 있는 기록. |
| 6 | 호로항구 | 파저강의 요충지로 청의 발상지 부근에 주목하고 있음. |
| 7 | 장령흑룡 | 장령과 흑룡강 사이의 지역에 각별한 관심을 가졌음을 알 수 있음. 원나라도 침범하지 못한 지역으로 중요한 요충지임을 피력. |
| 8 | 동국지맥 | 우리나라 지맥의 유래를 고찰함. |
| 9 | 석굴 | 우리나라 동굴을 고찰함. |
| 10 | 서관 | 3대 조선 왕조의 터. 조중 국경 지역인 철령 지역을 자세히 고찰함. |
| 11 | 고려주군 | 고려의 주와 군에 대한 간략한 설명(지리 고증을 통한 민족적 의지를 표출). |
| 12 | 두만쟁계 | 두만강을 중심으로 국경을 고찰함. |
| 13 | 고죽안시 | 고죽국(孤竹國)의 안시(安市)를 줄인 말로 그 유래를 기록함. |
| 14 | 관중 | 지리적 요충지임을 고찰함. |
| 15 | 해랑도 | 중국에 있던 해랑도의 역사를 고찰함. |
| 16 | 여진 | 여진을 매우 합리적이고 객관적으로 고찰함. 우리 민족과의 연관성을 항상 염두에 두고 있음을 엿볼 수 있음. |

| 17 | 오국성 | 중국 금나라 때의 성곽, 토문강(土門江)과 백두산에 관한 사실 등을 자세히 고찰함. |
|----|--------|--------------------------------------------------------------------------|
| 18 | 가도 | 우리나라의 삼화현(三和縣)에 속한 섬으로 민족적인 의지를 드러냄. |
| 19 | 명지남경 | 수도의 중요성을 고찰, 진·한 이전에는 중국과 이족의 활동 경계는 있었으나 각각 다른 역사를 전개하였음을 고찰함. |
| 20 | 패산 | 패수(浿水), 취수, 미추홀(彌鄒忽) 등의 고지명을 고찰함. |
| 21 | 동삼성 | 영고탑, 오랄, 애호의 성을 합하여 부르던 명칭이라고 이해함. |
| 22 | 백두산 | 백두산정계비와 윤관(尹瓘)의 정계비를 고찰. 우리 민족이 중국 북동부 국경을 중심으로 한 영토 의식이 부족한 데 대한 아쉬움을 피력함. |
| 23 | 윤관비 | 설정 지역을 두만강 북쪽 지역으로 추정하고, 고구려비(광개토왕비)가 있었음을 고찰함. |
| 24 | 서도관액 | 지리적 요충지로서 서도(西道)의 역할을 고찰함과 동시에 강과 산맥도 고찰함. |
| 25 | 폐사군 | 폐사군 지역의 역사적 비정 고찰. |
| 26 | 신라시말 | 「고려사」, 「지리지」 등을 검토하여 신라의 시말을 고찰함. |
| 27 | 삼한금마 | 최치원(崔致遠)의 저술을 통해 삼한(三韓)의 역사를 고찰한 그의 설을 긍정한 글로서 역사의식이 뚜렷함. 왜냐하면 최치원의 학설을 무시하는 다른 학자들의 견해를 비판, 최치원은 당시의 인물임을 비정함. 「후한서」, 「신당서」, 권근(權近)의 저술을 고찰함으로써 역사의식이 크게 드러남. |
| 28 | 조선사군 | 한사군(漢四郡)에 대한 고찰로 조선사군(朝鮮四郡)이라 칭하고자 함. 사군의 위치를 요하(遼河) 부근으로 비정함. 특정 지역보다는 현치(縣治)라는 넓은 범주의 차원에서 지명권을 이해하고자 함. |
| 29 | 생숙여진 | 중국 동북 지역을 타 민족의 활동 영역으로 이해하여 여진족의 활동 영역을 고찰하며, 요하 지역과 백두산·장백산 등지에서 청나라 종족이 발생한 것을 고찰함. 일본의 북쪽 땅은 호지(胡地)와 연결되고 있음도 첨부함. |
| 30 | 공험비 | 공험진(公嶮鎭)의 비를 통해 우리 국경 지역의 역사적 지리를 비정함으로써 민족의식을 강하게 드러냄. |
| 31 | 요계시말 | 요계(遼界)의 시말을 통해 요하 지역의 변천을 고찰함으로써 우리나라 고유 영토 수복의 이상을 넌지시 보임. |
| 32 | 울릉도 | 일본이 울릉도를 자기 땅이라고 주장하는 데 대해 대응하는 방법 논리를 제시함. 그리고 그 부속 도서도 당연히 우리 땅임을 주장. 울릉도와 우산도 두 섬이 우리의 땅임을 안용복(安龍福) 사건으로 명백히 인식하고 있음을 엿볼 수 있다. 대마도를 잃은 것에 대해서도 한탄함. 국가 영웅을 죄인으로 대접하는 조정의 정책을 비판하고 있음. |
| 33 | 제주 | 제주에 관한 몇 가지 역사적 지명 연혁을 고찰함. |
| 34 | 화령 | 국가 이름의 유래를 고찰함으로써 민족의식을 드러냄. |
| 35 | 조석천 | 문경현(聞慶縣)의 밀물샘이라는 샘물의 지속적 솟음의 원인을 고찰함. |

| 36 | 일만이천봉 | 일만이천봉의 명칭 유래는 일만이천 보살을 설파한 화엄경의 기록에서 유래. 금강산의 원래 이름도 '풍악산(楓嶽山)'임을 고찰함. |
|---|---|---|
| 37 | 제잠 | 우리나라를 달리 일컫는 말로 고찰. 제는 '메기'로 해석. |
| 38 | 사한천 | 내[川] 이름. 정릉 동북 쪽에 있던 내로 지금은 거의 사라져 기록이라도 남겨 두어야겠다는 의지를 보인 것임. |
| 39 | 천하수세 | 흑룡강을 황하강과 같은 크기로 비유. 이 지역에서의 나온 인물이 중국을 지배할 운세가 있을 것임을 기대함. |
| 40 | 여국 | 『직방외기』 소개. 풍속 소개(서학의 정보 이해). |
| 41 | 백두정간 | 백두산의 큰 줄기를 이어 태백산과 소백산, 그리고 지리산을 풍수지리로 해석하여 영남의 인물이 우리 민족의 보고임을 풍수지리학적으로 설명. 퇴계와 남명은 물론 향후 중요한 인물이 여기에서 탄생하게 됨을 역설함. |

〈표 7〉은 이미 고찰한 〈표 2〉의 내용인 우리 고대사의 연장선에서 강역에 관심을 표명한 것들이다. ① 우리 민족의 젖줄의 시원을 장령과 흑룡강 사이로 이해한 항목으로 흑룡강원·장령흑룡이 있다. 또한 천하수세 항목에서는 두 항목의 관심보다 더 깊이 있게 드러내고 있는데, 흑룡강을 황하강과 같은 크기로 비유하여 이 지역을 중심으로 새롭게 등장한 인물이 다음 중국을 지배할 운세가 있을 것임을 은근히 바라고 있다.

한편, ② 지도에 관심이 높았던 이익은 지도묘사 항목에서 선비도 지도를 그릴 줄 알아야 한다는 인식을 보여 준다. 그리고 동국지도 항목에서는 대마도가 우리 땅임을 주장하고, 정상기가 그린 지도를 소장하고 있음을 밝히고 있다.

③ 호로항구 항목에서는 청나라의 발상지 주변에 관심을 보이고 있다. 지리적 입지와 인물의 연계성에 관심이 높았던 그는 이 지역에서 새로운 역사의 주인공이 등장할 것으로 사유해 보는 기록이 문인들과의 서찰 왕래를 통해 드러난 사실이 있다. 한편 그의 풍수지리적 관념과 인물과의 연계적 이해는 백두정간 항목에서도 읽히는데, 백두산을 큰 줄기로 태백산맥과 소백산맥을 그리면서 지리산을 풍수지리로 해석하여 영남의 인물이

우리 민족의 보고임을 은근히 표출하고 있다.

④ 두만쟁계·가도·윤관비·조선사군·울릉도 항목에서는 우리 역사상의 강역과 그 경계권을 고찰하고 있다. 특히 조선사군 항목에서는 한사군을 '조선사군'으로 명명하고, 그 지역을 요하 부근으로 해석하면서 현치(縣治) 중심의 넓은 권역을 설정하여 이해하고자 하였다. 즉 조선사군의 범위가 넓은 범주임을 밝혀 한나라의 지배 권역이 극히 제한적이었음을 고증하고자 한 측면이 높다.

⑤ 이익은 중국 동북 지역의 역사 전개에 큰 관심을 가져, 생숙여진·요계시말·조선사군·여진·동삼성의 항목 서술에서는 다른 종족의 역사 활동을 통해 우리 역사와 관련지으려는 의식을 투영시키고 있다. 또한 울릉도 항목의 고찰에서는 울릉도가 자국 땅이라는 일본의 주장에 대응하는 논리를 제시하고 있으며, 안용복을 국가 영웅으로 인식하면서 그를 죄인으로 취급한 조정의 정책을 비판하고 있다.

⑥ 여국 항목은 이익의 서학 이해를 보여 주는 대표적인 내용을 담고 있다. 『직방외기』의 내용을 설명하고 있으며, 여국(女國)의 자세한 내용을 고찰함으로써 당시 서양에서도 여국에 관한 정보가 널리 퍼져 있었다는 사실과 맞닿아 있다.

## 5) 전통 유학 사상과 민속과의 관계

〈표 8〉

| 연번 | 항목명 | 내용 |
|---|---|---|
| 1 | 태미천시 | 천문 자리를 궁중, 행정부, 왕명출납, 시장 등으로 분류·비유하여 시장의 중요성을 매우 강조함. |
| 2 | 육정육갑 | 주역의 육정(六丁), 육갑(六甲)을 민속과 관련지어 설명함. |

| 3 | 부열 | 사람 이름이었으나 중매하는 신으로 상징되어 감. |
|---|---|---|
| 4 | 삼원갑자 | 우주의 나이, 땅의 나이, 나무의 나이, 인간의 나이 등을 들어 소강절(邵康節)의 『황극경세서(皇極經世書)』나 술가들의 학설 등이 모두 허황된 내용임을 고찰. |
| 5 | 태을술 | 육갑의 방법으로 각국의 사건이나 일을 점치는 점술가의 술을 비판함. 〈근대적 사유로 이해됨〉 |
| 6 | 재상 | 재난을 예고하는 상서로움의 일컬음이라고 이해. |
| 7 | 수세대운 | 물의 흐름과 방향을 주역과 관련지어 설명하고자 함. |
| 8 | 배천배제 | 자연 질서와 그 질서의 주제와 주재자를 연관시켜 이해함. |
| 9 | 선후갑경 | 음양 학설에 의한 민속적 내용 설명. |
| 10 | 수간미곤 | 『천문략』을 읽었음을 알 수 있는 기록임. 하늘과 별의 이치와 움직임을 강과 강의 흐름에 연결시킴. |
| 11 | 비양도 | 제주도의 섬 이름 중 하나로 이해하고 있으며, 전통적 지식과 사유의 한계를 드러냄. |
| 12 | 구진등사 | 하늘의 신(神)인 구진(句陳)과 땅의 신인 뱀을 고찰한 이해. |
| 13 | 한세오년 | 기후와 정치를 연결시켜 이해함. |
| 14 | 양구백육 | 주역과 역법을 연관시켜 고찰함. |
| 15 | 노인성 | 노인성의 출현과 정치적 사건의 연관성을 고찰함. |
| 16 | 일남지 | 동지에 태양이 남쪽 끝까지 갔다는 『춘추』의 자세한 기사를 고찰해 냄. |
| 17 | 용집 | 별의 움직임을 고찰하여 용집의 의미는 "세성(歲星)이 따른다."라고 풀이하고 있음. |
| 18 | 월기 | 매달 기(忌)하는 날(5일, 14일, 23일)은 나들이하기에 좋지 않다는 속설을 소개하고자 함. |
| 19 | 두병 | 북두칠성 자루 방향의 고찰을 통해 달을 알 수 있다는 학설을 소개함. |
| 20 | 자묘 | 방술(方術)을 비판한 고찰, 방술은 점술, 점성, 의술을 통틀어 일컫던 말로 이해하고자 함. |
| 21 | 두우검기 | 불두칠성 중 두(斗)와 우(牛)에 검(劍)의 기운이 돈다는 속설을 고찰함. |
| 22 | 나풍미민 | 신라 골품 제도와 영남 지방 양반 사족들의 결혼 방식 및 유교적 태도로 이해함. |
| 23 | 천중 | 꿈속에서조차 5월 5일이 천중(天中)이 되는 까닭을 깨닫고 적어 놓은 글을 정리한 고찰. |
| 24 | 조선득세 | 임진왜란 때 원정군으로 온 명나라 관리 원황권(袁黃勸)이 오행설을 바탕으로 일본군을 이길 세(歲)를 설명했다는 사실을 상기시킴으로써 우리나라 사람들의 무지를 비판함. |
| 25 | 팔궁비복 | 주역의 괘효(卦爻)에 대한 해석. |
| 26 | 납갑 | 주역의 괘효에 간지(干支)를 붙여서 풀이한 음양술수법을 고찰함. |

| 27 | 영남속 | 빈천한 선비가 살 곳을 영남 지역으로 동경. 신라의 골품제, 세족(世族)을 동경함. 한성과 경기 지역은 벼슬을 하지 않음으로 인망(人望)을 평가하고 있는 것을 비판함. |
|---|---|---|
| 28 | 칙원획괘 | 『주역』 하도(河圖)에 관한 고찰. 구양수(歐陽修)가 도서(圖書)를 믿지 않음에 대한 고찰. 구양수의 견해를 적극 긍정도 부정도 하지 않고, 주자에게 견해를 묻겠다며 간접적으로 주자를 비판함. |
| 29 | 김해속 | 경기 지역의 일상 언행은 이해관계를 벗어나지 않는다고 생각. 그러나 영남의 풍속은 다르다고 평가, 특히 향당(鄕黨)이 버리는 자는 죽여도 좋다고 할 정도로 강한 태도를 취함. |
| 30 | 물각태극 | 태극 이론을 통체태극(統體太極)과 만수태극(萬殊太極)으로 분류, 만물의 태극으로서의 존재와 각 개체에서의 나누어져 있는 태극을 '앵자속(罌子粟: 앵두와 앵두 속의 알)'의 한 덩어리 속에 들어 있는 천백 개의 낟알로 비유함. |
| 31 | 덕운 | 오행설에 의한 왕조의 흥업을 전망하는 고찰. |
| 32 | 귀신 | 정주 경학의 범주에서 귀신을 고찰, 이해함. |
| 33 | 산가술 | 점치는 방법을 논함. 지리에 관한 중국 신서(新書)가 들어오면서 '坐'를 위주로 하던 풍수설이 '向'을 위주로 한다는 추세가 자신의 생각과 우연히 일치함을 자랑스럽다고 생각한 듯함. |
| 34 | 칠십이후 | 절후를 72가지로 나누어 자연 현상과 인간사를 설명하려 함. |
| 35 | 운한 | 별 기운이 모인 곳을 일컫는 용어. 『시경』, 『주역』의 단사(象謝)와 상사(象辭) 등을 별의 기운과 연결시켜 해석하려 함. |
| 36 | 영광중변이 | 마귀나 방술, 귀신에 대한 전통적 관념을 갖고 있음. 〈전근대적 인식〉 |
| 37 | 수근목간 | 신라와 고려에서 흑청색(黑淸色)을 숭상하는 풍습은 우리나라의 근원적 풍속이 아니라 흰색으로 인식해야 함을 비유적으로 기자(箕子)를 인용한 논문. |
| 38 | 한도 | 풍수지리설에 입각한 산맥과 강을 고찰한 것임. |
| 39 | 양남수세 | 영남과 호남의 풍수를 비교하여 호남의 풍수를 좋지 않게 평가함. 〈전통적 사고〉 전통적 경학의 사유에 사로잡힘. |
| 40 | 간지 | 선진 경학의 사상을 보임. 간지를 문왕(文王)과 주공(周公)이 지은 것으로 이해함. |
| 41 | 합장 | 『예기』의 합장은 공자의 견해로서 주자는 이미 당대에 공자의 예제(禮制)를 버렸다고 이해함. |
| 42 | 목성토쇠 | 나무가 성하면 흙이 쇠한다는 속설은 잘못된 것이라고 비판함. |
| 43 | 지경 | 땅의 기운을 담은 빛나는 물체로 추정. |
| 44 | 풍기유전 | 처첩의 법에 관한 내력을 기록함. |
| 45 | 조물기명 | 조물주가 사람의 명예를 시기한다는 속설을 합리적으로 고찰함. |
| 46 | 살생제천 | 제사에 희생물을 바치는 행위가 미신에 불과하다는 해석. |

| 47 | 인면박 | 자연 현상과 인간 사회를 간접적으로 관련시킨 내용. |
|---|---|---|
| 48 | 성취생현 | 특정한 몇 해 동안 뛰어난 인물들이 별이 모이는 시기와 함께 출생하였음을 고찰함. |
| 49 | 악종서방 | 음악과 정치의 연관성을 고찰. 서방(서학) 음악의 영향을 이해. |

〈표 8〉의 내용은 경학과 전통 민속에 관해 고찰한 항목들이다. ① 삼원 갑자·태을술·자묘의 항목에서는 점술가나 방술의 이론을 비판하였고, ② 일남지·팔궁비복·납갑 ·칙원획괘·귀신 ·운한·간지·합장의 항목은 이익의 경학 사상을 보여 주고 있다. 그런데 합장 항목에서 그는『예기』의 합장은 공자의 견해로, 주자는 이미 당대에 공자의 예제를 버렸다고 이해 하고 있다. 주자 부모의 묘는 서로 100리나 떨어진 곳에 만들어졌다는 사 실을 예로 들면서. 주자가 부모 산소를 그렇게 쓴 이유는 시세가 그리 되었 을 뿐이라는 해석이다. 그리고『시경』의 "살아서는 집을 달리했지만 죽어 서는 구덩이에 함께 묻히리로다."라고 했다는 주장을 인용하고 있다.

③ 영남속·김해속·나풍미민의 항목은 영남 지방의 민속을 고찰하고 있 고, ④ 살생제천 항목은 제사를 지낼 때 희생물을 바치는 의례는 미신이라 고 비판하고 있다. ⑤ 한도·양남수세 항목에서는 풍수지리설에 입각하여 산맥과 강, 영남과 호남의 지세를 고찰하고 있다. ⑥ 기타 인면박 항목에 서는 사람과 자연 현상을 관련시켜 설명하고, 악종서방 항목에서는 서학 의 영향이 미친 내용을 담고 있으면서 정치와 음악의 관련성을 해석해 내 고 있다.

## 6) 신분제 문제

〈표 9〉

| 연번 | 항목명 | 내용 |
|---|---|---|
| 1 | 조명 | 오늘날 우리나라 풍속은 종족을 차별하여 노예와 하천(下賤)은 수백 대를 내려가더라도 부귀영화를 누릴 도리가 없고, 경재상(卿宰相)의 가문에서는 천치 바보도 등용되니, 통탄할 일이라고 현행 신분 제도를 비판함. |
| 2 | 오방신 | 오방신(五方神)의 고찰을 통해 법제도와 예제, 규구(規矩), 권형(權衡), 역법 등의 시원을 살피려 하였음. |

〈표 9〉의 내용에서는 신분제에 대한 이익의 견식을 보여 주고 있다.

① 조명 항목에서는 '시세를 만나 인력이 참여되는 것'과 세상을 만들어 나가는 것은 조명(造命)의 역할이 매우 중요하다고 인식하고 있다. 또한 그는 조명이란 시세를 만나 인력이 참여되는 것으로 이해하고 있다. 사실 임금과 재상이 운명을 만들지만 사서인(士庶人)도 운명을 만들 수 있음을 피력하면서, 만세의 일을 묵묵히 생각해 보면 많은 부분을 이러한 길이 차지하고 있는데, 귀천의 한 가지만 보더라도 충분히 그러한 측면을 엿볼 수 있다고 해석한다. 오늘날 우리나라 풍속은 종족을 차별하여 노예와 하천(下賤)은 수백 대를 내려가더라도 부귀영화를 누릴 도리가 없고, 경재상의 가문에서는 천치 바보도 등용되니, 통탄할 일이라고 현행 신분제도에 대한 비판 의식을 드러내고 있다.

② 오방신 항목에서는 심의(深衣: 신분 높은 선비들이 입던 웃옷)를 통해 선진 경학의 문물을 비유하고 있다. 즉 이익은 심의를 어찌하여 법복(法服)이라고 말하는가 하면 "심의의 소매가 둥근 것은 규(規)를 상징하고, 옷깃이 모난 것은 구(矩)를 상징하며, 등솔기가 곧은 것은 승(繩)을 상징하고, 아래가 가지런한 것은 권형(權衡)을 상징한다."라고 고찰하였다. 그리고 저고리는 사시(四時)를 상징하고 치마는 12월을 상징한다는 것이다. 규구

는 저고리에 있고, 권형은 치마에 있으며, 곧은 등솔기가 아래위로 관통한 것은 귀천이 통용하는 복장이라고 해석하고 있다.

## 7) 중국 문물의 고찰

〈표 10〉

| 연번 | 항목명 | 내용 |
|---|---|---|
| 1 | 전하양사 | 황하와 회수(淮水)의 물줄기 변화를 고찰함. |
| 2 | 대류사 | 중국 서북쪽 사막의 연원을 고찰함. |
| 3 | 중토남북 | 진·한 이전에는 북방 문화가 선진(先進)이고, 한·당 이후는 남방 문화로 발전. |
| 4 | 성수해 | 중국 호수의 내력을 고찰함. |
| 5 | 남무동전서주 | 토지의 명칭으로 주(周)나라는 남무(南畝), 한(漢)나라는 동전(東田), 진(晉)나라는 서주(西疇)라고 칭하였음을 고찰함. |
| 6 | 하투 | 남중국의 남북 구획선의 요충지로 이해함. |
| 7 | 일행양계도 | 지도를 통해 중국의 산수를 이해함. |
| 8 | 봉국지제 | 중국 봉건제의 토지 규모를 서술함. |
| 9 | 아누산 | 곤륜산(崑崙山)의 다른 이름으로 해석함. |
| 10 | 위박 | 기억력과 통찰력이 뛰어난 위(衛)나라 사람을 고찰함. |
| 11 | 강하 | 중국 황하의 연원을 고찰. 〈민족〉「여지고(輿地考)」와 윤동규 소개. |
| 12 | 탁하 | 중국 황하의 위치와 흐름을 고찰함. |
| 13 | 풍취라대형 | 주자의 아들 묘소가 있는 곳. 풍수지리설에 의해 정한 것으로 이해. |
| 14 | 하원북류 | 중국의 강 흐름을 서쪽, 중국 쪽으로 나누어 고찰. 중국 최초의 어휘사전 『이아(爾雅)』의 기록을 비판함. |
| 15 | 염지 | 『금사(金史)』「식화지(食貨志)」의 내용과 정자(程子)의 문인의 견해가 맞는지를 의심하는 견해로, 소금 생산지역 여부의 고찰을 통해 사실 고증의 필요성을 제기함. |
| 16 | 원전 | 토지 제도의 하나로 '곧은 밭'을 일컬음. 상앙(商鞅)이 만든 제도. 주(周)나라의 땅과 제도를 진(秦)나라가 시행한 사실을 고찰. 선진 경학 사상이 담김. 경주부윤 이형상(李衡祥)이 경주에서 이 제도를 시행하려 하자, 관찰사가 오활하다는 비판으로 막은 것을 반비판함. |
| 17 | 장초 | 장초(章草)라는 어원을 고찰함. |
| 18 | 목석중자 | 글자 새김의 유래를 고찰. 돌과 나무에 글자가 새겨지는 내력을 고찰함. |

〈표 10〉의 내용에서는 중국의 강과 산세에 특히 주목하여 가장 큰 관심을 드러내고 있다. ① 전하양사·강하·탁하·하원북류의 항목에서는 중국 전 국토의 중심을 흐르는 강줄기를 고찰함으로써 수세(水勢)를 읽고자 하였음을 엿볼 수 있다. 특히 황화와 회수의 수세에 주목하고 있음을 알 수 있다. ② 중토남북 항목에서는 중국 문물의 흐름이 역사적으로 북방 문화에서 시작되어 차츰 남쪽으로 내려왔다고 이해하고 있다. 그리고 하투 항목에서는 남중국의 남북 구획선에 주목하여 그중심지를 고찰해 냈으며, 일행양계도 항목에서는 경험하지 못한 중국 전역의 산수를 지도를 통해 이해하고자 하였음을 보여 주고 있다.

③ 남무동전서주·봉국지제·원전의 항목에서는 중국의 토지와 토지 제도에 주목하여 중국 농업사에 관심을 드러내고 있다.


## 8) 중농주의 시각

〈표 11〉

| 연번 | 항목명 | 내용 |
|---|---|---|
| 1 | 위우궤전 | 토지를 보호하기 위한 제방에 관한 제도. |
| 2 | 수리 | 제방이나 보(洑)의 중요성을 인식. |
| 3 | 벽골제 | 벽골제의 역사를 고찰하면서 없애게 된 배경이 '민(民)'의 생재(生財)를 버리고 왕의 병을 위해서였다고 통탄함. |
| 4 | 한민명전 | 국가에서 밭의 소유를 제한해야 한다는 견해. |

〈표 11〉의 내용에서는 농업의 중요성에 대한 인식을 나타내고 있다. ① 위우궤전·수리·벽골제의 항목에서는 농사를 위해 제방과 저수의 중요성을 제시하고 있다. ② 한민명전 항목에서는 전지(田地) 소유의 제한을 주장하였는데, 자신의 균전론도 그러한 연장선에서 나온 것임을 밝히고 있

다. 특히 토호의 발호를 금지하고 국가의 효율적 지배를 위해 필요한 정책임을 강조하고 있다. 이러한 몇 가지 사실을 중농주의 시각으로 이해하는 문제는 향후 「천지문」 이외의 과제 고찰을 통해 통합적으로 해석되어야 할 성격이라는 사실은 당연하다. 다만, 「천지문」에서 네가지 항목을 가지고 결론적 중농주의로 이해하는 것은 아니라는 사실을, 다른 항목들의 해석이나 이해도 마찬가지임을 다시 밝혀 두고자 한다.

## 9) 일본에 관한 고찰

〈표 12〉

| 연번 | 항목명 | 내용 |
|---|---|---|
| 1 | 일본낙지 | 일본 본토 지역 외의 섬(일기도, 대마도 등), 여몽연합군의 패배를 기록함. |

〈표 12〉의 일본낙지 항목은 유일하게 일본에 관한 고찰을 설정한 것이다. 물론 앞에서 다룬 울릉도 항목에서도 일본에 관한 고찰이 내용에 포함되어 있다. 다만, 일본에 관한 사실을 서술하려는 항목 설정은 일본낙지 항목이 유일하다. 이 항목에서는 당대 조선과 지역적으로 가까운 지역에 대해 관심을 가지고 있었음을 보여 주고 있다. 그리고 여몽연합군이 일본에서 패한 사실을 기록하고자 한 측면은 역사적 사실에 대한 객관적 이해를 보여 주는 것이다.

## 10) 역사적 문헌의 중요성 인식

〈표 13〉

| 연번 | 항목명 | 내용 |
|---|---|---|
| 1 | 고려비기 | 우리나라 비기(祕記)에 대해 고찰하면서 그것이 결코 허황된 속설로 취급되어서는 안 된다는 인식을 보여 줌. |

〈표 13〉의 고려비기 항목 내용에서는 문헌의 중요성을 인식하고 있음을 엿볼 수 있다. 이익은 비기를 단순히 야사(野史)나 패설(稗說)로 이해해서는 안 된다는, 오래된 역사 자료 보전의 중요성을 확고히 인식하고 있다.

## 11) 인재 등용에 대한 지역 차별 문제

〈표 14〉

| 연번 | 항목명 | 내용 |
|---|---|---|
| 1 | 서관 | 서북 지역인에 대한 조선 정부의 차별 정책으로 교육 정책이나 인재 등용 정책이 매우 미흡함을 비판함. |

〈표 14〉 서관 항목에서는 서북인들에 대한 차별 정책을 비판하고 있다. 그렇지만 그러한 그의 시각은 경기 이남 지역 중심의 인물 중용 정책에 인습된 당대 조선 관료 및 학인들의 태도와는 차별성을 갖는 것이라는 이해이다.

## 4. 요약 및 결론

이상과 같은 각 항목마다 서술된 내용의 성격을 파악하기 위해서는 ① 18세기 조선의 자료 접근 한계, ② 성호 이익의 정보 습득의 한계, ③ 성호 이익 사유의 특성 등을 고려한 고찰과 함께, 『성호사설』에 담긴 학문적 성격과 사상은 「천지문」 한 분야만으로 결론 내릴 수 없는 한계를 지닌다는 것을 전제해야 한다.

그러므로 필자는 「천지문」의 항목과 내용을 검토하여 그 결과의 논점을 제시하는 주장은 나머지 「인사문」·「경사문」·「만물문」·「시문문」을 모두 고찰한 뒤에 결론지어야 할 성질의 것으로 잠정적인 수준에 그친다는 사실을 다시 한 번 밝힌다.

첫째, 항목의 구성으로 볼 때 이익은 한국사 내에서 우리 문물에 매우 관심이 높았다고 이해된다. 조선 시대가 정주 경학인 중국 문물의 지배라는 보편성 속에서 우리 문물을 다룬 비율이 44%나 된다. 이 비율은 각 항목마다 다루고 있는 중심 내용에 의한 것이므로 기타 부분적 내용을 감안한다면 더 높아질 수도 있다.

둘째, 백과전서류답게 다양한 학문 분야에 걸쳐서 항목이 구성되어 있다. 비록 근대적 관점의 분류로 과학·지리·민속·역사·유학 분야가 항목의 대부분을 차지하지만, 정치·경제/산업·사회·국방·어문·예술·향토 분야에 해당되는 항목들도 몇 개씩은 다루고 있다. 이 같은 분류는 본문에서도 언급하였듯이 근대적 관점에서 한 번 시도한 것임에 불과하다.

셋째, 내용을 중심으로 분석해 볼 때 이익은 삼국 이전의 우리 역사에 관심이 높았음을 알 수 있다. 단군과 기자를 고찰한 항목인 단기강역·동방인문·조선지방 등에서는 단군과 기자의 역사, 단군 문화 및 기자 문화, 단군과 기자가 차지하고 있던 지명 등에 주목하고 있다. 또한 기지아동·화계 등에서는 고조선의 지명 및 제도 명칭의 자취를 고찰하고 있으며, 특히 병영·선비산맥의 항목 서술에서는 순임금을 동이인(東夷人)으로 이해하여 그가 12주를 권역으로 다스릴 때 병주(幷州), 영주(營州)가 고조선 지역

내에 있었을 것임을 추론하고 있다.

넷째, 내용을 중심으로 분석해 볼 때 우리 강역의 범주와 역사에 특히 주목하고자 한 것을 확인할 수 있다. 이익은 강역과 지리의 중요성에 주목하고 있었음이 특징인데, 본문에서 고찰한 바와 같이 무려 41항목에서 우리 강역과 지리의 중요성에 관심을 두고 서술하고 있다. 당시 중국 지역 가운데 우리 민족의 기원 또는 젖줄로 장령과 흑룡강 사이(흑룡강원·장령흑룡)와 압록강과 백두산 부근 지역에 특히 주목하고 있었음을 엿볼 수 있다.

다섯째, 내용을 중심으로 분석해 볼 때 사상적으로 근대적 사유에 들어선 측면이 높다고 이해된다. 「천지문」전체 항목에서 전통적 사유를 분명히 하고 있는 항목은 50~60여 항목에 불과하다. 다만 이들 항목에서도 당대 보편적 지식과 문헌의 한계를 감안하면 전통적 사유로 해석되는 항목은 더 줄어들 것으로 사료된다. 근대적 사유(예: 지구자전)에 들어선 항목의 내용으로는 서학의 영향을 받은 뒤에 저술된 것들이 주목된다. 이러한 항목은 28개로 추정되는데, 특히 천문 분야에 관심을 가진 것들이다. 물론 서학의 영향을 받아 고찰한 항목과 내용이 모두 근대적인 인식을 담고 있지는 않다.

여섯째, 여전히 전통적 지식과 사유를 가지고 있었던 측면도 있다는 이해이다. 앞에서도 검토하였듯이 전통 유학 사상과 민속을 관련시켜 고찰한 50여 개 항목의 내용은 전근대적 인식이 자리하고 있다고 해석된다. 특히 벼락이 친 뒤에 만들어진 도끼로 해석한 뇌부 항목이나, 태풍을 용의 장난으로 이해한 영풍 항목의 내용은 전근대적 인식을 보여 주는 대표적 사례이다.

일곱째, 중농주의적 시각을 보여 주는 항목들이 주목된다. 성호학과 대부분이 그렇듯이 이익도 중농주의 입장에 선 인물로 이해되고 있다. 기왕의 견해를 실증으로 보여 주는 항목으로는 위우궤전·수리·벽골제·한민명전 등을 들 수 있다. 물론 이러한 네 항목만으로, 그리고 그것을 어떤 측면에서 중농주의로 해석해야 하는가 하는 문제는 이 과제를 벗어나 있음을 본문에서 누누이 밝힌 바 있다.

여덟째, 일본에 관한 고찰과 인재 등용의 차별 문제, 그리고 역사적 문헌 전승의 중요성에 관한 관심이다. 이익은 일본낙지 항목에서 일본 본토 지역 외의 일기도·대마도 등을 다루고 있고, 고려비기라는 항목에서는 우리나라 비기를 허황된 속설로 보아서는 안 된다는 문헌 자료에 대한 근대적 인식을 보여 주고 있으며, 서관 항목에서는 서북인들에 대한 조선 조정의 교육 정책이나 인재 등용 정책이 매우 미흡함을 비판함으로써 지역 차별의 전근대성을 폭로하고 있다.

1. 정석종, 1973, "이익의 성호사설", 『실학연구입문』, 일조각.

2. 강만길·이익성, 1981, "성호사설", 『한국의 실학 사상: 유형원 외』, 삼성출판사.

3. 강세구, 2003, "성호 이익과 성호사설", 『염소가 밭을 갈고 쌀을 심으면 싹이 난다』, 혜안.

4. 한우근, 1977, "성호사설해제", 『국역 성호사설』, 민족문화추진회.

5. 유천영, 2005, "성호 이익의 성호장(星湖莊) 연구", 『경기향토사학』 10.

6. 신병주, 2007, "실학파의 호수 성호 이익-성호사설", 『규장각에서 찾은 조선의 명품들 - 규장각보물로 살펴보는 조선 시대 문화사』, 책과함께.

7. 강명관, 2007, "한가하게 쓴 방대한 사전-이익의 성호사설", 『책벌레들 조선을 만들다』, 푸른역사. 이상의 연구는 『성호사설』을 백과사전으로 규정한 것이지만, 백과사전이라는 개념서로 규정하고 그에 맞춘 접근으로 그 체재나 내용을 구체적으로 다룬 연구 성과는 거의 없는 실정이다.

8. 박성래, 1985, "『성호사설』 속의 서양 과학", 『진단학보』 59; 임종태, 2003, "17·18세기 서양 과학의 유입과 분야설의 변화-『성호사설』, 「분야」의 사상사적 위치를 중심으로-", 『한국사상사학』 21; 한영호, 2004, "조선의 신법일구와 시학의 자취", 『대동문화연구』 47.

9. 유인희, 1985, "성호사설의 철학 사상-정주이학과 비교연구", 『진단학보』 59; 문철영, 1986, "성호 이익의 사회사상과 그 구조-『성호사설』을 중심으로-", 『한국전통사회의 구조와 변동』, 문학과지성사.

10. 서영대, 1999, "『성호사설』의 무제에 관한 기사", 『인하사학』 7, 정광호 교수 정년기념호.

11. 이선복, 2001, "성호사설과 오주연문장전산고", 『한국고고학보』 44, 고(故)허공 한병삼 선생 추모호; 김희자, 2009, "이익의 성호사설", 『백과사전류로 본 조선 시대 차문화-'오주연문장전산고'를 중심으로』, 국학자료원; 『대한매일신보』 1910. 1. 23., "대포를 막는 신기한 법" 기사에 『성호사설』을 언급하였다.

12. 3,007개 항목의 수는 『국역 성호사설』 해제(한우근)에 따른 이돈형 소장의 자료에 의한 것이다. 그러나 향후 과제이지만 한우근도 밝혔듯이 「천지문」의 경우 이돈형 소장본의 항목 수량과 국립중앙도서관 소장본의 항목수가 서로 차이가 나고 있다. 필자는 이러한 한계를 미리 전제하고 이 글을 전개하고 있음을 밝힌다.

13. 이돈형 소장본과 그것을 대본으로 해제(한우근)하고 번역(민족문화추진회)한 『성호사설』, 「천지문」 항목을 223개로 규정하여 번역하였다. 그러나 필자가 고찰한 바에 의하면

「성토탁개도」 항목이 중복된 것으로 확인되어 222개 항목으로 해석하였다.

14. 강병수, 1999, "조선후기 근기남인의 대중국관 연구", 『국사관논총』 86.

15. 『성호사설』 「천지문」, 천문천대(天間天對): 其說雖有理 乾大象云天行健 此非可信 耶.

16. 『성호사설』 「천지문」, 천문천대: 聖人無所不知 此一句爲可信且從之.

17. 이러한 측면은 필자의 향후 과제에서 중요한 관심 사항의 하나로 주목하는 부분이다. 왜냐하면 성호 이익의 사상과 학문적 성격의 파악이 성호 자신의 생각과 달리 후학들에 의해 수정되거나 정선되는 부분이 있기 때문이다.


## ■참고문헌

[원전류]

• 안정복, 『순암문집』

• 이익, 『성호사설』

• 이익, 『성호문집』

[논저류]

• 강만길·이익성, 1981, "성호사설", 『한국의 실학 사상: 유형원 외』, 삼성출판사.

• 강명관, 2007, "한가하게 쓴 방대한 사전-이익의 성호사설", 『책벌레들 조선을 만들다』, 푸른역사.

• 강병수, 2003, "성호 이익과 하빈 신후담의 서학 담론-뇌낭에 대한 인식을 중심으로-", 『한국실학연구』 6.

• 강병수, 1999, "조선후기 근기남인의 대중국관 연구", 『국사관논총』 86.

• 강세구, 2003, "성호 이익과 성호사설", 『염소가 밭을 갈고 쌀을 심으면 싹이 난다』, 혜안.

• 김희자, 2009, "이익의 성호사설", 『백과사전류로 본 조선 시대 차문화-'오주연문장전산고'를 중심으로』, 국학자료원.

• 문철영, 1986, "성호 이익의 사회사상과 그 구조-『성호사설』을 중심으로-", 『한국전통사회의 구조와 변동』, 문학과지성사.

• 박성래, 1985, "『성호사설』 속의 서양 과학", 『진단학보』 59.

• 서영대, 1999, "『성호사설』의 무세에 관한 기사", 『인하사학』 7, 정광호 교수 정년기념호.

• 신병주, 2007, "실학과의 호수 성호 이익-성호사설", 『규장각에서 찾은 조선의 명품들-

규장각보물로 살펴보는 조선 시대 문화사』, 책과함께.

• 유인희, "『성호사설』의 철학 사상-정주이학과 비교연구-", 『진단학보』 59.
• 유천영, 2005, "성호 이익의 성호장(星湖莊) 연구", 『경기향토사학』 10.
• 이선복, 2001, "성호사설과 오주연문장전산고", 『한국고고학보』 44, 고(故)허공 한병삼 선생 추모호.
• 임종태, 2003, "17·18세기 서양 과학의 유입과 분야설의 변화-『성호사설』, 「분야」의 사 상사적 위치를 중심으로-", 『한국사상사학』 21.
• 정석종, 1973, "이익의 성호사설", 『실학연구입문』, 일조각.
• 한영호, 2004, "조선의 신법일구와 視學의 자취", 『대동문화연구』 47.
• 한우근, 1977, "성호사설해제", 『국역 성호사설』, 민족문화추진회.
• 원재린, 2003, 『조선후기 성호학파의 학통 연구』, 혜안.

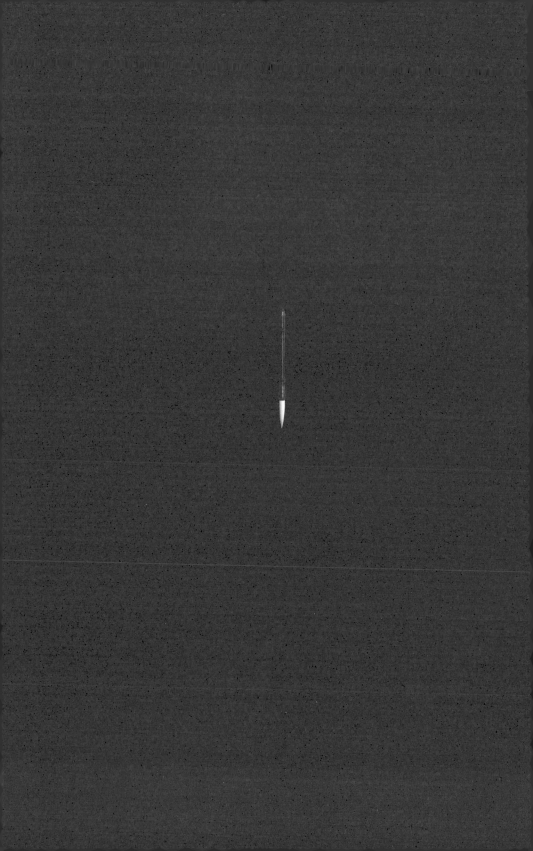

제3장

# 「천지문」에 담긴 지리관

# 1. 머리말

성호 학문의 결정이라고도 볼 수 있는 『성호사설(星湖僿說)』은 이익이 40세 전후부터 40년간에 걸쳐 설경(說經)하는 여가에 생각이 미친 바를 그때그때 적어 두어 쌓이고 쌓인 것을 팔순에 가까웠을 때 그의 족자(族子)가 정리하여 기록한 것이다. '사설'은 「천지문(天地門)」, 「만물문(萬物門)」, 「인사문(人事門)」, 「경사문(經史門)」, 「시문문(詩文門)」 등으로 구성되어 있다. 이 가운데 지리 관련 내용은 「천지문」에서 집중적으로 보인다.■1 따라서 본 연구의 범위도 『성호사설』 가운데 지리 관련 주제 및 내용이 가장 많이 게재된 「천지문」에 국한하여 중점적으로 보고자 하였다.

오늘날 성호 이익을 연구하는 타 전공 분야 학자들이 늘고 있는 데 비해, 상대적으로 지리학 쪽에서는 그에 대한 깊은 연구가 없는 것이 현실이다. 우리나라 지리학의 역사가 반세기를 넘어선 이즈음에 『성호사설』 등 우리에게 익히 알려진 고전들을 활발히 분석하고 거기서 지리학적인 내용 또는 관련 사실들을 찾아내어 해석하고 정리하는 작업이 이루어져야 할 때라고 여겨진다. 서양에서 싹트고 체계화된 지리학이지만, 따라서 우리나라 고전에서 보이는 지리 관련 내용이나 주제들이 현대 지리학의 분류 체계를 기준으로 볼 때 덜 구조적이고 체계적이지 못한 점이 인정되지만, 우리 선조들의 삶 속에는 시기마다 상황마다 당시에 응용 활용된 지리 지식과 정보들이 있었고, 이들 지식과 정보는 생활에 영향을 미쳤을 것임은 분명하다.

그것이 오늘날의 체계화된 지리 지식의 바탕이 될 만한 것이었는지는 모르겠으나 농업 경제를 기반으로 한 우리의 삶이 인간과 자연의 관계 속에 상호 작용하며 경험에서 얻어진 지리 지식과 지혜가 누적되었을 것임은 자명하다. 우리의 고전들을 연구하는 전공 분야는 많다. 국문학, 민속학, 역사학, 정치학, 경제학은 물론이고 미술사학, 국악 분야에서도 연구가 활발하다.■2 지리학은 어떠한가? 문화역사지리학회를 중심으로 해서 이 방면의 연구 성과를 착실히 내고 있음은 퍽 다행한 일이지만 양이나 질적인 면에서 여전히 지속적으로 할 일이 많다.

현대 지리학이 우리나라에 들어와 뿌리를 내리고 발전한 지 반세기가 넘었다. 우리나라 지리학 분야의 모태 학회인 대한지리학회의 역사가 이를 증명한다. 과거 반세기 이상 동안 우리나라의 지리학은 괄목할 만한 발전을 이루었지만, 지리학 인구가 적은 척박한 환경에서 외국의 선진 지리학 내용을 받아들인 신학문으로서 뜸 들기도 전에 지난 20세기 말 서울에서 세계지리학대회를 개최하는 개가를 올리기도 하였다. 최근에 우리나라 지리학계에서는 외국의 새로운 지리학 이론들을 적용한 새로운 연구 성과들이 많이 나오고 있다. 연구 내용의 다양성과 범위 확대는 가히 놀라울 정도이다. 그럼에도 불구하고 여전히 아쉽고 부족한 부분은 과거의 우리 것을 돌아보고 정립하는 지리학과, 미래를 투시하고 준비하는 미래 지리학 분야이다. 본 연구는 전자에 일맥을 맞추고자 한 것이다.

고전 속에 깃들어 있는 선학과 선조들의 지리 관련 사고(思考)와 철학, 지혜를 통해 과거의 우리 현주소를 알아보는 일은 매우 의미 있는 일이 될 것이다. 이러한 작업들이 이루어져 누적되고 성과를 나타낼 때, 국학으로서의 지리학은 확고해질 것이고, 고전 분야 연구의 다른 학문들과도 어깨를 나란히 할 위상을 지니게 될 것이다. 본 연구는 이와 같은 연구에 일익을 담당한다는 보람과 필요성에 바탕을 두고 다음 내용들을 분석하고자 한다.

첫째, 『성호사설』「천지문」의 많은 주제와 내용들 가운데 이익(李瀷)의 지리적 관심은 어느 주제들에 있는가를 살핀다. 둘째, 지리 관련 주제들에 따른 내용 깊이는 어디까지 이르는가를 알아본다. 셋째, 『성호사설』「천지문」에서 왜 이러한 지리 관련 주제와 내용들이 다루어졌을까를 생각해 보고 해석한다. 이러한 성찰은 시대 상황이 필요로 했던 지리 지식의 범주와 깊이를 알아보는 과정이기도 하다. 넷째, 『성호사설』「천지문」에 보이는 주제와 내용들은 오늘날의 그것에 비추어 어떠한 차이가 있는가. 다섯째, 이상의 연구 내용 결과를 종합하여 『성호사설』「천지문」에 나타난 지리관을 도출하고 정리하여 서술한다.

그렇다면 논문의 제목과 연구 내용에서도 언급했듯이, 본 연구에서 말하는 '지리관'이란 무엇인지 그 성격을 분명히 할 필요가 있다. 여기서의 '지리관'이란 『성호사설』「천지문」을 통해 본 성호 이익의 '지리적 사고(思考)'이다. '지리적 사고'에 영향을 미치는 요소는 연구 내용에서 짚은 것처럼, 지리학 또는 지리 지식과 관련하여 어떤 주제를, 어느 정도의 내용 깊이까지 다루었으며, 왜 당시에 그 주제를, 그 정도 깊이까지 다루었는가이다. 이 점들을 분명히 하기 위한 절차로서 오늘날의 체계화된 지리 지식과의 차이점 등을 드러내어 비교하는 것은 필수 과정이다. 그리고 지리 관련 주제를 골라내는 것과 발췌된 관련 내용들에 대한 해석을 논의하는 것은 본 연구의 핵심 과정이라고 할 수 있다. 아울러 이러한 작업의 주체는 연구자이므로 주제를 골라내고, 내용의 깊이를 재며, 오늘날 지리 내용과의 차이를 드러내어 해석하고 논의하는 과정에 최소한의 연구자 '주관'이 깃들 수 있음을 밝혀 둔다.

연구 방법은 첫째, 본 연구는 기본적으로 이익의 저술 문헌을 바탕으로 한 문헌 연구이다. 둘째, 이익의 대표 저작인 『성호사설』의 「천지문」을 연구 범위로 좁혔다. 이는 천지문에 지리 관련 내용이 가장 많이 함축되어 있기 때문이다.■3 셋째, 『성호사설』의 「천지문」 권(卷)을 꼼꼼히 읽으면서 지리 관련 주제와 내용을 모두 발췌하였다. 넷째, 추출한 지리 관련 주제와 중복되는 내용들을 정리하여 〈그림 1〉처럼 여섯 가지로 나누었다. 분

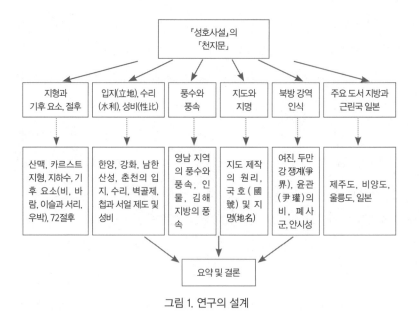

그림 1. 연구의 설계

류의 기준은 현대 지리학의 분류 방식을 염두에 둔 것이나 반드시 일치하지는 않는다. 다섯째, 이렇게 여섯 가지로 정리된 주제와 내용들을 논의·해석한다. 여섯째, 발췌한 내용들을 논의하는 과정에서 미진한 부분은 필요한 경우 한문 원본과의 대조 작업을 벌이고, 의심되는 부분은 전문가의 자문을 받는다. 마지막으로, 연구 내용의 분석 관점을 기준으로 성찰하고 정리 요약하여 『성호사설』「천지문」에 나타난 지리관', 즉 지리적 사고를 도출한다.

## 2. 성호 이익의 삶과 시대 배경

성호는 1681년 아버지 하진(夏鎭)과 그의 후부인 권씨(權氏) 사이에 운산에서 태어났다. 아버지는 1682년 6월 전 부인 이씨(李氏) 사이에 태어난 3남 2녀와 후 부인 권씨 사이에 태어난 2남 2녀를 남긴 채 55세를 일기로 유배지 운산에서 죽었다.■4 아버지를 여읜 뒤 선영이 있는 안산의 첨성리(瞻星里)로 돌아와 어머니 권씨 슬하에서 외롭고 병약한 삶이 시작되었다. 10세가 되어서도 글을 배울 수 없을 만큼 병약했으나, 더 자라서는 둘째 형 잠(潛)에게 글을 배웠다.

25세 되던 1705년 증광시에 응했으나 녹명(錄名)이 격식에 맞지 않았던 탓에 회시에 응할 수 없게 되었다. 바로 다음 해 9월에 둘째 형 잠은 장희빈(張禧嬪)을 두둔하는 소를 올렸다가 역적으로 몰려 십수 차례의 형신(刑訊) 끝에 47세로 옥사하였다. 이 사건을 계기로 이익은 과거에 뜻을 버리고 평생을 첨성리에 칩거하였다. 바다가 가까운 고향 근처에 성호(星湖)라는 호수가 있어 그의 호는 여기에서 연유되었고, 그 고장에 있던 그의 전장

(田莊)도 성호장(星湖莊)이라고 일컬어졌다. 그곳에서 조상으로부터 물려받은 토지와 노비 등을 바탕으로 평생을 두문불출하고 학문에만 전념하였다.[5]

그의 학문은 일문에 이어져서 많은 준재가 배출되어 외아들 맹휴(孟休)는 「예론설경(禮論說經)」, 「춘관지(春官志)」, 「접왜고(接倭考)」 등을 남겼고, 조카 병휴(秉休)는 예학으로, 종손 중환(重煥)은 인문 지리로 이름을 남기고, 가환(家煥)은 정조의 은총을 받아 벼슬이 공조판서에 이르렀다가 천주교 박해 사건인 신유사옥 때 옥사하였다.[6]

그는 이이(李珥)와 유형원(柳馨遠)의 학풍을 존숭하여 당시의 사회 실정에 깊은 관심을 가지고 세상의 일에 실효를 거둘 수 있는 재구(材具)의 준비가 있어야 실학이라고 보았다. 그것은 사장(司章), 예론(禮論)에 치우치거나 주자의 집전(集傳), 장구(章句)에만 구애되는 풍조, 그리고 종래의 주자학적으로 굳어진 신분관·직업관에서 벗어나는 것이었다. 그리고 임란과 호란을 겪고 난 뒤의 사회 변동과 당시의 세계관·역사의식의 확대 및 심화에 따라, 국가에 대한 재인식과 자각에서 일어난 조선 후기 실학의 기본 성격도 그에게 영향을 미쳤다.

그는 불가(佛家)의 이단(異端), 술가(術家)의 소기(小技) 및 패관잡설(稗官雜說) 등 세 가지 부류의 서(書)를 혐오하였다. 그러나 당시 중국을 통해 전래된 서학(西學)에는 학문적인 관심을 기울여 천문(天文), 역산(曆算), 지리학과 천주교서 등 한역서학서(漢譯西學書)를 널리 읽고 만국전도(萬國全圖), 시원경(視遠鏡), 서양화(西洋畫) 등 서양 문물에 직접 접하면서 세계관 및 역사의식을 확대, 심화시킬 수 있었다. 그것은 그가 종래 지녔던 중국의 화이관(華夷觀), 성인관(聖人觀)에서 탈피하여 보다 합리적이고 실증적인 시야를 지닐 수 있게 해 주었다.[7]

# 3. 지형과 기후 요소

성호는 「천지문」을 통해 천문학, 기상학, 지리학, 기후학 등의 분야와 관련한 내용들에 대해 소개하고 본인의 생각을 펼쳤다.[8] 그러나 이 장에서는 이들 내용 중에서 지형과 기후 요소 등 우리 생활과 밀접한 지리적인 주제들과 내용에 한해 논하기로 한다.

## 1) 산맥과 카르스트 지형, 지하수와 샘

성호는 백두산과 이로부터 시작되어 동해안을 따라 뻗어 내린 태백산맥, 소백산맥 등 산지 지형의 흐름을 논하고 생기(生氣)가 이를 따라 흐르는 풍수와 관련지어서 설명하고 있다.

> 백두산은 우리나라 산맥의 조종(祖宗)이다. 철령(鐵嶺)에서부터 서쪽으로 뻗은 여러 산맥이 모두 서남쪽으로 줄달음쳤다. 철령에서 태백산과 소백산에 이르러서 하늘에 닿도록 높이 솟았는데, 이것이 본 줄기이고 그 중간에 있는 여러 갈래는 모두 서쪽으로 갈려 갔으니, 이것은 풍수학에서 말하는 '버들가지(楊柳枝)'라는 것이다. (하략)
>
> (민족문화추진회, 1978, p.90)

간혹 과학적인 근거가 희박하여 합리적 설명이 어려운 부분이 많은 것이 '풍수지리'이지만, 성호와 같은 옛 선학과 일반인들에게는 이러한 '풍수' 또는 '풍수지리 사상'이 많은 영향을 미치는 커다란 관심사였음을 『성호사설』을 통해 알 수 있다. 예를 들어, 퇴계 선생이 태백산과 소백산 밑에서 출생하여 우리나라 유학자의 우두머리가 되었으며, 퇴계의 영향을 받은 인물들은 깊이가 있고 빛을 발한다. 그리고 예의가 있고 겸손하며 문학이 찬란하여 수사(洙泗)■9의 유풍을 방불게 하였다. 또한 남명(南冥) 같은 인물이 지리산 밑에서 출생하여 우리나라에서 기개와 절조로 가장 높은 위치를 차지한 인물인데, 그 후계자들은 정신이 강하고 실천에 용감하여 정의를 사랑하고 옳은 일에 생명을 가볍게 여겨 뜻을 굽히지 않았다고 칭송하였다. 이들 인물이 범상치 않음은, 곧 백두산-철령-태백산맥 등으로 이어져 내려온 정기를 타고 태어난 인물과 그 문하들이기 때문에 그렇다는 논리를 전개한다.

한편, 백두산 산지 지형에 대해『여지승람(輿地勝覽)』과 홍세태(洪世泰)의『유하집(柳下集)』에 있는「백두산기(白頭山記)」의 내용을 인용하여 살피면서 백두산의 지리적 특징, 발원하는 하천, 윤관(尹瓘)의 정계비 등에 대해 두루 관심을 표명하고 있다. 나아가 윤관의 비가 서 있는 속평강(速平江)까지 우리 영토로 하지 못하고 김종서(金宗瑞) 때에 와서 후퇴하여 두만강으로 경계를 정한 것은 크게 잘못된 일로 지적하고 있다.

그리고 성호는 카르스트 지형에 대해서도 그 기이한 형상을 잘 표현하고 있다. 물론 '카르스트 지형'이라는 용어나 개념은 전혀 몰랐을 것이며, 성호가 보거나 듣고 이해한 내용을 정리한 것이 석회 동굴임을 모르고 서술하였을 것이다. 본인이 들어서 알고 있는 그러한 희귀한 석굴, 즉 '석회 동굴'의 분포 지역과 그 동굴 내부의 일반적 특징을 잘 기술하고 있다.

석굴로 기이하게 생긴 것은 상원(祥原)의 가수굴(佳殊窟), 울진(蔚珍)의 성류굴(聖留窟), 영원(寧遠)의 석룡굴(石龍窟)이 가장 저명하다. 또 들은 바에 의하면, 옥천(沃川)에서 사냥꾼이 이상한 짐승을 발견하고 이를 추격하는

데, 짐승이 굴 안으로 들어가 버렸다. 가까스로 몸을 굽히고 안으로 들어가
본즉 아래로 내려가다가는 다시 위로 올라가고 올라가다가는 다시 내려가
기를 두어 마장쯤 가서 안이 활짝 넓어졌는데, 환하게 트이어 각종 물체 모
양이 없는 것이 없었으며 깊이가 얼마나 되는지 끝이 없었다 한다. 보성(寶
城) 오봉산(五峰山) 밑에도 굴이 있는데, 절의 승려 여덟 명이 약속하고 함
께 관솔불을 켜 들고 새끼로 길을 표시하면서 들어가다가 속이 너무 깊어서
무서워 더 깊이 들어가 보지 못했으나 깃발, 칼, 창, 전투용 배 등 없는 물건
이 없었다 한다.                                          (민족문화추진회, 1978, p.93)

석회 동굴 내부에 발달한 각종 카르스트 지형의 일군(一群)을 스펠레오
뎀(speleothem)이라고 할 때, 인용문의 내용은 카르스트 지형의 특징에 대
한 대단히 훌륭한 묘사라고 여겨진다.

성호는 지하수의 한 갈래가 지표로 솟아 나오는 형태인 '샘(spring)'에 대
해서도 관심을 집중하였다. 샘이 무작정 흘러넘치지 않는 원리를 구부러
진 대나무 통에 물을 넣어 실험을 하는 원리를 들어 분석적으로 설명하고
있다. 이러한 원리로서 우물의 샘이 아무리 풍부해도 일정한 수위까지만
채우고 더 이상 넘쳐 나지 않게 된다는 명쾌한 설명은 성호의 과학적 사고
의 일면을 보여 준다. 샘의 과학적 원리를 밝혀줌으로써 일상생활에 직결
되어 있는 우물의 이치를 깨닫게 해 주는 부분이다.

## 2) 기후 요소

### (1) 비, 바람

비가 만들어져 내리는 원인을 추위[冷]와 더위[熱]가 서로 충돌하여 생

기는 것으로 설명하였다. 구체적으로 오늘날 기후학에서 말하는 온난 기단과 한랭 기단이 만나 이루어지는, 즉 기단(氣團)에 의한 전선성(前線性) 강우라는 표현은 사용하지 않았지만 그 원리는 같은 것이라고 할 수 있다. '냉(冷)'과 '열(熱)'이 만나 비가 만들어져 내리는 원리는 확대해 본다면 대류성(對流性) 강우, 지형성(地形性) 강우 등의 현상에도 일면 적용된다고 볼 수 있다. 태양의 직사광선에 의해 데워진 '공기 열의 대류 현상'과 산맥 등으로 인한 지형이 가로막혀 이를 타고 넘는 공기의 단열 압축과 팽창의 원리가 더해진 차이가 있을 뿐이다. 단지 이들 원리를 치밀하게 설명하지는 못하고, 강우의 원리를 축약하여 '추위[冷]'와 '더위[熱]'가 만나 만들어지는 것으로 설명한 것이 차이점이다.[10] 용어는 다르지만 분명한 것은 한랭 기단(추위)과 온난 기단(더위)이 부딪쳐 생성되는 전선성 강우의 기본 원리를 알고 이를 설명하였다는 점이다. 따라서 성호의 설명은 강우 형성의 가장 중요한 원리를 파악하여 설명한 것이라고 볼 수 있다. 아울러 설명하는 용어의 차이는 있지만, 구름 가운데의 음이온과 양이온이 부딪칠 때, 천둥과 번개가 동반되는 원리에 대한 설명 역시 과학적이다.

한편 성호는 바람이 불어오는 방향에 따라, 그리고 바람이 불던 지역에 따라 우리나라에서 불렀던 바람의 명칭이 달랐음을 일일이 예를 들어 설명하였다. 우리 고유의 바람 이름을 소상히 밝혀 설명하고 있음은 성호의 자연 현상에 대한 지대한 관심과 지리적 관심을 반영한다. 우리에게 익히 알려진 속담 가운데 "마파람에 게 눈 감추듯 하다"라는 말이 있는데. 여기서 말하는 '마(麻)'바람은 곧 남풍임을 알 수 있다.[11]

나는 농어촌에 살고 있어서 그들의 속담을 많이 들어 알고 있다. 비가 오고 바람 불 것을 미리 점치는데 바람의 이름이 각각 다르다. 동풍을 사(沙)라

하는데 곧 명서풍(明庶風)으로 『이아(爾雅)』의 곡풍(谷風)이라는 것이요, 동 북풍을 고사(高沙)라 하니 곧 조풍(條風)이요, 남풍을 마(麻)라 하니 곧 경풍 (景風)으로 『이아』에 개풍(凱風)이라는 것이요, 동남풍을 긴마(緊麻)라 하니 곧 경명풍(景明風)이요, 서풍을 한의(寒意)라 하니 곧 합창풍(閶闔風)으로 『이아』에 태풍(泰風)이라는 것이요, 서남풍을 완한의(緩寒意) 또는 완마(緩 麻)라고도 하니 곧 양풍(涼風)이요, 서북풍을 긴한의(緊寒意)라 하니 곧 부 주풍(不周風)이요, 북풍을 후명(後鳴)이라 하니 곧 광막풍(廣漠風)이라는 것 이다. 이것들은 모두 시(詩) 짓는 자료로 사용할 수 있다.

(『유선(類選)』 권1 上, 천지편上 천문문(天文門), 민족문화추진회, 1978, p.203)

## (2) 이슬과 서리, 우박

성호는 비와 바람 외에도 일상의 기후와 날씨를 바라보는 일에 매우 세 심했음을 알 수 있다. 오늘날 관련 학문들 특히 농학이나 농업지리학, 농 업경제학에서는 무상일수(無霜日數)를 농작물의 생육 기간에 영향을 미치 는 요인으로서 중요시한다. 이렇게 농경 생활과 직결되는 것으로 서리에 대한 관찰과 그와 유사한 이슬과의 차이점 등을 밝히며 기후 요소들에 관 심을 기울였다. 결국 이들이 우리 일상의 농업 경제 활동과 직접적으로 연 결되는 것이기에 그러했던 것 같다.

성호는 비, 바람, 이슬, 서리, 천둥과 번개 등에 두루 관심을 가지고 나름 대로 설명을 시도하고 있지만, 우박에 대해서는 왜 생기는 것인지, 그리고 그 크기가 경우에 따라서 왜 큰 차이가 나는지 등에 관해 어떻게 설명해야 하는지 확신이 서지 않는다는 태도를 취하고 있다. 그럼에도 불구하고 우 박의 크기가 다양한 것은 반드시 물이 있은 뒤에 한데 뭉쳐서 된 것이라는 추측을 하는 것으로 볼 때 어느 정도 그 성인(成因)을 파악했으되, 명쾌한 설명을 시도하지 못하였음을 알 수 있다.

## 3) 72절후

성호는 역서(曆書)에 나오는 72절후(節候)[12]에 대해서도 논하고 있다. 72절후는『급총주서(汲冢周書)』시훈해(時訓解)에 바탕을 두고 있으며, 72절후를 만들게 된 이유는 선현들의 오랜 경험을 바탕으로 계절과 절기에 따라 변화하는 특징들을 적어 농경 생활의 유익한 정보를 얻고 여러 정황에 미리 대처하도록 하는 데 목적이 있다. 24절기와 72절후에서 '기후'라는 말이 나왔고, 1년을 24절기(節氣)로 나누고 각 절기를 다시 3개의 후(候)로 나누어 계절을 구분한다. 성호는 72설후 내용에 대해 다음과 같이 일부를 소개하고 있다.

- 바람이 해동(解凍)하지 못하면 호령(號令)이 행해지지 않는다.
- 새봄이 되어 만물이 생기를 얻지 못하면 갑주(甲冑: 갑옷과 투구)를 사장 (私藏)한다.
- 초목이 싹트지 않으면 과일과 채소가 성숙하지 않는다.
- 번개를 시작하지 않으면 군주(君主)의 위세(威勢)가 떨쳐지지 않는다.
- 반설(反舌)이 소라가 있으면 간사한 사람이 곁에 있다.[13]
- 큰비가 때아니게 내리면 나라를 순행(巡行)해도 은택(恩澤)이 없다.
- 현조(玄鳥)가 돌아가지 않으면 가족이 흩어진다.[14]
- 우레가 소리를 거두지 않으면 제후(諸侯)가 음일(淫佚)한다.
- 홍안(鴻雁)이 오지 않으면 백성들이 복종하지 않는다.
- 국화에 황화(黃華: 노란 꽃)가 없으면 땅에 심어 가꾸지 못한다.

• 무지개가 사라지지 않으면 여자가 한 남편에게 전심하지 않는다.

(민족문화추진회, 1978, p.283)

성호는 72절후가 만들어진 것이 오랜 세월에 걸친 민간 풍속과도 관계가 있다고 보았다. 이와 관련하여 민속(民俗)에 대해서도 언급하였는데, 민속을 보는 시각으로서 "원래 민속이란 순후하기도 하고 경박하기도 한 것이지만, 물성(物性)과 인사(人事)는 부험(符驗)을 얻을 수 없다."라고 하였다. [■15]

이상에서 지형과 기후 요소 및 절후에 관한 내용을 살폈다. 오늘날에도 우리 생활과 밀접한 카르스트 지형, 청정수 식수로서의 지하수 개발 등은 많은 관심을 집중하는 내용들이다. 3대 기후 요소인 기온, 바람, 강수, 역시 우리 생활과 대단히 밀접하다. 매일매일의 일기 예보는 바로 이들의 변화상을 우리에게 알려 주는 정보인 것이다. 이상의 내용들 외에 이슬, 서리, 우박 등에 대해서도 성호의 관심이 머물렀다고 하는 것은 자연 지리적 현상에 대한 성호의 실용적 학문 관심을 입증해 준다.


# 4. 입지, 수리, 성비에 대해

성호는 장소의 입지(立地)와 수리(水利) 및 치수(治水)에 대해, 그리고 인구의 성비(性比) 문제와 관련하여 첩(妾) 제도 및 서얼 제도에 관심을 보여 주고 있다. 특히 그는 입지 선정과 관련해서 외침에 대비할 뚜렷한 지리적 방어 입지에 관심이 많았다. 그와 관련하여 수도(首都)가 갖추어야 할 입지 조건, 조선 시대 수도인 한양(漢陽)의 입지, 피난처 수도로서 강화(江華)

와 남한산성(南漢山城)의 입지, 전략적 장소로 훌륭한 춘천의 입지 등 여러 지역을 사례로 제시하며 입지에 대한 생각을 피력하였다.

## 1) 입지의 선정

장소에 대한 지리적 가치는 상황에 따라 변할 수 있음을 언급한 것은 중요한 지적이다.■16 한 시대의 어느 장소에 인정되는 중요성은 불변하는 것이 아님을 주장하면서 당대에 '요충 지대'로 비중이 있던 어떤 지역이 미래에는 전혀 그렇지 않을 수 있다고 설명하였다.

한 나라의 수도는 국가 방위 전략상 그 위치를 잘 잡아야 하는데, 고려하여야 할 조건 중에 이민족과 가까운 곳에 두어 그들을 통제하고 감시할 수 있어야 함을 강조하였다. 이러한 논지는 외적 방어에 유리한 입지를 중시하는 지리적 식견이라고 할 수 있다. 아울러 명(明) 이후 중국의 수도인 연(燕: 오늘날의 북경)으로 접어드는 길목에 험준한 산해관(山海關)이 위치함으로써 외적 방어의 요로라는 장점과 교통의 불편함에 따른 단점의 양면을 지닌 지형적 요인을 들어 입지상의 특성을 설명하였다. 당시 상황에서 이민족의 침략에 대비하는 방어상의 입지에 치중한 것은 어찌 보면 당연한 귀결이다. 그러나 오늘날의 기준으로 볼 때 한 국가의 수도는 글로벌 시대의 국가 이미지와도 직결되는 중요한 위치를 점한다고 볼 수 있으며, 따라서 국방상의 요건뿐만 아니라 한 나라의 물산의 흐름과 교통의 중심에 위치하여 국가 정치·경제·문화 발전의 거점 역할을 해야 하는 등 종합적 관점으로 파악되어야 할 것이다.

성호는 자초상인(自超上人) 무학(無學) 대사가 조선의 수도를 정할 때 충청도 계룡산의 신도(新都)와 지금의 서울(한양)을 둘러보고 여러 가지 조건을 따져 비교한 후 한양을 택한 것을 탁월한 선택으로 보고 있다. 이의 타당함을 논증하는 성호의 안목은 풍수 및 지리의 식견을 함께 수용하고 있음을 알 수 있다. 그렇게 보는 관점으로서 첫째, 무학은 신도에 대해 조운(漕運)이 불편한 점만을 들었지만, 성호는 신도의 판국이 좁고 역량이 모자라며 호남의 산수가 옹호해 주지 못한 점 등 불비한 여건을 종합적으로 지적하고 있다. 둘째, 상대적으로 한양은 범위가 크고 장엄하며, 풍수적으로도 훌륭하므로 수도 입지로 선택될 만하다고 본 것이다.

반면, 한양은 성곽을 쌓아 외적을 방어하기에는 규모의 경제상 지나치게 크고 트여 있다는 지적도 함께 하고 있다.■17 몽고의 침입 때 왕실의 피난지였던 강화는 당시로 보아 어쩔 수 없는 선택이었겠지만 왕실이 머물기에는 작은 규모이므로 훌륭한 입지는 아니었으며, 남한산성은 높은 산 꼭대기 입지이므로 교통상의 흐름에 한계를 지니고 물자 수송에 불리하며 백성들의 안전을 보장하기에도 양호한 입지는 못 된다고 보았다. 이렇게 보면 성호는 규모의 경제를 살릴 수 있는 적당한 크기의 입지, 물자의 수송에 편리한 교통 입지, 외적의 방어에 유리한 입지, 주민의 안전을 도모할 수 있는 입지 등 여러 가지를 고려하여 상황과 경우에 맞는 입지를 택해야 한다는 다양한 입지 조건을 알고 있었다고 판단된다. 특히 너무 크거나 작아서도 안 되고, 또한 너무 높아서 불편함을 초래해서도 안 된다는 지적의 요점으로 보아, 성호가 말하는 바람직한 입지는 '규모의 경제를 살린 방어에 유리한 입지'이다. 여기에는 나름대로 주의를 기울여 들을 만한 원리가 들어 있다.

이러한 입지 인식과 관련하여, 외적 방어를 위한 도성을 쌓고자 할 때 크게 짓는 것이 무익함을 지적하고 있다. 즉 도성의 담장이 길수록 취약한 부분이 드러나 침투 허점을 노출시키기 쉬우므로 성은 작고 탄탄하게 철옹성을 조성해야 함을 강조하고 있다. 서울의 성이나 개성의 성이 그렇지 못하였기 때문에 외적이 침입했을 때 한 번도 제자리에서 지켜 본 적이 없다는 것이다.

성호는 『박천집(博川集)』[18]의 내용을 들어 춘천이 관중(關中)의 장안(長安)으로 비유될 만큼 지형 조건이 방어에 유리한 최고의 요충지라고 추천하였다. 동으로는 산맥이 둘러서 있고, 북으로는 김화(金化), 남으로는 홍천(洪川), 서로는 가평(加平)이 길목이 되며, 분지형 골짜기와 산세를 이용해 만반의 태세로 방어하면 안전하기가 철옹성 같은 이를 데 없는 훌륭한 전략적 입지의 장소로 보고 있다. 조선 시대를 비롯하여 과거에 중시했던 도시의 기능으로는 행정과 방어 기능이다. 성호의 관점 역시 군사 및 행정의 중심지 역할 기능은 강조하고 있음을 알 수 있다. 성호는 춘천에 대해 정치·경제·사회·문화·교통 등 여러 기능상 결절(結節) 지역으로서의 중요성을 강조하여 언급하지는 많았지만,[19] 그의 통찰력에 의거하여 본다면 오늘날 강원도의 도청 소재지인 동시에 호반의 도시이며 문화의 도시로 성장은 하였지만 환경 관리 차원에서 규제가 많은 탓에 그다지 괄목할 만한 성장세를 보인 것은 아니라고 할 수 있다.

## 2) 수리와 치수

성호는 수리(水利)의 중요성과 유용성에 대해서도 밝혀 설명하였다. 조선 시대 실학자들은 대체로 실사구시와 이용후생적인 면에 관심을 기울여 일상사의 개선을 중시하였으므로, 성호의 수리치용(水利治用)에 관한 관심과 서술은 의당히 짚고 넘어갈 만한 주제라고도 볼 수 있다. 빗물, 샘물, 개천물 등 주위에 늘 물이 있으나 이를 활용할 방법을 찾지 못해 방치하거나 흘려 버리는 것을 매우 안타깝게 생각하면서, 우리나라에서도 속히 서양 사회에서 발명되어 일찍이 유용하게 사용하고 있는 도구로서 물을 퍼 올리는 장치인 '용미거(龍尾車)'를 도입하여 활용하여야 함을 언급하고 있다. 이 도구의 편리한 장치와 유용성을 하루빨리 배워서 활용할 것을 권장하였다. 이와 같은 내용은 성호 이후의 실학자인 연암(燕巖) 박지원(朴趾源)의 『열하일기(熱河日記)』에서도 보인다.[20]

성호는 수리의 중요성을 논하면서 구체적인 예로 김제의 벽골제(碧骨堤)를 들었다. 벽골제와 같은 인공 저수지 축조 활용의 중요성을 일깨우는 동시에, 그 벽골제가 없어지게 된 배경 설명과, 나라에서조차 그 중요성을 인식하지 못하고 결국 사적인 이유로 저수지를 망가뜨려 폐기하게 된 경위 등을 밝히면서 분노를 나타내기도 하였다. 백성들에게 크게 이로운 것이 무엇인가를 역설하는 실사구시의 실학적 사고가 깊이 배어 있는 서술이라 할 수 있다.

## 3) 첩과 서얼 제도, 성비

한편, 성호는 첩과 서얼 제도를 인구의 성비(性比)와도 관련하여 서술하였는데, 비판을 받고 있는 이 제도에 대해 인구 정책적 측면에서 고찰하여 이야기하고 있음은 특이할 만하다. 고려 충렬왕 당시의 상소 내용을 예로 들어 설명하였는데, 여성이 많았던 당시 상황에 대해 상소 내용으로 보아 관리들이 이를 매우 걱정하였으며 국가의 정책적 문제로 다루어지고 있었음을 짐작할 수 있다. 이는 내국인에게는 엄격한 일부일처제를, 외국인에게는 일부일처제를 예외적으로 적용한 결과라고 지적하였다. 외국인들에게는 제한 없이 아내를 얻게 했으므로 외국인 자녀가 많아지는 것도 걱정이고, 대책을 세우지 않고 두면 북쪽 국경을 넘어 자유롭게 결혼할 수 있는 곳으로 하나둘씩 떠나갈 일이 염려되니 그 대비책으로 첩 제도를 둘 필요가 있다는 뜻밖의 내용이다. 오늘날의 시각에서는 매우 터무니없는 대응일 수밖에 없다. 그럼에도 불구하고 이러한 제도를 제안하는 의도의 저변에 불균형적인 성비를 조절해야 한다는 정책적 뜻이 숨어 있다. 한편 서자(庶子)들에게도 적자(嫡子)와 마찬가지로 공정한 사회 참여의 기회를 주어야 한다는 것은 의미 있는 지적이다.

이 밖에도 성호는 조선 시대에 도서(島嶼) 및 해안 지방에 여성 인구가 많았던 사실을 설명하고 있다. 옛날부터 해안 도서 지방의 경우, 바다로 고기잡이 나간 남정네들이 사고를 당하는 일이 적지 않았음을 미루어 짐작할 수 있고,[21] 결과적으로 여성 인구 비율이 상대적으로 높게 나타나는 경향은 오늘날까지도 이어져 도서와 해안 지방에 여성 인구가 많다는 지리적 경향으로 설명되고 있다.

이상에서 언급한 입지, 수리와 치수, 첩 제도를 통한 인구 성비의 조절, 도서 및 해안 지방에 여성 인구가 많아진 이유 등의 설명은 대단히 지리적인 성격을 지닌 서술이다. 외적 방어의 입지론 전개는 성호의 영토 방위 철학론을 경청하는 것 같은 느낌이 든다. 벽골제를 예로 들어 수리와 치수의 중요성을 설명한 측면에는 성호의 애민 사상이 깃든 수자원 관리 정신을 엿볼 수 있으며, 첩 제도를 들어 남녀 성비의 인구 정책적 대안으로 제시한 것은 독특한 발상임을 문득 깨닫게 한다. 도서 해안 지방에 여성 노동력이 많다는 것은 이미 성호 시대 이전부터 있었던 지리적 보편 경향이었음을 알게 해 준 서술이다.

## 5. 풍수와 풍속

성호는 당시 우리나라 각처에 남아 있는 풍속과 습관 등 색다른 것이 존재하게 된 이유를 지방의 유풍(遺風)만이 아니라 문화 전파의 주체자로서의 사람들이 이주하여 살게 되었기 때문이라고 설명한다. 영남 지방의 풍속, 경주 시가지의 구획, 개성의 삿갓과 타래머리, 제주도 사람들의 거친 기질과 사투리 등의 원인을 사람들의 이주에 의한 문화 전파 개념의 예로써 설명하는 것과 유사하다.■22

성호는 풍수상으로 영남 지역은 생기(生氣)가 용(龍: 산맥)을 타고 내려와 결실을 맺는 양호한 곳으로 보았다. 그렇기 때문에 좋은 생기, 즉 지기(地氣)에 힘입어 퇴계와 남명 등 대학자들이 배출되었으며, 이들을 중심으로 이 지역의 유림 문화를 꽃피웠고, 여기서 배출되는 인물들이 미래의 국가 환난 시에도 커다란 역할을 할 것으로 보았다.■23 오늘날의 관점으로 보면, 이와 같은 성호의 지나친 풍수 사상의 맹신은 비판의 대상이 될 수 있다.■24 영남 지역 출신의 거유(巨儒)들이 풍수상의 유리한 지기 덕분에 배출된 것으로 보는 것은 인간을 환경결정론적인 결과의 존재로만 파악하는 것이며, 후천적 노력의 가능을 배제하기 때문이다. 성호의 말대로라면 산줄기의 이어짐이 없어서 풍수상의 생기가 용을 타고 흐르지 못하는 여타 지역에서는 훌륭한 인물들이 전혀 나올 수 없다는 논리가 되며, 이는 설득력을 잃게 된다. 성호의 의견에 따르자면, 김해(金海), 동래(東萊), 안동(安東), 예안(禮安) 등지는 백두산의 정기가 태백산을 타고 내려와 이른 곳이므로 명현들이 배출될 수밖에 없는 인재의 고장이 되는 셈이다.

성호는 영남 지역 선비와 농민들의 삶에 대해 매우 상세히 알고 있었으며, 영남 지역의 풍속에 대해서도 아주 좋은 인상을 가지고 있었던 것 같다. 영남 지역 주민들의 삶의 모습을 당시 선비들이나 타 지역 농민들이 본받을 만한 귀감으로 소개하고 있는 동시에, 상대적으로 간단하기는 하지만 경기 지역에 대해서는 혹독한 비판을 가하고 있다. 즉 한양(서울)을 중심으로 해서 그 근방의 풍속이 안일과 사치에 흐르고, 문벌을 위주로 하는 나쁜 풍속이 있다고 비판하였다.

성호는 『여지승람(輿地勝覽)』의 기록을 바탕으로 김해 지방의 순후한 풍속을 논하고, 정부의 풍속에 순응하는 정책을 촉구하고 있다. 김해 지방을 포함하는 영남 지역을 중국 주대(周代)에 가장 예의를 숭상했던 노(魯)나라 땅에 비유하여 민간 풍속의 표본으로 삼을 것을 권할 정도였다.

경사(경기도)에 가까운 지방의 사람들은 "일상생활에서 말과 행동이 이해(利害) 두 글자에서 벗어나지 않는다."라고 혹평한 반면에, 오직 영남은 옳고 그름이 있어서 일에 정해진 한계가 있고, 사람에게 정해진 평가 기준이 있어서 아직도 "한 번 변하면 도(道)에 이르는 노나라 땅"임을 잃지 않고 있는 곳과 같다고 평할 정도이다.

이상과 같이 특정 지역이 지니는 풍속에 대한 성호의 서술은 그곳의 유풍만이 아니라 이주해 온 사람들의 문화 전파 영향도 함께한다는 것이므로 문화 전달자로서 사람들의 이동 영향이라는 측면에서 지리적 개념을 담고 있다. 영남 지방에 백두산의 정기가 용(태백산)을 타고 내려온 생기를 품고 훌륭한 인물을 배출했으며, 아름답고 예절 있는 풍속을 만들었다는 진술은 풍수 사상에 입각한 서술이다. 오늘날의 시각에서 본다면 지나치게 풍수 사상에 사로잡힌 사고라고 할 수 있다. 영남 지방과 경기 지방의 풍속에 대한 혹독한 비교 설명 또한 바람직하지 않은 측면도 있다.

# 6. 방안 지도 제작과 지명 유래

지도를 그리는 방법으로 축소·확대가 자유로운 방안작법(方眼作法)은 오늘날의 지도 학습에서도 그 중요성이 변함없는 기본 원리이다. 트레이싱 페이퍼를 이용한 지도의 복사(複寫) 방법도 그 과정에 소요되는 재료만 다를 뿐 원리에서는 성호가 말하는 방법이나 오늘날의 방법이 별반 차이가 없다. 첫째, 콩기름이나 양초를 녹여 먹인 종이, 즉 오늘날의 트레이싱 페이퍼를 원도에 대고 그리는 기법의 설명이 그렇고, 둘째, 방안선 기법으로서 경도와 위도를 상정하듯 가로세로로 방안을 만들어 원도를 크게 확대하거나 축소시켜 그리는 기법의 설명이 그러하다.

과거 우리나라의 국호인 '조선'과 더불어 선택 대안으로 제시되었던 '화령(和寧)'이란 국호는 우리 고유의 지명으로부터 근거하여 만들어졌던 것임을 설명하였다.

모든 나라의 칭호는 흔히 그 근본을 따랐으니, 잊지 않기 위함이다. 우리나라가 국가를 건설하고 조선과 화령(和寧) 두 가지 칭호를 가지고 중국에 요청하였는데 현재의 칭호, 즉 조선으로 정해진 것은 명나라 황제의 명령에 의한 것이다. 화령이란 무엇인가? 국경 밖에도 이 명칭이 있었으나 이것은 요청할 바가 아니었다. 『고려사』「식화지(食貨志)」에 보면 신우(辛禑) 9년에 우리 태조가 국경을 안정케 하는 건의를 올렸는데, "동북 일대의 주·군(州郡)은 땅이 좁고 메마르지만 화령만은 도내(道內)에서 땅이 넓고 비옥하다." 하였고, 공양왕(恭讓王) 3년에 화령판관(和寧判官)이란 말이 있었으며, 또 동쪽 지역에 화주(和州)가 있었는데 공민왕 18년에 승격시켜 화령부로 만들었다. 화령부는 곧 지금의 영흥(永興) 땅으로 선원전(璿源殿)이 있다.

이곳은 태조가 일어난 곳으로 이른바 적전(赤田)이란 것인즉 화령의 칭호
는 반드시 이곳을 가리킨 것이니, 고증해 보아야 할 것이다.

(민족문화추진회, 1978, p.128)

장소와 지역의 이름은 전통적인 지명의 기원을 살펴 근본을 따라 뜻을
이어 가거나 만들어지는 것의 의미와 그 보전 중요성을 알게 해 주는 내용
이다. 한편, 금강산을 돌아보고 그 명칭의 유래와 일만이천 봉 봉우리 수
를 일반인들이 그대로 믿는 것에 대한 터무니없음을 지적하고 있다. 금강
산(金剛山)의 본래 이름은 '풍악(風嶽)'이었으며, 불경의 말을 따서 '금강'
이란 이름이 붙었다는, 산의 이름과 봉우리 수에 대한 정확한 고증을 하였
다. 이는 우리나라 산천의 정확한 이름 유래를 알고, 옳게 부르며 지켜 나
가기를 바라는 마음에 그 바탕을 두고 있음을 알 수 있다.

지구 상의 위치 설정 기준은 '경위선망의 설정'이라고 할 수 있다. 따라
서 지도 제작의 가장 기본 원리는 경위선망의 축소판인 방안을 바탕으로
지도를 그려 넣음으로써 지도를 크거나 작게 마음대로 그릴 수 있는 지도
작법이다. 놀랍게도 성호는 방안 지도 제작법, 즉 정간작법(井間作法)의 원
리를 자세히 설명하고 있다. 그리고 국호가 만들어지기까지의 '조선'과 '화
령'의 대안이 있었다는 것과, 그 대안으로 제시된 국호는 전통과 향토애를
바탕으로 한 장소 지명의 유래를 가진 점을 강조하였다. 아울러 장소에 대
한 지명은 정확한 정보와 사실성에 바탕을 두고 명명되어야 한다고 주장
한 것은 지리적으로 대단히 의미 있는 진술이다.

# 7. 북방 강역에 대해

성호는 우리나라 북방 강역(疆域)에 대해서도 깊은 관심과 애정을 가지고 있었던 것 같다. 관련 내용의 고증을 통해 여진(女眞), 두만강 일대의 쟁계(爭界), 폐사군(廢四郡) 강역, 안시성(安市城) 등 과거 우리 강역에 관해 거론하고 있다.■25

우선, 우리의 북방을 괴롭혔던 여진에 대해 지대한 관심을 가지고 근원을 밝히려 하였다. 여진을 말갈(靺鞨)의 후속 변방국으로 보고, 다시 동여진, 서여진, 북여진으로 세분하여 설명하고 있다. 여진족, 특히 서여진은 우리 민족과 여러 가지로 관계가 깊은 민족이었음을 알게 해 준다. 동여진의 종족으로 우리에게 이름이 익숙한 오랑캐, 오디개, 니마거(尼麻車) 등의 종족을 밝혀 분류한 점 등은 돋보인다.

성호는 두만강 일대의 국경선 지역에도 깊은 관심을 가지고 있었다. 두만강과 토문강(土門江)이 같은 것인지 다른 것인지는 오늘날까지도 한국과 중국 사이에 논란을 빚고 있는 부분이기도 하다.■26 다음 인용문에서 보이듯, 성호는 북방의 국경선 설정에서 우리나라 관리들이 고증을 철저히 하지 못하고 과거의 넓은 영토를 포기하고 내부로 좁혀 들어 설정하는 것에 대해 불만을 가지고 지적하였다.

북방의 국경은 두만강으로 경계선을 삼고 있다. 그런데 고려 시대에 윤관(尹瓘)의 비(碑)가 선춘령(先春嶺)에 있고 선춘령은 두만강 북쪽 100리 밖에 있는데 무슨 까닭으로 지난번에 국경선을 정할 때 두만강의 원류(源流)만을 찾았는지 알 수 없다. 두만강이란 것은 바다로 들어가는 위치를 말한 것이니, 토문(土門)이라는 곳이 바로 여기인데, 어음이 비슷해서 와전된 것이다. 백두산의 물이 이리로 모여드는데, 만일 토문에서 여러 물의 근원을 따라 올라간다면 지금 강 북쪽에 있는 지역은 모두 우리의 소유이며 선춘령도 그 안에 포함된다.                    (민족문화추진회, 1978, p.129)

한편, 성호는 윤관이 육성(六城)을 설치하고 우리의 강역을 넓혀 정계비를 세운 것과 후에 김종서(金宗瑞)가 두만강을 경계로 후퇴하여 국경 경계를 삼은 것을 비교하여 설명하면서, 나중에 조선과 중국 사이의 경계를 정할 때 올바른 경계선을 되찾지 못한 것에 대해 따끔하게 지적하고 있다. 소손녕(蕭遜寧)과 담판할 때의 서희(徐熙)처럼 역사적 사실을 증거로 당당히 맞서서 우리의 강역을 지켜 내지 못하는 것에 대한 불만과 아쉬움을 나타내고 있다.

과거 폐사군이 있던 지역은 오늘날 북한의 압록강 주변 양강도(兩江道)와 자강도(慈江道) 및 중국의 땅에 걸쳐 분포했던 지역이다. 백두산과 개마고원을 지척에 둔 변방 지역이며 심산유곡이 많은 대단히 깊은 마을들이다. 이들 지역의 명칭과 폐군 처리된 경위, 행정 소속의 변화 등을 소상히 밝히고 있다.[27] 원래 토지가 비옥하고 사람들이 살 만한 곳이었으므로 야인들이 약탈과 살인 등을 일삼던 이 지역의 형편이 안정화되면 되찾아서 적절히 이용해야 할 땅임에도 불구하고, 후대에 이르러 이에 전혀 관심을 기울이지 않는 것을 한심스럽게 생각하고 있다. 여기서 우리나라 강역에 대한 성호의 깊은 사랑과 관심을 느낄 수 있다.

우리나라 역사에서 '안시성 싸움'으로 유명한 안시성이 오늘날 중국의 봉황성(鳳凰城)을 일컫는다는 다음의 인용문은 우리로 하여금 경각심을 불러일으킨다.

(전략) 또 고찰해 보면 안시성(安市城)은 곧 지금의 봉황성(鳳凰城)이다. 봉황을 우리나라에서 '아시새(阿市鳥)'라 한다. 이 아시와 '안시(安市)'가 음이 비슷하므로 그러한 명칭이 붙여진 것이다. 지금 중화군(中和郡)에 안시성이 있는데 명나라의 사신 진가유(陳嘉猷)가 시를 지어 이 사실을 기록하였다. 이것은 우리나라 사람들이 잘 모르고 전한 것은 인습하여 지은 것인데 그 잘못을 바로잡지 못하였으니 우스운 노릇이다. 뒷사람들이 잘못된 것을 그대로 받아 내려오는 것으로 이와 비슷한 것이 많다.

(민족문화추진회, 1978, p.132)


이와 같은 설명은 이미 연암 박지원의 『열하일기』에서도 지적된 바 있다.■28 연암과 마찬가지로 성호 역시 후대의 사람들이 잘못된 것을 밝혀 바로잡지 않고 인습적으로 그대로 방치하여 내려오는 것에 대해 못마땅해 하고 있다. 안시성이 곧 봉황성이라면 옛 고구려의 영토가 현재의 봉황성이 있는 영역까지 확대되는 것을 의미하며, 이는 반드시 짚어 보아야 할 중요한 정보라고 할 수 있다.

이상의 내용을 통해 성호는 우리나라의 강역, 특히 북방의 강역 중 옛 우리 영토에 대한 강한 애착을 가진 학자였음을 알게 해 준다. 아울러 성호가 걱정한 당시 또는 후대의 사람들이 북방 영토 문제를 분명히 짚어 놓지 않은 불씨는 결국 최근 들어 일본의 역사 왜곡과 동해에 대한 일본해 표기문제, 독도를 일본령 죽도(竹島)로 표기하여 한일 간에 뜨겁게 달아올랐던 만주 지방(중국 동북삼성 지방)을 둘러싼 동북공정(東北工程) 문제 등으로 확대된 셈이다. 오늘날 우리나라와 이웃한 일본 및 중국과의 영토 분쟁은 이미 성호가 예견했던 것이라고 해도 과언이 아니다.

## 8. 제주도와 울릉도, 근린국 일본

　제주도와 울릉도, 그리고 이웃 국가 일본에 대한 그의 묘사는 지리학의 전통 기술 방법인 지지적(地誌的) 기술 패턴을 보여 준다.

　성호는 제주도가 육지로부터 어느 정도의 거리에 있으며, 그 규모와 옛 이름, 그리고 한라산 꼭대기의 화구호(火口湖), 한라산의 높이에 대한 간접적인 서술과 산세의 험준함, 주요 마을인 제주(濟州)와 대정(大靜), 정의(旌義) 등의 위치를 알기 쉽게 설명하고 있다. 지리학자가 아닌 성호의 묘사로서 당시 제주도를 소개하기 위한 훌륭한 지지적 서술이라고 아니할 수 없다. 한편, 제주도의 북서쪽에 있는 작은 섬 비양도(飛揚島)에 대해서도 자세히 설명하였다. 매우 작은 섬인 비양도를 성호가 어떻게 알고 서술했는지 궁금증까지 갖게 된다. 이렇듯 작은 지역 단위에조차 관심을 기울인 것은 성호의 지리적 호기심이 대단함을 말해 준다. 비양도의 또 다른 이름(이명)과 위치 및 크기, 이 섬이 생성되기까지의 과정, 지질 구조에 대한 설명에서 현무암괴의 모양을 보고 "수포석(水泡石)처럼"이라고 표현한 점 등 그 표현이 대단히 사실적이고 구체적이다. 한마디로 훌륭한 지지적 서술이며 묘사라고 할 수 있다.

　한편 성호는 울릉도에 대해서도 매우 자세히 설명하고 있다. 울릉도의 옛 이름과 육지로부터의 거리, 그동안의 울릉도 관리 정책 등에 대해서도 훌륭한 역사·지리적 고증을 통해 설명하고 있다. 특히 왜구들의 분탕질에 대해 자세히 논하고 있으며, 울릉도를 둘러싼 한일 간의 분쟁 문제도 그 역사적 과정을 소상히 밝혀 옳고 그름을 가려 설명하였다. 그리고 그 명칭이 어떻게 변화해 왔든 간에 울릉도 및 부속 도서들은 의당히 우리나라의 영토임을 단호히 주장하고 있음은 영토의 영유권을 확실히 한다는 점에서 깊은 의미를 가진다. ■29 다음은 울릉도에 대한 성호의 인용문이다.


울릉도는 동해 가운데 있는데, 우산국(于山國)이라고도 한다. 육지에서의 거리가 700리 내지 800리쯤 되며, 강릉 삼척 등지의 높은 곳에 올라가 바라보면 세 봉우리가 가물거린다. (중략) 조선 시대에 이르러 죄인들이 도망해 와서 사는 자가 많으므로 태종(太宗)과 세종(世宗) 때 낱낱이 수색하여 모두 잡아온 일도 있었다. 『지봉유설(芝峰類說)』에, "울릉도는 임진왜란 후에 왜적의 분탕(焚蕩)과 노략질을 겪어 다시 인적이 없었는데, 근자에 들으니 왜적이 의죽도(礒竹島)를 점거했다 하며, 혹자의 말에 의죽도는 곧 울릉도라 한다." 하였다. 어부 안용복(安龍福)이 월경(越境)한 일로 왜인들이 와서 쟁론할 때 『지봉유설』과 예조(禮曹)의 회답 가운데 '귀계(貴界)'니, '죽도(竹島)'니 하는 말이 있는 것으로 증거를 삼았다. (중략) 우릉도(羽陵島)라고 하든, 의죽도라고 하든, 어느 칭호를 막론하고 울릉도가 우리나라에 속하는 것은 너무나도 분명한 일이며, 그 부근의 섬도 또한 울릉도의 부속에 지나지 않는 것이다. (하략)

(민족문화추진회, 1978, pp.287~288)


나아가 성호는 이웃 나라 일본이 바다 가운데의 도서국이므로 외부 세계로부터의 침략이 쉽지 않았음을 역사적 사건들을 들어 살폈다. 중국 원(元)나라 대군의 일본 침략 시도는 큰 바닷바람을 만나 절멸의 위기까지 큰 타격을 입었으며, 우리나라에서도 고려 충렬왕 당시 김방경(金方慶) 등이 몽고병·만병(蠻兵)과 합세하여 일기도(日岐島)를 공략하려다 실패했고, 조선 시대에 이르러 이종무(李從茂)를 보내 대마도(對馬島)를 토벌하여 공적을 남겼다. 하지만 우리나라가 시도했던 일기도나 대마도 정벌은 모두 일본의 바깥 섬에 불과했기 때문에 그들의 변경을 넘어 본토까지는 한 번도 들어간 적이 없었다. 성호는 이와 같이 일본이 바다 가운데의 섬나라이기 때문에 외부의 침략 위협으로부터 격리되어 있을 뿐만 아니라 면적도 제법 넓어 대체로 살기 좋은 낙토(樂土)로 보고 있다. 하지만 일본 내에서도 사병(私兵) 군대를 끼고 서로 다투고 있으므로 마침내 통일되는 시기에 가서야 비로소 걱정이 없어질 것으로 정세를 판단하는 등, 당시 일본 국내의 내부 사정이 조용하지만은 않다는 점을 잘 알고 있었던 것 같다.

그리고 당시 일본에서 화산 폭발과 지진이 빈발하여 피해가 컸던 상황을 매우 생생하게 묘사하고 있다. 지축이 흔들리고 건물이 무너져 수많은 사람들이 죽음을 당하고, 땅이 꺼져 순식간에 아수라장이 되어 버린 사실과 땅속 깊은 곳에 텅 빈 공동(空洞)이 생겼으며, 화산이 폭발한 곳에서는 뜨거운 용암이 흘러내리는 등 참담한 정황을 그림처럼 묘사하고 있다. 지진이 발생하고 화산이 폭발하는 상황을 이보다 더 잘 묘사할 수 있을까? 이렇게 치밀한 묘사와 기록으로 보면 당시 일본의 지질과 지각 변동에 대한 사실을 매우 분명하고 정확하게 알고 있었음을 미루어 짐작할 수 있다.

이상에서 논한 것처럼 울릉도와 제주도, 그리고 제주도의 부속 도서인 비양도, 이웃 나라 일본에 대한 지지적 서술은 그 묘사의 치밀함이 매우 뛰어나다. 제주도와 일본은 마치 여행을 직접 한 후 후기를 쓰고 있는 것처럼 현실감이 느껴진다. 울릉도에 대한 서술에서는 왜구의 침입에 대한 영토방위의 분명한 정신을 공감하게 하고, 안용복에 대한 설명은 나라사랑의 마음을 일깨우기까지 한다.

## 9. 요약 및 결론

본 연구는 성호의 대표적 저서인 『성호사설』의 「천지문」을 대상으로 분석한 것이다. 「천지문」에 나타난 지리 관련 주제들과 내용을 발췌하고, 오늘날의 지리 내용 분류 체계에 준해 내용별로 묶어 정리 서술하며 해석하였다. 지리 관련 주제와 내용들에 대한 논의와 해석 과정을 통해 성호가 지녔던 지리적 사고(思考)를 알아내고, 이를 통해 『성호사설』에 나타난 지리관을 도출하기 위한 것이다. 연구의 결과를 서론부의 연구 내용에서 제시한 순서에 준하여, 요약 정리하면 다음과 같다.

첫째, 『성호사설』의 「천지문」을 통해 본 성호의 지리적 관심은 다양한 주제에 걸친다. 산맥, 카르스트 지형, 지하수의 분출, 기후 요소, 절후, 입지, 수리와 치수, 인구 성비, 풍수 사상과 풍속, 지도와 지명, 북방 강역, 제주도와 울릉도, 근린국 일본 등 다양한 지리적 주제와 내용을 담고 있다.

둘째, 성호의 지리 관련 내용에 대한 성찰과 깊이는 주제별로 차이가 인정된다. 카르스트 지형인 석회 동굴에 대한 지리적 묘사는 그 치밀함에서 전공자를 무색케 할 만큼 사실적이고, 지하수의 분출인 샘과 우물의 원리 설명은 매우 과학적이다. 기후 요소인 비의 설명은 추상적이지만 전선성 강우의 깊은 원리를 꿰고 있으며, 여덟 방향의 바람에 대한 고유 명칭 설명과 72절후의 설명은 매우 토속적이고 지리적이다. 입지 조건의 으뜸을 방어 기능에 두고 전개하는 성호의 입지에 관한 철학은, 춘천의 전략적 입지 설명과 규모의 경제 개념을 품은 도성의 입지 설명에서 보다 확연해진다. 벽골제 저수지의 중요성과 용미거(龍尾車) 수차 도구의 활용 권장은 수리 치수의 중요성을 깨우쳐 주기에 충분하고, 방안(方眼)을 이용한 지도의 제작 원리 및 콩기름 종이를 이용한 지도의 복사 설명, 그리고 지명 표기의 정확성에 대한 필요성을 강조한 부분은 지리학 전공자의 사고에 가깝다. 제주도와 울릉도 및 이웃 나라 일본에 대한 서술은 훌륭한 지지적 서술 묘사 그 자체이다.

셋째, 『성호사설』「천지문」을 통해 이상에서 언급한 지리 관련 주제들이 왜 성호의 관심을 대변하며 다루어졌는지 그 이유를 생각해 보면 다음과 같다. 기후 요소와 절후, 입지 및 수리와 치수, 지도와 지명 등의 주제와 설명은 당시의 실학 지식에 대한 강한 수요를 말해 주는 것이 아닐까 판단된다. 대체로 실생활에 필요한 생활 지식과 외적 방어 및 행정에 필요한 전략 행정 지식 내용을 담고 있는 주제들이다. 산맥을 용(龍)으로 보고, 백두산에서 태백산맥을 거쳐 생기(生氣)를 몰고 오는 끝자락을 영남 지역으로 보며, 이곳에서 걸출한 인물이 배출되고 아름다운 미풍양속을 꽃피운 이유를 풍수지리와 연결시켜 설명하고 있다. 여기에는 다소 지나치고 과장된 면이 있으며, 풍수 사상이 만연했던 시대적 정신을 반영한 것인지도 모른다.

첩 제도를 통한 인구 성비의 조절 대안책 제시는 그 발상 자체가 괴상하고 기발한 면이 있으며, 시대상의 사회적 문제를 인구 정책적 대안으로 승화시키려는 노력의 일환으로 느껴지기도 한다. 끝으로 북방 강역의 자세한 서술과 울릉도에 대한 설명은 성호의 지극한 국토애와 애국심을 보여 주는 동시에, 제주도와 비양도 및 이웃 나라 일본에 대한 세밀한 지지적 호기심을 충족시켜 주는 방편으로도 추정해 본다.

넷째, 『성호사설』「천지문」에 보이는 지리 관련 주제의 범주와 내용의 깊이는 오늘날의 그것에 비할 바는 아니다. 산지 지형과 하천 지형은 모두 중요하게 다룰 만한 것이지만, 「천지문」에서는 하천 지형에 관한 내용이 별반 없다. 산지 지형에 관해서도 산맥을 생기가 흐르는 용으로 표현하여 풍수적 측면에서만 언급했을 뿐이다. 수자원 관리와 관련해서는 벽골제를 들었으나 특별히 바다 및 호수(자연호, 인공호)에 대한 설명은 없다. 입지 및 지도와 지명, 울릉도와 제주도, 일본에 대한 주제(topics) 설정은 대단히 지리적이다. 설명 또한 완전하다고는 할 수 없으나 중요한 지리적 원리 또는 개념을 정확하게 짚음으로써 예리함과 함께 내용의 무게를 느끼게 해 준다. 이 밖에도 '지리적 가치는 변할 수 있다', '풍속과 풍습은 사람의 이주에 따라 전파되기도 한다', '도서 및 해안 지방에는 여성 인구(노동력)가 많다'는 등의 간단한 논지들은 일반화시킬 수 있는 오늘날의 지리 개념들과 거의 통할 정도로 와 닿는다. 풍수에 관한 내용은 오늘날의 합리성으로 보면 설득력이 부족하다.

마지막으로, 그렇다면 『성호사설』 「천지문」에 나타난 지리관, 즉 성호의 지리적 사고는 무엇인가? 성호는 오늘날의 일반인 기준으로 본다면 지리적 사고가 깊고 매우 박식한 사람이다. 구사하는 지리 용어는 그렇다 치더라도 석회 동굴에 대한 지리적 묘사, 샘과 우물의 과학적 원리 설명, 비가 만들어지는 원리 통찰과 쉬운 설명, 방어 입지의 논리 분명한 설명과 도성의 규모 경제에 입각한 입지 설명, 용미거 수차 도구의 활용과 저수지 축조 등 수리 치수의 중요성 설명, 방안 지도 제작 원리 및 정확한 정보에 기초한 지명의 중요성 등의 언급은 전공자의 사고와 크게 동떨어지지 않는다. 지역에 대한 지지적 묘사는 때로 정치(精緻)한 수준에 이르며, 보편적 지리 개념에 가까운 논리의 일반화 수준의 언급은 지리적 사고의 깊이를 알 수 있게 해 준다. 풍수 사상과 지리에 몰두하여 지역 풍속과 인물을 설명함은 오늘날의 합리적 시각에서 볼 때 옥에 티이다. 이러한 점은 당시 풍수 사상이 만연한 시대정신의 소산일 수도 있다. 「천지문」의 지리 관련 주제들은 결국 기후 요소, 수리 시설 등 실생활의 생활 지식과 입지, 지도, 북방 강역에 대한 지식 등 외적 방어와 행정에 필요한 전략 행정 지식으로 묶을 수 있다. 북방 강역과 울릉도의 설명은 국토애와 애국심을 반영한다. 제주도와 비양도, 이웃 나라 일본 등에 대한 사실적 묘사는 당시 서민들의 미지 세계에 대한 지리적 호기심을 충족시키는 대변의 글로도 볼 수 있다.

요컨대 『성호사설』「천지문」에 나타난 지리적 사고는 일반인 수준 이상의 심오한 부분이 있다. 물론 전문적 지리 저술이 아닌 만큼, 주제나 내용에 대한 접근 방법이 구조적이지 못하거나 짜임새에서 허술한 부분도 있다. 그럼에도 불구하고 기후 요소, 수리, 지도 작법 등의 설명, 정확한 지명 명명의 필요성 주장, 제주도와 울릉도 및 이웃 나라 일본에 대한 치밀하고 사실적인 지지적 기술 등은 지리 관련 주제들의 훌륭한 포착이다. 풍수 사상에 입각한 풍속 설명과 첩 제도를 통한 인구 성비 조절 대안은 다소 합리성이 결여된 부분이 있으나, 당시의 시대정신과 사회상의 소산으로도 추측해 볼 수 있을 것이다.

1. 『성호사설』은 다시 성호의 고제(高弟)인 순암 안정복(安鼎福)에 의해『성호사설유선(星湖僿說類選)』으로 간추려졌다.『성호사설』은 '-문(門)'으로 분류하였으며 칙수(제목 분류) 총계 3,007개이고, 『성호사설유선』은 '-편(篇)'으로 분류하면서 칙수 1,396개로 추려졌다.

2. 이들 전공 학문 분야의 연구자들이 모여 동양학과 한국학을 연구하는 대표적인 기관의 예로 한국학중앙연구원을 들 수 있다.

3. 민족문화추진회(1978)에서 번역한 『국역 성호사설』의 「천지문」을 연구의 대분으로 하였다.

4. 성호의 증조부 상의(尚毅)는 의정부 좌찬성, 할아버지 지안(志安)은 사헌부 지평을 지냈고, 아버지 하진(夏鎭)은 사헌부 대사헌에서 사간원 대사간으로 환임(還任)되었다가 1680년(숙종 6) 경신대출척 때 진주목사로 좌천, 다시 평안도 운산에 유배되었다(한국정신문화연구원, 2002, "이익(李瀷)", 『한국민족문화대백과』.

5. 첨성리에 칩거하며 학문에만 전념할 수 있었던 배경에는 아버지 하진이 1678년에 진위겸 진향사(陳慰兼進香使)로 연경(燕京)에 다녀올 때 청제(青帝)의 궤사은(饋賜銀)으로 사 온 수천 권의 서적 때문에 가능하였다.

6. 경제 실용 학문에 이맹휴, 성리학 등에 이병휴, 역상과 문장에 이용휴(李用休), 성리·예학에 이삼환(李森煥), 유학 전 부문에 박학했던 이가환, 인문 지리에 이중환 등이 성호의 학풍을 계승한 일문이고, 역사의 안정복을 위사한 윤동규(尹東奎), 신후담(愼後聃), 권철신(權哲身) 등이 당대의 학해(學海)를 이루었으며, 정약용(丁若鏞)과 박지원(朴趾源), 박제가(朴齊家) 등은 그의 여풍을 계승한 두드러진 학자들이었다.

7. 그러나 그는 불교의 윤회설이나 천주교의 천당지옥설, 예수부활설과 같은 것은 황탄한 설로 간주하였다.

8. 「천지문」 223항목 중에는 천문과 지리 내용이 주를 이룬다. 천문학 분야의 내용에는 「천문지」, 「율력지」, 「칠성서」 등과 중국의 고전 등에 비추어 일월(日月), 성신(星辰), 풍우(風雨), 노상(露霜), 뇌진(雷震), 조석(潮汐) 등에 관해 논하였다. 역법(曆法)과 태양의 궤도, 세차, 동지, 하지, 춘분, 추분, 일식, 일구(日晷) 등에 대해서도 언급하고 있는데, 특히 별자리의 변화는 병란(兵亂)과 지변(地變), 질역(疾疫)과 관련이 있는 것으로 생각하였으며 천재지변에는 시운(時運)이 따르는 것으로 보았다.

9. 수(洙)와 사(泗)는 모두 노(魯)나라의 물 이름. 수사는 곧 공자와 그 제자들이 출생한 곳

이라는 뜻.

10. 강우의 원인으로 기후학 또는 지리학에서 전선성 강우, 대류성 강우, 지형성 강우 등 세 가지의 경우를 들어 설명하는 것이 보편적이다.

11. 『토박이말 쓰임사전』을 찾아보면, 방향에 따라 북동풍은 된새바람(또는 높새), 서풍은 갈바람(또는 하늬바람), 남서풍은 갈마바람, 남풍은 마파람 또는 앞바람, 북서풍은 높하늬 바람, 북풍은 높바람 또는 된바람으로 부르기도 한다(이근술·최기호 엮음, 2001, 『토박이 말 쓰임사전』, 동광출판사, p.895).

12. 칠십이후(七十二候), 즉 태음력(太陰曆)을 가지고 자연 현상에 입각하여 1년을 72절후 로 구분한 것으로, 『예기(禮記)』 월령(月令)에 보면 5일을 1후(候), 3후를 1기(氣), 6후를 1 월(月)로 하여 1년을 24기 72후로 하였다(민족문화추진회, 1978, p.283 각주 재인용).

13. 반설(反舌)은 『예기』 월령에 나오는 말로 백설조(百舌鳥)를 의미한다.

14. 이 말의 원문(原文) 실가(室家)는 아내의 뜻도 되어, 아내와 흩어지는 것으로도 풀이가 가능하다(민족문화추진회, 1978, p.283 각주 재인용).

15. 물성(物性)이란 물건의 성품이지만 여기서는 사람의 성품을 가리키고, 부험(符驗)은 서 로 맞아 들어가는 것을 말한다. 이 문맥은, 즉 성품이 나쁘다고 해서 반드시 결과가 좋지 않거나, 성품이 좋다고 해서 반드시 결과가 좋은 것은 아님을 뜻함.

16. "(전략) 대체로 지리적인 가치는 변할 수 있으며 시대는 예와 지금이 다르다. 사람들은 다시 깊이 연구하지 아니하고 아직까지도 누경(婁敬)의 말 한마디를 믿고 이를 철칙으로 생각하고 있다."(민족문화추진회, 1978, pp.145~146)

17. 이 지적에 대해서는, 당시의 수준으로 보아 성의 축조 기술이 못 미쳐 이러한 우려를 표 명한 것으로 해석된다. 그러나 한양에 성곽을 짓되, 같은 기술 수준이지만 내성과 외성을 2중, 3중으로 축조하는 방안을 왜 제시하지 않았는지 궁금하다. 한양이 넓어 튼튼한 도성 을 축조하는 것이 불리하다면 한양 주변의 여러 잔구성 산지들을 중심으로 복수(複數)의 작은 성들을 축조하는 방안도 있음을 생각하지 않았는지 궁금하다.

18. 이옥(李沃)의 문집. 저자는 연안 이씨(延安李氏)로 문과에 급제, 이조 참의와 경기관찰 사를 지냈다. 박천(博川)은 박천(搏泉)으로도 쓴다(민족문화추진회, 1978, p.136 각주 재 인용).

19. 과거에 교통로가 덜 중요시되었다고 볼 수 없지만, 상대적 입지에 절대적인 교통 기능 의 중요성은 이후 현대 지리학에서 더욱 강조된 것이라고 본다면, 외적 방어에 유리한 군 사상의 입지 조건을 충족하고 그 위에 행정적 중심 기능을 수행할 수 있는 장소에 도성을 축조해야 한다는 뜻의 성호의 사고를 단편적이라고 말할 수는 없다.

20. 연암 박지원은 연행록(燕行錄)인 그의 『열하일기』를 통해 청조로부터 '용미거(龍尾車)'

의 편리한 방식을 배워 우리나라 농촌의 농사일에 사용할 것을 권장하였다(『나랏말씀 7 열하일기』, 2002, 솔, p.240).

21. 이런 이유 외에도 바닷가의 어촌 살림살이는 남성들보다는 여성들의 노동력이 더욱 필요하기 때문이기도 하다. 또한 당시 해안 도서 벽지는 중앙보다 문명적으로 뒤떨어진 지역이었으며, 덜 문명화된 미개 지역일수록 여성 노동력이 많아지는 것이 세계적 경향이기도 하다.

22. 그리고 당시 개성의 성균관 향교(鄕校)지기 곡(哭)소리까지도 변하지 않은 예와, 발해(渤海)와 거란(契丹)이 망했을 때 그 유민들이 우리나라로 들어왔으므로 서쪽 사람들이 건장하고 힘쓰기를 좋아하는 것이라 보아 옛날 풍속이 남았기 때문인 것으로 설명하였다(민족문화추진회, 1978, p.127).

23. 신라 말 이후 고려와 조선 시대에 걸쳐 우리나라에 영향을 미치고 있는 풍수 사상에 성호 역시 몰두했기 때문에 이러한 해석을 하였던 것으로 추측할 수 있다.

24. 지나치게 풍수지리적 사상 또는 사고에 함몰하는 것은 곧 환경결정론(環境決定論)적인 사고의 우월성을 지나치게 인정하는 셈이며, 이는 근·현대에 이를수록 우위를 점하고 비중이 커지는 환경가능론(環境可能論)적인 사고에 정면 대치되기 때문이다. 이렇게 보면, 당시의 성호는 풍수 사상에 지나치게 매몰되어 다른 맥락을 보지 못하는 단선적 자연관에서 벗어나지 못한 한계를 보이기도 한다. 풍수 사상에 매몰된 면모는 여러 군데에서 눈에 띈다. 즉 김해, 동래, 안동, 예안 등 영남 지역의 주요 마을에 관해 설명할 때에도 이러한 경향을 보인다.

25. 삼한(三韓), 한사군(韓四郡), 예백, 옥저(沃沮), 읍루(挹婁), 패수(浿水), 살수(薩水), 비류수(沸流水), 울릉도(鬱陵島), 안시성(安市城), 발해 황룡부, 철령위(鐵嶺衛), 윤관비, 가도(椵島), 동삼성(東三城), 폐사군(廢四郡), 여진, 대마도 정벌 등의 소재와 문제점 등에 두루 관심을 기울였지만, 이 절에서는 북방 강역에 범위를 제한하여 다룬다.

26. 1712년 세워진 백두산정계비에서 당시 조선과 청의 국경으로 정한 '토문강(土門江)'에 대해 지금까지 중국은 두만강과 같은 강이라고 주장해 왔지만, 토문강이 두만강과 분명히 구분되는 별도의 강이라고 기록한 중국 정부의 공식 문서 '중·조 변계의정서(中朝邊界義定書), (1964년 3월)가 중국에서 발견되었다.

27. 「林下」권13, 文獻指掌篇三·廢四郡議·北廢郡故事; 「五洲」권29, 廢四郡本末辨證說(민족문화추진회, 1978, p.220).

28. 『열하일기』에 보면, "때마침 봉황성을 새로 쌓는데 어떤 사람이 '이 성이 곧 안시성이다.' 한다. 고구려 시대 방언에 큰 새를 '안시'라 하니, 지금도 우리 시골 말에 봉황을 '황새'라 하고 뱀을 '배암(백암)'이라 한 것으로 보아, 수당 때에 이 나라 말을 따라 봉황성을 안시

성으로…"라는 글이 들어 있다(「도강록(渡江錄)」(6월 28일), 『나랏말씀 7 열하일기』, 솔, p.61; 손용택, 2004, p.502).

29. 부속 도서 가운데 일정 거리에 떨어져 있는 독도에 관한 서술은 특별히 보이지 않는다. 제주도의 작은 부속 도서 비양도에 대해서도 자세히 설명한 성호가 울릉도의 한일 간 분쟁 문제에서 안용복(安龍福)을 거명하면서까지 독도 이야기를 언급하지 않은 것은 다소 뜻밖이다.

## ■참고문헌

• 권동희, 2005, 『지리이야기』, 한울.
• 김남형, 1996, "성호(星湖)의 비평의식-『星湖僿說』의 시문문을 중심으로", 한문학연구의 현황과 방향모색(학술발표).
• 김현수, 2003, "다산 정약용의 經學과 經世觀: 다산 정약용의 국가례 고찰 -『經世遺表』를 중심으로", 『한국철학논집』, 한국철학사연구회.
• 김석형, 1990, "다산 정약용의 생애와 활동", 『다산학보』 11.
• 김영호, 1985, 『여유당 전서의 텍스트검토, 정다산연구의 현황』, 민음사.
• 김용변, 1975, 『18·9世紀의 農業實情과 새로운 農業改革論』, 韓國近代農業史硏究.
• 김인열, 1986, 『조선후기 향촌사회구조의 변동, 정다산과 그 시대』, 민음사.
• 다산연구회 연주, 1985, 『역주 목민심서 III』, 창작과비평사.
• 민족문화추진회, 1978, 『국역 성호사설(천지문)』.
• 민족문화추진회, 1978, 『국역 신증동국여지승람(II)』 12, 강화도호부 편.
• 민족문화추진회, 1982, 『국역다산시문집 IV』.
• 민족문화추진회, 1983, 『국역다산시문집 V 』.
• 박석무·정해렴 편역, 1996, 『다산논설선집』.
• 박성래, 1985, "『星湖僿說』의 종합적 검토", 『星湖僿說』의 서양 과학, 제13회 한국고전연구 심포지움.
• 박찬승, 1986, "정약용의 井田制論 고찰-『經世遺表』〈田制〉를 중심으로", 『역사학보』, 역사학회.
• 박영한, 1977, "청담 이중환의 지리사상에 관한 연구", 『낙산지리』, 서울대학교 사회대학 지리학과.
• 손용택, 2004, " '열하일기'에 비친 연암 박지원의 지리관 일 고찰( I )", 『한국지역지리학

회지』10(3), pp.497~510.

- 신용하, 1983, 『다산 정약용의 閭田制土地改革思想』, 奎章閣 7.
- 안병식, 1985, 『목민심서考異, 정다산연구의 현황』, 민음사.
- 양보경, 1983, "16~17세기 읍지의 편찬배경과 그 성격", 『지리학』 27.
- 양보경, 1984, "조선 시대 지리서 연구 서설", 지리학의 과제와 접근방법, 석천 이찬 박사 회갑기념논집, 교학사.
- 윤사순, 1986, "다산의 생애와 사상", 『철학』 25.
- 이도원 엮음, 2004, 『한국의 전통생태학』, 서울대학교 환경계획연구소.
- 이민수 역, 1995, 『아방강역고』, 범우사.
- 이세현, 1991, 『星湖僿說』에 나타난 이익의 문학론연구』, 백강 서수생 박사 고희기념특집호, 동방한문학회.
- 이원순, 1991, 『조선실학지식인의 한역서학지리서 이해, 한국의 전통지리사상』, 민음사.
- 이윤갑, 1991, "조선후기의 사회변동과 지배층의 동향", 『한국학논집』 18, 계명대.
- 이을호 역, 1975, 『목민심서』, 현암사.
- 임덕순, 1987, "다산 정약용의 지리론 연구", 『지리학논총』 14.
- 임덕순, 1991, "다산 정약용의 지리사상", 『한국의 전통 지리사상』, 한국문화역사지리학회.
- 유인희, 1985, "『星湖僿說』의 철학 사상-정주리학과의 비교연구", 제13회 한국고전연구 심포지움, 『星湖僿說』의 종합적 검토.
- 장동희, 2002, "經世遺表를 통해 본 다산의 인사행정개혁론", 『한국사회와 행정연구』, 서울행정학회.
- 정석종, 1970, "다산 정약용의 경제사상-그의 田制改革案을 중심으로", 李海南博士華甲紀念史學論業.
- 진단학회, 1985, "『星湖僿說』의 종합적 검토", 『진단학보』, 제13회 한국고전연구 심포지움, 『星湖僿說』의 종합적 검토.
- 최박광, 1985, "『星湖僿說』의 서론-실학과 문학관의 일단", 제13회 한국고전연구 심포지움, 『星湖僿說』의 종합적 검토.
- 최성철, 1984, "조선후기 실학의 개혁사상", 『한국학논집』 6.
- 최영준, 1992, "조선후기 지리학 발달의 배경과 연구전통", 『문화역사지리』 4.
- 최창조, 1991, 『한국 풍수 사상의 이해를 위하여, 한국의 전통지리사상』, 민음사.
- 팽임, 1994, "『經世遺表』에 나타난 정다산의 실학 사상", 『한민족어문학』, 한민족어문학외.

• 한혜욱, 1986, "성호(星湖) 이익의 시관—『星湖僿說』의 시문문을 중심으로", 미간행.

• 홍이섭, 1959, 『정약용의 정치경제사상연구』, 한국연구도서관.

李瀷星湖僿說

제4장

「만물문」에 담긴 지리관

# 1. 머리말

성호 학문의 결정판인 동시에 집대성이라고도 할 수 있는 『성호사설』은 그가 40세 전후부터 쓰기 시작한 것이다. 그의 표현대로라면 "보는 데 따라 생각나고 의심나는 것을 적어 두고 펼쳐 보지도 않았던 것"으로 약 40년간에 걸쳐 학문을 논하고 가르치는 틈틈이 그때그때 적어 두어 쌓이고 쌓인 그야말로 그의 학문적 잡설(雜說)들인 것이다. 그 시대 기준으로 보면 성호는 장수한 학자이다. 성호의 나이 팔순에 가까웠을 때 그의 집안에 한참 아래 족자(族子)가 쌓인 원고들을 정리하여 기록한 것이 『성호사설』의 탄생이다.■1 40여 년이라는 오랜 기간 동안 쌓이고 쌓인 원고들인지라 그중에는 "중첩되거나 빠지고 그릇된 것이 많을 것"이라 했고, "초본(草本) 수 권을 앞서서 한 번 일괄적으로 점검해 보았더니, 잘못 옮기고 또한 빠진 것이 이루 말할 수 없다."라고도 했다. '사설'이란 뜻은 일종의 잡저(雜著)를 의미하는 것이며, '사(僿)'라는 것은 즉 '세쇄(細瑣)하다'는 뜻으로 성호 자신이 겸사(謙辭)로 붙인 제목이다.

『성호사설』은「천지문(天地門)」,「만물문(萬物門)」,「인사문(人事門)」,「경사문(經史門)」,「시문문(詩文門)」 등 5개의 문(門: 서책 단위)으로 구성되어 있다. 따라서 여기에는 시무(時務)에 관한 내용뿐 아니라 경사(經史)와 예수(禮數)를 위시하여 역산(曆算), 지리(地理), 관제(官制), 경제(經濟), 군제(軍制), 서학(西學), 시문(時文)에 이르기까지 광범위한 분야에 걸친 성호의 해박한 학문적 지식과 비판이 담겨 있어, 그 견문의 넓음과 고증의 명확함을 잘 보여 주고 있다. 지리 관련 내용은「천지문」과「만물문」에 주로 많이 등장한다.

필자가 일차로 연구했던「천지문」에 이어■2 이번 장에서는 다루는 범위를「만물문」에 집중하고자 한다.「천지문」연구에서도 밝혔듯이 오늘날 성호 이익을 연구하는 타 전공 분야 학자들이 늘고 있는 데 비해, 상대적으로 지리학 쪽에서는 그에 대한 깊은 연구가 일천한 편이다.『성호사설』같이 우리에게 익히 알려진 고전을 활발히 분석하여 지리적인 내용 또는 관련 사실들을 찾아내어 해석하고 정리하며 알리는 작업이 지리학계에서도 이루어져야 할 때라고 여겨진다.

이러한 일은 '한국학으로서의 지리학' 저변 확대의 일환이기도 하다. '한국학으로서의 지리학'은 그 대상과 범위가 방대하다고 할 수 있는 만큼 세분화가 가능하다. 재외동포들의 디아스포라, 해외에 진출한 우리의 다국적 기업망, 국내 다양한 지역들을 대상으로 한 과거와 현재 시점의 지역 연구, 고지도와 지리지 및 선학들의 고전 속에 담긴 지리 지식과 사고(思考)에 대한 고찰 등이 그것이다. 이 글에서 필자가 주목한 부분은 맨 후자에 속한다. 우리 선조와 선학들의 저술과 고지도 속에 담긴 지리 지식과 내용들을 발췌 해석하고 알리는 일은 '한국학으로서의 지리학' 확대에 일조하는 작업이다.

우리의 고전에서 확인할 수 있는 지리 관련 내용이나 주제들이 현대 지리학의 분류 체계를 기준으로 볼 때는 당연히 내용의 범위나 깊이에서 덜 구조적이고 체계적이지 못한 점이 발견될 수 있으나, 우리 선학들의 삶 속에는 시기마다 상황마다 당시에 응용 활용된 생활 지리 관련 지식과 정보들이 도처에 산재해 있었고, 이들 지식과 정보는 당대의 생활에 영향을 미쳤거나 그 결과로서 기록으로 남겨진 것임이 분명하다. 그것이 오늘날 체계화된 지리 지식의 바탕이 될 수도 있을 것이며, 부족한 점이 인정될지라도 당시 농업 경제를 기반으로 한 우리의 생활과 삶에 자연과의 교호(交互) 작용 과정에서 서로 영향을 미치며 경험에서 얻어지고 축적된 지리 지식과 지혜로 뭉쳐 기록으로 남게 된 것일 수도 있다.

　우리나라에서는 신학문으로서 현대 지리학의 저변 확대와 역량이 강화되고 있음에도 불구하고, 이러한 연구들이 활성화되기에는 아직 시기상조로 초점이 모아지지 않고 있는 것 같다. 과거 우리 것을 돌아보며 발췌하고 해석하여 정리하며 이를 지속적으로 알리는 작업은 매우 중요한 일이다. 고전에 깃들어 있는 선학과 선조들의 지리 관련 사고와 철학, 지혜를 통해 고금의 우리 삶 속에 녹아 있는 현주소를 알아보는 일은 의미 있는 작업이 될 것이며, 이러한 관점이 이 글의 필요성이자 목적이다. 살피고자 한 내용은 다음과 같다.

　첫째, 『성호사설』 「만물문」의 주제와 내용들 가운데 성호의 지리적 관심은 어떤 주제들로 표출되고 있는가. 둘째, 지리 관련 주제들의 내용 깊이는 어떠한가. 셋째, 「만물문」에 나타난 지리 관련 내용이 오늘날의 지리학 체계와 내용에 비추어 그 '진위(眞僞)'는 어떠한가. 넷째, 『성호사설』 「만물문」에서 다룬 주제들을 통해 당시의 시대적 관심사와 상황을 유추해 볼 수 있는가. 다섯째, 「만물문」에 보이는 지리 관련 내용들은 오늘날에도 유용한 것들인가. 끝으로, 이상의 살핀 내용들을 바탕으로 그 결과를 종합하여 『성호사설』「만물문」에 나타난 '지리관(地理觀)'을 결론으로 도출한다. 여기서의 '지리관'이란 『성호사설』「만물문」을 통해 본 성호의 '지리적 관심의 깊이와 사고'로 간주한다. '지리적 사고'에 영향을 미치는 요소는 지리학 또는 지리 지식과 관련하여 어떤 주제를, 어느 정도의 내용 깊이까지 다루었으며, 왜 그 주제를 다루었는지에 대한 궁극적 성찰과 종합이라고 할 수 있다. 한편, 이 글을 살펴 나가는 전개 방법은 다음과 같다.

첫째, 이번 장의 글은 기본적으로 고전 실학서를 대상으로 한 문헌의 검토이다. 둘째, 「만물문」의 내용을 살펴 지리 관련 항목 또는 내용들을 추출해 낸다. 셋째, 추출한 항목과 내용들을 바탕으로 그 정확성을 알아본다. 이에 대한 잣대는 오늘날의 체계화된 지리 지식과의 차이점을 드러내어 비교하는 방법이다. 넷째, 발췌한 주제 항목 및 내용들에 대해 해석하고 논의한다. 이 과정은 이번 장에서 살펴 가는 과정상 핵심 절차라고 할 수

「성호사설」
「만물문」

⬇

지리 항목 및 내용 추출

⬇

자연: 고산나봉(高山螺蜂), 부요양각(扶搖羊角), 토리횡수(土理橫竪), 사도(柶圖)
인문: 남초(南草), 번초(番椒), 조증율택(棗蒸栗擇), 시저(柿藷), 앙마(秧馬), 목장(牧場), 양마(養馬), 과하마(果下馬), 마정(馬政), 탐라목장(耽羅牧場), 산삼(山蔘), 견지(繭紙), 지상(地桑), 목면(木棉), 유자·적자(黝紫赤紫), 지남침(指南針)

⬇

논의 및 해석

⬇

요약 및 결론

그림 1. 연구 설계

있다. 끝으로, 이상의 절차를 거쳐 결과를 요약하고 결론을 도출한다.

　이 장에서 살펴 나가는 절차와 내용 전개의 진행 과정에 여러 가지 노력에도 불구하고 필자의 주관적 판단에 근거한 해석이 깃들 수 있음은 이 글의 제한점이 될 수 있다.


## 2. 성호 이익의 사상

　성호는 다른 유학자들과 마찬가지로 유교적인 정치 철학으로서 왕도(王道)의 확립과 백성의 보호를 주장하였다. 다만 수구적인 유학자의 틀을 벗어나 시대의 흐름에 맞게 정치를 개혁할 필요가 있다고 여겼다. 그는 농촌에 묻혀 살면서 왕정의 두 기둥이 토지 문제와 민생 문제 해결에 있음을 절실하게 생각하였다. 그는 보민(保民), 편민(便民), 양민(養民), 애민(愛民), 위민(爲民)의 용어를 많이 사용하였다. 엄밀하게 말해 백성을 위한 정치를 지향하면서[3], 양반 정치를 지양하였다. 다만 민의에 따른 정치를 해야 한다는 데까지는 미치지 못하였다. 도덕적 수양을 갖춘 지식인들이 정치 주체가 되어야 한다는 유가(儒家)의 정치사상을 답습하였다. 이러한 정치사상은 항상 효(孝)에 근본을 두고 인(仁), 의(義), 예(禮), 지(智) 네 가지 덕을 체득해야 하는 것인데, 이른바 유교의 인정(仁政), 덕치주의(德治主義)가 그것이다. 덕치를 하기 위해서는 군왕의 덕을 먼저 갖추어야 하며, 경연(經筵)은 군덕(君德)을 갖추기 위한 중요한 행사로서 토론 내용을 공개하는 것이 바람직하다고 하였다.[4]

　성호는 붕당(朋黨)으로 인한 당쟁을 미워하였다. 그는 당쟁이 일어나는 이유에 대해 관직 수는 적은데 관직을 얻고자 하는 사람은 많기 때문이라는 생각을 분명히 하고 있다. 따라서 과거 시험을 너무 사누 실시하는 것, 인사 행정이 공정하지 못한 것 등이 당쟁 발생의 불씨가 되었다고 생각하였다.[5] 그러므로 과거 시험을 공정히 시행하고, 관리의 고과(考課)를 엄정히 하는 것이 당쟁을 잠재우는 길이라고 주장하였다. 과거 시험에서 경서(經書)를 중시하지 않고 문장 시험에 치중한 것도 폐해를 일으키는 한 원인으로 보았다. 서얼(庶孽)을 차별하고, 서북 사람을 차별하며, 무신을 업신여기는 것도 잘못으로 지적하였다. 성호는 또한 의정부(議政府)의 기능을 회복시키고 언관(言官)의 언론 평가제를 실시하며, 개인의 능력을 인사에 반영하기 위한 관청으로 총장사(總章司)를 제안하였다. 아울러 군현 수를 대폭 축소하자고 제안하였다.[6]

농촌에 살았던 성호는 상품 화폐 경제의 발달로 사치 풍조가 만연하고 양반 지주들의 치부 욕심을 자극하여 소농민들이 토지로부터 소외되면서 유랑 생활을 하거나 고용 노동자로 전락하는 모습을 보았다. 그래서 그는 균전제(均田制)를 주장하였다. 균전제는 가난한 농민이 땅을 팔 수 없도록 하면 땅을 보전할 수 있고, 부유한 자는 여러 아들에게 땅을 나누어 상속하므로 제도 시행 후 시간이 지나면 땅을 고루 가지게 된다는 것이다.[7] 이는 사람들에게 일정 규모 이상의 땅을 소유할 수 없도록 하여 고르게 소유하도록 하자는 연암 박지원(1737~1805)의 『한민명전의(限民名田議)』와 비슷한 생각이다.[8] 또한 상업의 발달로 화폐가 유통되어 농민에게 해로우니 화폐를 없애야 한다는 폐전론(廢錢論)을 주장하였다. 화폐의 유통은 사람들을 이윤 추구에 매달리게 하여 풍속이 나빠지고 사치 풍조가 만연하여 소농민이 몰락하게 된다는 것이다.[9] 재화는 결국 농민의 노동력에서 나오는데, 상업이 발달하면 농민이 농업을 버리고 상업으로 몰리기 때문에 근본이 무너진다. 그러므로 농민은 농업에 몰두하게 하고 절약과 검소

한 생활을 미덕으로 삼으며 열심히 생산 노동에 종사하게 해야 한다는 것이다. 그러면서 성호는 생산 노동을 저해하는 여섯 가지의 좀을 들었는데, 노비제도, 과거제도, 문벌제도, 기교(技巧), 승니(僧尼), 유타(遊惰: 빈둥거림)가 그것이다. 이 여섯 가지 좀은 그 해로움이 도적보다 크다고 걱정하였다. 노비의 자식은 부모를 이어 노비가 되어야 한다는 제도는 세상 어디에도 없는 악법이며, 과거제도는 일도 하지 않고 효제(孝悌)도 행하지 않으면서 요행히 과거에 합격하면 잘난 체하고 사치와 방탕에 휩쓸려 백성들만 수탈하는 폐가 있다고 보았다. 문벌 자제들은 재주도 없으면서 아버지의 재산을 허비하고 굶을 지경에 이르러도 천한 일을 하지 않으려 하니 해독이 크다고 보았다. 광대와 무당의 기교는 사람들을 미혹시켜 해가 되고, 국역(國役)을 피하여 곡식만 허비하는 중들도 개혁 대상이 되어야 하며, 어려서부터 놀러 다니기를 좋아하고 바둑과 장기 두는 데만 열중하는 풍조를 근절해야 한다고 생각하였다.■10

성호는 또한 선진적인 역사관을 가지고 있었다. 고금의 흥망성쇠는 시세(時勢)에 달린 것으로 도덕적 선악이나 인과응보, 권선징악 등은 역사와 무관하다고 보았다. 천하의 일은 시세에 좌우되는 것이며, 요행(僥倖)과 시비(是非)는 부차적인 것이다. 천 년이나 수백 년이 지난 뒤에 진정한 시비를 어떻게 가릴 수 있겠느냐는 것이다.■11

성호는 또한 화이론(華夷論)이나 춘추대의(春秋大義)도 믿지 않았다. 이것은 한족(漢族) 왕조가 그 외의 왕조를 이적시(夷狄視)하는 배외사상(排外思想)일 뿐이며 현실성이 없는 공허한 명분론으로 간주하였다. 나아가 우리나라 역사의 독자성을 부정하는 이론으로 보았다. 이런 관점은 노론 사대주의자들의 주장을 정면으로 반박한 것이라고 할 수 있다.■12 또한 정통론도 실제로 대세를 주도한 나라를 정통으로 해야지, 도덕적 선악을 기준으로 정통성을 정하는 것은 잘못이라고 보았다. 그러한 관점에서 유비(劉備)의 촉(蜀)나라보다는 조조(曹操)의 위(魏)나라를 정통으로 해야 한다는 입장을 예로 들었다. 직접 역사책을 쓴 적은 없으나 성호의 이러한 역사관은 제자인 순암 안정복의 『동사강목(東史綱目)』 편찬에 많은 영향을 주었다.

성호는 유학자이되 구태의연한 유학자들과는 달리 항상 세상일에 관심을 가졌고, 그의 의견이 쓰이지 않더라도 계속 제안하는 것은 지식인으로서 마땅히 할 일이라고 보았다. 즉 그는 경의(經義)와 세무(世務)를 함께 중시하는 실학자였다.

성호는 사장(詞章) 공부보다는 경서(經書) 공부에 치중해야 한다고 하였다. 경서를 바르게 이해해야 수기치인(修己治人)이 바르게 되며, 글 장난에 불과한 문장 공부에 치중하는 것은 쓸모가 없다고 보았다. 문장 공부에 치중하여 명리(名利)를 구하는 자는 거짓 학자로 여겼다.■13 성호는 조선 유학자들이 사칠론(四七論)에만 집착하는 것도 달갑게 여기지 않았는데, 세무에 보탬이 되지 않는다는 것이 주된 이유였다. 세무에 밝아야 한다는 생각에서 『곽우록(藿憂錄)』을 저술하였다. 국정의 폐해와 민생의 어려움을 개혁하려는 뜻에서 성호는 요(堯), 순(舜), 공자(孔子)의 고대(古代) 유학으로 복귀를 주장하였고, 이를 그의 학문적 바탕으로 삼았다. 나아가 고대 유학을 새로이 집대성한 주자와 퇴계를 존경하고 숭상하였다. 그러나 경전의 한 글자, 한 구절이라도 바꾸어서는 안 된다는 철두철미한 주자의 생각에는 반대하였다. 경전의 주석은 전적으로 믿기만 해서는 안 되고 궁리하고 성찰하여 경전의 본뜻을 이해하는 것이 중요하다고 본 것이다. 여기에 실학자의 정신이 드러난다. 그래서 그는 경전에 대한 독창적인 견해를 많이 내놓았다. 이러한 점에서 성호는 독창적인 실학자였다고 할 수

있다.■14 성호는『맹자(孟子)』로부터 시작하여『대학(大學)』,『소학(小學)』,
『논어(論語)』,『중용(中庸)』,『근사록(近思錄)』,『심경(心經)』,『주역(周易)』,
『서경(書經)』,『시경(詩經)』,『가례(家禮)』 등을 20여 년에 걸쳐 차례로 읽
고 생각나는 점을 그때마다 적어 놓았다. 이것이 유명한 성호의 질서(疾書)
이다. '질서'라는 용어는 장횡거(張橫渠)의 '화상찬묘계질서(畵像贊妙契疾
書)'에서 따온 것이다. 성호가『맹자질서(孟子疾書)』를 지을 때 맏아들이
태어나 그 이름을 맹휴(孟休)라 지었다고 한다.■15

성호는 특히 퇴계를 존경하였다. 퇴계를 중국의 공자에 비유하고, "퇴계
는 동방의 유학을 대성한 조(祖)", "동토(東土)의 학(學)은 마땅히 퇴계로 태
조(太祖)를 삼아야 한다", "퇴계 이후에 퇴계 없다"는 등 찬사를 아끼지 않
았다. 물론 이황(李滉)과 남명(南冥) 조식(曺植)에 대한 존경심도 이에 못지
않았다.

한편, 성호의 가계에서 지리지(地理誌)를 많이 쓴 것도 그의 학맥과 깊은
관계가 있다. 한강(寒岡) 정구(鄭逑)가『대록지(大麓志)』를 비롯한 여러 읍
지(邑誌)를 쓴 것이나, 미수(眉叟) 허목(許穆)이『삼척지(三陟志)』를 쓴 것
을 모본으로 하여 이원진(李元鎭)은『탐라지(耽羅志)』를, 이중환(李重煥)은
『택리지(擇里志)』를 썼다.『동국지도(東國地圖)』를 그린 정상기(鄭尙驥)도
이만휴(李萬休)의 사위였다. 성호의 조카 이병휴(李秉休)는, 퇴계의 학통을
이어받은 사람은 성호뿐이라 하고, 퇴계를 공자에 비유한다면 성호는 주
자에 비유할 만하다고 하였다.■16

성호는 현실 문제를 해결하는 방안을 내놓는 것이 실학자들의 할 일이
라고 하였다. 그러한 직무자(職務者)의 표본으로 율곡(栗谷) 이이(李珥)와
반계(磻溪) 유형원(柳馨遠)을 들고 있다. "지금 우리나라에서 근세 조선 이
래로 직무자로 손꼽을 사람은 오직 이율곡과 유형원 이공(二公)뿐이다. 율

곡의 주장은 태반이 시행될 수 있는 것이었고, 반계는 근본 문제를 연구, 파악하여 일제히 혁신하였으니, 왕정(王政)의 새로운 출발을 위하여 그 뜻이 원래 컸다."[17]라고 하였다.

성호는 자신의 학문이 현실에 실익을 주지 못한 것에 대해 안타깝게 생각하고 이를 부끄럽게 여겼다. 그는 말년에 실의와 체념에 사로잡혀 있었고, 그가 믿어 마지않았던 영남 지방의 풍속마저도 퇴폐해진 데에 실망하는 마음을 금치 못하였다.[18]

성호는 특히 서양 과학 문명에 관심이 많았다. 항해를 통해서 그려진 서양 지도, 천체를 정밀하게 측정할 수 있는 시원경(視遠鏡), 일식(日蝕)이나 월식(月蝕)을 정확하게 맞추는 서양 역서(曆書), 한의학에 못지않은 서양 의학, 실용성이 높은 용미거(龍尾車), 서양 총(銃), 안경, 자명종(自鳴鐘) 등이 그것이다.[19] 서양 지식을 통해서 천재지변이라고 일컬어 왔던 것은 하나의 자연 현상일 뿐 인간의 부덕(不德) 때문이 아니며, 군왕(君王)이 그 책임을 져야 한다는 기존의 관념은 잘못된 생각이라고 하였다.[20] 또한 서양화의 원근법, 진경묘사(眞景描寫)를 통해 그려지는 서양화에 비교해서 진경을 그리지 않고 넘치는 상상력에 의존한 동양화풍을 비판하였다.[21] 성호는 본질적으로 유학자였다. 따라서 천주교에 대해서는 비판적인 안목을 가지고 있었는데, 특히 예수의 부활설, 천당지옥설, 동정녀 잉태설, 영이설(靈異說)은 실증할 수 없는 황당무계한 궤변으로 치부하였다.

성호는 유학 사상을 바탕으로 서양 과학의 사상(事象)만을 받아들이려 했으므로 동도서기론(東道西器論)의 단초를 연 실학자였다고 할 수 있다.

성호는 농촌에서 소농민과 함께 살면서 애환을 같이하고 이들의 생활을 개선하는 데 앞장서는 한편, 국가의 정책이나 양반 통치자들의 의식을 바꾸어야 한다고 생각하였다. 폐정을 개혁하고 양반 통치자들의 독선적이고 구태의연한 사고방식을 바꾸어 개선하려는 데 역점을 두었다. 성호의 이와 같은 끊임없는 노력에도 불구하고 실세(失勢)한 몰락 양반의 견해가 실제 정치에 이용되기는 어려웠다. 단지 그를 따르는 문인들에 의해 조선 후기 실학 사상이 꽃피고, 이로 인해 간접적으로 국정 개혁에 일정한 영향을 주었을 뿐이다. 이상에서 논한 성호의 사상과 실학적 사고는 이어지는 다음 절부터 밝혀 보고자 한다.

## 3. 지각 변화와 천문 지리

산의 정상부에 나타나는 소라와 조개껍데기를 보고 성호는 본인의 생각 뿐만 아니라 주자의 의견을 비교하여 그 원인을 설명하였다.[22] 『성호사설』에 인용된 주자의 의견은 다음과 같이 전개된다. 천지개벽에 대해 논하기를 "내가 일찍이 높은 산에 소라와 조개껍질이 돌틈에 끼여 있는 것을 보았다. 이 돌은 옛날의 것이고, 소라와 조개는 곧 물속에 사는 것이니, 낮은 것이 변해서 높게 되고, 유한 것이 변해서 강하게 되는 이치를 이런 일에서 성찰할 수 있겠다." 하였다.

이에 대해 성호 이익의 의견은, 천지가 개벽할 즈음에는 사람이건 동물이건 다 사라져 없어지기 마련인데, 주자가 설명한 대로라면 저 소라와 조개만이 능히 산 정상에 오뚝하게 남아 있을 수 있겠으며, 현재 한 알 모래와 한 개의 돌이 있다 할지라도 어찌 이것이 모두 천지와 함께 살아 있을 수 있겠는가?라고 반문하였다. 성호는 생각하기를, 돌이란 수토(水土)의 기(氣)가 엉켜서 이루어진 물건인 까닭에 수토가 뒤엉킬 즈음 소라와 조개가 그 사이에 섞이게 됨은 괴이하게 여길 것이 없다. 다만 이 소라와 조개가 높은 산에 있다는 것은 반드시 소라와 비슷한 물건이 산 위에 생겨나는 것이고, 바다의 소라와는 다른 것일 것이라고 설명하였다.

이상의 내용에서 주자와 성호 공히 천지개벽의 시점에서 설명하고 있지만, 산 정상에 나타나는 소라와 조개껍데기의 존재 이유에 대해 주자 쪽 의견이 오늘날의 지반 융기를 증명하는 증거로서 과학적 설명에 가까운 면이 있다. 성호보다 약 6세기 앞선 주자 측의 설명이 오늘날의 그것에 가까운 것은 설명하는 관점의 차이에 기인하는 것 같다.

한편, 양의 뿔과 같은 모양으로 거세게 빙빙 돌아 오르는 회오리바람을 기이하게 살폈다. 성호는 어느 날 길 위에서 매우 급하게 부는 회오리바람을 만났는데, 그때 비로소 깨닫게 되었다. 회오리바람이 사면으로 몰려와 빙빙 돌다가 바로 치솟아 반공(半空)까지 이르는데, 바로 서서 빙빙 도는 모양이 마치 양의 뿔과 같았다.

경상도 춘양(春陽) 지방에 살았던 이시선(李時善)은, "회오리바람은 도는 방향이 낮이 되면 왼쪽으로부터 빙빙 돌아서 오른쪽으로 향하고, 저녁이 되면 앞으로부터 내려와 뒤로 돌며, 밤이 되면 오른쪽으로부터 굴려서 왼쪽으로 돌아오고, 아침이 되면 뒤로부터 치솟아서 앞으로 나아간다."라고 하였으나, 성호는 이러한 내용까지는 아직 경험하지 못해 깨닫지는 못했다고 하였다. 회오리바람은 반드시 사면으로 이르는 까닭에 빙빙 돌게 되는데, 이는 대개 지구의 호흡하는 기운이라고 성호는 생각하였다.[23]

오늘날 대규모의 회오리바람은 넓고 평탄한 대륙이나 바다 위에서 많이 발생한다.[24] 미국의 넓고 평탄한 각 지역에서 자주 발생하는 토네이도(tornado) 역시 같은 원리이다. 이러한 현상들은 하나같이 대기가 불안정하여 지상과 대기권 사이에 기압차가 발생할 때 나타난다.

성호는 토양의 성질에 따라 물 빠짐이 크게 다른 것을 주목하였다.[25]

논을 애써 만들어 물을 댔음에도 쉽게 물이 빠져 버리는 것을 살폈다. 성호의 친구 중 어떤 이는 산골에 들어가 산을 뚫고 냇물을 끌어다가 들판에 물을 대서 논을 만들었는데, 물이 들어가는 대로 새어 버려 끝내 성공하지 못했다. 또 어떤 이는 산어귀에 둑을 가로막고 저수지를 만들었으나, 물이 끝내 고이지 않으므로 절굿공이를 이용해 몇만 번 굳게 다졌지만 역시 아무 효과가 없었다. 마을 사람들은, "토리(土理)에는 가로와 세로가 있는데 세로로 된 것은 물이 새어 버리기 때문이다."라고 말했다.

진후산(陳後山)[26]은, "영중(潁中)의 토리는 가로[橫]와 세로[立]가 있는데, 세로로 된 토리에는 벼를 심을 수 없다." 하였고, 하맹춘(何孟春: 명나라 학자)은 산골 백성들이 언덕을 따라서 움막을 치고 사는 것을 보고 그 까닭을 물으니 대답하기를, "가로로 된 토리에는 오래 살아갈 수 있지만 세로로 된 토리는 무너지기가 쉽습니다."라는 대답에 대해, 성호 선생 왈, 이것은 수리(水利)를 맡아 다스리는 자로서 당연히 알아야 한다고 했다.

이상의 내용은 오늘날 구조지형학 또는 토양지리학에서 설명할 때, 토양 모재(母材)와 기반암의 절리(節理) 발달 방향 및 모재 성분 구성과 밀접하다고 할 수 있다. 대규모의 평평한 화강암이나 편마암이 기반암일 때와 수직 절리로 발달한 현무암 등이 기반암일 때에는 토양 모재의 저수(貯水) 상태 또는 물 빠짐이 크게 다르기 때문이다. 그 밖에 어떤 기반암을 모재로 하여 발달한 토양인지에 따라서, 또는 토양 공극(空隙)과도 관련되는 내용이다. 토양의 성질을 결정짓는 데에는 기반암과 토양 모재, 토양 공극 등이 영향을 미쳐 함수(含水)와 배수(排水)가 달라질 것이다. 구성 물질이 물에 녹아 지하 동굴까지 만드는 석회암 지대이거나, 물이 잘 스며들어 없어져 버리는 현무암 수직 절리가 발달한 토양에서는 물이 빠져 버려 논을 만들 수 없는 이치와 같다. 결국 토리란 기반암에 발달한 수직 절리 또는 가로로 발달한 수평 절리 여하에 따라 배수 상태가 결정되고, 부차적으로는 토양 공극과도 관련이 깊은 것이라고 설명할 수 있다. 성호는 지질학자나 토양학자가 아니어서 과학적 용어와 원리를 동원한 설명은 불가능했지만 토양 성질의 기본 맥락을 알고 나름대로 과학적 상상력을 통해 원리를 이해하고 있었다.

한편, 윷놀이 말판에 천문과 지리의 섭리와 철학적 내용이 들어 있음을 성호는 자세히 설명하였다.■27 『성호사설』「만물문」 '사도(柶圖)' 항에 이르기를, 사도설(柶圖說)이란■28 것은 누가 만들어 낸 것인지 알 수 없다. 그 내용에 보면, "밖이 둥근 것은 하늘을 상징함이요, 안이 모난 것은 땅을 상징함이며, 중앙에 있는 것은 북두칠성의 첫째 별을 상징함이다. 사방에 벌여 놓은 것은 28수(宿)를 상징한 것이다.■29 말[馬]을 쓸 때에는 북(北)에서 일으켜 동(東)을 지나 중앙으로 들어왔다가 다시 북(北)으로 나가게 되는 것이니, 이는 동지(冬至)날 태양(太陽) 궤도를 상징한 것이고, 또 말을 북(北)에서 일으켜 동(東)을 지나 중앙으로 들어왔다가 다시 서(西)를 경유하여 북(北)으로 둘러 가기도 하는데, 이는 춘분(春分)날 태양 궤도를 상징한 것이며, 또 말을 북(北)에서 일으켜 동(東), 남(南), 서(西)를 모두 지나 북쪽까지 크게 한 바퀴 빙 돌게 됨은 하지(夏至)날 태양 궤도를 상징한 것이고, 또 북쪽에서 말을 일으켜 동쪽과 남쪽을 경유하여 북쪽으로 나오게 됨은 추분(秋分)날 태양 궤도를 상징한 것이다. 말[馬]을 반드시 네 필로 함은 사계(四季)를 상징한 것이고, 윷은 둥근 나무 두 토막을 쪼개어 대통처럼 네 개로 만들어 엎어지게도 하고 자빠지게도 함은 음양(陰陽)을 상징한 것이다. 이 네 개를 땅에 던지는데, 혹 세 개가 엎어지고 한 개가 자빠지기도 하며, 혹 두 개가 엎어지고 두 개가 자빠지기도 하며, 혹 한 개가 엎어지고 세 개가 자빠지기도 하며, 혹 네 개가 모두 자빠지기도 하고, 혹 네 개가 모두 엎어지기도 하는데, 네 개란 수는 땅에 해당한 수요, 다섯 개란 수는 하늘에 해당한 수를 상징한 것이다. 두 사람이 서로 마주 앉아 내기를 하면서 던지는데, 고농승(高農勝)이란 산협(山峽) 농사가 잘된다는 것인지, 오농승(汚農勝)이란 해안 농사가 잘된다는 것인지 확실하지는 않다. 그리고 반드시 세시(歲時)에 윷놀이를 하는 것은 그해의 풍흉을 미리 예측할 수 있기 때문이다."라고 하였다.

성호는 생각하기를 윷이란 것은 본디 비수(匕首) 이름이다. 『의례(儀禮)』에는, "각사(角柶)와 목사(木柶)라는 것이 있는데, 길흉에 따라 쓰는 법이 다르다."라고 하였다. 사목(四木)을 주사위라 하는 까닭에 사(柶)라고 일컫게 되었으나, 추측건대 고려가 남긴 풍속일 것으로 예측하고 있다. 이른바 고농, 오농이란 무엇을 가리킨 것인지 정확히 알 수 없으나 윷판 말 쓰는 데 구별이 있음이 마치 바둑에 백과 흑이 있는 것과 같아서, 고농과 오농이라고 이름한 것이 아닌지 추정하고 있을 뿐이다.

성호가 인용하여 적고 있는 것처럼 고려 시대부터 풍습으로 내려와 명절에 세시 풍속으로 즐기는 윷놀이 말판에 천지, 음양, 태양 궤도(춘분, 하지, 추분, 동지), 28개 별자리, 북두칠성의 머리 별자리와 북두칠성의 회전 방향, 사시사철의 상징, 산협과 해안 등 천문 지리가 모두 들어 있다. 천문 지리의 심오한 철학을 녹인 축소판이 사도(柶圖)인 셈이다. 원리를 알고 나면 윷놀이와 윷판을 통해 이 모든 자연의 섭리 철학을 깨칠 수 있으니 흥미진진한 바가 있다. 매우 훌륭한 작품이며, 그해의 풍흉을 가늠하는 세시의 놀이로서 손색이 없다. 다만 성호는 이러한 '사도설'에 대해 좋다, 나쁘다를 분명히 언급하지는 않았지만, 윷놀이에 대해 언급하기를 이는 '삿된 게임'으로 교육상 좋지 않아 권할 수 없는 것이라고 한 의견에는 다소 의아한 바가 있다.

## 4. 농작물과 과실, 산삼

### 1) 특용 작물 담배와 고추

우리나라에 담배가 많이 유행된 시기는 광해군(光海君) 말년부터 시작되었다. 세상에서 전하기로는 남쪽 바다 가운데에 있는 담파국(湛巴國)이란 나라에서 들어온 까닭에 속칭 담배[湛巴]라고 한다는 것이다.■30 어떤 이가 태호 선생(太湖先生)에게 담배란 것이 사람에게 유익한 것인가를 물었더니, 첫째, 가래침이 목구멍에 붙어 뱉어도 나오지 않을 때 유익하고, 둘째로는 구역질이 나면서 침이 뒤끓을 때 유익하며, 셋째로 먹은 것이 소화가 안 되고 불편할 때 유익하며, 넷째로 가슴이 조이고 신물이 올라올 때 담배를 피우면 안정되는 것이 유익하며, 다섯째는 한겨울에 추위를 막는 데 도움이 될 수 있다고 답했다. 그렇다면 어떤 점이 해로운가? 이롭기보다 해롭기가 훨씬 심한 것으로, 안으로 정신을 해치고 밖으로 듣고 보는 것까지 해쳐서 머리가 희어지고 얼굴이 늙게 되며, 이가 일찍 빠지고 살도 따라서 여위니, 사람을 빨리 늙도록 만드는 것이다.

성호 선생 말씀하기를, 이 담배가 유익한 것보다 해가 더 심하다고 보는 것은 냄새가 고약하게 나빠서 재계(齋戒)하여 신명(神明)을 사귈 수 없는 것이 첫째이고, 재물을 없애는 것이 둘째이며, 세상에 할 일이 많은 것이 진실로 걱정인데 상하노소를 막론하고 해가 지고 날이 저물도록 담배 구하기에 급급하여 한시도 쉬지 않으니 이것이 셋째이다. 만약 이런 마음과 힘을 학문 닦는 일에 모은다면 반드시 대학자가 될 수 있을 것이고, 글에 힘쓴다면 대문장도 될 수 있을 것이며, 살림을 돌본다면 부자가 될 수 있을 것이라고 답했다.

이상의 내용을 통해 성호 선생은 당시 담배의 최초 생산지와 관련하여 그 이름이 붙여졌고, 사람에게 해롭기가 그지없음을 알고 무익한 담배에 대해 『성호사설』의 한 항목 주제로 삼아 이같이 언급하였다. 이것은 당시에도 이미 건강에 대한 담배의 폐해가 얼마나 심했는가를 짐작케 한다.

성호 선생은 이르기를 『성경통지(盛京通志)』에 보면, "진초(秦椒: 고추)는 대추보다 길면서 위가 뾰족하며 익기 전에는 푸르고 익으면 붉다. 또 위로 치켜들면서 열매를 맺는 종류도 있는데, 이름하여 천초(天椒)라 한다."라고 하였다. 성호 선생이 시험 삼아 직접 맛을 본 바에 의하면 천초는 씨가 많고 매운 맛이 적었다고 적고 있다.[31] 왜인(倭人)들은 고추를 번초(番椒)라 하고, 우리나라에서는 왜초(倭椒)라고 하는데, 맛이 몹시 맵기 때문에 채소만 먹는 야인(野人)의 비위에 가장 알맞다고 하였다. 우리나라에서는 이것이 왜인의 지방에서 들어왔다는 것만을 아는 까닭에 이름을 왜초라고 하나, 성호 선생은 왜인이 지은 번초시(番椒詩)를 살펴보았다.

한 종류 번초는 진나라에서 들어왔다는 말을 들었는데(一種聞從秦地來)
붉은 그 모습 찬 서리 오기 전에 벌써 익었구나(酡容不待酷霜催)
어떤 사람은 이를 따서 붓으로 이용하려 하면서도(何人縛就猩毛筆)
뾰족한 머리의 사향처럼 향기로운 먹은 인정치 않네(未許尖頭著麝煤)

이로 본다면 번초란 본래 진나라에서 왜(倭)로 들어왔던 것이다. 그러나 당(唐)나라 『시화보(詩畫譜)』에는 온갖 초목을 모두 적어 놓았는데, 남번초(南番椒)라 적고 있는 것으로 보아 번우(番禺) 지방에서 생산되었던 것으로도 추정하고 있다. 번우는 옛 진나라 때의 현(縣) 이름으로 오늘날 중국 화남 지방 광둥성(廣東省) 광저우(廣州) 일대를 일컫는다.

우리 일상생활에 양념 작물로 없어서는 안 될 고추는 붉은 태양초 고추든 풋고추든 비타민이 매우 풍부하다. 특히 붉은 태양초 고춧가루는 김치를 담그는 데 없어서는 안 될 양념 작물이다. 『성호사설』의 관련 내용으로 보면, 우리가 즐겨 먹는 고추의 기원은 중국 화남 지방 광둥성 광저우 일대의 남번초로 추측할 수 있고, 이것이 일본을 거쳐 한반도로 건너왔음을 추정해 볼 수 있다. 한편 성호 선생이 직접 맛을 보았다는 천초(天椒)는 뾰족한 끝이 하늘을 향한 남방의 작은 고추이다. 중국 화남의 광둥성 일대뿐만 아니라 베트남과 태국, 인도네시아 등 동남아 일대에서는 천초를 즐겨 많이 먹는다. 우리 속담에 '작은 고추가 맵다'고 했듯, 속담의 작은 고추와는 종자가 다를지언정 필자의 경험에 의하면 그 매운 맛은 통렬하기 그지없다. 성호 선생이 직접 맛을 보았다고 하는 천초는 씨가 많고 별반 맵지 않았다고 적고 있으나, 이는 예외적인 경우일 수도 있을 것이다.

## 2) 대추와 밤, 감과 곶감

예전부터 과실 중에 대추와 밤을 소중히 여긴 것은 건강에 좋아 한방 약재로도 들어가는 과실이기 때문이 아닌가 여겨진다. 중요성을 인정받은 과실인 만큼 조상에 올리는 제사상에 반드시 들어갔다. 그리고 보관 관리 측면까지 세심히 신경을 썼다. 그래서 '대추는 찌고 밤은 가린다(棗蒸栗擇)'라고 하였다.■32 일상생활에서 대추와 밤을 취할 때 껍질과 씨를 발라 정리하면 더욱 활용의 효용성을 높일 수 있다. 즉 대추와 밤은 반드시 쪄서 익히는데 대추는 씨를 빼고 밤은 겉껍질을 벗겨야 우수하다는 것이며, 그중 벌레 먹었거나 혹 썩어 상한 것이 있을 때는 반드시 껍질과 씨를 버린 후에 정한 것만 가려서 써야 한다는 뜻이다.

그런데 상례(喪禮)에는 '밤을 가려서 쓰지 않는다'는 말도 있다. 그러나 전(奠)도 조상에 음식 드리는 도인데,■33 가려 써야 할 것이 있다면 응당 그래야 할 것이다. 다만 초상의 전에는 꼭 하룻밤을 묵히고 거두지 않으므로, 밤을 쪄서 정하게 만들면 상하기 쉽기 때문에 그냥 쓰게 된 듯하고, 또는 밤을 가려서 쓴다고 했으니 찐다는 뜻은 그 가운데 포함되어 있는 것이다.

『성호사설』 내용을 통해 본다면 밤과 대추는 제사상에 반드시 오르는 중요한 과실이다. 제사상에 꼭 올라야 하는 과실이라면 그만큼 일상생활에서도 건강에 좋은 과실로서 이미 효험을 인정받았기 때문일 것이다. 많은 사람들이 알고 있듯이 대추와 밤은 한방 약재로도 효과가 있는 전통 과실이며, 예로부터 일상생활에서 사랑받는 과실이다.

새로 따온 중국 화남 지방의 리치[荔支]를 성호는 맛보지 못했으나, 그 맛이 반드시 우리나라에서 나는 연홍수시(軟紅水柿)만 못할 것이라고 하였다. 왜냐하면 연홍수시는 햇볕에 말려서 얼마 동안 저장해 두면 껍질에 하얀 가루가 생긴다. 하얀 가루가 핀 곶감의 감미는 마른 리치보다 훨씬 나으니, 그 생것 역시 이와 비교해 알 수 있다는 것이다.■34 『예기』에 도저(桃諸), 매저(梅諸)라는 말이 있는데 모두 말린 건과라 했고, 그 주에, "저(諸) 자는 저(儲) 자와 통한다."라고 하였다. 그러므로 건시(乾柿)를 시저(柿諸)라고 부를 수 있으며, 대추와 밤도 조저(棗諸), 율저(栗諸)라고 해야 할 것이다. 이러한 표현은 시(詩)를 짓는 자료로도 많이 등장하는데, 중국에서는 '시병(柿餠)'이라고도 한다.

『성호사설』 「만물문」에서 우리나라의 곶감과 비교한 리치는 석류와 더불어 양귀비가 즐겨 먹었다는 중국 광둥 및 광시 지방 특산 과일이다. 대체로 탁구공 또는 골프공보다 좀 작은 크기에 뱀 껍질 같은 외피를 쉽게 벗겨 먹을 수 있는데, 속에 있는 콩보다 조금 큰 씨를 발라내고 입에 넣으면 달고 향기 넘치는 과육과 과즙이 입안을 가득 채운다. 중국 광둥과 광시 지방에서는 5월부터 6월까지 가장 인기 좋은 특산 과일로 생산되며 전국으로 퍼져 나간다. 말려서 건과로도 먹지만 생것보다 맛이 훨씬 못 미친다. 이러한 건과로 된 리치와 우리 곶감 맛을 비교할 때 필자의 경험에 의하면 곶감 맛에 리치의 건과가 못 따르고, 생것의 맛을 비교한다면 맛의 성질이 달라 각기 개성을 지닌 맛이라고 할 수 있을 것이다. 중국의 리치와 우리 곶감을 비교한 것은 성호 선생의 재미있는 견해로 볼 수 있다.

한편, 성호 선생의 관찰에 의하면 감[柿]은 온화한 해안 지대에서 많이 생산되고, 맛있고 굵은 훌륭한 감은 현지에서 소비되며 내륙의 산지 마을로는 작고 볼품없는 감이 공급되지만, 이곳 사람들은 보이는 것만 최고의 달고 맛있는 감으로 인식한다고 하였다.■35 이것은 감에 대한 인식의 지역차를 반영한 것이다. 본래 감의 품종은 우열이 있는 것이며 감이 서리를 맞아 무르익으면 진액이 많고 달게 되는데, 그렇게 제대로 익은 감의 맛은 여타 다른 과실에 비하면 맛의 품질이 가장 우수하다고 하였다.

대개 꽃과 과실을 심는 데에도 반드시 특이한 품종을 구해야 하고, 따라서 잘 번식시켜야만 갈수록 더욱 아름답게 된다고 성찰하였다.


## 3) 산삼(山蔘)

성호는 말하기를, 신라의 오엽삼(五葉蔘)은 비록 토산물이기는 하지만 지극히 귀해서 가난한 선비들이 구해 병을 고치기가 쉽지 않다고 했다. 그러다 보니 이를 대신하여 세속에서 사삼(沙蔘)이라고 하는 것을 구해 사용하는 경우가 많다.■36 그러나 『본초(本草)』에 보면, "사삼은 싹이 있고 줄기가 곧다."라고 하였으므로, 세속에서 쓰는 것은 덩굴이 뻗어 나가는 것을 사삼이라 하여 사용하니 결코 진품이 아닌 것이라고 하였다.

사람들은 이를 가리켜 만삼(蔓蔘)이라고 하지만, 만삼이라고 일컫는 것은 『본초』에 나타나지 않았다. 그리고 사람들은 냉이[薺苨]를 만삼으로 오인하고 부인들 산후증을 치료하는 데 쓰고 있다. 그러나 이 냉이란 것은 해독시키는 풀(약초)이다. 온갖 약을 그 본성에 따라 쓰지 않으면 그르칠 것이 명확하다. 그 만삼이라고 말하는 것은 혹 산삼인 듯하다. 동월(董越)의 『조선부(朝鮮賦)』에, "송피(松皮)의 떡과 산삼의 과자라." 하고, 자기가 주하기를, "산삼은 약으로 쓰는 것이 아니고, 그 길이는 손가락만 하며 생긴 모양은 무와 같다." 하였다.

요동 사람은 이것을 산나복(山蘿蔔: 산무)이라 하는데, 멥쌀에 섞어서 절구에 찧은 다음, 구워서 병이(餠餌)를 만든다. 그리고 이 산삼은 살결이 아주 부드럽기 때문에 쌀가루에 섞어 기름에 튀겨서 동그란 떡을 만들기도 하는데, 이는 세속에서 일컫는 산증(山蒸)이란 떡으로, 사람들이 이 제도를 본받아서 만드는 이가 있다. 성호 선생은 일찍이 이 산삼을 시험해 보았다. 꺾으면 흰 진액이 나오고 오래되면 그 진액이 불그스름한 빛으로 변하는 것을 보았다. 이 만삼은 보혈하는 힘이 있으므로 부인병을 치료하는 데에 알맞다고 한다.

이상의 내용에서 알 수 있는 것은 '고려인삼' 이전에 이미 '신라의 오엽삼'이 세속에 알려져 있었음을 알 수 있다. 언급된 산삼(만삼), 사삼, 약초로서의 냉이 외에도 삼에는 인삼[家蔘]과 홍삼 등 여러 종류가 있다. 성호는 일찍이 삼의 효험을 알고 관심을 기울였는데, 삼은 어쨌든 예나 지금이나 퍽 귀했던 것은 분명하다. 삼의 진위(眞僞)에 대한 시비가 관심을 끌었을 만큼, 삼 진품은 귀한 약재로 인정받았음이 분명하고 일찍이 약재로서 인기 품목이었음을 알 수 있다.


## 5. 종이와 의료(衣料), 염색

성호 선생은 고려 종이와 일본 종이에 대해 비교하는 마음이 있었고, 특히 고려의 종이 견지(繭紙)에 관심이 컸던 것 같다.■37 견지의 우수함에 대해 옛날부터 전해 오기를, "왕희지(王羲之)는 잠견지(蠶繭紙)와 서수필(鼠鬚筆)■38로 『난정첩(蘭亭帖)』■39 서문을 썼다."라고 한다. 송나라 조희곡(趙希鵠)이 지은 『동천청록(洞天淸錄)』■40을 생각해 보니 "고려지(高麗紙)란 것은 면견(綿繭)으로 만들었는데, 빛은 비단처럼 희고 질기기는 명주와 같아서 먹을 잘 받으니 사랑할 만하며, 이는 중국에 없는 것으로 역시 기품(奇品)이다." 하였다. 면견은 즉 잠견(蠶繭)이다. 성호 선생은 『난정첩』을 썼다는 것도 혹 이 고려 종이를 가리키는지도 모른다고 하였다. 성호 선생 당대에 견지는 일본에서 들여왔는데, 성호 선생이 구입해서 글씨를 시험해 보니 참으로 좋은 것으로, 우리나라에서는 능히 만들 수 없는 것으로 알았다. 성호는 추측하건대 조희곡이 보았다는 것도 일본에서 온 것이 아닌가 생각하였다.

우리는 한지(韓紙)의 우수성을 많이 얘기한다. 이러한 우수한 한지의 기술과 문화전통의 누적이 어느 때를 기점으로 시작되었는지는 분명치 않지만, 이상에서 말하는 고려 종이는 퍽 우수했었음이 분명하다. 면견이 곧 잠견인지 단정 지을 수는 없지만, 조희곡의 『동천청록』에 고려지는 곧 면견이며, 비단처럼 희고 명주처럼 질기고 먹을 잘 받아 중국에 없는 기품으로 감탄했다는 기록을 애써 부인하거나 증명해야 할 필요는 없을 것이다.

이것이 사실이라면 우리 종이가 얼마나 우수했던가를 이해하고 빛나는 전통을 이어받아 더욱 발전시키려고 노력하는 것이 더욱 중요하다.

뽕나무, 즉 지상(地桑)을 가꾸는 방법은 요동(遼東), 심양(瀋陽) 등지를 참고해 볼 만하다. 연경(燕京: 북경의 옛 이름)에 사신으로 갔던 사람들에게 들으면, 영평(永平) 들판에 두루 심어진 것이 모두 뽕나무라고 하였다. 대체로 살펴보니 밭두렁에 심어 놓고 해마다 베어서 이용한다. 잎은 누에를 먹이고 껍질은 종이를 만들며, 가지는 휘어서 광주리와 농 등속을 만드는 등 버릴 것이 없이 활용 가치가 높다. 그러나 뽕나무를 가꾸는 데 성목(成木)으로 키우기는 지극히 어렵다. 그것은 두 종류의 벌레 때문인데, 한 종류는 가지에서 시작하여 속을 파먹고 뿌리까지 들어가며, 다른 한 종류는 벌레가 오래 묵은 뽕나무 껍질에서 생겨 나무 둘레를 빙 둘러 파먹으면서 나무를 말라 죽게 한다. 그리고 땅이 너무 토박하면 무성하지 않고, 밭두렁에 심으면 곡식에 해를 입힌다. 따라서 뽕나무를 효율적으로 가꾸는 방법은 해마다 베어서 크게 자라지 못하게 하는 것이라고 하니, 의심할 것 없이 시험해 보는 것이 좋다고 하였다. ■41 뽕나무의 열매 '오디'가 익으면 씨를 받는데, 씨를 심으면 바로 나지만, 여름철 가뭄에 말라 죽을 수 있고 겨울 추위에는 얼어 죽기 십상이다. 그러므로 씨를 받아 간직했다가 해동된 후에 심으면 겨울철이 되더라도 이미 뿌리가 깊이 내렸으므로 죽지 않을 것이다.

우리나라에서 과거에 뽕나무를 키워 누에를 먹이고 고치에서 실을 뽑아 명주 비단 등 옷감을 만들어 내는 일은 농촌 아낙네들 부업 가운데 으뜸을 차지하는 일이었다. 그만큼 손이 많이 가고 부지런해야 했기에 여인들의 고생이 막심했다. 오늘날에는 각종 화학 섬유의 등장으로 의료(衣料)적 가치는 많이 퇴색하였다. 그 대신 뽕잎과 이를 먹여 키운 누에 등은 또 다른 의료(醫療)적 가치를 인정받아 약재로 활용되기도 한다.■42 성호의 설명을 통해 뽕나무를 크게 키우지 않고 해마다 베어서 뿌리로만 번식시키는 이유를 분명히 알 수 있으며, 어느 것 하나 버릴 것 없이 다양하게 활용되었음을 알 수 있다. 이처럼 당시 뽕나무는 서민들의 삶에 중요한 역할을 하였으므로 성호의 관심이 뽕나무 전반에 대해 세세한 곳까지 미친 것으로 보인다.

성호 선생은 이르기를, 우리나라의 육지면(陸地綿)은 고려 시대의 사람 문익점(文益漸)이 중국에서 씨를 들여와 퍼뜨린 것이다. 우리나라 사람들은 이 면화를 목면(木棉)이라고들 하는데, 실은 목면이 아니고 바로 초면(草綿)으로 불러야 맞는 이름이라고 하였다.■43 『광지(廣志)』에 기초해 보면, "오동나무 잎에 끼어 있는 흰 털을 모아 가는 실을 뽑아서 베를 짜낸다." 했고, 배씨(背氏)의 『광주기(廣州記)』에는, "남쪽 오랑캐는 누에를 기르지 않고 목면(木棉)을 따서 솜을 만든다."라고 했으며, 『남사(南史)』■44에는, "고창국(高昌國)■45이란 나라에 실올처럼 생긴 풀 열매가 난다. 그이름을 백첩자(白疊子)라고 하는데, 베를 만들 수 있다." 하였다. 성호는 이 면화란 것이 목면, 초면이 별도로 있는 것이 아니고 본래 한 종류인 것 같다고 생각했다. 남쪽 지방은 기후가 따뜻하여 겨울에도 얼어 죽지 않고 면화가 높이 자라 목면이 되지만, 중국에 들어가면 기후가 고르지 않아 해마다 심기 때문에 초면이 되었을 것이라고 생각했다. 중국 번우(番禺) 지방에는 본래 푸르고, 붉고, 하얀 세 가지 종류의 목면이 있었는데, 지금은 특히 그 흰 것만 전한다고 한다. 구준(丘濬: 명나라 학자)은 이르기를, "면화는 원(元)나라 때 비로소 중국에 들어왔다."라고 하였지만 근거를 밝히지 않아 확실하지 않다. 『속박물지(續博物志)』■46에는, "면화 종자는 번우 사신 황시(黃始)가 갖고 온 것이라 하여, 지금 광저우에서는 그의 사당을 세우고 제사를 지내 준다."라고 하는 것을 보면, 광저우에서 황시의 공로를 대우하는 것과 우리나라에서 문익점을 잊지 않고 기리는 것은 같은 맥락이다.

이상의 내용으로 추측할 수 있는 것은 목화 또는 면화로 불리는 목면은 중국 광둥 성 광저우 일대 번우 지역에서 기원한 것이며, 세 가지 색이 있었으나 현재는 흰색 면화만 전해졌음을 알 수 있다. 중국 전역에 퍼진 것은 흰색 면화일 것이고, 우리나라 고려 시대 문익점이 들여왔다고 전해지는 목화씨는 육지면의 씨앗이다. 그 이름이 왜 목화 또는 목면이라고 하여 나무 목(木)이 들어갔는지에 대한 의문은 성호 선생의 설명으로 납득이 간다. 특히 우리나라와 같은 기후 지역에서는 다년생이 아니고 봄에 씨를 뿌려 가을에 거두어들이는 1년생 의료(衣料) 작물이기 때문이다. 성호 선생의 설명 및 고증에 따른다면 본래 육지면은 붉은 것, 푸른 것, 흰 것 등 세 가지 종류가 있었으며, 그것의 원래 생산지는 중국 화남(광저우 일대) 지방이었다. 당시 중국 본토(중원)로 들어간 것은 흰색 목면이었고, 그것이 우리나라 문익점에 의해 한반도에도 들어오게 된 것이다. 목면이라고 불리게 된 경위, 면화의 전파 경로, 끝까지 살아남은 종자(종류) 등에 대한 설명은 지리적 흥미를 가질 만하다.

성호 선생 당시 중국 저자에는 염색 중에 모란색(牧丹色)이 있었다. 이는 곧 유자색과 비슷한 것인데, 옛날에는 이런 색상이 없었다. 송(宋)의 인종(仁宗) 때 남쪽에서 온 어떤 염공(染工)이 운향 잎을 불태운 재로 자색 바탕에다 물들여서 유자색으로 만들었다.[47] 이것을 나라에 바쳤는데, 사람마다 좋아하지 않는 이가 없었기에 나라에서 이는 너무 사치스런 복색이라 하여 결국 엄금시켰다. 도읍을 남경(南京)으로 옮긴 이후에는 귀천을 막론하고 모두 유자색 옷을 입고, 도리어 적자색은 임금이 좋아한다는 이유로 보통 사람들은 감히 입을 수 없게 되었다. 적자색은 자초(紫草)로 물들이는데, 우리나라 사람은 이를 자주색이라 하나, 끝내 유자색은 무슨 물건을 써서 물들이는지 성호 선생은 알지 못하겠다고 하였다. 모란색이라고 일 컬었으므로 모란꽃과 잎을 불태운 재로 물들인 것 같다고 생각했다.

『성호사설』에 쓰인 천연 염색에 대한 이상의 내용에서 알 수 있듯이, 당 시 천연의 염료를 사용하여 아름다운 염색을 창출해 내는 일은 대단히 어 렵고 세간의 관심을 집중시키는 일일 뿐만 아니라 나라에까지 보고해서 관심을 가질 정도로 중대사였던 것 같다. 색을 얻는 것 자체가 어려웠던 일 인 만큼 복색으로 귀천을 구별하기도 했음을 여실히 알 수 있다.


# 6. 말의 사육과 농구, 나침반

## 1) 정책적 말[馬]의 사육 관리

성호 선생은 다음과 같이 말했다. 성인(聖人)은 백성을 보호하면서 재정 을 늘리고 횡포를 금하는 일을 급선무로 삼았다. 그러기 위해서는 살림살 이에 필요한 무명과 삼베, 소금과 철 등 생활필수품들의 수요 공급에 따른 물자 이동을 원활히 하도록 해야 하며, 따라서 교통수단으로 말이 중요시 되므로 이의 사육과 관리를 절대 소홀함이 없도록 해야 한다고 강조하였 다.■48 당시 시대 상황으로 보면 운반 교통수단으로 말보다 더 좋은 것은 없었을 것이다. 사람을 태우거나 물자를 싣고 거친 들판길을 달려갈 수 있 는 육지 운송 수단으로 가장 긴요한 것이며, 외침을 막는 기마용 가축으로 도 더할 나위 없으므로, 말은 일상생활에서 필수불가결한 존재였다. 따라 서 우수한 말의 종자를 얻어 계속 수를 불려 나가려는 정책은 국가적으로

도 중요한 일이었다. 주(周)나라 비자(非子)■49가 견(汧)과 위(渭) 사이의 지역에서 말을 길렀는데, 말이 많이 번식되자 효왕(孝王)■50이 부용읍(附庸邑)인 진(秦)나라에 봉해 주고 군사를 출정시킬 때는 반드시 먼저 말을 관장한다고 믿는 신에게 제사를 지내도록 했던 것도 얼마나 말을 소중히 생각했는지를 알게 해 주는 내용이다.

옛날 마원(馬援)■51이 교지(交趾)에서 성공할 때도 역시 말의 힘에 도움을 받았던 까닭에, 구리로 말을 만들어 말의 상(相) 보는 술법을 삼으려고 조정에 바치며 이르기를, "한 무제(漢武帝) 때 말의 상을 잘 보는 동문경(東門京)이란 자가 구리말[銅馬]을 만들어 나라에 바치자, 무제는 명하여 노반문(魯班門) 밖에 세우고 그 문 이름을 금마(金馬)라 하였습니다. 신(臣) 원(援)은 양자아(楊子阿)에게 말의 상을 보는 법을 배웠습니다. 그러나 남의 얘기를 듣는 것이 직접 보는 것만 못하고, 그림자로 보는 것이 형상을 자세히 살피는 것만 못하며, 살아 있는 말로 형용하려면 골격을 갖춰서 말하기 어렵고, 또 후세에 전할 수 없기에 신은 동문경과 양자아의 말을 적어 모범을 삼은 것입니다."라고 하였다. 이것이 비록 후세에 전해지지는 않았으나 이후에도 말의 상을 잘 보는 자가 많으니, 좋은 말을 가려서 방목한다면 반드시 뛰어난 종자가 생산될 것으로 보았다.

성호 선생 당시 우리나라의 마정(馬政)은 중국과는 상황이 크게 달랐다. 우선 말의 사육과 관리를 하급 관리인 아전들에게 맡겨 마음대로 훔쳐 가도 모를 지경에 이르기도 했다. 이를테면 관리하는 말들 가운데서도 제일 좋은 말은 뽑아 가버리고, 목장에 남아 있는 것은 머리만 내두르며 제대로 걷지도 못하는 종자들뿐이었다. 그나마 수효도 날마다 줄어드는 것이 마정의 현실이었다. 성호 선생은 이 큰 과실에 대해 개탄해 마지않았다.

우리의 제주(濟州) 목장은 원나라의 세조(世祖) 때부터 시작되었다. 제주에서는 키가 큰 마땅한 종자가 없음에도 송사 바년를 위한 느려음 기우이지 않음을 개탄했다. 조정을 통해 청나라에 교시(交市)를 청하면 반드시 거절하지만은 않을 터인데, 이러한 계획을 세우거나 실행하려 하지 않는다는 점에 화를 내고 있는 것이다. 제주에서 생산되는 말은 본래 대완(大宛)■52에서 들여온 것인데, 키가 크고 몸집도 크며 번식도 잘된다. 그러나 관리하는 아전들이 그중에서 조금 좋은 말은 몰아다가 복역(服役)시키고 남아 있는 것은 모두가 걸음도 잘 못 걷고 종자도 잘아서 별 볼일 없는 것들이다. 북쪽 저자에서는 암컷이나 불을 치지 않은 수컷은 일체 매매를 금한다. 이는 대개 뛰어난 종자를 외방으로 내보내고 싶지 않기 때문이다. 그러나 어떤 이는 가끔 사오기도 한다.

만약 암컷과 수컷을 몇 필만 사들여서 섬 가운데 별도로 기르며 과하마(果下馬)와 섞이지 않도록 하면, 10여 년 후에는 반드시 내빈(騋牝)■53, 경모(駉牡)■54처럼 잘 번식될 수 있을 것이다. 그런데 우리나라 사람은 이런 계획을 세우는 이가 없다. 제주에서 생산되는 말도 원나라 때부터 들여온 것이므로, 청나라에 부탁한다면 반드시 좋은 종자 번식과 유지할 방도를 찾을 수 있을 것이다.

성호는 마정(馬政)이 엄격해야 함을 깨닫고, 이의 성패를 청나라의 그것과 절실하게 대비시켜 장단점을 논하고 있다. 중국의 말 정책과 말을 고르는 일의 전문 식견, 말을 사육해서 수를 늘리는 일 등이 우리와 큰 차이가 있다는 지적과 함께 우리의 마정에 대한 실책을 질타하고 있다.

마정은 북쪽 지방의 풍속을 본받아야만 제대로 될 수 있다고 보았다. 변방에서는 말을 기를 때 콩을 삶아 먹이거나 죽을 끓여 먹이지 않고, 자유로이 뛰어다니며 풀을 뜯도록 놓아먹인다. 그리고 산과 들에 갈대가 많아도 지붕을 만들어 덮어 주거나 자리를 깔아 주지 않고 한데서 자도록 버려둔다.■55 그래서 비록 살찌고 윤택한 모습은 없을지라도, 성질이 억세고 사나우며 배고픔과 추위를 잘 견디게 되므로 배부르게 먹이지 않아도 멀리 달릴 수 있다.

수컷은 모두 불을 치는 까닭에 길들여 부리기가 쉽고, 굴레를 벗겨 놓아도 도망가거나 서로 물고 차지 않는다. 그러므로 한 사람이 수십 필씩 몰고 다녀도 혼란을 일으키지 않는다. 타고 달릴 때 재갈을 물리거나 굴레를 씌우지 않아도 사람의 지휘에 따라 달린다. 그리고 호랑이가 앞을 가로막는다 할지라도 무서워하지 않고 돌진한다.

우리나라의 말 사육 관리를 보면 변방과 달리 따스하고 배부르게 먹이는 것이 꼭 사람과 같이 하는 까닭에 반나절만 빨리 몰면 입에서 거품을 토하고 전신에 구슬 같은 땀을 흘린다. 또한 성질이 나빠 싸우기를 좋아하고, 질서를 어지럽혀 떼를 지어 울부짖으면 제어할 방책이 없다. 북쪽 사람들은 일이 없을 때면 말을 완전히 쉬게 하는 까닭에 아무리 빨리 달려도 발굽이 이지러지지 않는다. 우리나라에서 발굽에 박는 대갈은 누가 처음 만들어 냈는지 알 수 없으나 대갈을 사용하지 않은 말이 없다. 이로 인해 발굽이 단단하지 못하여 대갈이 닳아 이지러지면 걸음을 걷지 못하니, 만약 이런 말을 전투용으로 이용한다면 어느 겨를에 대갈을 박아 전장에 내보낼 수 있을지 알 수 없는 일이다. 이뿐만 아니라 장사치가 부리는 말은 하루도 쉴 새가 없어서 쉽게 늙고 오래 살지 못하며, 귀한 사람의 말은 달리기에 익숙하지 못해서 급한 일이 있어도 사용할 수 없다.

말의 사육은 들판에 풀어 먹여 야생의 힘을 더해야 한다는 점, 쉴 때는 푹 쉬도록 하여 굴레를 씌우지 않더라도 사람이 다루기 편하도록 해야 한다는 점, 말굽에 대갈을 박지 말고 야생마와 같이 자연의 단단한 말굽이 되도록 키워야 한다는 점, 좋은 종자를 구해 번식시키는 일을 게을리해서는 안 된다는 점 등을 지적하면서 우리의 실패 원인과 중국(청)의 성공 요인을 비교해 바로잡도록 강조하고 있다.

한편 성호 선생이 생각해 보니, 서역의 오차국(烏蹉國)이란 나라에 소보마(小步馬)라는 말이 생산된다고 하였는데, 종자는 작지만 걸음을 잘 걷는 말이었다. 당나라의 학자 안사고(顔師古)는 "소(小)는 세(細)의 뜻이므로 세보(細步)는 살살 가면서도 재빨리 잘 간다는 말인데, 지금 이른바 '백 걸음에 발굽을 천 번 옮긴다'는 뜻이다."라고 하였다. 그 세마(細馬)란 것은 바로 소보마를 지칭하는 듯하다고 하였다. 또 예국(濊國)에 과하마(果下馬)라는 말이 생산되는데, 한(漢)나라 때에 늘 공물로 바쳤다. 키가 석 자쯤 되므로 과실나무 밑을 마음대로 다닌다고 했다.■56 이른바 예국이란 것은 곧 우리나라(조선)를 지칭한다. 북경 사신이 오면 반드시 걸음 잘 걷는 좋은 말만 가려서 보내곤 했는데, 이것을 납마(納馬)라고 하였다. 북경에서는 이 과하마를 부녀자의 승마용으로 이용했던 까닭에 귀하게 여겼다.

성호 선생은 서역 오차국의 소보마와 세마, 우리나라의 과하마를 비교하여 설명하고 있다. 우리나라에서 생산되는 과하마는 전투용 또는 수송용 말과는 완연히 다른 용도이고 종자이므로, 번식시키는 과정에서 섞이지 않도록 주의해야 한다고 지적하였다.

## 2) 모내기용 앙마(秧馬)

소동파(蘇東坡)가 지은 「앙마인(秧馬引)」에, "옛날 내가 무창(武昌)에서 놀 때 농부들이 모두 앙마를 타고 다니는 것을 보았다. 느릅나무와 대추나무로 배[腹]를 만든 것은 미끄럽게 하려는 것이고, 산초나무와 오동나무로 등[背]을 만든 것은 가볍게 하려는 것이다. 그리고 몸체는 작은 배[舟]처럼 하여 머리와 꼬리를 위로 향하도록 만들고, 등은 엎은 기왓장처럼 하여 양쪽 평형다리를 경편(輕便)하게 만들어서 진흙 속을 뛰어다닌다. 짚으로 묶은 모[秧]를 말머리에 얽어매고 하루에 1천 휴[畦: 1휴는 50(畝)]를 다니니 허리를 구부리고 동작하는 자에게 비교하면 수고롭고 편한 것이 크게 다르다." 하였다. ▪57 성호 선생은 생각하기를, 앙마는 비록 편리할 듯하나 재빠르기는 걸어 다니는 것보다 못할 것으로 보았다. 성호 선생은, "상상컨대 중국은 농사짓는 기술이 발달한 것은 분명한 일이라 치고, 무릎이 빠질 정도로 진흙이 깊어서 모춤을 운반하기가 어려운 까닭에 이와 같은 기구를 만들어 이용한 것인가? 논을 이처럼 깊이 갈았으니, 곡식 수확은 응당 갑절이 될 것이다."라고 하면서, 상대적으로 우리나라는 갈아 놓은 흙이 겨우 발등을 덮을 정도라고 한탄하였다.

농사란 왕정(王政)의 근본인데, 기술과 관리가 이처럼 소홀하니 매우 탄식할 일이라 하였다. 『사서(史書)』에, "우(禹)는 네 가지 것을 탔는데 진흙길에 다닐 때는 썰매를 탔다."▪58 했는데, 이에 대해 맹강(孟康)은, "썰매는 키[箕]처럼 생긴 것이 진흙 위로 뛰어다닌다" 하였으니 그것은 아마도 앙마와 같은 것을 일컬은 것으로 여겨진다.

성호가 말한 앙마는 우리나라에는 없는 농기구이다. 성호 선생 지적대로 무릎까지 빠질 만한 깊은 논을 만들지 않기 때문이다. 성호 선생은 소동파의 글을 인용하여 앙마를 소개함으로써 중국의 그것과 비교해 반성할 점을 짚어 보고 농업 기술 혁신에 노력할 것을 피력하고 있다.

## 3) 나침반

술가(術家)에서 방위를 정할 때에는 항상 남쪽을 가리키는 지남침(指南

針)을 표준하기도 하고, 혹은 늘 북쪽만 가리키는 나침(羅針)을 표준하기도 한다.■59 둘 다 근거가 있다고 성호는 생각했다. 하지만 해의 그림자로 판단한다면 더욱 설득력이 있다. 지남침은 자석(磁石)에서 생긴 것이므로, 해의 그림자에 비교하면 오방(午方)과 병방(丙方) 중간을 가리키게 된다. 오방과 병방 중간이 전 지구의 정남(正南)이 되기 때문에 그러한 것으로 성호는 추측했다. 또는 금(金)의 성질이 불[火]을 두려워하여 감히 정오를 가리킬 수 없기 때문으로도 생각했다. 지구는 하늘 안에 있고 하늘은 밖에서 운전하는데, 기(氣)가 안으로 뭉쳐서 둥근 모양이 흡사 외씨처럼 된 것이다. 그런 까닭에 토맥(土脈)과 석척(石脊)은 반드시 북쪽에서 남쪽으로 뻗어 나가는 것인즉 여기서 정기(正氣)가 뭉쳐진 것이 자석으로 되었으므로 침이 남쪽만을 가리키게 된다고 설명하였다. 그러나 해의 그림자에 비교하면 지남침이 가리키는 북쪽은 바로 임자(壬子)란 방위이고, 남쪽은 바로 오병(午丙)이란 방위임은 속일 수 없는 것이다. 혹자는 "지남침은 지기(地氣)를 얻어 만들어졌으니, 지구의 방향을 알려면 마땅히 지남침을 따라야 한다."라고 하였다. 해의 그림자로 표준하면 지남침이 해방(亥方)과 자방(子方) 및 사방(巳方)과 오방(午方)의 중간에서 바르게 되고, 지남침으로 표준하면 늘 북쪽만 가리키는 나침이 자방(子方)과 축방(丑方) 및 오방(午方)과 미방(未方)의 중간에 있게 되는 바, 성호는 이것으로 옛사람이 방위를 정할 때에 해의 그림자를 표준 삼지 않고 지남침으로 표준했다는 것을 알았다.

이상과 같이 『성호사설』에서의 지남침 또는 나침의 방향을 가리키는 성질을 이용하여 방위를 결정했다는 내용과 해의 그림자를 이용해서 방위를 결정한다는 내용은 대단히 과학적이다. 지금 시대에도 두루 통용되는 방법으로, 오늘날 지도를 펼쳐 놓고 방위를 잡는 지도 정치(地圖定置)의 과정에서도 응용되는 내용이다. 모든 지형도의 정치에는 두 가지 방향을 기준하도록 규정해 놓았는데, 늘 제자리를 지키는 북극성 방향에 북쪽을 정하는 방법[眞北]과 나침반의 자침이 가리키는 방향을 북쪽으로 하는 방법[磁北]이 그것이다.

한편 뻗어 나간 산맥의 정기가 뭉쳐서 자석으로 되었다는 설명은 맞지 않고, 오늘날 밝혀진 바로는 지구 내부의 외핵에 의한 영향으로 지자기가 발생한다는 설명에 귀 기울여 들을 만하다.


## 7. 요약 및 결론

'한국학으로서의 지리학'은 그 연구 대상이 실로 방대하다. 국내외를 막론하고 한국인(또는 동포)들이 주체가 되어 일구어 낸 삶의 공간은 어느 곳이든 연구 대상이 될 수 있으며, 과거의 시점을 기준으로 복원한 연구를 포함해 당대의 삶의 터전 모든 곳이 그 대상이 될 수 있기 때문이다. 재외 동포들의 이주 과정과 그 동기 및 배경, 해외에 진출한 우리 다국적 기업의 활동 네트워크, 국내외 한인들의 삶의 장소로서 크고 작은 각 지역에 대한 과거와 현재의 지역 연구, 고지도와 지리지, 마을지 및 선학들의 고전에 담긴 지리 내용과 지리 지식 연구 등이 그것이다.

본 연구는 가장 후자에 해당하는 것으로서 성호의 대표적 저작인 『성호사설』 가운데 「만물문」을 대상으로 한 것이다. 「만물문」에 나타난 지리 관련 항목과 내용을 가려 뽑고, 오늘날 지리 지식의 분류 체계와 내용을 기준으로 비판하고 해석하였다. 이러한 과정을 통해 성호가 지녔던 이른바 '지리적 관심과 사고(思考)'를 간접적으로 들여다볼 수 있다. 연구 결과는 다음과 같이 요약할 수 있다.

첫째, 성호의 관심 대상이 된 주제들은 다음과 같다. '지반의 융기' 증거, 회오리바람, 토양 모재(母材)의 성격과 절리 방향에 따른 토양의 배수 성질, 윷 말판 그림에 깃든 천문 지리의 내용 등 자연 지리와 관련한 항목 내용들이 등장한다. 그리고 산삼의 효용성과 진위(眞僞), 담배 이름의 기원과 담배의 해로움, 고추의 원산지와 전파 경로, 밤과 대추 및 감과 곶감 등 전통 과실의 유용성, 고려 종이의 우수성, 뽕나무의 자원적 활용 가치, 목면의 명칭 기원과 종류 그리고 전파 경로, 천연 염색의 어려움과 그에 따른 복색을 기준으로 한 신분 구별, 정책적 말의 사육 관리의 중요성, 방위를 알기 위한 지남침과 나침의 이용, 모내기 농기구 '앙마' 등 인문 지리 관련 항목들이 등장한다.

둘째, 이들 중 내용이 상세한 것은 회오리바람, 지남침, 마정, 고추, 산삼, 대추와 밤, 사도(柶圖)설 등이다. 특히 정책적 말의 사육 관리에 대한 내용이 상세하다.

셋째, 내용들의 진위는 대체로 '진(眞)'이다. 철저한 고증 및 인용을 바탕으로 해박한 성호 선생의 과학적 설명이 따르기 때문이다.

넷째, 내용에서 다룬 지리 관련 항목들을 보면 당시의 시대적 관심사와 상황을 간접적으로 알 수 있다. 당시 농업 경제에 의존도가 높았던 만큼 과실과 농작물 등에 많은 관심을 기울였다. 생필품 물자의 운반 및 외적 방어의 전투력과 직결되는 말의 사육과 관리에 정책적 뒷받침이 강했음을 알 수 있다. 그리고 '회오리바람' 내용처럼 과학적으로 명쾌하게 설명이 불가능했던 기이한 자연 현상에 대해서는 '지구가 호흡하는 것 같다'고 표현하는 등 경외심을 갖고 바라보았다. 한편 모든 항목의 설명에서 고증과 인용의 대부분은 중국(청)의 문헌을 기준으로 삼고 있다. 당시 외부 선진 세계는 곧 중국(청)이었고 그 영향력의 그늘 속에 조선의 학문이 숨 쉬고 있었음을 알 수 있다. 당시 한반도에 영향을 끼치는 큰 문물과 문명은 곧 중국(청)이었음을 말해 준다.

다섯째, 항목 주제 중 몇 가지를 제외하면 대부분이 오늘날에도 유용한 정보들이다. 오늘날 상대적으로 관심이 덜하거나 멀어진 몇 가지 항목들은 말, 농기구 앙마, 의료(衣料) 작물인 목면과 뽕나무, 천연 염색 등이다. 오늘날 말은 승마 및 도박용 경마용으로, 뽕나무는 한방 의료(醫療)용으로 그 기능이 변화되었다.

끝으로, 성호가 관심을 가지고 설명한 이들 항목을 통해 그의 지리적 관심과 사고를 엿볼 수 있다. 토양 모재의 성질과 절리의 발달 방향에 따라 토양의 배수 성질이 달라진다. 토양의 배수 상태가 좋고 나쁨에 따라 인간의 토지 이용에 큰 영향을 미치는 것은 '자연과 인간(인문)의 관계'가 얼마나 긴밀하고 중요한가를 보여 준다. 이렇게 자연의 직접적인 영향과 이에 적응해 보려는 인간과의 교호 작용 속에서 삶의 공간(마을)의 입지가 결정된다. 윷놀이 그림판[柶圖]에 대한 성호의 설명은 자연의 섭리를 바탕으로 이들 이치를 밝혀내어 해석한 인문 지식이 함께 녹아들어 빚어낸 철학적 결정판이라고 할 만하다. 천문 지리와 우주 섭리, 농사 풍흉에 대한 염원 등이 한데 어우러진 앙상블이다. 고추와 목면, 담배의 전파 경로의 설명은 재배 기술과 특용(기호) 작물 문화의 전파 확산을 말해 준다. 풍토와 기후의 지역 차이는 종자의 선택과 적응의 방식에 변화를 가져온다는 원리를 깨우쳐 준다. 이 원리는 주요 지리 개념의 본질을 담고 있다. 들판에 야생마처럼 방목하여 키워 낸 말이 강하고 우수하다는 설명에서는 친자연적 환경이 인공(인위)적인 것보다 생명력을 강하게 한다는 원리를 내포한다. 고추 맛의 비교, 토종 곶감과 중국 과일 리치 맛의 비교, 해안 지대의 생산 원산지 감과 내륙까지 어렵게 공급된 감은 맛과 상품으로서의 인식이 다르게 나타난다. 여기에는 상품 생산의 지역 차이와 이에 따른 유통의 원리가 들어 있다. 중국의 모내기용 농기구 앙마의 설명을 통해서도 "풍토가 달라지면 농업 활동 방식이 달리 나타나며, 종국에는 문화적 차이도 나타나게 된다."라는 명제를 성립시킨다. 이상의 내용들은 대개 준지리 개념들을 담고 있다. 이 밖의 항목들에 대해서도 지리 지식 또는 개념의 적용이 가능하다.

성호는 익히 알려진 실학자이지만 지리학자는 아니다. 실학자가 선택해 설명한 지리 관련 항목에 지리 개념과 원리들이 들어 있다. 성호의 가계에서 나온 많은 실학자들은 각종 지리서들을 생산해 냈다. 성호의 학문과 학맥에는 지리 정신이 깃들어 있는 듯하다. 지리적 관심과 지리적 사고는 지리 지식과 개념 원리를 은연중에 그리고 부지불식간에 잘 활용하는 실학자들의 정신에 내재하는 것 같다. 성호에게는 분명히 그런 것으로 여겨진다. 보민(保民), 편민(便民), 양민(養民), 애민(愛民), 위민(爲民)을 추구하는 실학자 성호에게는 지리 지식과 개념이 긴요한 도구가 될 수 있고, 따라서 그는 지리적 관심과 지리적 사고에 충실할 수밖에 없는 것 같다. 바꾸어 말하면 지리학이 실학에 가까운 학문적 성격이 있기 때문에 더욱 그런 것처럼 생각된다.

성호는 학문적 경향이 근대와 전통의 중간에 서서 서양 과학을 학문으로 받아들이려 애썼으며, 전통 유학을 비판적으로 소화시키는 실학자로서의 자세를 가졌기에, 그 연장선상에서 지리 항목에 대한 관심과 지리적 사고를 담은 설명이 가능했다고 볼 수 있다. 즉 지리 지식과 그 핵심에 자리 잡고 있는 주요 지리 개념은 고금을 통해 실학적 가치 체계와 의미를 가지고 있기 때문일 것이다.

요약건대 「만물문」에 나타난 지리 관련 항목 수는 비율로 보아 매우 미미하지만, 이를 통해 성호의 지리에 대한 관심과 사고를 간접적으로 짚어 볼 수 있는 것은 매우 의미가 있다.

성호는 지리 전공 학자도 아니고 지리 지식과 지리 개념을 가지고 사상(事象)을 설명하려 했던 것도 아니다. 해박한 지식을 바탕으로 한 가운데 서양의 과학 지식과도 친근할 수 있고, 실학적인 성격을 담고 있는 생활 지리 전반에 관심을 가졌던 것은 분명하다. 어떤 면에서 보면 설명 방식은 각기 다를지 모르지만 과거의 선학이나 목민관들이 서민을 위한 지역 경제를 발전시키고자 할 때에는 의당히 지리 지식을 활용하고, 본인들 역시 의식하지 않고 있었지만 주요 개념들을 활용했을 것인지도 모른다. 본 연구에서와 같이 후세의 학자들이 현대의 학문 체계와 지식 기준으로 맞추어 설명해 보니 훌륭한 내용이 되고 사례가 되는 경우라고 여겨진다.

『성호사설』「만물문」은 내용의 조직이나 짜임이 탄탄하고 구조적이기를 절대 기대할 수 없는 것이며, 문자 그대로 '사설'이다. 그렇게 간주해 놓고 본다면 선택된 지리 관련 항목들은 유용한 정보와 생활 지리 지식으로서의 깊이도 지녔기 때문에 해석하고 의미를 부여하는 데 유의해 볼 가치가 분명히 있다. 성호 선생이 민생을 중시하고 현실을 직시하는 실학의 안목을 지닌 학자이기에, 그에게는 지리 지식이 더욱 유용하게 활용되고 관심을 기울였을지도 모른다. '자연과 인문의 관계', '자연과 인간의 교호 작용', '기술과 문화의 이동과 전파'의 주요 원리 및 개념 그리고 생산 과실과 작물들의 맛과 성질, 종자의 선택 과정에서 '지역 차이'와 '비교'가 가능하다는 개념 등을 읽어 낼 수 있다. 이러한 주요 개념 및 원리들은 『성호사설』의 「만물문」 지리 관련 항목들이 함유하고 있는 것들이다. 성호 자신은 전공자가 아닌 까닭에 명명하여 설명하지 못하거나 하지 않을 뿐이다. 즉

「만물문」 지리 관련 항목을 설명하는 성호 이익의 지리 지식과 지혜이며, 지리적 사고라고 할 수 있다.

이상에서 성호에 대한 그리고 그의 지리적 사고에 대한 평가는 「천지문」과 「만물문」 외에 「경사문」, 「인사문」, 「시문문」을 모두 천착한 후라면 좀 더 분명해질 것인데, 본 연구에서는 「만물문」만을 대상으로 했으므로 다소 조심스러운 바가 있다. 그리고 지리 내용 외적으로는, 대다수의 조선 후기 실학자들이 그러했듯이 저자인 성호 선생에게 가장 큰 관심사는 민생과 직결된 서민 경제였다고 할 수 있다. 농사와 관련한 주제들[토리(土理)와 수리, 앙마], 제사상에 오르는 주요 과실(밤, 대추 및 곶감), 의료(衣料) 작물 및 관련 주제들(목면, 뽕나무), 주요 수송 수단으로서의 말에 대한 관심 등이 그것을 말해 준다.

1. 『성호사설』은 다시 성호의 고제(高弟)인 순암 안정복(安鼎福)에 의해 새로이 『성호사설 유선(星湖僿說類選)』으로 간추려졌다. 『성호사설』은 '–문(門)'으로 분류하였으며 칙수 (제목 분류)는 총 3,007개이고, 『성호사설유선』은 '–편(篇)'으로 분류하면서 칙수 1,396개 로 추려졌다. 이 가운데 「만물문」은 『성호사설』 제4, 5, 6권에 해당되며 358항목(칙수)의 주제로 구성된다.

2. 손용택, 2006, "성호사설(星湖僿說)에 나타난 지리관 일고찰–천지문을 중심으로", 『한 국지역지리학회지』 12(3), pp.392~407 참조.

3. 『桐巢漫錄』 권3, 41판, pp.73~81.

4. 『桐巢漫錄』 권3, 41판, pp.73~90.

5. 이성무, 1992, "朝鮮後期 黨爭研究의 方向", 『朝鮮後期 黨爭의 綜合的 檢討』, 한국정 신문화연구원, pp.323~324.

6. 이성무, 앞의 논문, pp.136~210.

7. 『藿憂錄』, 均田制.

8. 이석무, 1997, "星湖 李瀷의 生涯와 思想", 『朝鮮時代 史學報』 3, p.119.

9. 『藿憂錄』, 錢論.

10. 『성호사설』, 육두(六蠹).

11. 『성호사설』 권27, 「경사문」, 陣迹論成敗, 같은 책 권20, 「경사문」, 讀史料成敗.

12. 송찬식, 1997, "星湖의 史論", 『朝鮮後期 社會經濟史研究』, 일조각, pp.651~666.

13. 『星湖先生文集』 권24, 答案百順.

14. 이성무, 1997, "星湖 李瀷의 生涯와 思想", 『朝鮮時代 史學報』 3, p.121.

15. 『星湖先生文集』, 家狀.

16. 『星湖先生文集』 附錄, 李秉休 祭文.

17. 『성호사설』 권11, 변법(變法).

18. 한우근, 1980, 『星湖 李瀷研究–人間 星湖와 그의 政治思想–』, 서울대학교 출관부, pp.44~45.

19. 한우근, 앞의 책, pp.54~59.

20. 한우근, 앞의 책, p.68.

21. 한우근, 앞의 책, p.63.

22. 『성호사설』 제4권, 「만물문」; 『국역 성호사설 II』, 「만물문」(1982, 민족문화추진회),

p.13, '고산나봉(高山螺蜂)' 항목에 관련 내용이 나타난다.

23. 『성호사설』 제4권, 「만물문」; 『국역 성호사설Ⅱ』, 「만물문」(1982, 민족문화추진회), pp.60~61의 '부요양각(扶搖羊角)' 항목에 관련 내용이 나타난다.

24. 대체로 대륙에서 발생하는 것은 대륙선풍(大陸旋風)이라 하고, 바다 위에서 발생할 때에는 '용오름'이라고 부른다.

25. 『성호사설』 제4권, 「만물문」; 『국역 성호사설Ⅱ』, 「만물문」(1982, 민족문화추진회), p.136의 '토리횡수(土理橫竪)' 항목에 관련 내용이 나타난다.

26. 중국 송(宋)대의 문장가로 이름은 진사도(陳師道), 후산은 호이다.

27. 『국역 성호사설Ⅱ』, 「만물문」(1982, 민족문화추진회), p.22의 '사도(柶圖)' 항에 관련 내용이 나타난다.

28. 윷 말판에 관한 철학적 내용의 설명을 말한다.

29. 28개의 별자리[宿]는 다음과 같다. 각(角), 항(亢), 저(氐), 방(房), 심(心), 미(尾), 기(箕), 두(斗), 우(牛), 여(女), 허(虛), 위(危), 실(室), 벽(壁), 규(奎), 누(婁), 위(胃), 묘(昴), 필(畢), 자(觜), 삼(參), 정(井), 귀(鬼), 유(柳), 성(星), 장(張), 익(翼), 진(軫)이다(이상은 민족문화추진위원회, 『국역 성호사설Ⅱ』, p.24의 주를 재인용한 것이다).

30. 『국역 성호사설Ⅱ』, 「만물문」(1982, 민족문화추진회), p.26의 '남초(南草)' 항에 관련 내용이 나타난다.

31. 『국역 성호사설Ⅱ』, 「만물문」(1982, 민족문화추진회), p.12의 '번초(番椒)' 항에 관련 내용이 나타난다.

32. 『성호사설』 제4권, 「만물문」; 『국역 성호사설Ⅱ』, 「만물문」(1982, 민족문화추진회), pp.122~123의 '조증율택(棗蒸栗擇)' 항에 관련 내용이 나타난다.

33. 장례 전에 술과 과실을 간단히 올리는 일을 말한다.

34. 『성호사설』 제4권, 「만물문」; 『국역 성호사설Ⅱ』, 「만물문」(1982, 민족문화추진회), p.102의 '시저(柿藷)' 항에 관련 내용이 나타난다.

35. 『국역 성호사설Ⅱ』, 「만물문」(1982, 민족문화추진회), p.155의 '시(柿)' 항에 관련 내용이 나타난다.

36. 『星湖僿說類選』 권5上, 人事篇八服食門; 『성호사설』 제4권, 「만물문」; 『국역 성호사설Ⅱ』, 「만물문」(1982, 민족문화추진회), pp.149~150의 '산삼(山蔘)' 항에 관련 내용이 나타난다.

37. 『성호사설』 제4권, 「만물문」; 『국역 성호사설Ⅱ』, 「만물문」(1982, 민족문화추진회), p.66~67의 '견지(繭紙)' 항에 관련 내용이 나타난다.

38. 쥐의 수염으로 만든 붓을 말한다.

39. 진(晉)나라 왕희지가 지은 「난정기(蘭亭記)」를 쓴 시첩을 말한다.

40. 각종 기물(器物)과 서화(書畵) 따위를 종류별로 기록한 책이다.

41. 『성호사설』 제4권, 「만물문」; 『국역 성호사설Ⅱ』, 「만물문」(1982, 민족문화추진회), p.107의 '지상(地桑)' 항에 관련 내용이 나타난다. '지상'에 관해서는 『星湖僿說類選』 권5 中, 萬物篇 草木門; 『五洲』 권13, 地桑辨證說; 『林園』 권20, 展功志一 등에도 보인다.

42. 당뇨 등 성인병 치료에 쓰이고 있다.

43. 『성호사설』 제5권, 「만물문」; 『국역 성호사설Ⅱ』, 「만물문」(1982, 민족문화추진회), pp.270~272의 '목면(木棉)' 항에 관련 내용이 나타난다.

44. 중국 남조(南朝)의 170년간 역사서를 말한다.

45. 중국 신장성(新疆省)에 있었던 옛 나라 이름이다.

46. 송나라 이석(李石)이 지은 것으로 진나라 장화(張華)가 지은 『박물지』에 빠진 것을 보충해 기록한 책이다.

47. 『성호사설』 제4권, 「만물문」; 『국역 성호사설Ⅱ』, 「만물문」(1982, 민족문화추진회), p.21~22의 '유자ㆍ적자(黝紫赤紫)' 항에 관련 내용이 나타난다.

48. 『성호사설』 제4권, 「만물문」; 『국역 성호사설Ⅱ』, 「만물문」(1982, 민족문화추진회), p.130~131의 '목장(牧場)' 항에 관련 내용이 나온다.

49. 주(周)나라 효왕의 신하였다.

50. 주(周)나라 제8대 임금으로 이름은 벽(辟)이다.

51. 한(漢)나라 광무제(光武帝) 때의 장수이다.

52. 서역의 나라 이름으로 이곳에서 좋은 말이 많이 생산되었다고 한다.

53. 7척이 넘는 큰 말로, 위 문공(衛文公)이 나라를 부하게 만들어 내빈이 3,000필이나 되었다고 전한다.

54. 살찐 말을 이르는 것으로, 노 희공(魯僖公)이 백성을 사랑하고 농사에 힘써 먹이는 말이 살찌게 되었다고 한다.

55. 『성호사설』 제4권, 「만물문」; 『국역 성호사설Ⅱ』, 「만물문」(1982, 민족문화추진회), pp.114~115의 '양마(養馬)' 항에 관련 내용이 나타난다.

56. 『국역 성호사설Ⅱ』, 「만물문」(1982, 민족문화추진회), p.28의 '과하마(果下馬)' 항에 관련 내용이 나타난다.

57. 『성호사설』 제4권, 「만물문」; 『국역 성호사설Ⅱ』, 「만물문」(1982, 민족문화추진회), pp.48~49의 '앙마(秧馬)' 항에 관련 내용이 나타난다.

58. 이 말은 하우씨(夏禹氏)가 아홉 번이나 홍수를 다스릴 때의 일로, 『史記』 하본기(夏本紀)에, "陸行乘車 水行乘船 泥行乘橇 山行乘橇"이라고 한 데서 나온 것이다.

59. 『성호사설』 제4권, 「만물문」: 『국역 성호사설 II』, 「만물문」(1982, 민족문화추진회),
p.38~41의 '지남침(指南針)' 항에 관련 내용이 나타난다.

■참고문헌

• Choi, Bak-gwang, 1985, "Seongho saseol(星湖僿說) ui jonghapjeok geomto"(Overall
examination of Insignificant explanations of Seongho), The Chin-Tan Hakpo 59(0),
pp.199~214.

• Han, Woo-Keun, 1977, "Seongho saseol haeje"(Bibliographical introduction to
Insignificant explanations of Seongho), pp.1~41 in Gugyeok Seongho saseol 1
(Insignificant explanations of Seongho, Korean translation), Seoul: Minjok Munhwa
Chujinhoe(Association for the Promotion of Korean Culture).

• Jeong, Seok-jong, 1967, "Seongho Yi Ik", Changjak gwa bipyeong(The Quarterly
Changbi) 4(2), pp.404~429.

• Kang, Byeong-su, 2011, "Seongho Yi Ik ui Seongho saseol ui segye"(Seongho Yi Ik'
s world of Insignificant explanations of Seongho), Dongguk sahak(The Dongguk history)
50, pp.127~171.

• Minjok Munhwa Chujinhoe, 1982, Gugyeok Seongho saseol 2: Manmulmun
(Insignificant explanations of Seongho, Korean translation 2: On myriad things), Seoul:
Minjok Munhwa Chujinhoe.

• Sim, Jae-gi, 2005, "Han'guk ui myeongmun sullye 26: Yi Ik(李瀷) ui Seongho
saseol(星湖僿說)"(A journey through famous writings of Korea 26: Yi Ik's Insignificant
explanations of Seongho), Han'geul hanja munhwa(Han'geul hanja culture) 72(0), pp.
42~44.

• Sohn, Yong Taek, 2006, "Seongho saseol e natanan jirigwan ilgocha - Cheonjimun
eul jungsim euro"(Investigation of the geographical perspective in Insignificant explanations
of Seongho - Focusing on "On heaven and earth"), Han'guk jiyeok jirihakhoeji(Journal of
the Korean association of regional geographers) 12(3), pp. 392~407.

• Yi, Byeong-do, 1985, "Seongho saseol(星湖僿說) ui jonghapjeok geomtosa"(History of
an overall examination of Insignificant explanations of Seongho), The Chin-Tan Hakpo
59, 156.

- Yi, Ga-won, 1967, "Seongho saseol haeje"(Bibliographical introduction to Insignificant explanations of Seongho), pp.1~41 in Seongho saseol sang(Insignificant explanations of Seongho, vol. 1), Seoul: Kyung Hee Chulpansa(Kyung Hee University Press).
- Yu, In-hui, 1985, "Seongho saseol(星湖僿說) ui jonghapjeok geomto: Seongho saseol ui cheolhak sasang – Jeong–Jurihak(程朱理學) gwaui bigyo yeon'gu"(An overall examination of Insignificant explanations of Seongho: Philosophical thinking of Insignificant explanations of Seongho – Comparing it to the Cheng–Zhu Neo–Confucianism), The Chin–Tan Hakpo 59(0), pp.157~175.

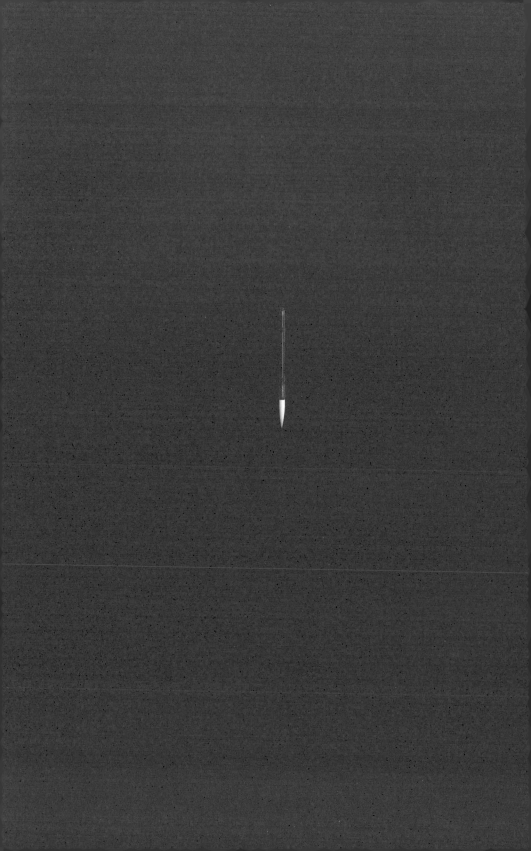

李瀷星湖僿說

제5장

「경사문」에 담긴 실사구시와 애민관

# 1. 머리말

이익(李瀷)의 『성호사설』은 「천지문(天地門)」, 「만물문(萬物門)」, 「인사문(人事門)」, 「경사문(經史門)」, 「시문문(時文門)」 등 5개의 문(門: 서책 단위)으로 구성되어 있다. 따라서 여기에는 시무에 관한 내용뿐 아니라 경사(經史)와 예수(禮數)를 위시하여 역산(曆算), 지리(地理), 관제(官制), 경제(經濟), 군제(軍制), 서학(西學), 시문(時文)에 이르기까지 광범위한 분야에 걸친 성호의 해박한 학문적 지식과 비판이 담겨 있어 그 견문의 넓음과 고증의 명확함을 잘 보여 주고 있다.

지리 관련 내용은 「천지문」과 「만물문」에 주로 등장한다. 필자가 일차로 연구했던 「천지문」과 「만물문」에 이어 본 연구에서는 「경사문」에 집중하고자 한다. 「천지문」과 「만물문」 연구에서도 밝혔듯이 오늘날 성호 이익을 연구하는 타 전공 분야 학자들이 늘고 있는 데 비해, 상대적으로 지리학 쪽에서는 그에 대한 깊은 연구가 일천한 편이다.

『성호사설』 등 우리에게 익히 알려진 고전을 활발히 분석하여 지리적인 내용 또는 관련 사실들을 찾아내어 해석하고 정리하며 알리는 작업은 의미 있는 일이다.

우리의 고전에서 확인할 수 있는 지리 관련 내용이나 주제들이 현대 지리학의 분류 체계를 기준으로 볼 때는 당연히 내용의 범위나 깊이에서 덜 구조적이고 체계적이지 못한 점이 있을 수 있다. 하지만 우리 선학들의 삶 속에는 시기마다 상황마다 당시에 응용 활용된 생활 지리 관련 지식과 정보들이 있고, 이들 지식과 정보는 당대의 생활에 영향을 미쳤거나 그 결과로서 기록으로 남겨진 것임이 분명하다.

그것이 오늘날 체계화된 우리의 문화와 역사 지리 지식의 바탕이 될 수 있을 것이며, 부족한 점이 인정될지라도 당시 농업 경제를 기반으로 한 우리의 생활과 삶에 자연과의 교호(交互) 작용 과정에서 서로 영향을 미치며 경험에서 얻어지고 축적된 지리 지식과 지혜로 다듬어져 기록으로 남게 된 것일 수도 있다. 고전 속에 깃들어 있는 선학과 선조들의 지리 관련 사고와 철학, 지혜를 통해 과거 우리 삶의 현주소를 알아보는 일은 의미 있는 작업이 될 것이며, 이러한 관점이 본 연구의 필요성이자 목적이다. 연구의 내용은 다음과 같다.

첫째, 『성호사설』 「경사문」의 주제와 내용들 중 성호의 지리적 관심은 어떤 주제들로 표출되고 있는가. 둘째, 지리 관련 주제들의 내용 깊이는 어떠한가. 셋째, 지리 관련 주제들의 내용이 오늘날의 현대적 지리 지식 체계와 내용에 비추어 그 '진위(眞僞)'는 어떠한가. 넷째, 『성호사설』 「경사문」에서 다룬 주제들을 통해 당시의 시대적 관심사와 상황을 생각해 볼 수 있는가. 다섯째, 「경사문」에 보이는 지리 관련 내용들은 오늘날에도 유용한 것들인가. 끝으로, 이상의 연구 내용을 바탕으로 그 결과를 종합하여 『성호사설』 「경사문」에 나타난 '지리적 사고'를 결론으로 도출한다. 여기서의 '지리적 사고'란 『성호사설』 「경사문」을 통해 본 성호의 '지리적 관심의 깊이와 생각'으로 갈음할 수 있다. '지리적 사고'에 영향을 미치는 요소는 지리학 또는 지리 지식과 관련하여 어떤 주제를 어느 정도 깊이까지 다루었으며, 왜 그 주제를 다루었는지에 대한 궁극적 성찰과 종합이라고 할 수 있다. 한편, 연구 방법은 다음과 같다.

첫째, 본 연구는 기본적으로 고전 실학서를 대상으로 한 문헌 연구이다.

둘째, 「경사문」의 내용을 살펴 지리 관련 항목 또는 내용들을 추출해 낸다.

셋째, 추출한 항목과 내용들을 바탕으로 그 정확성을 알아본다. 이에 대한 잣대는 오늘날의 체계화된 지리 지식과의 차이점을 드러내어 비교하는 방법이다.

넷째, 발췌한 주제 내용들에 대해 해석하고 논의한다. 이 과정은 연구의 핵심 절차라고 할 수 있다.

끝으로 이상의 절차를 거쳐 결과를 요약하고 결론을 도출한다.

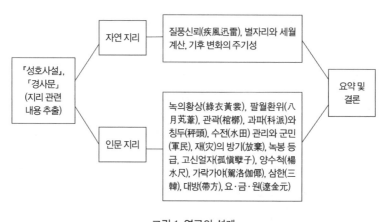

그림 1. 연구의 설계

## 2. 자연의 변화와 연월 역산(曆算)

### 1) 질풍신뢰(疾風迅雷)■1

빠른 바람과 갑자기 일어나는 우레에 대해서도 성호 선생은 관심을 갖고 글을 남겼다.

어느 날 온종일 큰 바람이 불고 소나기가 끊임없이 내리므로 마루마다 지붕이 새서 밤새도록 잠을 이룰 수 없었다. 성호는 조용히 생각해 보았다. 성인(聖人)은, "빠른 바람이 몰아치고 우레가 일어나면서 비가 많이 내리면 비록 밤일지라도 반드시 일어나서 옷을 갖추어 입고 갓을 쓰고 앉는다."라고 했는데, 사람이 이르기를 하늘이 노여워함에 공경하는 것이라고 한다.

그러나 성호의 생각은 달랐다. 바람과 우레란 지면(地面)에서 생기는 일에 지나지 않는 것이며, 하늘을 공경함과는 무관한 것으로 보았다. 이러한 날씨 변화는 질서(자연 섭리)에 따라 나타나는 것일 뿐 결코 무엇을 무너뜨리거나 파손시키려는 의지는 없는 것이다. 갑자기 이런 일이 생기는 것은 결국 이무기와 괴상한 짐승 따위들이 가끔 떨치고 일어나서 서로 싸우는 까닭인 것으로 보았다. 그러나 산악(山嶽)이 흔들리고 냇물이 불어 넘쳐서 가난한 백성들부터 온갖 금수와 초목에 이르기까지 하나도 편히 살 수 없다면, 인(仁)을 만물에 다 같이 쓰는 성인의 마음으로 혼자만이 편하게 생각할 수 없기에 이러한 변동에 대해 공경한 모습을 나타내기를 이와 같이 한 것으로 보았다. 또 한편 성호는 생각해 보니, 산과 늪에 숨어 있는 괴상한 짐승들도 모두 기후에 따라 움직이고, 이런 변동 속에서 생육이 지속되는 것으로 보았다. 더욱 심한 것은 빠른 바람에 따라 400~500리 먼 곳까지도 이동할 수 있다고 보았다. 이러한 현상은 지표면의 기온 역전으로 기압골이 불안정해졌을 때 나타나는 일종의 대륙선풍(大陸旋風)이라고 할 수 있다. 아메리카 신대륙에서는 '토네이도'라고 하는데, 바다와 같은 수면 상에서 발생하면 '용오름'이라고도 부른다. 회전하며 상승하는 바람이 매우 위력적이어서 강이나 호수의 물고기들이 빨려 올라갔다가 먼 거리를 이동하여 떨어지는 경우도 흔하다. 성호 당시의 이 방면 학문의 전공자가 아닌 것을 감안한다면 비과학적 요소를 담고 있긴 하지만 비교적 합리적인 부분도 있다.

## 2) 음력의 역산 ■2

『태현(太玄)』에, "순번으로 돌려서 육갑(六甲)에 승(乘)하면 두성(斗星)과 서로 만나게 된다. 두성은 하늘 도수와 꼭 같이 가고, 해는 날마다 1도(度)씩 처지므로 6갑자(甲子)를 지내야 하늘과 해가 서로 만나진다." 하였다. 그러나 한 해에 5일 조금 더 되는 수를 더하면 만나는 것은 갑자가 아니고, 열두 해가 되어야 72번의 갑자를 지내서 서로 만나게 된다. 그렇다면 세성 [歲星: 오성(五星)의 하나. 즉 세차(歲次)와 같음]의 1기(紀)와 함께 부합되는 셈이다. 양자(揚子)의 의견도 여기에 있었던 것일지 모른다. 그러나 매년 5일과 4분의 1일(6시간)의 차이가 있어서 4년 동안 누적되면 하루가 되고, 열두 해 동안 쌓이면 3일이 되고, 240년에 이르면 다시 갑자일(甲子日)로서 하늘과 해가 함께 모이게 되는데, 이것이 바로 8세(世)를 따진 수(數)이다. 이처럼 성호 선생은 음력의 계산법과 4년마다 드는 윤달의 원리 등 세월의 역산에 깊은 관심을 가지고 과학적으로 설명하였다.

### 3) 기후와 기상 현상의 주기성(週期性)[3]

『사기(史記)』의 화식전(貨殖傳)[4]에 보면 "태세(太歲)의 지지(地支)로써 그해의 가뭄과 홍수의 정도를 점칠 수 있다." 하였으나 반드시 원칙은 없을 것이다. 성호 당시의 경험적 사실들에 비추어 보면 옛 노인들이 이르기를, "지나간 정해년(丁亥年)에 큰물이 졌는데, 60년 만인 정해년에 이르러 다시 수해가 있었다." 하고, 또 "신해년(辛亥年)에는 큰 흉년이 들었는데 그다음 신해년에도 역시 흉년이 들었다."라고 한다. 이런 일들에 대해 성호는 반드시 정확한 확률로 정의 내릴 수는 없지만, 때에 따라 비슷하게 나타날 수도 있는 일로 보았다. 현대의 일기 예보를 주시해 보면 꽤 오랜 세월 만에 나타나는 가뭄, 홍수, 한파 등의 기록을 통보하지만 일정한 주기를 띤다고는 볼 수 없다. 성호 생각이나 인용한 문장대로 주기성을 띠는 것이라면 기후 및 기상 현상에 대한 대책이 훨씬 쉬워질 수 있겠지만, 오늘날조차도 예측 불가한 요소가 많은 것이 기후 관련 자연 현상이다.

## 3. 의식주

### 1) '녹의황상(綠衣黃裳)'의 철학적 의미[5]

위시(衛詩)에 "녹색 저고리와 황색 치마일세."라는 말이 있다. '녹의홍상' 또는 '녹의황상'이란 단순히 옷의 색상 차림을 이야기기하는 것이 아니다. 황상(黃裳)이란 말은 『주역(周易)』 곤괘(坤卦)의 육오(六五)에서 나왔다. 『주역대전(周易大傳)』에 "의(衣)와 상(裳)을 드리우매 천하가 다스려진다는 말은 건(乾)과 곤(坤)의 의미 부여에서 취하였다.” 하였으니 의(衣: 상의)는 건(乾)괘를 상징한 것이고, 상(裳: 하의)은 곤괘를 상징한 것이다. 곤(坤)은 건(乾)을 받치는 것이다. 건의 구오(九五)가 임금을 표상하는 것이라면 곤의 육오(六五)는 곤극(坤極)에 자리한 상징성이 있다. 도성(都城)의 궁궐 내 임금 또는 왕의 옥좌는 정좌하였을 때 머리의 향은 북극성을, 아래로는 지구의 중심 즉 지심(地心)을 통과하는 선(線)의 일직선 자리로서 정위(正位)이다. 그러므로 임금이 황중(黃中)에 정좌한 것과 마찬가지의 뜻을 지닌다. 곤 육오(六五)의 중정(中正)과 건 구오(九五)의 정중(正中)은 이미 순체(純體)에 있어서 중(中)이 정(正)한 것에 이른 것이다. 그러므로 의(衣)의 간색(間色), 즉 녹색은 위 장공(衛莊公)■6의 어두운 데에 비한 것이고, 상(裳)의 정색(政色) 즉 황색은 장강(莊姜)의 현숙한 것에 비한 것이다. 따라서 의(衣)와 상(裳)으로써 말한 것은 건(乾)과 곤(坤)의 뜻이다. 녹의(綠衣) 장의 첫 장에 “녹색 웃옷에 황색 안[裏]이라.” 한 것은 배체(配體)로서 말한 것이고, 다음 장에 “녹색 웃옷에 황색 아래옷이로다.” 한 것은 지위를 말한 것이다. 셋째 장에서 나[我]와 너[汝]라 하여 상대를 시킨 것은, 너라는 것은 장공(莊公)을 가리킨 것이고, 나라고 한 것은 장강(莊姜)을 말한 것이다. 장강을 나라고 한 것은 위국 시인이 장강을 친애하는 뜻으로 쓴 것이다. 끝 장에 가서 치격처풍(絺綌凄風)■7이라 한 것은 장강에게 비유한 것이다. 이렇게 해석할 수 있는 것이라면 『시경(詩經)』의 뜻에만 타당할 뿐만 아니라 『주역』의 뜻에도 쾌히 통하는 바가 있다.

성호 선생의 ’녹의황상’ 설명을 통해, 전통적 일상의 옷차림에서 쉽게 우리 귀에 익어 있는 이러한 말이 깊은 철학적 의미를 담고 있음을 깨달을 수 있다.

## 2) 팔월의 갈대(八月萑葦)[8]

『시경(詩經)』에, "팔월에는 갈대를 벤다." 하였는데 이는 절후로 보아 너무 이른 듯하지만 옛 우리 조상들은 농가에서 으레 이 갈대로 삿갓을 만들어 쓰고, 때에 따라서는 짚과 더불어 지붕을 잇거나 주렴을 만드는 데도 사용하였다. 시기는 서리가 내린 이후에 베어 쓰는 것을 적기로 여겼다. 갈대란 한창 무성한 때라야 속이 꽉 차고 결이 단단하여 재료로 적합하기 때문이다. 마치 사람이 장성하여 힘줄과 뼈가 억센 것과 같다. 적기를 놓쳐 잎이 말라 떨어지고 껍질이 벗겨지면 속이 비고 마디가 약해져 쉽게 꺾어지는 것이 마치 사람의 피가 마르고 뼈대가 약해져 골다공증 환자처럼 힘이 없는 것과 같다. 이렇게 옛사람은 계절의 적절한 시기를 맞추어 주변의 의식주 재료를 이용할 줄 알았다.

「진풍(秦風)」[9]에, 철학적 글귀가 있다. "갈대는 푸르고 흰 이슬은 서리가 되네(蒹葭蒼蒼 白露爲霜)."라고 했는데, 이는 어진 인재를 구하는 일에 빗대어 지은 시이다. 군자(君子)로서 훌륭한 포부를 지녔지만 시대를 못 만난 탓에 구학(溝壑)에서 늙어 죽음을 면치 못한다면 이는 매우 애석한 일이라고 해석할 수 있다. 『성호사설』의 「경사문」에서 다룬 내용답게 자연의 재료를 취함에서도 철학적·경학적 의미로 되새김을 알 수 있다.

## 3) 관곽(棺槨)[10]

「경사문」에서 성호는 사람의 죽음 이후 땅에 묻힐 때 사용되는 관곽에 대해서도 주의를 기울여 하나의 주제로 기록하였다. 관곽이란 내관(內棺)과 외곽(外槨)을 말한다.[11] 『맹자(孟子)』에, "아주 옛날에는 관과 곽에 모두 척도가 없었는데, 중고(中古)에 이르러 관을 일곱 치로 만들고 곽은 관에 꼭 맞도록 하여 천자(天子)로부터 백성에 이르기까지 다 같이 하였다."라고 적고 있다. 성호는 이에 대해 반드시 그렇게 해야 할 이유는 없는 것이고, 중고란 어느 시대를 가리킨 것인지 알 수 없다고 했다.

공자(孔子)가 중도제(中都帝)가 되었을 때 관을 네 치, 곽은 다섯 치로 만들었는데, 서인(庶人)은 이것이 알맞다고 본 것이다. 그렇다면 일곱 치라는 기준은 어디에서 나온 말인지 궁금해진다. 『예기(禮記)』의 「상대기(喪大記)」편에, "임금의 대관(大棺), 즉 관을 넣는 외관(外棺)은 여덟 치인데, 이외에도 속(屬)과 벽(椑) 등이 있어 네 겹으로 한다." 하였다.■12 이 내용에 의구심이 가기도 하지만 더욱 자세한 다른 기록은 없다.

옛날에는 회격(灰隔)■13과 이재(柂梓)■14 같은 재료가 없었고, 사람이 죽으면 곧 썩게 되므로 관곽을 만드는 데에 두껍지 않을까 염려함은 당연한 일이었을 것이다. 후세에 와서는 회격을 매우 튼튼히 하여 오랜 세월이 지나도 길이 남을 수 있게 하고, 또 광내(壙內)에 잡물이 들어가지 못하도록 예방하였다.

주자의 『가례(家禮)』에 보면, 곽(槨)이나 대나무로 엮어 만든 관 등을 일체 사용하지 않았다. 그것은 광내가 너무 넓으면 회곽(灰槨)도 오히려 약해질 염려가 있기 때문이다. 성호 생각에 사람들은 시대의 변천을 모르고 회곽을 만들고 목곽(木槨)을 사용하고 있으며, 관을 만들거나 광중을 다듬는 데도 더욱 두껍고 넓기에만 힘쓸 뿐 광중이 너무 텅 빈 것의 폐단은 생각지 않음을 지적하였다. 무덤을 만들려면 모름지기 관목(棺木)이 썩은 이후의 일까지 고려해야만 할 것이다.

오늘날 묘제(墓制)에 대해서는 우리나라 사람 누구에게나 관심의 대상이다. 한반도의 좁은 국토를 넓게 사용하기 위한 효율적 관리 차원에서도 사려 깊은 주제로 다루어진다. 매장(埋葬)에서 납골당(納骨堂) 방식을 거쳐 수목장(樹木葬)으로 급속히 진전하여 확산 추세에 있다. '관혼상제'에 드는 전통적 제도이므로 현실 적용과 적응이 쉽지만은 않은 이 시점에서 볼 때 일찍이 성호 선생 당시에 이미 이러한 묘제에 대한 관심이 있었다는 것은 주목해 볼 만한 일이다.


## 4. 세수(稅收)와 토지 관리

### 1) 세금 징수: 과파(科派)와 칭두(秤頭)[15]

명(明)나라 정통(正統, 1436~1449) 무렵 당시 문장가로 이름난 이몽양(李夢陽)의 상소에, "내관(內官)이 쓰는 경비가 전보다 10배로 늘어나는 것은 밑에 있는 자가 위에서 하는 짓을 본받기 때문에 취리(取利)하는 자는 넉넉하지 않은 이가 없습니다. 호부(戶部)와 공부(工部)의 여러 고을에 나누어 징수하는 세금도 반드시 또한 갑절로 늘어날 것이고, 밑에 내려와서 모든 주현(州縣)에도 역시 갑절로 늘어날 것입니다. 백성이 실어다 바치는 데에도 원래 징수액에 더하여 수송 중에 축이 날 예상액을 더하고 있어서 반드시 갑절로 늘어날 것이고, 또 내관에게 경유할 때 반드시 뇌물이 있어야 할 것이므로 쓰는 비용이 또 갑절로 될 것입니다." 하였다. 이른바 이 '과파'라는 것은 지방 고을에 나누어 징수하는 부세와 같은 것이고, '칭두'는 한 영제(漢靈帝) 광화(光和, 178~183) 4년에 각 고을에서 바치는 부세 제도에서 비롯된다. 각 고을의 부세는 먼저 중서(中署)로 실어 보냈는데, 원래의 부세 부과량에다 중간 손실 경비가 추가되어 그 명칭을 도행비(導

行費)라고 했다. 원액으로 정한 숫자 외에 혹시 축이 날지도 모를 것을 예상하여 여유를 두고 더 받는 부세 제도를 일컬어 '칭두'라고 했다. 오늘날 온라인으로 각 개인이 은행에서 또는 텔레뱅킹으로 납세하는 것과는 매우 다른 모습이다. '과파와 칭두'가 자행되는 당시의 상황에서 책임지고 감독해야 할 윗사람들이 조금이라도 간과하여 살핌에 소홀함이 있으면, 함박눈처럼 불어나는 피치 못할 부과 세액의 부담으로 삶의 곤경에 처하는 것은 서민들이었다. 취리에 있어서 고금 천하에 똑같은 양상을 보이는 것에 대해 통탄할 일이라고 성호 선생은 지적하였다.

지구 상의 모든 사람들이 삶에서 피할 수 없는 두 가지 일이 있다. 하나는 세월이 지나면 누구한테나 다가오는 죽음이요, 또 하나는 살아가는 동안 누구나 내야 하는 세금이다. 후자가 공정히 실행되어야 전자는 참으로 모든 이에게 공정한 일로 인식될 수 있지만, 과거의 '과파와 칭두'처럼 불공정한 비리 제도가 공공연한 삶이라면 당시의 백성들은 삶의 어떠한 일에서도 공공성을 담보할 수 없는 괴로운 삶이었을 것이다.

## 2) 수전(水田) 관리, 권농(勸農)과 국방[16]

수전은 옛날에도 있었음을 『주례(周禮)』에서 확인할 수 있다. 진(秦)나라에는 정국거(鄭國渠)[17]가 있었는데, 여기에서의 거(渠)란 밭이랑에 물을 관개하는 일종의 도랑으로 물을 저장해 두었다가 빼내어 쓰는 방식을 말한다. 상앙(商鞅)이 천백(阡佰)을 없앤 것은 물길을 따라 개척한 것이지, 이유 없이 천백을 마구 없앤 것이 아니다. 나라를 부하게 하고 군사를 강하게 만들려면 농사에 힘쓰고 법을 엄하게 하는 것이 제일이다. 상앙의 법이 바로 이것이었다. 결국 군사는 농군에서 차출하는 것이므로 『시경(詩經)』에

서도 관련 내용을 확인할 수 있다.■18

한(漢)나라에도 역전(力田)이란 과목이 있었다. 역시 진나라가 남긴 법이다. 한나라가 초(楚)나라와 분쟁할 때 서초(西楚)의 건장한 군사와 싸우는데, 소하(蕭何)는 관중(關中)의 군사를 출동시켜서 자주 패배하면서도 다시 떨쳐 일어나 마침내는 천하를 얻었다. 이는 상앙이 남긴 공이다. 나라가 가난하고 군사가 약했다면 적에게 침략을 당했을 것이다. 권농의 정사에 대해 평상시의 무사한 때에 하는 것인 줄 알지만, 전쟁 시기에 더욱 급선무로 해야 한다는 것을 사람들은 모른다. 옛날 유곤(劉琨)이 진양(晉陽)에 있을 때 백성들은 방패를 짊어진 채 밭을 갈고, 동개(筒介)를 메고 김을 맸을 정도로 예비함이 철저하였다.■19

전시에 농사를 소홀히 해서는 안 되며, 건강하고 강한 농민에서 강한 군사가 나온다는 말은 오늘날에도 그대로 적용된다. 경제 부국의 국가에서 강한 군대가 나온다는 말은 시대를 거슬러 올라가 효율적인 권농 정책에 힘입어 부농을 이룬 나라의 군대가 강할 수밖에 없다는 의미이다. 즉 부국강병(富國强兵)의 뜻을 부유한 국가 경제에서 강한 군대를 유지할 수 있다고 새긴다면, 시대를 거슬러 올라가 '부농강병(富農强兵)'을 그대로 적용할 수 있을 것이다.

진나라 위종(韋宗)이 녹단(傉檀)을 보고 이르기를, "기이한 재주와 영특한 인물도 반드시 중국에서만 나는 것이 아니고, 밝은 지혜와 예민한 식견도 꼭 글만 읽어서 되는 것이 아니다. 지금 구주(九州)의 바깥과 오경(五經) 이외에도 큰 인물이 있다는 것을 알아야 할 것이다. 진실로 지혜와 힘만으로 세상을 유지하는 시대를 만난다면 인의(仁義)만 가지고는 어렵게 될 것이다."라고 하였다.

한마디로 성호 선생이 상정하는 건강한 사회란 '지덕노체(知德勞體)'로 다듬어진 조화로운 인재의 양성이 사회와 국가를 부하고 강하게 만드는 길로 보고 있다. 이는 곧 당시의 군(軍)과 민(民)이 별개의 것이 아니고 전 인적 훈련과 노동으로 강하게 다듬어진 실사구시적 인적 자원을 소망하고 있었던 것이 아닌가 여겨진다.

## 3) 재[灰]의 방기(放棄) 금지[20]

상앙의 법은 재를 버리는 자에게도 형벌이 있었다. 여기에 대해 너무 가혹한 처사라고 이야기하기도 한다. 그러나 『한자(韓子)』[21]에도, "은(殷) 나라 법은 재를 길거리에 버리는 자에게 형벌을 내렸다. 자공(子貢)이 이 것이 너무 지나치다 하여 중니(仲尼)에게 묻자 대답하기를, '재를 길거리에 버리면 반드시 불이 일어나서 사람을 태우게 될 것이다. 사람이 타면 모두 반드시 노여워할 것이고, 노여워하면 싸울 것이며, 싸우면 서로 삼족(三族)까지 죽이게 될 것이다. 그렇다면 형벌을 준다 해도 옳을 것이다.'라고 했다." 하였다. 이로써 본다면 이 법은 옛날부터 있던 것을 상앙이 열거한 것인 듯하다. 그러나 길에 버린 재가 반드시 사람을 불태우기까지 할 수야 없다면 이는 성인(聖人)의 말씀이 아닌 듯하다. 추측건대 상앙과 한자는 똑같은 형명가(刑名家)로서 왜 이런 내용을 중시했는지는 알 수 없다.

성호는 이에 대해, "나는 일찍이 상앙이 재를 버린 자에게 형벌한 법은 나라를 부유하게 만든 한 방법에 불과한 것이 아닌가 생각한다. 나라를 부유하게 하려면 농사에 힘쓰는 것밖에는 다른 방법이 없고, 농사를 잘하자면 재를 버릴 수 없기 때문에 이렇게 한 것이다."라고 말했다.

# 5. 사회적 신분, 기타

## 1) 녹봉의 등급[22]

　주(周)나라 때 작록(爵祿)에 대한 서열을 말하면, "임금은 경(卿)의 녹의 10배, 경은 대부(大夫) 녹의 4배, 대부는 상사(上士)의 배, 상사는 중사(中士)의 배, 중사는 하사의 배, 하사는 서인(庶人)으로서 관직에 있는 자와 녹이 같은데, 그 녹으로 농사를 대신하기에 충분하다." 하였다. 하사는 공전(公田) 100묘(畝)를 농사지어 먹게 되었는데, 이 100묘의 수입을 말[斗]로 환언하면 가장 좋은 밭에서도 가장 풍년 드는 해에 나는 곡식이 1,000두(斗)도 채 되지 않는 셈이다.

　옛날 논이 없고 여름과 가을 두 철을 합해서 두 차례를 수확해도 보리와 콩 등 모든 곡식이 이 이상을 넘지 않았다. 만일 벼만 심어 한 해에 한 차례만 수확했다면 이런 수량에도 미치지 못했을 것이고, 토양이 척박하거나 흉년이 들거나 하면 턱없이 모자랄 것이었다. 1,000두라는 곡식을 절구에 찧어서 쌀로 만들면 5분의 3은 줄어서 쌀은 불과 400두밖에 되지 않았다. 이것으로 한해의 수용(需用)을 삼은 셈이다. 임금의 녹은 하사에 비하면 320배에 이르지만 쌀로 따지면 12만 8,000두를 넘지 않는 셈이다. 성호 당시 조선에서는 15두로 한 섬[石]을 만들었으므로 섬으로 따지면 8,530섬에 지나지 않았다. 이것이 임금이 받은 한 해의 녹이었다. 이것으로 궁궐 안의 여러 관직에 있는 인원이 함께 먹었다는 계산이다.

## 2) 적자(嫡子)와 서얼(庶孼)[23]

『사기』악의전(樂毅傳)에 "법령을 닦고 서얼을 신(愼)해야 한다." 했는데, 이를 해설한 자는 "방비하고 조심하여 현달하지 못하도록 한다."라고 새겼다. 성호는 이 해석에 대해 잘못 새긴 것으로 보았다. 이 말은 『전국책(戰國策)』에 나오는데, 신(愼)은 바로 순(順)과 같은 것이다. 순과 신은 통용되는 것으로서 이 말은 『주역』의 몽괘(蒙卦)와 승괘(升卦)의 본의(本義)[24]에 나타나 있다.

얼(孼)은 『맹자』에 이른 '고신얼자(孤臣孼子)'와 같은 것으로 원한을 품고 뜻대로 할 수 없는 자들이다. 그러므로 그의 마음을 순하게 하여 어루만져 주는 것이 더욱 인심을 얻는 것이다. 생취교훈(生聚敎訓)[25]할 때를 당하여 적서(嫡庶)의 구별을 심하게 하여 그들로 하여금 정당한 대우를 받지 못하게 하는 것이 잘못된 일임을 성호는 지적하였다. 『예기』의 「잡기(雜記)」에 나오는 내용을 비추어 보면, "대부의 서자(庶子)로서 대부가 되면 그 부모를 위해 대부의 복(服)을 입는다." 하였고, 주[疏]에는, "서자는 비록 벼슬이 대부가 되었고 나이가 적자보다 많다 하더라도 적자의 아랫자리에 앉게 된다."라고 하였다. 이는 첩의 아들로서도 벼슬하는 데에는 아무 구애가 없다는 것을 말한다. 집에 있을 때는 비록 귀천의 구별이 있다 할지라도 벼슬이란 본래 덕을 숭상하는 것이므로 그렇게 했다. 요컨대 일찍이 성호 당대 이전에도 서얼이라 하여 삼가 막으려 했던 폐단은 있을 수 없는 일이라고 하였다. 태사공(太史公) 사마천(司馬遷)이 비록 순(順) 자를 바꿔 신(愼) 자로 만들었으나, 뜻은 오히려 더욱 강해져 삼가고 애호한다는 것임을 알아야 한다고 성호는 지적하였다. 글자는 바뀌었으나 뜻은 오히려 돈독해졌는데, 후인들은 자기 뜻대로 해설하고 새겨서 흑과 백처럼 판이하게 달라지게 된 것이다. 이로 말미암아 측실(側室: 첩 또는 서자)을 조절하는 칼자루로 삼으려 한 것은 큰 잘못이다. 글을 보고 해석하는 일은 정말로 신중히 해야 할 일이다. 성호 선생의 해석과 주장으로 미루어 보면 조선 시대 서얼의 차별은 잘못 해석하여 빗나간 결과로 볼 수 있다. 성호의 이와 같은 정신은 일찍이 세종조에 유사한 예로써 이미 실행된 바 있다. 적자와 서얼 문제는 아닐지라도 장영실과 같은 걸출한 당대의 과학자를 중인 출신임에도 그 바탕을 따지지 않고 과거시험을 통해 발탁하여 나라의 훌륭한 인재로 등용하여 활용한 것은 매우 아름다운 일이 아닐 수 없다.

## 3) 기생(妓生)의 연원과 관기(官妓)■26

우리나라의 기생은 본래 양수척(楊水尺)에서 생겼는데, 양수척이란 유기장(柳器匠: 고리장이)이다. 이들은 고려 태조가 백제를 공격할 때에도 다스리기 어려웠던 무리들로서 본래 관적(貫籍)도 부역(賦役)도 없이 물과 풀을 찾아 떠돌이 삶을 살며, 늘 옮겨 다니면서 오직 사냥만 일삼고 버들을 엮어 그릇을 만들어 파는 것으로 생업을 삼았다. 그 후 이의민(李義旼)의 아들 지영(至榮)이 삭주(朔州)의 분도장군(分道將軍)이 되었을 때 양수척이 흥화(興化)와 운중도(雲中道)에서 많이 살았는데, 그의 기첩(妓妾) 자운선(紫雲仙)에게 양수척들을 입적시키고 많은 부세를 받았다. 지영이 죽은 후에는 최충헌(崔忠獻)이 자운선을 첩으로 삼고 머릿수를 따져서 자운선에게 부세를 받도록 했는데, 그 등살에 견디다 못한 양수척들이 마침내 거란(契丹) 군사에게 항복하게 되었다. 이후부터 읍적(邑籍)에 예속시켜 남자는 노(奴), 여자는 비(婢)를 만들었다. 비는 수재(守宰)들에게 사랑을 많이 받았던 까닭에 얼굴을 예쁘게 꾸미고 노래와 춤을 익히므로 기생[妓]이라고 지목받게 되었다. 기생의 연원이 이러한데, 기악(妓樂)이 점점 번성해지자 상하를 막론하고 음탕한 풍습을 금할 수 없었다. 조선 시대에 이르러서도 이러한 풍습은 계속되었고, 심지어 열군(列郡)에까지도 기생의 명칭들이 섞이게 되었으며, 때로는 추악한 소문들이 항간에 퍼지기도 하였다. 조선조 초기에는 기악을 혁파하려는 의견이 분분한 바도 있었으나, 허주(許稠)가 저지하면서 이르기를, "봉사(奉使)하는 관직의 신하들로서 장차 양가녀(良家女)를 겁탈하게 되면 그 해가 더욱 심할 것이다." 하여 그대로 두게 되었다. 옛날 관중(管仲)은 여자의 마을을 700이나 설치하고 야합(夜合)하여 얻은 재물을 거두었는데, 이는 너무나 해괴한 일이었다. 성호는 이런 일들로 이익을 취하는 것을 매우 못마땅한 처사로 생각하였다.

중국의 명나라 초기에는 관기를 금하지 않고 경사(京師)에 기관(妓館) 여섯 채를 취보문(聚寶門) 밖에 세워서 원로의 지방 손님들을 편히 접대하도록 하였다. 다만 기생을 끼고 술을 마시거나 잠자리를 같이하는 자에게는 율(律)이 있었다. 그러나 나중에는 각 관청에까지 물이 들어 모든 관청에서도 기생을 이끌고 기루(妓樓)에서 술을 마셨는데, 띠를 풀어 놓고 앉아 아패(牙牌)를 거는 행동이 잇달았다. 이러한 상황이 영락(永樂) 말기에까지 이르자 도어사(都御使) 고좌(顧佐)가 임금에게 주달하여 혁파시켰다. 그러나 명나라의 경우에도 이미 시골 벽지까지 퇴폐해진 풍속을 단속하기는 어려웠다. 당시 연경(燕京)의 연로에 양한적(養漢的)■27이라는 것이 있었는데, 이는 여자의 자태에 따라 받는 값이 정해져 있었다.

임진년 무렵에 홍순언(洪純彦)이 만났던 석성(石星)의 애희(愛姬) 심씨(沈氏)도 역시 기생 총중에서 나왔다. 성호 선생은 관비(官婢)로서 열군의 기생은 존재 이유를 인정한 것 같다. 신분이 미천하여 예속으로 된 자가 기생 노릇 하는 것은 형편이 그러한 때문에 가능한 일로 본 것이다. 사대부집의 여비(女婢)도 지조와 행동을 제대로 지키는 자가 드문 편이라는 시대적 비판을 고려한다면 그러한 일들이 그리 대수로운 것이 아니라고 본 것이다.


## 6. 영토

### 1) 삼한(三韓)의 기원[28]

『통전(通典)』에, "삼한은 조선의 동남쪽에 있다. 진(晉)과 위(魏) 이후에는 오한(五韓)으로 나누어졌다. 이는 신라와 백제를 합쳐서 오한이라 한 것이다."라고 하였다.[29] 마한(馬韓)은 54국을 합한 것인데 어느 때부터 시작된 것인지는 알 수 없다. 기준(箕準)은 위만(衛滿)에게 공격당하자 측근과 궁인(宮人)을 거느리고 바다로 도망쳐 동남 해안까지 내려와 마한을 친 후 자립하여 한왕(韓王)이라고 하였다. 이로 미루어 보면 기준보다 먼저 마한이 나라로서 존재하고 있었음은 분명하다. 진한(辰韓) 사람들은 스스로 일컬어 진(秦)나라에서 망명한 사람이라고 했는데, 마한이 동쪽 접경을 갈라 주어 진한을 세울 수 있었다. 진나라가 천하를 통일한 때부터 효혜(孝惠)와 고후(高后)[30]까지는 30년이 조금 넘는 기간이므로 진한이 기준보다 먼저라 하더라도 약간의 차이가 있는 정도로 보인다.

남쪽 바다 부근에서 변한(弁韓)은 별도의 한 나라로 독립했는데, 마한은 서쪽에, 진한은 동쪽에, 변한은 남쪽에 위치하여 왜(倭)와 접경을 이루고 있었다. 변한의 위치는 진주(晉州)를 포함한 일대의 몇 고을인 듯하다. 기준은 처음에 마한을 몰아내고 자립하여 왕이 되었지만 나중에는 다시 또

진왕(辰王)이라고 하였다. 이로 보아 진한과 변한은 모두 마한에 밀접하게 연계된 부속 관계로 여겨진다. 성호의 생각에, 그 왕들은 모두 마한 사람들이었는데도 자립할 수 없었기 때문에 기준이 삼한을 통일하여 왕이 된 다음 그대로 진왕이라 칭했던 듯하다고 보았다. 그 후 신(新)나라를 세운 왕망(王莽)의 건국(建國) 원년에 마한이 백제(百濟)에 멸망당했다. 그러나 후한(後漢) 광무(光武) 건무(建武) 20년(44)에는 한인(韓人) 염사(廉斯) 사람인 소마시(蘇馬諟) 등이 낙랑(樂浪)으로 나아가 공물을 바쳤다. 그러므로 제(帝)가 소마시를 한나라 염사읍군(廉斯邑君)으로 봉하고 낙랑군에 소속시켰다. 이후 79년 만인 한나라 연광(延光, 122~125) 무렵에는 고구려(高句麗)가 마한 및 예맥(濊貊)과 함께 요동을 침략하였다. 또 유송(劉宋)■31 때에는 왜왕을 봉해서 왜, 백제, 신라, 임나, 가라, 진한, 모한 칠국제군사(倭百濟新羅任那加羅秦韓慕韓七國諸軍事)라고 하였다. 여기서 모한이란 나라는 바로 마한인 듯한데 왜의 방음(方音)이 이와 같았기 때문이다. 가라와 임나는 주(註)에, "모두 삼한 지대로서 수 문제(隋文帝) 이후로 신라에 섬멸되었다."라고 하였다. 이로써 본다면 가락(駕洛)과 가야(伽倻) 이외에는 그런 지대가 없었으므로 이때 삼한 후예들이 신라와 백제 중간 지대에 남아 있었다는 것을 알 수 있다. 진한은 나라를 세운 것이 기준보다 먼저였는데 도읍은 어디에 있었는지 알 수 없다. 신라는 진한 육부(六部)■32 내에서 일어났는데, 아마도 신라의 남쪽에 가까웠던 곳이 진한의 위치인 듯하며 신라가 일어난 후 바로 없어진 것으로 보인다. 변한은 원제(元帝) 영광(永光, 기원전 43~39) 5년에 이르러 신라에 항복하였다. 그러나 진주(晉州) 등 몇 고을은 모두 백제의 소유였으므로 변한도 결국 백제에 병합되었다는 것을 짐작할 수 있다. 백제가 웅천(熊川)에 책문(柵門)을 세웠을 때 마한왕(馬韓王)은 사신을 보내 꾸짖기를, "왕이 처음 하수(河水)를 건너왔을 때 발붙일

곳이 없었기 때문에 내가 동북쪽 100리나 되는 지대를 갈라 주었다."라고 하였고, 또 『통고(通考)』에도, "삼한은 모두 78국이었는데 백제가 그중에 하나이다." 하였다. 마한이 통합한 54국에도 백제라는 나라가 있었는데, 이 백(伯)과 백(百)은 섞어 일컬었던 것이다. 추측건대 온조(溫祚)가 맨 처음에는 이 백제에서 살다가 나중에 도읍을 옮길 때 땅을 마한에 빌었던 것인 듯하다. 직산(稷山) 위례성(慰禮城)이 바로 마한 동북쪽에 있는 셈인데 백제의 도읍이었던 곳이다. 이 백제란 이름은 옛 칭호 그대로 사용한 것이고, 십(十)에서 백(百)에 이르는 숫자를 이른 것은 아니다.

삼한 중에는 오직 진한의 풍속만이 가취(嫁娶)를 반드시 예로써 하고, 남녀의 구별이 있어 길에서 서로 만나면 모두 멈추고 서서 길을 양보하였다. 오늘의 영남(嶺南)이 우리나라 유현(儒賢)의 부고(府庫)가 된 것은 이런 유래에 힘입은 때문이다. 추측건대 기자의 영토가 된 후로 경계가 예맥에 닿게 되었고, 위만이 또 쳐들어와 야만적 풍속이 퍼짐으로 해서 옛날 풍속이 변해 버린 듯하다. 그리고 천하가 이미 진(秦)나라에 병합되자 중국 백성이 부역을 피해 삼한으로 투입하여 동남쪽에 나라를 세운 것이 진한(秦韓→辰韓)이었던 까닭에, 중국 풍속을 오히려 제대로 지키고 오랑캐에게 변을 당하지 않은 곳은 오직 영남 지방이었을 수도 있는 것이다.

대체로 성호의 생각과 지식이 이상과 같지만, 영토에 관한 고증은 쉽지 않은 일이며 학자마다 주장이 다를 수 있으므로 더욱 많은 연구가 따라야 할 것이다.

## 2) 가락가야(駕洛伽倻)■33

김수로왕(金首露王)이 세운 가락국(駕洛國)은 가야국(伽倻國)을 말한다.

영남 지방에 처음 진한(辰韓)과 변한(弁韓)이라는 두 나라가 있었는데, 신라가 일어날 때까지도 이 두 나라는 남아 있었다. 또 가락과 다섯 가야가 가장 강대할 때에는 신라와 병립(並立)하였으나 뒤에 세력이 약해진 것으로 보인다.

『통고(通考)』를 보면 왜조(倭條)에, "송 문제(宋文帝) 원가(元嘉) 2년(425)에 왜에서 사신을 보내면서 '도독 왜 백제 신라 임나 진한 모한 육국제군사 안동대장군 왜국왕(都督倭百濟新羅任那辰韓慕韓六國諸軍事安東大將軍倭國王)'이라고 자칭하였다. 28년에는 송나라에서 '도독 왜 신라 임나 가라 진한 모한 육국제군사(都督倭新羅任那加羅秦韓慕韓六國諸軍事)'라고 더해 주었다. 효무(孝武) 대명(大明) 6년(462)에는 또 왜가 자칭하기를 '왜 백제 신라 임나 가라 진한 모한 칠국제군사(倭百濟新羅任那加羅秦韓慕韓七國諸軍事)'라고 했다." 하였다.■34

신라(新羅)조에는, "수 문제(隋文帝)가 '낙랑공 신라왕(樂浪公新羅王)'이라고 봉해 주었는데 후에 강하고 번성해져서 가라와 임나 모든 나라를 습격하여 섬멸시켰다." 하고, 주에 "삼한(三韓) 지대를 모두 병합하였다."라고 하였다.■35 신라 시대에 주변에 단지 가락과 가야라는 두 나라만이 남아 있었고, 다른 나라는 모두 신라에 병합되었다. 성호는 추측하건대 모한(慕韓)이란 마한(馬韓)을 가리키고, 가라(加羅)는 곧 가락(駕洛)이며, 임나(任那)란 가야(伽倻)인 것으로 보았다. 여기서 모(慕)와 마(馬), 가(駕)와 가(加), 락(洛)과 라(羅)는 음이 서로 비슷해서 잘못 전해진 것이고, 임(任), 가(伽)와 나(那), 야(倻)는 글자가 서로 흡사하여 분간을 잘못했기 때문인 듯하다. 동사(東史)에는 가락도 역시 가야라 했고, 금관국(金官國)이라고도 하였다. 지금의 김해(金海) 지방이 그곳이다. 나머지 다섯 가야로는, 고령(高靈)은 대가야(大伽倻), 고성(固城)은 소가야(小伽倻), 성주(星州)는 벽진

가야(碧珍伽倻), 함안(咸安)은 아라가야(阿羅伽倻), 함창(咸昌)은 고령가야(高寧伽倻)라고 했는데, 가락왕과 함께 모두 여섯 개의 알[六卵]에서 나왔다고 한다.■36

법흥왕 8년(521)에는 가락국왕 겸지(鉗知)가 죽었다. 이듬해에는 가야국왕이 신라에 사신을 보냈고 이때는 양(梁)나라 보통(普通) 3년이었는데, 오히려 이 두 나라의 칭호가 있었다. 바로 다섯 가야국 중의 하나이고, 가락은 아닌 듯하다. 진흥왕 23년(562)에 이르러 비로소 이사부(異斯夫)에게 명하여 대가야국을 멸망시켰는데■37, 이 사실이 다른 곳에는 보이지 않는다. 이로 미루어 보면 다섯 나라 중 남아 있었던 것은 대가야뿐이었고, 동사에 일컫은 가실(嘉實)이 바로 그 나라가 망한 때의 임금이었다.

이상의 내용은 성호의 지식과 고증을 통한 해석이다.

## 3) 대방(帶方)의 위치■38

사람들은 남원군(南原郡)을 가리켜 옛날 대방국(帶方國)이었다고 하지만 성호는 이를 잘못 인식하고 있는 것으로 보았다. 백제 시조 37년(19)에 한강의 동북쪽 부락에 큰 흉년이 들자, 고구려로 들어간 자들이 1,000여 호나 되어 패수(浿水)와 대방 사이는 텅 비게 되었고 사는 사람이 없었다. 이 패수란 바로 저탄(豬灘)이다. 백제의 온조가 도읍을 한강 이남으로 옮기고 영토를 정했는데, 북으로는 패하(浿河)에까지 이르렀다. 또 아신왕(阿莘王) 4년(395)에 고구려와 패수에서 싸움을 벌였다고 했는데 그 패수란 저탄이 분명하다고 본다. 저탄 이외에는 모두 고구려 영토이다. 한강의 한 지류가 회양(淮陽), 금성(金城) 등지로부터 양수(兩水) 사이에까지 흘러내려온다. 평강(平康), 낭천(狼川), 철원(鐵原), 안협(安峽), 김화(金化), 이천

(伊川) 등지는 모두 백제 동북쪽 경계 지역이었으니 이들 고을이 대방국이었다는 것이 성호의 생각이다. 부락을 이루고 있었으므로 백제의 속국이 되었을 것이다. 백제 다루왕(多婁王) 10년(37)에 고구려가 낙랑(樂浪)을 습격하여 섬멸시키자 낙랑 사람 5,000명은 대방 사람들과 함께 신라로 들어갔는데, 신라에서는 그들을 여섯 고을에 나누어 살게 하였다. 남원이 만일 대방국이었다면 신라로 들어갔다는 말은 도저히 맞지 않은 것으로 보았다. 그들은 틀림없이 고구려에 쫓겨서 비로소 남쪽 신라로 옮겨 왔을 것이다. 남원은 필시 이른바 6군(六郡) 지대로 그때 신라와 백제가 서로 침략하여 남원이 신라의 소유가 되어, 대방 사람이 그 지역에 살았던 까닭에 후일 이 남원을 대방국이라고 했을지도 모른다. 그러나 낙랑 대방은 압록강(鴨綠江) 바깥에도 같은 이름이 있다. 고구려 태조왕(太祖王) 93년(145)에 한(漢)나라 요동(遼東) 서안평현(西安平縣)을 습격하여 대방령(帶方令)을 죽이고 낙랑태수의 처자를 약탈하여 돌아왔다. 진수(陳壽)의 『삼국지(三國志)』에 보면, "위만(衛滿)의 손자 우거(右渠)를 죽이고 그 지대를 나누어 사군(四郡)■39으로 만들었다. 옥저성(沃沮城)을 현도군(玄菟郡)이라 하였는데, 나중에 오랑캐의 침략을 받아 고구려 서북쪽으로 옮겼다. 현도 고부(故府)가 바로 이곳이다."라고 하였다. 이로 본다면 낙랑이 요동에 있는 것도 이와 같은 이치로 생각된다. 후에 남원을 대방국이라고 한 것과 당(唐)나라에서 신하를 낙랑왕으로 봉해 주어 사람들이 종국에는 경주(慶州)를 가리켜 낙랑이라고 한 것은 서로 비슷하다.

　이상의 내용은 고증을 통한 성호의 해석이다. 역시 학자에 따라 다각도의 해석이 나올 수 있을 것으로 본다.

## 4) 요·금·원 3국 발생과 우리의 정치지리적 관계[40]

거란(契丹)은 본래 한(漢)나라 때 동쪽 오랑캐로서 선비산(鮮卑山)에 숨어 있으면서 선비와 서로 가까웠고, 병주(幷州)와 영주(榮州) 지방 접경에 있었다. 태종 덕광(太宗德光)에게 충성하여 발해(渤海)를 격파하고 요동 지역 전체를 점거한 다음, 마침내 국호를 고쳐 요(遼)라 하고 연(燕)과 운(雲) 등 16주(州)를 모두 아울렀다.

금(金)나라가 갑자기 일어나자 요의 제9대 임금 천조제(天祚帝) 연희(延禧)는 형세가 약해졌다. 송 휘종(宋徽宗)이 친히 불러 묻기를, "만약 중국으로 돌아오면 마땅히 황형(皇兄)으로 대우하고 갑제(甲第)를 주어 극진히 봉양할 것이다." 하니, 천조는 크게 기쁘게 여겼다. 이 사실을 당시 금나라 사람이 알고 송나라로 격문을 보내 맹렬히 꾸짖었는데, 『송사(宋史)』에는 이를 숨겨 기록하지 않았다.

천조는 마침내 운중(雲中)으로 도망쳤다가 금나라가 연경(燕京)을 함락시키자 다시 음산(陰山)으로부터 먼 당항(黨項) 바깥까지 도망쳤다. 그러나 금나라 장수 누실(婁室)에게 생포되었는데, 누실은 그를 사살하고 여러 마리의 말로 시체를 짓밟게 하여 철천지원수를 갚은 것처럼 대하였다. 이런 일에 대해 성호는 추측건대, 발해가 죄도 없이 요에 섬멸되었기 때문인 것으로 생각하였다. 금나라는 발해의 후예로서 요에 원한이 매우 깊었기 때문에 필시 끝끝내 추격하여 사로잡았을 것으로 생각하였다. 여 태조(麗太祖) 역시 발해 때문에 요의 사신을 물리쳐 끊어 버리고 무도한 나라라고 하였다. 그때의 사실에 대해 성호는 비록 고증할 수 없으나 지극히 참혹하고 미워할 만한 이유가 있었던 것으로 생각하였다.

그들 족속 야율대석(耶律大石)은 남은 무리를 거느리고 서역(西域)으로 도망쳐 수십 년 동안 20여 개의 국가를 이기고 수만 리의 지역을 차지한 다음 국호를 서요(西遼)라고 하였다. 서요는 6대에 걸쳐 79년 만에 멸망하였으나, 묘호(廟號)를 덕종(德宗)이라 하여 구색을 갖추었다. 서역 백성들이 마음에 잊지 않았다는 것을 알 수 있다. 그 후에 거란의 후예 금산(金山)과 금시(金始) 두 왕자가 하삭(河朔) 백성을 위협하여 스스로 대요수국왕(大遼收國王)이라 칭하고 천성(天成)이라는 연호까지 세웠으나 몽고(蒙古)에 패망하고 말았다. 이때 우리나라 장수 조충(趙沖), 김취려(金就礪) 등이 몽고와 동진(東眞) 두 나라 군사와 함께 공격하여 3년 만에 겨우 섬멸시켰다. 금나라는 본래 여진(女眞)의 종족으로 백두산 동북쪽 경박(鏡泊) 사이에서 일어나 요를 격멸하고 중국으로 들어가 임금이 되었다. 해릉왕(海陵王: 금나라 제4대 황제)에 이르러 도읍을 연경으로 옮겼다가 다시 변경(汴京)으로 옮기게 되었다. 세종[世宗: 금나라 제5대 황제, 휘는 옹(雍)]은 요양(遼陽)에서 즉위했는데 여기는 중경이었다.

선종[宣宗: 금나라 제8대 황제 순(珣)의 묘호] 때 다시 변경으로 옮겼는데, 애종(哀宗) 수서(守緖)에 이르러 원(元)과 송(宋) 두 나라의 협공을 받아 하북(河北)으로 도망쳤다가 다시 채주(蔡州)로 도망쳐 분신자살함으로써 마침내 금나라가 멸망하였다. 그들이 망하기 전 종족인 포선만노(浦鮮萬奴)가 이미 동쪽 변방에서 황제로 자칭하고 국호를 대진(大眞)이라 하였다. 이 인물이 바로 우리나라에서 이르는 동진황제(東眞皇帝)였다.

몽고 제국은 본래 사막에서 일어나 금나라와 송나라를 차례로 격멸하였다. 국호를 대원(大元)으로 고치고 연호를 지원(至元)으로 하였는데, 이 대원과 지원은 건곤(乾坤)의 뜻이었다. 순제(順帝)가 왕위를 버리고 도망칠 때 탕화(湯和)는 추격하려 했으나 서달(徐達)이 따르지 않았다. 그가 천명과 인심에 순응했다는 뜻으로 시호를 순제라고 하였다. 순제는 나라 운수가 쇠해지자, 우리나라 탐라(耽羅: 지금의 제주)에 궁실을 경영하고 도피할 계획까지 세웠다가 결국 사막에서 죽었다. 명나라 황제가 그의 지속을 탐라로 옮겨 섬 백성으로 만들었는데, 나중에는 그들의 유종이 북쪽에 있어 우리나라에 사신을 보내오기까지 하였다. 이른바 북원(北元)이 바로 이들이었다. 성호 당시에도 장성(長成) 밖은 모두 몽고라고 일컬었다. 그러나 책문(栅門) 바깥 동북쪽에 있는 모든 부락이 가장 강성한 편인데, 이들이 바로 거란과 선비가 살던 부락에 남아 있는 부족인 것으로 성호는 생각하였다. 이들 중에는 나중에 반드시 중국에 들어가 임금 노릇할 자가 있을 것으로 보았다.

한편 원과 우리의 관계를 좀 더 자세히 살펴볼 필요가 있다. 원나라의 15대 임금 순제의 제2 황후는 우리나라 기자오(奇子敖)의 막내딸이며 기철(奇轍)의 누이로, 태자 아유르시리다라(愛猷識理達臘)를 낳았다. 후에 순제가 응창부(應昌府)에서 죽은 후, 태자가 왕위를 이었다. 이 나라가 바로 북원이며 고려 말 우리나라에 자주 사신을 보내 왔고, 고려 제32대 임금 신우(辛禑) 3년(1377)에는 북원의 선광(宣光)이란 연호를 사용하였다. 후에 우리나라에서 그들의 동녕부(東寧府)를 친 후 국교를 끊었다. 당시 이산군(理山郡)에서부터 북으로 압록강(鴨綠江)과 파저강(婆猪江)을 건너 올랄산성(兀剌山城)까지 쳐들어갔다. 이 성은 하천의 가운데 하중도(河中島)에 입지하며, 사면이 모두 절벽이었고 서쪽으로만 치고 오를 수 있었다. 이산(理山)으로부터 270리의 거리에 이르는 곳이다. 『동국통감(東國通鑑)』에 이르기를, "설한령(雪寒嶺)에서는 거리가 700여 리나 되고, 그곳에서 서쪽으로 바다까지 이르는 곳은 커다란 텅 빈 벌판이다."라고 하였다. 이렇게 본다면 요양(遼陽) 지대도 북원에 속했던 곳임을 알 수 있다. 조선에서 일찍이 파저강 이만주(李滿住)를 정벌했는데, 이만주가 바로 그의 존칭이었다. 이때 동녕부동지(東寧府同知) 이원경(李原景)이 바로 이올로첩목아(李兀魯詀木兒)였다. 성호 생각에, 이른바 만주는 그의 자손인 것으로 여겼다. 우리나라는 원을 성심껏 섬기다가 대명(大明)이 일어남을 보고 순제가 도망쳐 가던 날부터 이미 명조(明朝)에 사신 보낼 것을 의논하였다. 명 태조 주원장(朱元璋)이 왕위에 있었던 홍무(洪武) 2년(1369)에 이르러서는 지정(至正: 원 순제의 연호)이란 연호를 쓰지 않고 갑자기 국교를 끊는가 하면, 심지어 그들의 변군(邊郡)까지 침략하였다. 다행히 저들의 병력이 이미 크게 약화되어 큰 환은 없었다. 이보다 앞서 고려 24대 임금 왕식[(王植: 연호 원종(元宗)] 11년(1270)에는 서북면 병마사 최탄(崔坦)과 삼화 교위(三和校尉) 이연령(李延齡) 등이 난을 일으켜 서경(西京) 이서를 원나라에 붙여 주었다. 이 서경은 지금의 평양(平壤)으로 원나라에서 그들의 내속(內屬)으로 만들고 이름을 동녕부(東寧府)라고 하였다. 자비령(慈悲嶺)을 한계선으로 그었는데, 자비령은 바로 파령(巴嶺)이다. 대체로 평양에서 서쪽으로부터는 그들의 내지(內地)로 동녕부라고 하였다. 21년이 지나 충렬왕(忠烈王) 16년(1290)에 이르러서는 원나라에서 동녕부를 혁파하고 북서쪽 모든 성을 우리나라로 되돌려 주었다. 이는 그때 충렬왕이 원나라 공주(公主)에게 장가들어 은총을 받았기 때문이었다. 그러므로 충렬왕 4년(1278)에 왕이 원나라에 가서 조회할 때는 의주(義州), 정주(靜州), 인주(獜州) 등 세 고을만이 영접하는 의식을 차렸다. 이 세 고을 외에는 우리 소속이 아니었음을 의미한다. 정주와 인주는 현재의 의주 경내에 있으므로 우리가 관리한 곳은 오직 의주뿐이었다. 파령 이외의 지대는 벌써 잃어버리고 몇백 리나 더 들어가 있는 지방인 의주가 우리나라 소속으로 남아 있었다는 것은 원나라에서 옛날 의리를 잊지 않았음을 의미한다. 파령이란 곳은 정방성(正方城) 또는 동선령(銅仙嶺)이라고도 한다. 원나라 임금의 태도에 따라 평안도(平安道)의 한 지대는 팔짱만 끼고 앉아 잃어버렸을 것이다. 후에 또 이런 상황이 벌어질까 두렵다고 성호 선생은 말했다.


## 7. 요약 및 결론

본 연구는 필자가 『성호사설』의 「천지문」, 「만물문」에 이어 「경사문」을 대상으로 세 번째로 행한 시리즈 연구이다. 논문 제목에서 알 수 있듯이, 『성호사설』은 음미할수록 서민들의 일상생활을 관찰하고 현실에 터한 지혜를 일깨워 주는 실사구시와 애민(愛民) 사상을 강렬히 느낄 수 있다. 또한 지리적 관점에서 해석한 것이므로 더욱 생활 속의 실사구시로 다가오는지도 모르겠다.

머리말 부분의 연구 내용과 방법에서 보고자 했던 관점을 중심으로 연구 결과를 요약하면 다음과 같다.

첫째, 지리적 관점에서 추출된 것은 자연의 변화와 연월 역산(曆算), 의식주, 세금 징수와 토지 관리 및 권농과 국방, 사회적 신분, 영토 등의 내용 범주이다.

둘째, 내용들의 깊이는 대체로 성호의 해박한 지식과 심오한 고증을 거쳐 전문적 식견의 비중을 가진다. 특히 영토 관련 내용(삼한, 대방, 요·금·원, 가야 등)이 자세하고 깊다.

셋째, 현대 지리 지식 체계와 내용에 비추어 진위를 논하는 것은 무리이며, 성호의 관심이 당대의 서민 생활과 직결되는 실사구시 사상과 애민주의, 향토애 등을 폭넓게 담고 있다. 현실 개선 현안과 문제 진단에 탁월한 관심과 감각을 가지고 있음을 느낄 수 있다.

넷째, 기생의 연원이나 서얼에 관한 내용, 과거 영토에 대한 해박한 고증과 설명은 오늘날의 역사문화 지리 지식으로 유용하고 훌륭하다.

『성호사설』「경사문」을 통해 성호의 지리적 관심은 자연과 인문 등 다방면에 걸치며 그 설명의 깊이는 주제에 따라 매우 심오한 바가 있다.

1. 『성호사설』 권24, 「경사문」, 질풍신뢰(疾風迅雷).

2. 『국역 성호사설 11』, 「경사문」, 민족문화추진회, p.42.

3. 『국역 성호사설 11』, 「경사문」, 민족문화추진회, p.35.

4. 재물을 모아 부자가 된 사람들 이야기를 엮은 책.

5. 『성호사설』 권18, 「경사문」, 녹의황상(綠衣黃裳).

6. 춘추 시대 위 무공(衛武公)의 아들, 이름은 양(楊)이다. 현숙한 아내인 장강(莊姜)을 돌보지 않고 폐첩에게 고혹되었다.

7. 이 글귀는 녹의 장 끝장에 "絺兮絡兮 凄其以風"이라고 기록된 것으로, 모시옷이 찬바람을 만나면 버림을 받는다는 말인데 바로 장강이 추운 날에 모시옷 신세가 되었다는 것을 뜻한다.

8. 『성호사설』 권23, 「경사문」, 팔월환위(八月芃葦)

9. 『시경(詩經)』 국풍(國風)의 하나.

10. 『성호사설』 권23, 「경사문」, 관곽(棺槨).

11. 이 말은 『맹자(孟子)』 「공손추(公孫丑)」 편에 있다.

12. 속은 개오동나무[梓]로, 벽은 피나무[杝]로 만든다.

13. 관과 광중(壙中), 무덤의 구덩이 사이에 석회를 채워 다지는 것.

14. 이관(杝棺)과 재관(梓棺)을 가리킨다. 이관이란 벽관(椑棺)을, 재관은 속관(屬官)을 말한다. 『예기』 「단궁(檀弓)」에, "천자(天子)의 관은 네 겹, 제공(諸公)은 세 겹, 제후(諸侯)는 두 겹, 대부(大夫)는 한 겹, 사(士)는 홑관으로 한다." 하였다.

15. 『성호사설』 권20, 「경사문」, 과파칭두(科派秤頭).

16. 『성호사설』 권23, 「경사문」, 상앙여열(商鞅餘烈).

17. 일종의 저수지.

18. 『시경』에 이르기를 "우리 훌륭한 군사들이 많구나."라고 한 것은, 농군들이 곧 미래의 군사로 차출되어 쓰일 인적 자원이기 때문이다.

19. 이 말은 『진서(晉書)』 권 62에 나온다.

20. 『성호사설』 권24, 「경사문」, 기회(棄灰).

21. 한자(韓子)는 전국 시대 형명가(刑名家)인 한비(韓非)의 존칭이고, 『한자』는 한비가 형벌의 이름과 방법을 논한 책이다.

22. 『성호사설』 권18, 「경사문」, 군록(君祿).

23. 『성호사설』권19, 「경사문」, 신서얼(愼庶孼).

24. 주자(朱子)가 단『주역』주(註)의 명칭.

25. 『좌전』애공(哀公) 원년조에, "越十年生聚而十年敎訓"이라 보이고, 주에는 "生民聚 財 富而後 敎之"라고 하였다.

26. 『국역 성호사설』, 「경사문」, 민족문화추진회, pp.21~22;『星湖僿說類選』권9上, 經史 篇 論史門.

27. 오늘날로 말하면 창녀(娼女)의 통칭.

28. 『성호사설』권19, 「경사문」, 삼한시종(三韓始終).

29. 『通典』권185, 邊方條.

30. 효혜는 전한(前漢) 제2대 임금 유영(劉盈)의 시호이고, 고후는 한 고조(漢高祖)의 황후 여치(呂雉)의 호이다.

31. 남북조(南北朝) 때 유유(劉裕)가 세운 송나라.

32. 신라 때 여섯 부분으로 나눈 행정 구역, 즉 급량부(及梁部), 사량부(沙梁部), 본피부(本 彼部), 점량부(漸梁部), 모량부(牟梁部), 습비부(習比部).

33. 『성호사설』권19, 「경사문」, 가락가야(駕洛伽倻).

34. 이 말은 권324, 「사예고(四裔考)」1에 보임.

35. 이 말은 권326, 「사예고(四裔考)」3에 보임.

36. 육란(六卵)은 신라 유리왕(儒理王) 때 가락국 9간(干)이 구지봉(龜旨峰)에서 6개의 알 이 든 금궤를 발견하였는데, 이 6개의 알이 모두 사람이 되어 여섯 가야의 왕이 되었다 는 고사이다. 『삼국유사』권2, 가락국기(駕洛國記).

37. 『삼국사기』진흥왕본기 23년 조에, "九月 伽倻叛 王命異斯夫討之 斯多含副之(중략) 異斯夫引兵臨之 一時盡降"이라고 보인다. 『삼국사기』권44, 이사부전(異斯夫傳)에는, "智度路王時 爲沿邊官 襲居道權謀 以馬戲娛伽倻國取之"라 하여 연대에 차이가 있다.

38. 『성호사설』권19, 「경사문」, 대방(帶方).

39. 낙랑(樂浪), 임둔(臨屯), 진번(眞蕃), 현도(玄菟), 한 무제(漢武帝)가 위만조선(衛滿朝 鮮)을 멸하고 4군을 설치했다.

40. 『국역 성호사설 11』, 「경사문」, 민족문화추진회, pp.43~45.


■참고문헌

• 강경원, 2001, 『성호 이익의 經學思想 연구』, 성균관대학교 대학원 학위논문.

- 강세구, 1999, 『성호학풍연구』, 혜안.
- 권문봉, 1995, 『성호의 考證的 經學觀』, 원광대학교 논문집.
- 성균관대학교대동문화연구원, 1998, 『조선후기 경학의 전개와 그 성격』, 성균관대학교 출판부.
- 손용택, 2006, "성호사설에 나타난 지리관 일고찰−천지문을 중심으로", 『한국지역지리학회지』 12(3), pp.392~407.
- 손용택, 2012, "성호사설 '만물문(萬物門)'의 지리 관련 내용 고찰", 『대한지리학회지』 47(1), pp.60~78.
- 원재린, 2003, 『조선후기 성호학파의 학풍연구』, 혜안.
- 원재린, 2006, "성호 이익의 '造命論'과 신분제 개혁방안", 『역사와 실학』 29.
- 최석기, 2003, "17−18세기 학술동향과 성호 이익의 經學", 『남명학연구』 16.

星湖僿説

제6장

「천지문」·「경사문」·「인사문」에 담긴 중국관

# 1. 머리말

18세기 중반 이전 조선 후기의 학자들이 중국사 자체를 두고 이를 이해한 연구나 그들 스스로가 저술한 중국 사서, 혹은 중국인이 저술한 중국 사서를 연구하여 주체적으로 이해한 중국에 관한 인식을 고찰한 연구 성과는 미흡한 실정이다.■1 다만 이 시기 조선에서 중국사를 연구, 저술한 중국 사서의 종류를 밝혀 보고자 한 연구는 시도되었으나 그것도 공간(公刊)은 되지 않았던 것으로 보인다.■2

필자는 이러한 연구 성과를 이해하면서 당시 근기남인 가운데 중국 역사에 대해 대표적인 선각자로 알려져 있는 성호 이익(1681~1763)의 중국사 또는 중국에 대한 인식을 『성호사설』에 담긴 내용을 중심으로 살펴보고자 한다. 그는 근기남인의 거유이자 실학자로 높이 평가받고 있는 바대로 그에 대한 연구 논저도 상당히 축적되어 있다.■3 조선 후기의 현실에 관한 그의 정치·경제·사회에 대한 탁월한 식견은 당시 정부정책에 채택되지는 않았으나 그의 문인과 사우들에 대한 영향력은 매우 컸던 것으로 생각된다.

그러므로 그에 관한 연구도 여러 측면에서 이루어져 왔고, 그 가운데서도 그의 역사 인식의 문제가 몇 편의 논저로 발표되기는 하였다.[4] 그렇지만 현재까지 연구 성과에서 드러난 것은 국내 역사에 대한 인식 문제만 중점적으로 고찰되었을 뿐, 중국에 관한 역사 인식은 국내 역사에 대한 인식 문제를 다룬 연장선상에서 부분적으로만 논급되어 왔다.

이는 이익이 개인적으로 중국사나 사관에 대해 특별한 논저를 남기지 않은 데에 가장 크게 기인한다고 생각된다. 그러나 그가 장년기부터 40여 년이란 세월에 걸쳐서 저술한 『성호사설』은 유가 경전은 물론 다양한 중국 사서를 섭렵한 뒤 그의 사상적인 혼을 담은 저술인 만큼, 그중에서 특히 중국 사서를 그가 참조하지 않을 수 없었고, 그 과정에서 자신의 식견을 담아 간략하게나마 정리한 내용들이 소목차로 정리되어 있어 그 내용과 자료에 내재하는 언외(言外)의 뜻을 궁구하는 방식의 고찰이 될 것이다.

이익의 「경사문」에 대한 내용을 대부분 참고하고, 그 외에 그의 문집이나 다른 저술 및 문인들의 문헌 자료도 참조하게 될 것이다. 그리고 그의 사론을 통해 당시 중국 강역과 중국 민족에 대한 개괄적인 이해를 고찰하고, 중국 사서에 대한 인식과 이해를 통해 그의 중국관도 엿볼 수 있을 것으로 생각된다. 이익은 18세기 전반에는 근기남인을 넘어서 영남 남인까지 아우르는 남인들의 산림(山林)으로서 학덕과 그 위치를 갖추고 있었으며[5], 조선 역사는 물론 중국 역사에 관한 이해의 깊이와 폭에서도 그 학파 내에서 충분한 대표성을 가지고 있었다. 이러한 그의 통합적 중국관 이해는 18세기 조선 학인의 중국에 대한 세계관의 한 단면이라고 여겨진다.

## 2. 이익의 사관

이익의 역사 인식을 보여 주는 사관은 유가 경학에 바탕을 둔 도덕관과 현실의 방편적인 이해를 전제로 한 남송대 진량(陳亮)의 사공관(事功觀)과 긴밀히 연결되어 있는 것으로 고찰된다. 그 도덕관과 사공관은 송대의 주자와 진량의 학술적 논쟁으로 그 연원을 찾을 수 있지만■6 그전 시대의 지속적 내재 사상에 그 기원을 두고 있다는 이해이다.■7 전자는 중국 경전의 고구(考究)를 바탕으로 내재적으로 형성된 측면이 강한 이상적 도덕 사관인 반면, 후자는 내재적으로 형성된 비판적 사고를 기초로, 청나라에서 들어온 한역서학서를 매개로 한 외래 문물의 이해에 눈뜬 현실 문제를 직시하려는 영강학파의 사공관 내지 사공주의가 영향을 미친 것으로 보인다.

따라서 이익의 역사에 대한 이해는 이 두 가지 가치를 기본으로 하고 있음을 읽을 수 있다. 전자는 물질 불변의 법칙인 이상적 도덕론으로, 후자는 변화와 순환의 법칙인 물질대사론으로도 규정될 수 있을 것이다.■8 우선 그의 도덕론에 근본을 둔 사관의 형성 배경은 유가 경전 내용을 사실(史實)로 파악하기 시작한 데서부터 출발하고 있다.

> 사람들은 이 성선(性善)이란 말이 『맹자』에서 비롯되었다 하나 실(實)에 있어서는 순(舜)의 '위미집중'이란 말이 있던 것을 맹자가 다만 발휘했을 뿐이다.■9

이익은 성선설의 유래를 『맹자』 이전의 경전에서 기원하고 있음을 확인하는가 하면, 전 시대의 막연한 어느 시기로만 이해해 오던 황하(黃河)의 유래를 고대 문헌 자료에서 고찰해 내려 하였다. 그는 중국의 황하가 아주 옛날부터 있었던 것이 아니고 당요(唐堯) 때부터 시작된 역사적 사실로 해석하면서도, 『맹자』의 기록에서 그 유래를 객관적으로 고거(考據)해 내어 이해하고자 한다.[10] 즉 우왕의 선정(善政) 기록들을 고거해 보여 주어도 일반 학인들은 대체로 믿지 않으려 한다고 개탄하면서 그러한 사실(事實)을 사실(史實)로 규정하고자 하였다. 또한 그는 유가의 육경에 담긴 문물세계를 인간의 작위적 행위에 의해 선악이 수없이 전개된 역사 무대로 보고자 하면서 그 당시의 사실(事實)을 역사적 실체[史實]로 분명히 긍정하고자 한다.

어떤 이는 "아주 먼 옛날에는 육경에 '진(眞)'이라는 글자가 없었다."라고 하였으나, 이 말은 틀린 것이다. 육경에도 주나라 말기에 이르러서는 일이 벌써 있지 않은 것이 없으므로, 간(奸)·사(邪)·회(回)·휼(譎)·성(誠)·실(實)·정(正)·직(直) 등의 글자가 구비되지 아니한 것이 없는데, 어찌 '진'이란 글자만 그러하겠는가? 육경에 연(烟)이라는 글자가 없고, 『서경』에 '야(也)'라는 글자가 없는데, 이것은 우연한 것이다.[11]

육경은 인간의 역사 전개 과정에서 있을 수 있는 역사적 실체들("일이 벌써 있지 않은 것이 없다")을 언어("간·사·회·휼·성·실·직")로 담고 있다고 이익은 해석해 낸다. 육경이 사서로서 문헌적 가치가 있음을 보여 줌과 동시에, 성(誠)·실(實)·정(正)·직(直) 등의 언어에서도 도덕적 원리[즉 이(理)]를 갖춘 문헌적 전적(典籍)임을 간접적으로 주장하고 있다. 경전에 대한 그의 폭넓은 이해는 이전까지 경전에 관한 인습의 한계를 앞서 극복해 가는 단계로 해석된다. 즉 유가 경전을 단순히 사실(事實)의 진위에 관계없이 무비판적 시각에서 교조문(教條文)으로만 수용하고 있던 전통적 학인들의 관념을 넘어서서, 이를 문헌 자료 혹은 사서로까지 예리하게 바라보고자 한 것이다.

이익의 도덕 사관의 시원은 다음 인용문에서 확인되는 바와 같이 결국 요·순과 하·은·주 삼대 및 유가 육경의 세계를 고찰하는 태도에서도 찾을 수 있다.

> 아! 선비가 세상에 나서 삼대의 훌륭한 시대를 만나지 못하여 육경의 본뜻을 모르고, 또 불행하게도 서경 시대[西京時代: 서한(西漢)의 장안(長安)을 일컬음]에 태어나지 못하여 이렇게 많은 서적들을 보지 못하고 다만 말라빠진 찌꺼기만을 혀로 핥고 있으니, 어찌 슬프지 않은가?■12

이익은 육경에 기록되지 않았거나 미흡한 내용의 기록들은 다른 문헌에서 찾아 고찰하고자 전력하였는데, 그 과정에서 그의 도덕관에 부합되는 사실적 기록이 나오면 큰 의미로 해석하고 그 기록 내용을 사실로 받아들이려 하였다. 자신이 신빙(信憑)하고자 한 경전에 담긴 내용들을 객관적인 사실로 규정해 보려는 고뇌에서 그의 고거적(考據的) 역사 이해가 발휘되고, 그것이 자연스럽게 신사관(信史觀)으로 연결된 것이 아닌가 한다.

> 현왕(顯王) 33년 을유(乙酉)에 이르러서는 공자가 작고한 지 이미 144년이 되는데, 이해에 맹자가 위(魏)나라에 갔고, 그 뒤 18년 만인 임인(壬寅)에 위나라를 떠나 제(齊)나라에 갔다. 맹자가 제나라에 있을 때 40세라고 하였으니, 그렇다면 그가 위나라에 갔을 때는 20여 세에 불과한데, 양혜왕(梁惠王)이 어찌 맹자를 수(叟)라 칭하였겠는가? 이것이 참으로 의심된다.■13

그는 공자와 맹자의 생애를 고찰하는 과정에서 『맹자』의 양혜왕조 기사를 보고, 이를 객관적인 시각에서 의심해 보게 되었음을 알 수 있다. 또한 정주(程朱)가 남긴 문헌의 내용까지 객관적인 시각에서 냉철히 바라보고자 한다.

경(經)에 나타난 것을 보면 백어[伯魚: 공자의 아들인 이(鯉)의 자(字)]가 죽은 뒤에 안연(顔淵)이 죽고, 안연이 죽은 뒤에 공자가 세상을 떠났다. 그러므로 자사(子思)가 난 시기는 경왕(敬王) 임술(壬戌) 이전임이 분명하니, 현왕(顯王) 을유년에는 그의 나이 145 내지 146세가 된다. 맹자가 제나라에 있을 때가 40세인 것으로 미루어 본다면, 그가 10여 세 때 자사의 나이는 110세가 넘었을 것이다. 성자(程子)의 이른바, "자사가 『중용』을 맹자에게 주었다."라는 기록이나, 주자의 이른바 "맹자가 자사에게 수업하였다."라고 한 것은 아마 고증이 부족한 것이리라.■14

이어 다음과 같이 순임금의 기사(記事)를 인용하여 그 기록의 신빙성을 의심한다.

『사기』에 "순임금은 창오(蒼梧)의 들판에서 죽었다."라 기록하고 있는데, 이 내용은 『맹자』에 "순임금은 명조(鳴條)에서 죽었다."라는 기록과 서로 같지 않다. 가령 이러한 사실이 있었다 하더라도 천자가 멀리 순행(巡行)할 때 이비[二妃, 순임금의 아내인 아황(娥皇)과 여영(女英)]가 어찌 따라갈 이치가 있었겠는가? (중략) 후세에 근거 없는 의논을 하는 자들로 말미암아 허무맹랑한 말들을 꾸며 내며, "순임금의 무덤이 여기 있고, 이비도 여기서 죽었다."라고 하였다. 그리고 단궁(檀弓) 같은 이가 또 "순임금을 창오의 들판에 장사를 지냈는데 이비는 하종(下從)하지 못하였다." 하였으나, 나는 이런 말들을 믿고 싶지 않다. (중략) 우(虞)나라 때 예(禮)로는 천자가 5년 만에 한 번씩 순수(巡狩)하고 제후는 네 번을 조회(朝會)하였다. 순임금이 죽던 해는 바로 북쪽 지역의 제후가 와서 조회할 시기였으니, 『시경』의 남순수(南巡狩)라는 기록도 역시 믿을 수가 없다.[15]

이익의 객관적 역사 고찰은 도덕관에 근본하고 있으면서 다소 사변적(思辨的)이기는 하지만 철저한 고거적(考據的) 입장에서 육경의 하나인 『시경』과 경전(經傳)의 하나인 『맹자』의 내용에까지도 비판적 시각을 갖게 된다. 그의 고거적 사관을 기본으로 한 또 다른 사관의 하나인 사공관은 바로 도덕 사관의 상대적 사관이다. 이 사관은 현실적 사고의 신사관(信史觀)[16]으로 해석될 수 있는데, 이는 역사적 사실의 객관성에 그 의미를 찾고자 한 방편적 사관이라고 할 수 있다. 그는 신사관의 입장에서 역사를 읽는 자[독사자(讀史者)]와 역사를 기록하는 자[작사자(作史者)]는 현실적 사실의 올바른 이해를 위해 역사를 정하게 바라보려는 냉철함과 어려움을 통섭(通攝)해야 한다는 역사관을 보여 준다. 그는 역사를 읽어 내는 독사자의 신중함과 어려움을 다음과 같이 제시한다.

역사에는 비록 이 사실을 숨겼으나 그때의 광경을 상상할 수 있다. "글을 다 믿으면 글이 없는 것만 못하다." 하였으니, (중략) 어찌 그렇지 않겠는가?"[17]

이익은 역사를 고찰하는 자들은 언외의 뜻까지 읽어 내려는 혜안을 가져야 한다고 본다. 그는 신사관을 기초로 역사를 지극히 객관적으로 고찰해 내고자 한다. 그리고 객관적 사실 파악과 문헌 고거를 통해 변전(變轉)된 그의 사관은 주자를 우회적으로 비판하기에 이른다. 즉 당중우(唐仲友)가 주자에게 배척을 받자 사람들은 당중우를 비난하였는데, 그가 저술한 『제왕경세도보(帝王經世圖譜)』를 보면 그렇지 않다는 것이다. 『제왕경세도보』는 천문·지리·예악·형정(刑政)·음양·도수(度數)·병농(兵農)·왕패(王覇)에 관해 모두 경전을 근본으로 전거(典據)하고 있고, 겸하여 전주(傳注)를 취사선택하여 같은 부류를 모아 동종으로 분류한 것을 보아 백세의 궤범이 될 만하다고 이익은 이해한다. 당중우가 사람들에게 비판을 받게 된 이유의 하나는, 『임하우담(林下偶談)』에 의하면 그가 진량(陳亮)을 거스른 사실 때문으로 보고 있다.■18 그러므로 이익은 역사적 사건과 인물의 평가는 사건 자체와 그 사건을 기록한 인물을 각각 냉철히 분변한 뒤에나 내려져야 함을 강변한다.

한편으로 이익은 후손들이 비문(碑文)을 지을 때 가문을 포장하기 위해 과장된 경력과 허위 관직의 기록을 남기려는 세태를 개탄하면서, "세상 풍습은 고금이 같아서 요사이 시골 사람을 보면 선계(先系)를 함부로 기록하고, 혹은 송장도 없는 무덤을 만들어 선조의 묘로 둔갑시키고 귀관(貴官)과 현사(顯仕)를 자랑하니, 세월이 오래 지낸 뒤에는 어찌 변별할 수가 있겠는가!"■19 라고 하였다. 이로써 후손들의 선조를 미화하려는 보편적 심정까지 헤아려서 그 기록의 신빙성에 대한 독사자(讀史者)의 변별적 시각을 항상 갖도록 경계시키기도 한다.■20

또한 이익은 사가의 작사(作史)에 대한 고거적이고 객관적인 태도를 견지할 것을 분명히 밝힌다. 옛날의 사실(史實)은 역사를 짓는 자가 붓끝으로 낮추기도 하고 올리기도 하는 데 따라 가끔 진상(眞相)을 잃어버리는 경우가 있다고 전제하면서, 수많은 눈을 속일 수가 없는 적벽전(赤壁戰)조차도 너무나 소박한 기록이라는 것이다.

조조(曹操)가 손권(孫權)에게 준 편지에, "나는 병이 생겨서 선박을 불태우고 스스로 물러서겠다." 하였으니, 근세 연의[演義: 삼국지연의(三國志演義)의 약칭] 같은 따위는 논하지 않더라도 양사씨(良史氏) 역시 전해 들은 것만을 기록하였기 때문에 반드시 다 실적(實績)이라고 할 수는 없을 것이다. 참으로 그가 그런 말을 하고 싶었더라도 공개적으로 할 수 있었겠는가?[21]

이익은 이와 같이 포폄(褒貶)에 대한 역사 기록자의 실적을 예리하게 객관적 관점을 유지하며 고찰하고자 하였음이 읽혀진다. 그리고 조충간 정[趙忠簡鼎: 충간은 시호. 남송 초기의 어진 재상. 장준(張俊)을 천거하여 정계에 불러들임]의 행장(行狀)을 지어 주기를 거절한 주자의 당시 입장을 고거해 내고 있다. 즉 주자는 지난날 장위공(張魏公: 장준. 남송의 재상. 금나라와의 전투에서 전공을 세움)의 행장을 먼저 썼는데, 뒤에 『광종실록(光宗實錄)』을 고찰해 보니 조충간의 행실과 같은 사실(서로 자신이 했다고 주장하는 중복되는 공과의 사실)이 기록되어 있다.

그렇지만 이 사실은 똑같은 일인데도 서로 자신들의 일이라고 기록하는 중복된 기록이라는 결과를 초래하고 있다고 고거해 낸 것이다.[22] 이로써 주자가 기록한 묘지(墓誌)와 행장조차도 모두 신빙할 수 없는 고증적 사관을 보여 주고 있다. 이익은 사실을 기록한 역사 내용의 진실 여부가 중요하므로, 이를 위해서는 역사 사실을 전하는 작사자의 신중함과 그것이 결코 쉽지 않은 작업임을 항상 깨달으면서 역사 기록에 임해야 함을 강조한다.

사실(史實)을 사실(事實)로 만들기가 어찌 어렵지 않겠는가? 한퇴지(韓退

之)가 말한(객관적인 역사 기록은 화를 두려워한 데에 지나지 않는다) (중략) 고 금을 통하여 애매하고 의사(疑似)한 것에 대해 장차 어떻게 단안을 내릴 것 인가? (중략) 사건이 다른 지역에서 일어나 눈으로 직접 보지는 못하였지만 그 전모가 밝게 드러난 것 외에는 전해 들은 것만으로 기록해서는 안 된다. (중략) 혜공(惠公)·중자(仲子) 등의 인물을 다룬 사실에서 공양(公羊)은 "중 자는 환공(桓公)의 어머니이다."라고 기록하고 있으므로, 중자는 혜공의 첩 이 된다. 곡량(穀梁)은 "혜공 어머니는 효공(孝公)의 첩이다." 하였고, 좌씨 (左氏)는 분명히 밝히지 않았으며, 호씨(胡氏)와 정자(程子)는 공양을 따르 고 있다. 지금에 와서 살펴보면 (중략) 두 가지 설이 있었으니, 천년이 지난 뒤에 무엇을 따라서 결정한단 말인가? (중략) 따라서 나는 사실(史實)을 사 실(事實)로 만드는 것이 화를 두려워함에만 있지 않다고 말한다.■23

이 인용문에서 드러난 바와 같이 그의 도론적 가치 판단이기는 하지만 사료의 가치 판단에서 작사자의 엄중한 객관적 입장의 유지를 강조하고자 하였다. 역사적 사실을 정명(正名)한 사실(事實)로 엮기 위해서는 작사자 의 휘(諱)하지 않으려는 용기 있는 자세 견지는 물론 사실을 정확한 사실 (史實)로 남기고자 하는 엄정한 자료 통찰력도 있어야 함을 강조한다. 즉, 사실을 정확한 역사적 기록으로 남기기 위해서는 역사를 짓는 자가 어떠 한 두려움에도 객관적 태도를 견지할 것과 동시에 더욱 중요한 사실은 역 사 자료의 취사선택에 냉철한 태도를 지니는 것이 어려운 점임을 이해한 것이다. 그는 그러한 역사 인식을 기초로 작사자의 역사적 사실에 대한 의 미부여의 필요성도 고찰해 낸다.

옛사람은 사서를 지을 때 옛 서적에 기록된 글귀와 글자를 그대로 베껴 쓰지 않고, 그 사실(史實)에 따라 꼭 알맞도록 했을 뿐이다. 좌씨(左氏)가 백공승(白公勝)의 사실을 기록할 때, "정나라 사람이 여기에 있으니 원수가 먼데 있는 것이 아니다."라고 하였다. 그런데 『사기』에는 "정나라가 원수가 아니고 여기에 있는 자서[子西: 춘추 시대 초나라의 영윤(令尹), 백공(白公)에게 죽음을 당했음]이다."라고 기록하였으니, 그 울분을 토해 내고 미워한 사실을 더욱 드러내며 문장도 더한층 빛나게 되었다. 누가 자장[사마천(司馬遷)의 자]을 구명[丘明: 좌구명(左丘明)]만 못하다고 하는가?■24

작사자가 깊이 인식해야 할 태도는 앞의 두 가지에만 국한되지 않고 객관적 내용에 대한 의미를 부여하고자 하는 태도, 즉 역사를 짓는 자의 사관 내지 사론도 작사자에게 절실히 필요함을 이익은 발견해 낸다. 그의 사관은 사실(史實) 해석의 객관성이나 사실(事實)의 사실화(史實化)를 위해 작사자의 결정적 논지 전개도 필요하지만, 역사적 사건의 일정 부분에 관한 결론적 평가는 독사자를 위해 판단을 유보하는 자세도 필요하다고 보았다.

『좌씨전(左氏傳)』에는 남을 일컫는데 한 줄 사이와 몇 구절 사이에도 그를 부르는 호칭이 동일하지가 않다. (중략) 말에 따라 각기 다르게 되었으니, 이는 결코 한 사람이 쓴 것이 아님을 알 수 있다. 추측건대 무릇 칭호란 존비(尊卑)와 경중의 구별이 있어야 하므로 혹은 어질게 여기면서도 낮추고 미워하면서도 높였으니, (중략) 그리고 글을 완성하는 데도 여러 사람의 말을 모아 그 기준을 삼아서 써 놓은 내용들을 그대로 믿고 전하여 한 글자도 변경하지 않고 본문대로 적었기 때문에 그런 듯하다. (중략) 그 포폄에 대한 일은 스스로가 책임지지 않고 보는 자에게 맡겨 취사(取捨)하도록 하였으니,

또한 어진 사가(史家)의 생각인 것이다. ■25

이 인용문으로 미루어 보면 이익의 사관은 의리나 명분을 전제로 하는 포폄적 가치 판단 문제를 다룬 도덕 사관이라고 할 수 있다. 그렇지만 독사자나 후대 사가가 그 기록 내용을 판단할 수 있도록 여지를 남겨 놓은 작사자의 뜻을 냉철히 헤아리고 있는 그의 사관에서 그가 근대적 사유로 들어서고 있음이 엿보인다. 근대적 사유로 다가선 이익의 사관은 여러 자료에서 확인되는데, 전통적으로 관념적이고 미신적인 사론들을 강하게 비판하기 시작한 측면은 그러한 실례의 하나이다. 오행상생(五行相生)의 실재(實在) 인위적 운용설(運用說)에 관한 다음과 같은 비판은 그 대표적 사례이다.

천하의 일은 묘하게 맞되 실상은 옳지 않은 것이 있다. 협제(浹漈) 정어중(鄭漁仲)이 "우(禹)가 치수(治水)할 때 기주(冀州)로부터 시작하였으니, 북방수(北方水)이고, 다음으로 연주(兗州)·청주(靑州)·서주(徐州)는 동방목(東方木)이고, 다음으로 양주(揚州)·형주(荊州)는 남방화(南方火)이고, 다음으로 예주(豫州)는 중앙토(中央土)이고, 다음으로 양주(梁州)·옹주(雍州)는 서방금(西方金)이다. 천하의 형세로 말하면 예주는 천하의 중앙으로서 서주·연주와 접경해 있다. 그런데도 왜 서주와 연주로부터 예주에 들어가지 않고 양주와 형주를 먼저 다스렸을까? 그것은 오행상생의 순서가 이와 같기 때문이었다. 곤(鯀: 우의 아버지 이름)은 오행의 배열을 어지럽게 해서 대개 이와 같이 하지 않았다." 하였다. 그러나 이는 다만 우연히 그렇게 된 것이지, 반드시 어중(漁仲)이 말한 바와 같지는 않았을 것이다. 치수는 흐르는 물의 형세에 따라 먼저 하기도 하고, 나중에 추진하기도 하는 것이지, 어찌

꼭 오행의 상생에 맞추어 추진했을 리 있겠는가?■26

이익은 자연적 현상을 오행상생에 견강(牽强)해 보려는 전통적 관념을
예리하게 지적하고 있으며, 우연한 형세로 전개되는 세를 역사의 전개로
인식하고자 하였다. 또한 그의 비판 의식은 건국자들의 건국 합리화를 위
한 천운설(天運說)도 부정한다. 그는 한(漢)나라의 적제(赤帝)와 적복(赤伏)
으로 부명(符命)을 삼아서 유씨(劉氏: 한나라의 고조)가 창업하게 되었고,
왕망(王莽) 시대에 이르러서 부서(符瑞)가 더욱 많았으나 결국 멸망하고
말았다고 해석하면서, 대체로 고금을 통해 난을 일으키는 자는 반드시 없
었던 사실을 있었던 것처럼 만들어서 삶을 속이므로, 대부분의 사람들이
그 속임을 당한 사실들은 이루 다 기록할 수 없다고 비판한다.■27

즉 이익은 당시 정권의 명분을 찾기 위해 위서(緯書)를 통해 그 사실들을
연출해 내고, 그 위서들이 그 목적을 위해 범람했던 측면이 많았다는 사실
은 지적해 내지 못하였다. 그렇지만 당시 정권 등장의 정당성을 부여하기
위한 정치적 명분용 부서의 난무, 허위 사실을 견강하여 사실처럼 꾸민 기
록들을 간파해 내는 예지는 뛰어났다고 볼 수 있다. 이처럼 이익은 오행상
생설의 비판이나 건국자들의 천운설 부정 등의 비판을 넘어서 중국 전통
적 오행시종설까지도 신뢰하지 않기에 이른다.

주나라가 본시 목덕(木德)으로 왕을 하였는데, 진 시황(秦始皇)이 주(周)는
화덕(火德)으로 했다 하여 화(火)가 이기지 못하는 것을 따라 수덕(水德)으
로 하였다. (중략) 그러나 진 헌공(秦獻公) 때 역양(櫟陽)에서 금(金)이 하늘
에서 내리자 헌공은 금의 상서를 얻었다고 여겼다. (중략) 한 고조(漢高祖)에
이르러 (중략) 스스로 화덕이라 하였으니, 대개 진(秦)이 금덕(金德)으로 하

였기 때문에 금이 이기지 못하는 것을 따른 것이다. 위의 사실은 대체로 모두 황탄(荒誕)하여 이치에 맞지 않은 데서 나온 것인데, 억지로 끌어다 맞추었다.[28]

이익은 오덕, 즉 토·목·금·화·수가 각각 그에 앞선 것을 극복하고 차례로 다음에 오는 것들이 다시 극복되는 과정을 반복하는 순환 이론의 주창자인 정연(鄒衍, B.C 4세기)의 오행시종설을 비판하고, 동중서(董仲舒)와 유향(劉向) 등의 천운설에 대해서도 부정적인 입장을 취한다.[29] 그의 이런 태도는 역사 과정에서 작용하는 초자연적 힘의 존재를 부정하고자 함을 드러낸 사실로, 형세에 의한 역사 전개를 긍정하는 사관으로 읽히기도 한다.

이익은 도덕관과 사공관을 함께 이해한 신사관에서 역사적 실체를 고찰하고자 하였다. 그는 지나간 역사를 고구해 보면 긍정적인 측면보다는 부정적인 사실들이 많았다고 이해한다. 특히 도덕적 사관의 입장에서 보면, 대부분 긴 역사 과정이 도덕적 가치 기준에 맞는 정명(正名)의 역사 전개는 아니었다고 생각한다. 그는 고금의 흥망성쇠가 시세(時勢)의 추이에 따라서 대체로 좌우되고, 인간의 재덕(才德)으로 좌우되는 사실은 매우 적다고 이해하였다.[30]

그는 천하의 일이 열에서 여덟아홉은 행회(幸會)이고, 고금의 성패와 이둔(利鈍)은 시대의 원인에 따른 우연이며, 선악 및 현인(賢人)과 불초(不肖)한 자의 구별에서도 그 실(實)을 얻지 못하고 있다고 결론짓는다.[31] 이익에게 도덕적 기준에서 바라본 역사 전개는 대부분 정명의 역사가 아니라 무력적 힘의 지배가 성공으로 기록된 역사였다는 것이다. 그러므로 성공한 역사를 달성한 쪽에서는 도덕적 가치를 기준으로 성과 패를 기록하지 않았다고 비판한다.

특히 그는 선악의 분별에서 성공한 사실들을 미화하고, 그 성공의 역사
전개 과정에서의 도덕적 선악 판별은 극히 미흡하다고 인식한다. 또한 성
공한 쪽에서 선을 평가할 때는 악한 측면도 적지 않은데 그 단면을 대체로
숨기거나 미화시켜 버리며, 악으로 평가된 사실조차도 그 내용 속에는 선
한 측면도 많은데 너무 과장되게 폄하한 사실은 문제라는 것이다. 역사적
전개 전체로 바라볼 때, 대부분 재덕(才德)의 마름에 의해 전개된 역사라
기보다는 우연한 형세에 의해 전개되어 왔다고 보는 것이 그의 사관이다.

이익의 사관은 결국 도덕관에 기초하고 있음을 드러내 주는 것이기도
하다. 그러나 도덕적 사관으로서의 그의 역사 이해는 사실의 객관적 인식
이란 또 다른 측면으로도 읽는다. 결국 이익의 사관이나 역사 인식은 오행
시종설의 비판과 동중서의 천운설 부정 등에서 나타나는 객관적 사실 인
식과 전통적인 도덕적 사고가 혼효(混淆)된 신사관을 보여 주고 있다.


## 3. 중국 민족에 대한 이해

이익은 『성호사설』을 통해 중국의 강역과 민족을 시대적으로 구분하고
자 시도한 것으로 보인다. 먼저 강역을 구분하기를 중국의 중원적 관점에
서 중국 전체를 하나의 판도로 보려고 한 측면이 있고, 나아가 세계 전체라
는 관점의 지리적 판도 내에서 중국의 위치와 형세에 접근하였다. 고대의
중원적 관점에서 중국 전체 강역의 판도를 이해하는 데에는 다음과 같이
우선 진대와 한대를 기준으로 구분 짓고 있다.

진(秦)과 한(漢) 이전에는 중국은 중국이요, 오랑캐는 오랑캐로 국경이 정해져 있어 서로 침해와 약탈하는 일은 있어도 땅을 빼앗아 점령하는 일은 없었다. (중략) 후세로 내려오면서 하투(河套) 밖에 있는 여러 오랑캐가 더욱 번성해져 육조(六朝) 시대로부터 당나라 때까지 그들의 침해는 점점 막아내기 어렵게 되었고, 서진(西晉)과 당·송은 그들의 위협과 침공을 받아서 잡혀가기도 하고 (힘에 밀려) 옮겨 다니기도 하였으니, 그 정세가 그렇게 만든 것이다.■32

진대와 한대 이전의 중국 전역은 중원을 중심으로 한 화(華) 지역과 동북방 등의 이(夷) 지역으로 나뉘어 중국과 다른 종족의 활동 영역으로 일단 구분 짓고 있음이 고찰된다. 진·한 시대까지는 이러한 화와 이의 지역적 범주가 거의 변동이 없었던 것으로 이해하고 있다. 그러나 진·한 시대 이후부터는 다른 종족의 침략과 서로 점령하는 세(勢)의 중국 역사가 전개되면서 지역적 범주의 안정화라는 이원적인 구조가 깨어지고 있음을 고증해내고 있다.

이 시기부터는 중국 변방에서 성장한 다른 이(夷) 종족들의 힘과 세가 강해져 중원의 서진과 당·송이라는 화(華)의 국가를 위협하고 압도하는 그 당시의 판도를 시대적 추세로 보고자 한다. 이익은 일정한 지역을 중심으로 한 중국의 역사 전개, 즉 도덕적 관점에 기반하고 있던 국가 강역의 정통성은 무력적 힘에 의한 세(勢)로 인해 벌써 이 시기부터 상실되어 전개되어 갔던 사실로 받아들인다.

이익은 역사 기록의 신빙성과 그 전개의 실체에 객관적으로 접근할 수 있는 시대를 진·한 이후로 이해하고, 그 이후부터는 이미 일정 지역을 범주로 획정하는 중국 강역의 안정성 유지는 일단 다른 종족에 의해 부정되고 있음을 사실로 확인한다. 그러므로 중국 강역에 관한 그의 관점은 중원과 중원을 벗어난 변방 지역을 포함한 전 지역[당시 중국 중심의 역사 기록 관점에서 화(華)와 이(夷)가 포괄됨]을 동등한 역사 무대로 설정하려 한 측면이 엿보인다. 즉 그는 중원을 중심으로 한 화 지역의 범주와 이 지역의 범주 설정에 관한 강역 분기(分岐)는 중국 역사 초기인 하(夏)·은(殷)·주(周) 때에는 가능하였지만, 진·한 이후에는 여러 이족의 난무와 강성으로 안정적으로 전개되지 않았던 것으로 이해하고자 하였다.

한편, 중국 역사 전개의 시원을 전설의 제왕으로 불리는 요(堯)와 순(舜) 때부터 보고자 함에서 그의 전통적 사관이 읽힌다. 그는 순 때 이미 제도적으로 12주를 설치한 국가로 이해하고, 전설의 순임금이 태어난 지역과 종족을 각각 동이(東夷)라는 이 종족으로, 동이족의 활동 무대인 저풍(諸馮)을 중원 지역과 경계하는 가까운 지역으로 연결시키고 있다.

> 순이 맨 처음으로 12주를 설치하였는데, 유주(幽州)·영주(營州) 등 동북 지대이다. 이를 "순이 맨 처음 설치하였다." 하였으니, 요의 대에는 이런 명칭이 없었던 것이다. "순은 저풍(諸馮)에서 탄생하였는데, 동이(東夷) 사람이다." 하였으니, 저풍이라는 지대는 요심(遼瀋)과 서로 가깝게 닿았던 모양이다. ■33

다시 말해 그는 이와 같은 태도를 보이고 있지만, 순이 태어난 지역인 저풍을 당시 이(夷)종족이 대부분을 차지하고 있던 요심과 가까운 지역으로 비정하고, 순임금의 출신 성분을 동이족으로 보고자 하는 측면이 그러한 해석을 가능케 한다. 그리고 순이 중국 중원의 중심에서 약간 비껴 나 있는 동북 지역의 인물임과 동시에 동이 인물임을 나타내어 화(華)와 이(夷)라는 문화적 뿌리가 중국 역사가 전개되던 초기에는 큰 차이가 나지 않았다는 사관을 드러내고 있다. 또한 순의 출신 지역을 지리적으로도 중원을 중심으로 '이 지역과 맞닿은 지역'으로 비정함으로써 순 당대에는 '이'와 '화'의 의미적 차이도 옅었고 심지어는 없었을 측면도 있었을 것이라는 이익의 숨겨진 신사관이 엿보인다.

유가 육경의 역사가 전개되던 하·은·주 시대라는 역사 전개 초기를 지나서는 중국 전역에 걸쳐 종족이나 문화적으로 명백한 차이나 차별은 크게 존재하지 않았을 것이라는 그의 견해를 추측할 수 있다. 그러므로 그는 중국의 문화 전통이랄까 사상적인 정통성은, 도덕 사관에 바탕을 둔 실공관(實功觀)의 관점■34에서 중원을 중심으로 한 특정 지역이 아닌 중국 전역을 판도로 전개되어 나간 것으로 해석하려 한 것이다. 또한 그러한 해석에서 더 나아가 역사 전개의 내용을 문(文) 중심의 제한적 시각으로 보지 않고 물(物)도 동등한 가치로 바라보려는 문물 중심에 기초를 두고자 하는 견해를 가진 것으로 생각된다.

왕동궤(王同軌)가 말하기를 "천하의 대세가 진·한 이전에는 북쪽이 가장 성하였고, 수·당 이후로는 남쪽이 가장 성하였다."라고 하였다. 주대(周代)의 주(州)가 9개인데 그 일곱이 북쪽에 있었고, 한대(漢代)에 부(部)가 열인데 그 아홉이 북쪽에 있었다. 원시[元始: 한 평제(漢平帝)의 연호] 연간에 천하의 인구가 모두 1,200여 만 호인데 남쪽은 겨우 4분의 1이었고, 예속(禮俗)과 문화가 찬란하였으며, 식량과 물자가 풍부한 곳이 모두 북쪽이었다. (중략) 당대에도 도(道)가 열이었는데 남과 북이 각각 다섯이었고, 송대에는 길[路]이 23개였는데, 북쪽이 13개였다. 희령[熙寧: 송 신종(宋神宗)의 연호]과 원풍[元豊: 송 신종의 연호] 연간의 전성기에 천하의 총인구가 1,650만 호였는데, 북쪽은 50만으로 이는 전체 인구의 겨우 4분의 1에 해당된다. 추로(鄒魯)의 많은 학자들이 염[濂, 주돈이(周敦頤)가 살던 염계(濂溪)를 지칭]·민[閩: 주희(朱熹)가 살던 민중(閩中)을 지칭]으로 옮겨 갔으며, 청주(靑州)와 제(齊)에 있던 문화가 마침내 오(吳)·초(楚) 지방으로 옮겨 갔다.[35]

이익은 진·한 이전에는 북쪽을 시작으로, 수·당 이후로는 남쪽으로 문화융성이 이동하는 중국 문물의 역사적 변동이 동북에서 서남으로 전개되고 있다고 보았다. 중국 문화의 뿌리를 중원에서 시작된 것이 아니라 북동 지역, 그것도 동이 지역에서 기원하여 차츰 남서 중원 방향으로 내려와 이동한 것으로 추정하는 역사적 전개의 추세 이해는 도덕적 차원의 문제의식에 의한 이동이 아니라 현실적인 삶의 실재 문제에 기인한 것으로 보고자 한 것이다. 즉 이익은 중국 중원을 중심으로 한 동북 지역에서 서남 지역으로 지리적 문물이 이동한 이유는 물자의 풍빈(豊貧)에 있다고 보았고, 그러한 이동 패턴을 기본으로 문화 중심지가 차츰 변화되어 갔음을 제시하고자 한 것이다.

그렇지만 중국 역사 초기에는 화족(華族)뿐만 아니라 순(舜)과 같은 동이족도 함께 어우러져 선진 문화를 이루었고, 융합된 여러 종족의 선진 문화가 차츰 서남으로 내려가 다시 찬란한 문물을 더하였다. 그 결과 "천하에서 나오는 세금 중에서 강남 지방이 10분의 9를 차지했다."[36]라고 고증해내는가 하면, "우수한 창의력과 총명한 지혜로 정교한 기계를 만들어 생활을 편리하게 하는 것이 모두 이 때문이다."[37]라고 물력에 관한 사실을 고증하고 있다.

이익은 일찍이 공자가 "생활을 풍부하게 한 뒤에 교육을 실시하여야 한다."라고 하였는데, "굶주림과 추위를 해결하지 못하면서 예절을 차릴 수는 없다.”라는 말을 인용하여 이를 징험하였다. 이어 그는 변수(卞隨)와 백이(伯夷)와 같이 철저히 절개를 지킨 인물의 자식들이라도 인간의 자연스런 것을 억제하지는 못할 것이라고 생명력 유지를 위한 인간 본능 자체의 상대적 중요성을 강조한다. 결국 그의 사관에는 중국의 역사 전개에서도 인간 생활을 위한 본능의 상대적 필요성과 중요성이 도덕적 본성에 못지않다는 사공관(事功觀)이 자리하고 있음을 읽을 수 있다. 그러한 사공관 또는 실공관적 역사 인식의 연장선에서 그는 중국 중원을 당시 실질적으로 지배한 역사를 국가별로 파악, 종족적·차별적 관점에서 벗어나 시대적으로 바라보고자 한다. ■38

한편, 이익은 문(文)과 물(物)이라는 문물적 관점으로 역사적 추세에 의한 선진 문화의 중심 이동설과 함께 풍수설에 입각한 물[水]의 세(勢)를 역사 발전의 원동력으로 이해하고자 하였다. 물의 흐름과 산세의 조화에 따라 국가의 운명에 영향을 주거나 인물의 현우(賢愚)가 결정될 수도 있다고 보았다. 즉 그는 황하를 중심으로 한 주류로 보면서 양자강이나 한수(漢水)와 회수(淮水)까지 포함하여 황하에 근접한 태산(泰山)을 배경으로 태어난 공자나, 동남의 회수를 배경으로 한 주돈이(周敦頤)와 주희(朱熹)가 대표적인 수세(水勢)를 입은 인물들이라고 해석한다. ■39

한편, 중국 중원에서 남동쪽으로 양자강과 한수가 흘러 물줄기 폭의 광협(廣狹)과 합류한 물줄기에 따라 그 지역을 중심으로 한 국가의 성장과 통일을 추정하고 있다.

하투(河套)는 황하가 북으로 흐르다가 꺾여서 중국 내지로 들어오며 만리장성이 그 남쪽으로 걸쳐 있는 곳이다. (중략) 옛적에 유유(劉裕, 송나라 건국자)가 양자강 남쪽에서 나와 가까스로 관중(關中) 지방을 평정하였고, 기회를 노려 주머니에 든 물건을 꺼내듯이 공격, 탈취하였다. 그러나 천하의 지리적 조건을 생각해 보면 언제나 양자강과 한수를 경계선으로 하여 남북을 구획하고 있는데, 양자강과 한수를 거슬러 올라가서 관중과 섬 지방으로 통하게 될 때는 하투는 바로 그 겨드랑이가 될 것이요, 이렇게 되면 북쪽 지역과 연결되어 크게 중국의 걱정거리가 될 것이다.■40

그의 풍수지리관에 관한 국가의 성장과 통일의 추정적 이해는 전통적 학설이라는 한계를 여전히 가지고 있지만, 산세나 수력에 의한 그 형세가 일정 부분 인간의 사고와 생활에 영향을 미쳐 역사 전개로까지 연결된다는, 자연의 진리를 긍정하고 있는 측면은 전근대적 역사 인식이라고 해석할 수만은 없을 것으로 사료된다.

중국 전 지역을 대상으로 지리적 판도의 관점으로 인식한 이익의 역사 전개는 화(華)와 이(夷)의 차별을 부정하는 것이었다. 이익은 이러한 역사 인식을 바탕으로 세계적인 판도에서 중국 역사의 실상을 이해하고자 하였다. 특히 그는 중국 중원을 벗어난 우리 역사 무대와 가까운 변방 지역에 특히 많은 관심을 보였는데, 우리나라의 동북방 만주 지역과 서역(西域: 중앙아시아, 서부 아시아 등지의 여러 나라)에 대한 관심 등이 그것이다. 중원 사관을 벗어나 중국 전역을 동일하게 바라보려는 신사관은 서구 문물을 접하면서 새롭게 정립되어 간 그의 세계관의 확대에 따른 연장선에서 나온 것으로 사료된다.

그는 지리적 범위를 이해하려는 입장에서 중국의 고대부터 명대(明代)까지 중원 지역을 중심으로 전역을 대부분 차지한 국가 중에 한 번도 배속시키지 못한 특정 권역이 장령(長嶺)과 흑룡강(黑龍江) 사이였음을 확인한다. 중국의 동서남북 전역을 모두 지배한 견실하고 확고한 통일 국가 중에 어떤 왕조도 차지하지 못한 지역이 장령과 흑룡강 사이라는 지리적 입지의 특수성도 직시한다.[41]

한편, 중국 전역을 벗어나 서역으로 확대된 이익의 관심은 전래적으로 중국 문물의 힘을 지대하게 인정해 온 중국 천하관에 대한 일대 변화를 예고하는 것이다.

천하에 재산이 풍부함은 서역 같은 데가 없다. (중략) 이것은 모두 서역 풍속이 재산이 풍부함에 따라 (중략) 지금 중국에 있는 이상한 보물들이 모두 서역으로부터 들어온 것이니, 중국도 앞으로 보물 좋아하는 풍속이 성해지고 정사(政事)와 교화는 도리어 쇠해질 것이다.[42]

중국보다 물산이 풍부한 서역의 물자가 중국으로 유입됨을 이해한 것은 그의 세계관의 변화와 확대로 해석된다. 동시에 서역에서 들어오는 물자가 가져올 사치와 교만은 도덕의 가치를 피폐시키는 문제를 안고 있음을 예측, 경계함으로써 그의 도덕 사관의 일면이 여기서도 드러나고 있다. 사치와 교만이 가져올 정치와 교화의 피폐는 결국 중국 자체의 미래가 위태로워질 것임을 예측함과 동시에 향후 다른 종족이나 타 지역 국가의 중국 지배까지 예측해 보기도 한다.

다시 말해 그는 중원 동북쪽 변방(藩方) 지역의 백두산과 흑룡강의 산세와 수세가 지리적으로 특수한 입지인 것을 볼 때 이 지역을 중심으로 미래에 태어날 인물이 중국을 차지할 수 있다는, 화족이 아닌 이족의 탄생에 대한 희망적인 예측을 꺼리지 않는다.[43] 그는 지리적으로 중국 전역을 판도로 설정하여 요순 시대와 삼대의 문화가 동북쪽의 이족 지역 가까운 저풍(諸馬)에서 출발하고 있다고 전제한 바 있고, 그러한 이해의 연장선에서 차츰 서남쪽의 중원 지역으로 선진 문화가 이동해 왔음은 앞서 이미 고찰하였다.

이익은 진·한대까지만 해도 중국 중원을 중심으로 화족과 이족의 활동 무대의 구획이 선명하였으나, 그 후 이족들의 강성(强盛)으로 화족이 힘을 잃으면서 강토의 명확한 구획도 차츰 그 의미를 상실해 간 것으로 고찰하였다. 그는 순임금의 출신 성분이 저풍이라는 이지역(夷地域)과 동이(東夷)라는 이족임을 역사적 사실에서 다시 확인함으로써, 중국 역사 초기부터 화족과 이족 간의 범위 획정 문제, 화족과 이족 간의 종족적 차별이 없었음을 역사적 사실에서 확인하려는 화이관(華夷觀)의 극복 과정을 보여 주고 있다.

그는 중국 종족의 구분을 전통적인 화이관의 인식에서 차츰 벗어나 지역과 종족의 관점을 초월한 각 시대별 인물들로 나누어 자신의 도덕적 가치 척도에 따라 해석하고자 하였다. 삼대의 문화나 사상의 본질을 추구하는 종족은 원천적 종족의 구애됨이 없이 또 다른 화(華)와 이(夷)로 구분하고자 하였다. 그의 도덕적 가치 기준에 의한 인물 평가는 중국 전 강역에 걸쳐 활동한 수많은 종족 모두에 대해 보편적인 입장에 있음을 보여 주는 것이다.

그는 서한(西漢) 이래로 선천적 종족 혈통을 기준으로 한 '화'와 '이'의 차별이 그 의미가 없음을 역사적 사실을 통해 고증해 내고자 하였음을 알 수 있다. 특히 '화족' 중심의 화이관은 송대와 명말에 형성된 것으로 이해하였다. 즉 명나라가 호원[胡元: 원(元) 제국을 낮추어 부르는 말]을 몰아낸 뒤부터는 '화이'의 분별이 더욱 중해짐과 동시에 강약의 형세 따위는 역사적 전

개의 변수에 들지 못하는 실정이라고 고증한다.[44]

이익은 시대적 '화이의 변(辨)'을 열거하면서 명나라가 건국된 후로 화이의 분별이 강해졌음을 인식하고 있다. 이후 종족적 구별의 화이관을 다음과 같이 적극 비판하고 나선다.

주(周)의 후직(后稷)으로부터 중세(中世)에 이르러서는 적(狄)의 땅으로 달아났다. 공류(公劉)는 빈(邠)에 살았고, 태왕(太王)은 기(岐) 지역으로 옮기고, 문왕(文王)은 풍(豊) 지역으로 옮겼다가 무왕(武王)이 호(鎬) 지역으로 옮기면서 마침내 천하를 차지하여 800년의 문치(文治)를 마련하였다. 그렇지만 이는 결국 이(夷)로써 중국 중원에 진출한 것이다.[45]

주나라가 중국의 '이(夷)' 지역에서 일어나 이(夷)로써 화(華)의 문화가 시작된 것으로 해석한 것이다. 이익의 이러한 이해는 화족에 의한 '화문화(華文化)'가 아니라, 삼대의 문물을 존숭하는 종족은 어떤 종족이든 화문화의 주인공이고 주체임을 긍정한 사관이라고 사료된다. 중국 역사 전개 초기 도덕적 인물들의 참여로 화이라는 종족적 차별이나 지역적 구별 없이 '화문화'를 이룬 삼대 문물이 중국의 중원으로 진출한 이후 시대적, 그리고 국가별 역사 전개 과정에서 그 화문화의 정통성을 회복할 수 있는 기회가 많았던 것으로 이익은 이해하였다.

그는 하·은·주 삼대까지만 해도 사상적인 정통[道統]과 정치적인 정통[治統]은 크게 구별이 없었다고 생각한다. 그 뒤 춘추 전국 시대를 맞으면서 도통을 기반으로 한 치통의 역사 전개는 제후들의 패권 경쟁으로 치달아 그 정통성을 상실하였다고 보았다. 따라서 삼대 이후 중국 역사에 대한 그의 이해는 도통의 역사 흔적을 고증해 내는 데 두었던 것 같다. 춘추 전국의 혼란기를 거쳐 진·한대에 내려오면 정통성의 회복, 즉 삼대 문화 복구의 기회가 있었다고 보았는데, 이익은 그러한 회복 기회를 시기적으로 주대와 아주 가까운 진대(秦代)에서 먼저 찾으려 하였다.

진(秦)의 지형이 사방으로 막혀 외모(外侮)가 들어오지 못한 반면, 무력이 강성해지고 기강이 문란하지 않아 한구석에 자리 잡을 수 있었다. 이는 제갈량(諸葛亮)이 정족(鼎足)의 안정된 지형의 형세로 단정한 까닭이다. 만약 중원의 중심에 있었다면 시황(始皇)에게 천하가 넘어가지 않았을 것이다.■46

그는 지형적으로 진나라를 주대 문왕(文王)의 기틀을 다시 다질 수 있는 안정된 시기로 파악한 뒤, 시대적인 추세에 따른 사공(事功)의 시행은 일단 성공한 것으로 보았다. 즉 부국강병을 만드는 것은 좋은 일이지만, 부국강병만을 좇게 되면 마침내 사리(私利)의 제목(題目)이 되고 만다는 관점이다.■47 부(富)와 강(强)에만 집착하면 인의(仁義)는 그림자조차 보이지 않지만, 인의를 바탕으로 하면 부와 강은 그 가운데 있는 것이다. 그리고 법가인 상앙(商鞅) 같은 인물은 진나라의 부강을 이룩하였으므로 그 사공은 있다고 이해하면서, 그의 개혁 사상을 부분적으로는 긍정하였다. 그러나 그러한 변법 개혁은 인의를 근본으로 한 도덕관에 기초하지 않고 사공에만 전념함으로써 결국 실패로 끝났다는 해석이다.

그렇지만 끝내 진나라를 망친 자도 상앙인데, 왜냐하면 그는 인의를 무시하고 부강에만 전념하였기 때문이다. 진나라로 하여금 기주(岐周)의 옛 터전을 안무(按撫)하여 다시 문왕의 정치를 닦게 했다면, 이는 천하의 왕노릇

못할 이치가 없었을 것이다. ■48

결국 상앙의 진나라 개혁 실패는 문왕의 도덕 정치를 계승하는 도덕적 가치를 상대적으로 홀시하거나 무시하여 무리하게 추진한 것이 그 원인이었다고 이익은 비판한 것이다.

진나라는 원래 백익(伯益)의 후손으로 서도(西都)의 기내(畿內) 800리의 지역에 자리를 잡았는데, 어찌 이적(夷狄)이라 이르겠는가? (중략) 계자(季子)는 진나라의 풍소(風騷)를 듣고 하성(夏聲)이라 이르면서 주나라의 옛것이 아닌가 하였다. (중략) 효공(孝公) 이전에는 정목(井牧)의 제도가 민멸(泯滅)되지 않았으니 (중략) 이는 진나라가 이(夷)의 예로 행한 것인데, 상앙이 마침내 구전(舊典)을 폐지하고 천맥(阡陌)을 결렬(決裂)하는 지경에 이르러 문왕의 정치 흔적은 땅을 쓸어버리듯이 없어지고 말았다. 똑같은 기주의 땅이지만 흥망의 결과가 천 리의 거리로 어긋나니 상앙이 어찌 그 죄를 모면할 수 있으랴? ■49

진나라 상앙은 문왕 대의 문화를 계승하지 않았음은 물론 진나라 제왕들이 혈통적으로도 삼대를 계승하지 않고 있음을 밝혀 원천적으로 삼대 문화의 계승에는 한계가 있었음을 고찰한다. 이익은 한편으로 전통적 화족의 우월 관념을 철저히 부정, 문화 중심의 정통 계승이 진대부터 이미 상실되어 가고 있다고 고증하고 있다. 이익의 도덕적 가치를 우위에 둔 삼대 문화의 전통은 그것을 계승하는 종족이 화족이든 이족이든 차별 없이 삼대 문화의 전통적 계승 측면의 중요성에 진리적 가치를 둔 것이다. 그러한 의식은 진나라 이후의 중국 역사에서도 그대로 계속된 것으로 이해하고,

삼대 문물의 회복을 위해 노력한 역사적 형해라도 고증해 보는 데 초점을 두었던 것 같다. 그는 진대(를 이은 한대의 역사에서도 삼대 문물의 정통적 계승 내지 학문과 사상 회복의 자취를 고증하려 한다.

한(漢)이 천하를 안정시킨 다음 소하(蕭何)는 율령을 만들고, 한신(韓信)은 군법을 만들었으며, 장창(張蒼)은 장정(章程)을 만들고, 숙손통(叔孫通)은 예의(禮儀)를 만들었는데, 그 규모가 비록 넓고 크다고 할 수는 있으나 본(本)이 아닌 말(末)밖에 되지 않는다. 이 당시 천지가 폐색되고 어진 사람이 숨어 살았으며, 호랑이가 물고 용이 삼키듯 하던 그럴 무렵에 황야에 숨어 산 대인과 군자들이 얼마나 되었는지 모르겠다. 그러나 법을 세우고 왕통을 드리움에 있어서는 저 융마(戎馬) 사이에서 함께 일하던 몇 사람에 지나지 않았다. 이러한 결과가 결국은 하나라가 겨우 한나라 수준에만 그치게 되었던 까닭이다.■50

그리고 그는 이후 '왕망의 신(新)' 왕조에서도 그 긍정적인 사실(史實)을 찾으려고 하였다.

왕망은 입만 열면 성인을 말하고 일만 들면 옛것을 따른다고 하여 마음은 잘못이었어도 행동까지 다 어긋나지는 않았다고 긍정한다.■51 따라서 그의 초기에는 온 천하가 다른 의론 없이 모두 따르게 되었으나 자질구레한 일까지 염려하면서 백성을 못살게 굴다가 결국 멸망하였는데, 그의 잘못은 너무 각박한 데 있었고 옛것을 따른다는 목적에 있지 않았다고 해석한다. 그러한 목적도 다만 구호에만 그쳐, 인의를 근본으로 한 정책을 펴지 못한 결과 실패하였다는 것이다. 주대와 가까운 진·한대까지의 역사에서 삼대 문화의 정통적 계승 의식을 찾는 데 실패하자, 이익은 결국 다음과 같이 한족 이외의 역사에서 그 여망을 발견하고자 한다.

> 무왕(武王)이 봉건 제도를 세운 뒤 주공(周公)은 노(魯)나라를, 소공(召公)은
> 연(燕)을, 태공(太公)은 제(齊)를, 기자(箕子)는 조선을 다스리게 되었다. 이
> 러한 것을 참작하여 보면 틀림없이 그 당시의 남은 풍속이 있었을 것이며,
> 조선의 영토는 요동(遼東) 지대를 모두 차지하였으니, 이는 반드시 순(舜)이
> 정한 12주 안에 들었을 것이다. ■52

이익은 주대 말기에 그들의 문화 정통이 쇠퇴해 가는 동안 다원적으로
전개되고 있음을 확인하고, 여러 제후국이나 종족적 차원을 넘어서 조선
후(朝鮮侯)도 삼대 문화를 계승할 수 있는 기회가 주어져 있었던 것으로 추
측하고 있다. 특히 순임금이 12주를 설치했을 때 조선후의 지리적 위치인
요동 지대가 그 범주 안에 들었을 것임을 추정하고 있다. 더 나아가 그는
춘추 시대 조선후의 기록을 인용하여 그 존주 의지(尊周意志)를 높이 평가
하였다. 그 당시 훌륭한 성현들은 모두 동방에 있게 되었고, 나중에 주나
라가 쇠하였을 때도 조선후는 연(燕)나라를 쳐서 주(周)를 높이려 하였다.
그러나 대부(大夫) 예(禮)가 못하게 간하므로 그만두었다는 기록이 동사
(東史)에 뚜렷이 남아 있다■53고 고증하면서, 비록 그 시대는 확실히 알 수
없으나 반드시 춘추 무렵에 전개되었던 것 같다고 추정한다. 그는 삼대 문
화의 사상적인 정통이 동방으로 흐르는 추세에 있었고, 그 추세는 자연스
럽게 조선후의 존주 정신으로 이어질 수 있었던 시대적 상황을 설정하면
서 춘추 이후의 사상적인 정통의 계승을 희망적으로 수용하고자 한다.

부자[夫子, 공자(孔子)를 이름]가 일찍이 "구이(九夷)에 살고 싶다." 하였고,

또 "배를 타고 바다로 떠나고 싶다."라고 하였으니, 이 바다는 바로 동해이다. 배를 타고 와서 머무를 만한 곳이 조선이 아니고 어디였겠는가? 순(舜)도 동이(東夷) 사람이었으니 반드시 조선이 그 교화를 먼저 받았을 것이며, 기자도 그 교화를 더욱 돈독히 함에 따라 인의의 지역이란 칭호를 얻게 된 것이다. ■54

조선후의 존주 정신에 관한 이익의 시대적 상황 인식은 결국 조선후가 다스리던 지역의 동주론(東周論)으로까지 추론하기에 이른다.

기자의 후손에 이르러서도 군사를 일으켜 연(燕)을 치고 주(周)를 높여 큰 의리를 천하에 펴려고 할 때 복받치는 의분으로 일의 성패는 따지지 않은 것이다. 이 절역(絶域)에 있는 미약한 나라로서 비록 뜻은 이루지 못하였으나, 그러한 의지만은 당시 여러 제후국이 감히 생각지도 못하였던 것이다. 성인의 역량은 지극히 크다. (중략) 부자(夫子)는 일찍이 필힐(佛肸)과 불요(弗擾)에게 가고자 한 것도 계씨(季氏)를 성토하고 명분을 바로잡으려던 것이다. (중략) 진실로 조선후가 품은 큰 뜻을 소문으로 들었다면 부자는 의심하지 않고 바로 오게 되었을 것이다. 또한 성인의 두 차례 탄식이 바로 그 무렵이 아니었을까? 진실로 그런 일이 단행되었다면 조선이 동주(東周)로 되지 않고 무엇이 되었겠는가? 나중에 동주군(東周君)이 있었기 때문에 사람들은 이를 가리킨 것이라고 의심하였다. 그러나 그렇게 미약하고 떨치지 못한 동주군을 성인이 무엇을 취할 바가 있었겠는가? ■55

이와 같은 동주에 대한 추론은 뒤에 동주군의 존재와 혼동한 것을 변별하고자 하였고, 기자라는 종족적 혈통의 연원을 그의 의식에서 배제하고 있었으며, 종래의 '화족'을 정점에 두고 분별하고자 한 '소중화(小中華)'라는 종족 차별적 의식까지 극복하려는 의지가 엿보인다. 즉 중화의 하위 또는 종속적 의미가 강한 소중화보다는 주(周)의 상대적 위치 개념으로서의 '동주'로 대치시키려는 의지를 표출하고자 한 것이다.

거듭 고찰한 바와 같이 이익은 순임금을 동이라는 이족으로 확인하고, 화족이 주체가 된 '화'와 '이'에 관한 차별적 개념을 달리 보고자 하였다. 종족적 혈통을 기준으로 한 '화'와 '이'의 변별은 이미 무의미한 것으로 받아들이는 입장이 되어 있었고, 인의를 기초로 한 삼대 문물인 성현의 학문과 사상을 정통으로 계승하는지 그렇지 않은지에 따른 도덕적 가치 문화의 척도로서 화와 이를 변별해 보고자 한 것이다.

그리하여 이익은 화이의 분별을 삼대 문화 정통의 계승이나 계승 의식 여부에서 찾았다. 원천적으로 화족과 다른 이족의 혈통에 근거한 차별적·종족적 수월 의식을 부정함과 동시에, 인의라는 도덕적 가치에 기초한 인간 보편성에서부터 출발하고자 한 사유를 드러낸 것임을 거듭 읽을 수 있다. 인간의 보편 사상, 즉 인의라는 개념은 삼대 이후 성현이 먼저 행하고 이론화시킨 것으로 대변되어 왔고, 인간 보편 사상으로 이념화된 성현 사상의 계승을 조선후에게서 찾고자 한 추론은 조선후 지역의 동주론이라고 해석된다. 그의 동주론은 화족이라는 혈통의 특수성을 포함한 화문화보다 진전된 이론이다. 즉 동주론은 화족 중심의 우생학적 개념을 결국 부정하는 것인데, 그의 이 이론은 종래의 화이론(華夷論)을 비판함과 동시에 그 비판의 이론적 토대까지 경전에서 고증하고자 한다.

북쪽 오랑캐의 명칭을 흉노(匈奴)라 하는데, 어떤 이는 이 '흉(匈)'을 크다는 뜻으로 해석하기도 하나 반드시 그렇지만은 않다. 『대대례(大戴禮)』 천원편

(天圓篇)에 "모충(毛蟲)은 털이 난 뒤에 살고, 우충(羽蟲)은 날개가 난 뒤에 살며, 개충(介虫)은 딱지가 생긴 뒤에 살고, 인충(鱗蟲)은 비늘이 생긴 뒤에 살게 되는데, 사람만은 벌거숭이 몸으로 커진[倮] 뒤에 살게 된다." 하였다. (중략) 사람이란 날개도 털도 비늘도 껍질도 없이 추위와 더위에 살고, 날카로운 발톱도 어금니도 없이 먹이를 다투는 동물이다. ■56

그는 『대대례』의 내용 인용을 통해 인간의 존재를 자연 생명의 유기체에 지나지 않는 보편적 생명체의 하나로 이해하고, 인간의 외형적인 형체는 오히려 다른 생명체보다 연약하다는 자연과학적 이해를 보여 주고 있다. 결국 인간 자체를 자연과학의 시각에서 바라봄으로써 혈통적 종족의 차별은 자연히 근원적으로 부정되는 것이다. 화이족이라는 종족적 차별과 성인의 존재 자체도 하나의 인간 생명체에 불과함을 넌지시 암시하고 있는 것이다.

그는 인간이 다른 생명체와 구별되는 인간으로서의 가치는 다른 데 있는 것이 아니라 사고, 즉 지혜에 있다고 이해한다.

흉(匈)이란 옛날에는 '흉(胸, 가슴 흉)' 자와 통용되었다. 『관자(管子)』에 "마음이 평정(平定)되면 화기(和氣)가 흉중(匈中)을 제패(制覇)한다." 하였으니, 이는 화기가 속에 쌓인 것을 말하며, 사마상여(司馬相如)의 부(賦)에도 "가슴속에 일찍이 티끌만큼도 막힌 것이 없다."라고 하였으니, 대개 인간이 살아가는 데는 오직 지려(智慮)로써 삶을 영위하여 한열(寒熱)에 살며, 환(患)을 방비(防備)하는 것은 우충·모충·인충·개충 따위와는 다르다. 성인이란 나충(裸蟲) 중에서 가장 고귀하고, 가장 천한 것이 이적(夷狄)이다. ■57

성현도 나충의 하나에 불과하다는 해석이 가능한 이익의 위 인용 내용은 성현에 대한 전통적인 유교관의 성역 의식화된 관념을 타파할 수 있는 혁명적인 사유이다. 화족의 특수성과 우생학에 근거를 둔 화이론의 변별적 허구를 근원적으로 비판, 극복해 간 것으로 볼 수 있는 이익의 화이관은 17세기 이전 조선 지식인에게서는 보기 드문 진보적 사상이자 사고라고 할 수 있다.

이익은 이제 학문과 사상적인 문화 정통(道統)의 역사적 실체를 더 이상 중국 화족 중심의 왕조에서만 찾으려 하지 않는다.

> 대체로 역사 가운데는 외이(外夷)라 하여 소홀하게 다룬 곳이 많은데, 이는 안타까운 사실이다. 이미 요(遼)·금(金)·원(元) 같은 세 나라도 일찍이 예악(禮樂)이 구비되어 있었다. 양웅(揚雄)은 "문장(門墻)에 있으면 물리치고 이적(夷狄)에 있으면 추켜올린다."라고 하였는데, 이러한 그의 의식은 매우 훌륭하다고 여겨진다.[58]

혈통적 화족을 정점에 두고 기타 종족을 '외이'로 이해한 이 '외이'를 더 이상 '외이'로 보아서는 안 된다는 의식으로 그는 외이족의 역사 전개에서 문화적인 화(華)를 찾고자 하였다. 그리하여 화족의 관점에서 이족으로 여기는 왕조를 화 왕조와 동등한 입장에서 바라볼 수 있는 사유를 가지게 됨으로써 요·금·원이나 청의 역사에서도 도통의 역사적 형해를 고증해 내고자 한다.

> 마귀여(馬貴興)가 『통고[通考: 문헌통고(文獻通考)의 약칭]』를 지으면서 요국(遼國)과 금국(金國)을 전부 빼버렸는데, 왕기(王圻)에 이르러서 두루 채집

하여 『속문헌통고』를 만들었다. 내가 열람해 보니 요국·금국에 예악이 없는 것도 아니요 형정(刑政)이 궐(闕)한 것도 아니었다. 그렇지 않았다면 억조(億兆)의 백성과 넓은 영토를 하루아침도 통치하지 못하였을 것이다. 내가 들은 바로는 음악이 서방으로부터 왔으므로 중국이 그것을 취하여 쓴 것이 많았고, 정령(政令)을 진실하게 행하여 사(私)가 없는 것은 중국도 미치지 못할 것이 있다. ■59

화족 왕조가 아닌 요와 금이라는 이족의 역사에서도 문화 정통의 긍정적인 제도나 예악의 사례가 있었음을 객관적으로 고증해 내고 있다. 또한 후위(後魏)도 예악이나 형정의 사실이 있음을 들어 긍정적으로 평가하고 있다. 즉 원위(元魏) 효문(孝文)이 낙양(洛陽)으로 천도하여 간절히 중화를 사모한 것은 중원의 제왕도 따라갈 수가 없다. 따라서 문중자[文中子: 왕통(王通)의 시호]는 중국의 도가 땅에 떨어지지 아니한 것은 효문의 힘이라고 하는가 하면, 당시 왕숙(王肅)·이안세(李安世) 등이 앞장서서 오랑캐 옷을 벗고 북속(北俗)을 끊고서 시서(詩書)에 전념한 것은 기특한 일이라고 극찬하고 있다. ■60 또한 이익은 다음과 같이 성현 사상에 대한 숭모를 보였던 사실이나 몽고족인 원나라에 대해서도 깊은 이해를 하고 있다.

대개 원(元)나라 세조(世祖)의 악은 진시황보다 심하고, (원의 승상) 합랄합손(哈剌哈孫)의 어진 인품은 부소(扶蘇: 진시황의 태자)보다 손색이 없으며, 원나라 성종의 내화(內華: 중화의 문명을 안으로 받아들임)의 공은 일찍이 중토(中土)에서는 있지 않았던 것이다. ■61

이익은 이족인 원나라에서 행한 합랄합손의 선치(善治) 정신이나 성종의 내화의 공을 긍정하고자 하였던 것이다. 그는 혈통에 바탕을 둔 종족적 특수성으로 차별화한 화이관과 '중화=화족'이라는 등식 의식을 기저로 한 소중화론을 극복하려 하였고, 추론이기는 하지만 초종족적인 주대 문화의 정통적 계승에 대한 비정을 들어 조선후(朝鮮侯)가 자리한 동주(東周)로 해석하는 단계로까지 발전한 것이다. 이는 당연히 도덕 사관과 사공관의 합리적인 조화를 밑바탕으로 한 실공관(實功觀)에서 나온 사관이라고 이해해도 좋을 것이다. 즉 화족 중심의 중국 강역과 종족을 각각 특수성과 세계의 중심으로 바라보았던 조선 중기까지의 시각을 보편적인 종족으로서 중국 전체의 지리적 범위 내에 있는 한 편토(片土)로 객관화시킨 사유이다.

이익은 중국의 모든 강역과 전 종족(이족 포함)의 역사를 통해 인의에 근본을 둔 성현의 사상을 계승 또는 계승하려는 의식의 자취와 형해를 고증하였다. 그의 고증 자세에는 기본적으로는 도덕 사관이 깊이 자리하고 있었지만 상대적으로 객관적 사유도 그에 대응하여 자리하고 있었다. 그러한 그의 사유는 중국 전 강역과 여러 종족을 혈통적으로 구별 짓는 것을 비판, 부정하였던 것이다. 인의 사상의 본원은 여기에 있었고, 이를 실천하는 민족만이 진정한 화, 객관적인 화로 받아들일 수 있다고 여긴 것이다.

그렇다고 도덕관에 기초한 입장에서 그러한 중국 역사 전개 내용을 전부 긍정하지는 않았다. 그의 사공관은 국가의 현실적인 정치, 제도 등의 변화의 필요성도 긍정적으로 보고자 하였다. 그가 시대적인 변천에서 문물 개혁의 필요성을 긍정한 측면이 그것이다. 먼저 그는 진대 상앙(商鞅)의 변법(變法)의 당위성을 긍정적으로 인식한 것 같다.

옛날 위앙(魏鞅)이 법을 변경하여 진(秦)나라를 강하게 하였으나 그 사람은 죽여야 마땅하였고, 왕안석(王安石)은 법을 변경하여 성과를 거두지 못해서 세상의 징계가 되었다. 이로부터 변법의 말만 나오면 사람들이 두 손을 휘저으며 말하기를 꺼려서 모두 임시 편안할 계책만 하게 되었다. (중략) 간혹 대담하게 변법의 필요성을 주장하면 세상 사람들이 모두 괴이하게 여겨 세상에 없는 삼두팔비(三頭八臂)가 나타난 것처럼 의심을 하니, 세속 사람들을 깨우치기가 이와 같이 어려운 것이다. 그렇지만 큰소리를 치고 실속도 없이 소홀히 다루다가 실패하는 자도 있으나, 이에 질려 환난을 구제하는 좋은 계책이 있는데도 쓰지 못한다면 어찌 옳다고 하겠는가?■62

이익은 진대의 모험적인 변법 시행의 시도 자체는 매우 긍정적으로 보았고, 그 시행에 대한 반대와 원성을 통탄하면서 개혁이 성공적으로 실행되지 못한 것을 오히려 안타까워하였다.

(중략) 고금을 통하여 군신의 제회(際會)란 가장 만나기 어려운 것이다. 관중(管仲)과 제갈(諸葛)의 뒤에는 오직 왕안석뿐이었다. 진실로 민심을 따르고 고도(古道)를 회복하며, 재리(財利)를 버리고 인의를 행하였다면 당시의 왕은 반드시 이에 따랐을 것이다. (중략) 피폐해진 풍습은 변경하지 않아서는 안 되는 것인데, 다만 왕안석이 한 번 착수하자 사람들은 모두 경계해야 한다는 구실로 단안(斷案)을 만들어 "법은 변경해서는 안 되고, 비록 피폐한 법일지라도 당연히 지켜야 한다."라고 하였으니, 매우 통탄스럽고 애석한 일이다. 이때부터 사람들이 비록 미봉책으로나마 착수하고자 하였으나, 온갖 방법으로 비방하고, 수많은 방법으로 방해하였으니, 이것이 또한 천하가 다스려지지 않는 기정(機穽)이니 어찌하랴? 생각이 여기에까지 미치자 통곡하면서 눈물이 나온다. ■63

그는 왕안석의 변법 정신을 이해하면서 변법 시행의 과정에서 저항하는 세력들이 시대적 의미의 변혁 추세에 무지함을 다음과 같이 비판하고 나선다.

주자는 "『명신록(名臣錄)』에 왕안석이란 인물을 실은 것을 많은 사람들이 의심스럽게 여기나, 무엇이 의심스럽다는 것이냐?"라고 강변하였다. 왕안석의 죄과는, 그 근원은 공심(公心)에서 나온 것이나 일의 결과가 잘못된 데에 있었던 것뿐이다. (중략) 그가 제도를 변경시킨 것은 진실로 마땅하였으나, 시행 방식이 너무 급격하였기 때문에 그 결과가 많은 문제점을 노정시킨 것이다. ■64

왕안석의 변법 시행에 저항한 세력들이 왕안석을 『명신록』에 올려서 평가한 주자의 신념까지 왈가왈부한 것을 비판함으로써 그 당시 변법의 의미를 높이 사고자 하였다. 그의 이러한 경세론적 사공관은 도덕 사관과 대응되는 것으로서 역사적 전환기의 개혁 제도를 상대적으로 긍정하는 신사관이다. 그의 시대 변화에 대한 긍정 의식은 조선의 인물 가운데 왕안석의 변법 정책을 시행한 사실과 비유함으로써 자신의 입장을 더욱 뚜렷이 나타내고 있다.

(중략) 현재 우리나라도 일이 이와 비슷하다. 국조 이래로 시무를 알았던 분은 손꼽아 보아도 오직 이율곡(李栗谷: 이이)과 유반계(柳磻溪: 유형원) 두 분이 있을 뿐이다. 율곡의 주장은 태반이 시행할 만하고, 반계의 주장은 그 근원을 궁구하고 일체를 새롭게 하여 왕정의 시초로 삼으려 하였으니 그 뜻은 진실로 컸다. (중략) 오늘날 『반계수록(磻溪隨錄)』의 여러 좋은 주장 가운데

단 한 가지도 시험한 것이 없었으니, 예나 지금이나 지사(志士)의 정력 쏟은 것을 끝내 세상 사람들이 알아주지 않는대서야 말이 되겠는가?■65

상앙이나 왕안석의 제도 개혁에서 그 정신과 시기의 적절성은 일단 긍정하면서도, 개혁 내용이나 방법에서 인의를 바탕으로 하지 않았기 때문에 실패했다는 것이 이익의 견해이다. 이는 결국 도덕 사관이 저변에 깔려 있고, 성현 사상의 정통이 역사적으로 전개되기를 갈망하고 있음을 나타내는 것이다. 이익은 중국의 오랜 역사에서 도덕관에 기초하여 국가와 종족을 거시적으로 고증하였는데, 이에 만족하지 않고 삼대 문화의 도통 계승이나 그러한 의식을 개인 인물의 활동 상황 등과 같은 미시적인 흔적을 통해 고증해 내는 데도 전력하였던 것으로 생각된다.

한나라 문제(文帝)와 경제(景帝)는 조상의 유업을 지킨 임금이다. 그러나 그 시대가 소강상태로 된 것은 문제와 경제의 힘이 아니라 고조(高祖)가 잘 물려주었기 때문이다. (중략) 문제와 경제 당시 특히 뛰어난 선비들은 후세에 능히 미칠 바가 아니었는데, 그중에서 가의(賈誼)와 조착(晁錯)이 가장 뛰어났던 것이다. 이 두 사람 외에는 천만세를 내려와도 그와 짝할 만한 자가 없게 되었다. 그런데 애석한 것은 문제가 이미 가의의 어짊을 알고 특별히 대우하다가 무슨 연유로 그를 물리쳐 죽게 만들었는가? 경제도 처음에는 이미 조착을 임용해 놓고, 나중에 참소에 따라 그를 죽이면서 애석하게 여기지 않았을까?■66

그는 개별 인물이 성현의 도덕을 시행하고자 한 사실이나 흔적을 시대별로 고증하여 이해하고 있는 것이다. 삼대에 가까운 한대의 인물 가의와 조작에 주목하는가 하면, 은둔하여 인의 사상을 계승하는 처사(處士) 부류에도 다음과 같이 관심을 기울였다.

『주역』 고괘(蠱卦)의 상구(上九)에 "왕후를 섬기지 않고 그 일을 고상하게 가진다."라고 하였다. 그런데 이 괘상은 바로 후세의 처사 등이 그런 인물이다. '고(蠱)'의 괘(卦)됨은 임금은 약하고 신하가 강하여 할 만한 일이 있을 수가 없을 때 (중략) 군자가 자취를 거두고 숨어서 자기 혼자만 올바르게 수양하는 시기이다. (중략) 진(秦)이 천하 통일 이후 백성들을 어리석게 만드는 데에 힘썼기 때문에 처사의 이름이 마침내 없어져 버렸다. 비록 그런 인물이 있어도 산림(山林)에 도망가 숨어 살면서 목숨을 부지하는 데에 급급하였으니, 상산사로(商山四老) 같은 이가 바로 그런 사람들이다.■67

진대 이후 처사가 도통을 계승하고 있는 인물군(人物群)이라고 이해하면서 그들에 의한 도통의 전수 기간을 정통적인 사상의 잠복기로 파악한 것이다. 그 뒤 처사 등를 통해 전해지는 잠복기를 떨치고 일어설 수 있었던 시대가 바로 한대(漢代)라고 인식하였다.

생각하건대 삼로(三老)는 육향(六鄕) 제도에서 나온 것으로 진대에 자취가 없어졌다가 한의 고조가 회복시켰다. 그 정수(定數)는 정해지지 않았으나 삼로라는 명칭은 남아 있었다. 한의 고조가 대의(大義)를 물었다는 설과 자주 부자(夫子)라고 일컫고, 공손히 가르침을 받들어 게을리하지 않았다는 데에 이르러서는 『주역』의 뜻과 차이가 없는 것이다. (중략) 『서경』에 "치(治)와 함께 도(道)를 같이하면 흥하지 않음이 없고, 난(亂)과 사업(事業)을 같이하면 망하지 않은 것이 없으니 종시(終始)에 그 함께하는 것을 삼가면 밝음을 밝히는 임금이다."라고 기록하고 있으니, 그가 삼로를 첫머리에 둔 것은 한의 고조가 흥한 까닭이다. 따라서 그 함께하는 것을 삼가고자 함에 이것을 버리고 무엇과 함께할 것인가?■68

잠복기에 도통을 이어 갔던 진대의 처사는 한대의 육향 제도로 공식적인 계승을 한 것으로 이해하고, 삼대 이후 치통과 도통의 조화, 통일된 역사 전개의 기회를 삼로를 기반으로 한 육향 제도와 고조에게서 발견하고 있다. 그 이후 수·당을 거쳐 송대의 정주(程朱)가 그들을 잇는 성현으로 자리매김하고 있음을 고증한다.

만일 정자·주자가 주나라 시대에 태어났다면 (중략) 성인과 무슨 차이가 있겠는가? (중략) 정자·주자가 맹자 이전에 있었다면 반드시 성인으로 지목되었을 것이다.■69

신비적인 성현관(삼대 이전의 성현)에서 차츰 벗어나 현실적·역사적 성현관(송대 이후 정주 등)으로 변화된 사관을 보여 주는 것은 이익이 전근대적 의식에서 벗어나고 있음을 엿볼 수 있는 측면이다. 그렇지만 그와 동시에 여전히 전통적인 사관에서 벗어나 있지 못하는 측면도 보여 주고 있다.

공·맹·정·주(孔孟程朱)는 후세 사람의 스승이므로 귀천은 물론하고, 존경하는 바는 일반적이다. 그런데 근세의 소장(疏章)에는 거의 임금에 위압되어 그 이름을 지칭하는 자가 많으니, 이는 그릇된 것이다. (중략) 이제 퇴계(退溪)의 소(疏)·주(奏)를 상세히 살펴보니 거의가 정자(程子)·주자(朱子)라고만 표현하고 이름을 쓰지 않았으니, 이로써 법으로 삼아야 할 것이다.■70

이익은 퇴계가 정자·주자라고 이름 붙인 정이(程頤)와 정호(程顥), 주희 (朱熹)의 호칭을 법으로 삼아야 한다고 주장하면서 그들을 '자' 자를 붙여 다시 새로운 위치로 성역화시킴으로써 전근대적 인식의 한계를 분명히 드러내고 있기도 하다. 한편 그 뒤 명대의 역사에서도 도통의 미시적인 흔적을 찾고 있으며, 청대는 미시적으로도 도통 문화의 흔적을 고증해 낼 수 없을 뿐만 아니라 종족·국가적으로도 계승할 입장에 있지 못함을 다음에서 확인한다.

옹정제(雍正帝)의 즉위에 즈음하여 명나라 출신 증정(曾靜)이란 자가 변방 장수 악종기[岳鍾琪, 악비(岳飛)의 후손]를 시켜 화이(華夷)의 분별을 강조, 반란에 대한 거사를 계획하다가 발각되었다. 이때 옹정제는 *그*가 거사할 때의 거사의 방서(謗書)를 일일이 열거하고, 그에 대한 반성의 답서를 심문 과정에서 받아 내어 전국 각처에 방(榜)으로 붙였다. 그리고 증정을 석방하면서 "만약 증정을 죽이는 자는 증정의 죄로써 그와 같은 수준의 죄로 간주하여 그만큼 엄히 다스릴 것이다." 하였다.[71]

이익은 청나라의 역대 임금들이 우뚝 자존하여 오직 신하들이 자신을 칭도(稱道)하고 찬양하지 않을까를 두려워한 단면을 볼 수 있어 도통의 사상을 전수할 성현이 그 뜻을 발휘할 기회조차 갖지 못할 역사적 추세라고 이해한 것 같다. 이(夷)의 문화가 지배하던 당시 청나라 정세에서는 성현의 도통이 계승될 수 있을 것으로 보지 않은 것이다. 이러한 청나라에 대한 이해는 그의 도덕 사관에 기초한 입장에서는 당연한 것이다. 그렇지만 한편으로 그의 실공관은 보다 객관적이고 상당히 현실적이다. 다음의 글은 다소 길지만 명·청 교체기의 이익의 도덕관과 실공관적 사관이 교차하는 사상적인 위치를 잘 보여 주고 있다.

무릇 번방(藩邦)과 천자(天子) 사이는 처음부터 나라를 주고받는 은혜가 없는 것이다. 병화(兵禍)를 만났는데 천자가 이를 막을 수 없으면 강한 이웃 나라에 굴복하게 됨은 자연스런 일이다. 하지만 임진년(1592년)의 사건은 나라가 거의 망할 처지에서 겨우 보존되었다. 그러나 이러한 형세도 명(明)이 나라(조선)를 존속시켜 준 은혜이지, (조선이라는) 나라를 명에게서 받은 것은 아니다. (중략) 경(經)에, "목숨을 살려 준 은혜는 죽음으로써 갚고, 선물을 준 은혜는 힘으로써 갚아야 한다." 하였다. 만력제[萬曆帝: 명나라 신종(神宗)]가 천하의 군사를 출동시켜 외번(外藩)을 유지시켰으니, 이때는 반드시 은혜를 갚아야 할 시기였다. 그 뒤 숭정제(崇禎帝)에 와서 명의 멸망의 기운이 도래한 지 10년이 지났는데도, 조선은 명나라를 도와 유적[流賊: 이자성(李自成)의 무리을 조금도 막아 주지 않고, 수수방관하지 않았던가? (중략) 그 당시까지만 해도 명이 성내(城內)에 포위당하여 (힘을 다해) 청나라의 길을 막고 오랫동안 항거했다는 사실은 더욱더 은혜를 갚을 수 있었던 시기였다.

청나라에 대해서는 "우리가 지난날에는 (명나라에) 은혜를 주었으나 그 뒤에는 은혜를 주지 못하였다. 지금 강국 청에 호소하는 것은 지난날 (명나라에) 은혜를 갚던 것과 마찬가지이다.' 해야 할 것이다. (중략) 국서(國書)를 왕복할 무렵에 "약국이 강국을 섬김은 당연하므로 달리 방도가 없습니다. 그러나 우리는 명조에서 입은 재조(再造)의 은혜를 저버릴 수가 없다는 것을 대국도 잘 알 것입니다. 이제 대국에 무릎을 한 번 꿇은 이상 무슨 교명(敎命)이든 준봉(遵奉)하겠지만 '명나라를 치는 데 도우라.'는 명은 고금의 의리로 볼 때 차마 따를 수 없는 형세입니다. 만약 이러한 형세를 무릅쓰고 위압으로 전장에 조선을 끌어들였을 때 (현실 순종파와 의리파 간의 갈등으로) 오히려 대국에 해가 될지도 모릅니다. 만약 대국이 모든 우리의 맹세를 믿어 준다면 어떠한 교명도 따르겠으며, 명나라를 잊을 수 없다는 마음으로 대국을 섬기겠습니다."라고 하였다면 청나라도 반드시 받아들였을 것이다."■72

이익은 명나라가 조선을 구해 준 은혜에 대한 도의(도덕 사관)와 청나라라는 힘의 실체(사공관)를 함께 인정함으로써 명·청에 대한 중국관을 명확히 드러내고 있다. 명나라에 대해서도 그들의 의리는 조선이라는 국가를 준 것이 아니라 위험한 상황을 도와준 은혜라고 이해하였고, 청나라에 대해서도 무릎을 꿇게 한 힘의 실체를 대국으로 표현함으로써 현실을 인정한 반면, 명나라에 대한 의리를 청나라에도 같은 입장에서 요구해야 한다고 주장한 견해는 바로 도덕관과 사공관이 혼효(混淆)된 사관의 위치를 가늠케 하는 부분이다.

이익은 중국 화족과 타 종족의 전 역사에서 성현의 인의 사상을 받아들인 흔적은 있지만 국가의 기간(基幹)으로 계승한 사실(史實)은 부정하고 있다. 화족이 중심의 국가인 진·한·수·당·송·명 등의 왕조나 그 외의 종족이 중심이 된 중국 강역 내의 모든 국가인 요·금·원·청 등의 왕조에서조차 주대 이후 범국가적으로 진정한 인의 사상(대동사상)을 계승한 자취가 없었다고 이해한 것으로 읽힌다.

이익은 이와 같은 견해를 바탕으로 다음과 같이 구별하였다. 즉 도덕 사관을 근본으로 하여 사공관의 입장에서 전개된 화이의 변천사를 ① 지역적·문화적으로 확연한 구별기(하·은…) → ② 지역적인 혼돈기 초래(한대부터) → ③ 지역적인 회복기(진대) → ④ 문화적·지역적 혼돈기(원대) →

⑤ 일시적인 재회복기(명대) → ⑥ 문화적·지역적인 실기(화문화 전승지의 필요기)로 구분하였다.■73

더욱이 향후 중국 강역 내의 역사에서 이를 기대하기는 어렵다고 판단하고 대동사상의 전개 지역을 지리적인 측면에서 탈중화(脫中華)를 여망한다.

내가 듣건대 "인도(印度)와 신독(身毒) 밖에 다른 지역이 있어 풍속이 대동(大同)을 숭상하며 마음이 맑고 욕심이 적어 쟁탈이 일어나지 않고 예나 이제나 변동이 없다."라고 하니, 비록 그 문학(文學)이 다르고 교리가 특이하나 어진 것을 좋아하고 죽이는 것을 미워하며 폐단을 덜고 착한 것을 숭상하는 것은 대도(大道)를 통하는 데 해로움이 없을 것이다.■74

그의 이상적 목적인 진정한 화(華=대동사상)가 중국 전 역사에 걸쳐 삼대 이후 종족·지역적으로도 상실해 간 것으로 고찰되자, 이익은 이에 대한 돌파구를 세계관의 확대로 얻은 중국 권역 이외의 지역으로 찾고자 하였음을 알 수 있다. 결국 그의 화문화(華文化)에 대한 인식은 화족(혈통) 중심 → 삼대 문화(성현 사상)의 존숭 → 화(대동사상)의 보편화로 계제적(階梯的)인 견해를 가진다. 이로써 전통적 화이관의 기초였던 종래 화족 우생학적인 편향을 거의 극복해 간 것임을 읽을 수가 있다. 즉 그는 대동사상이 종족을 초월하여 인간 보편성을 기초로 한 문화나 제도를 전개해 나갈 수 있는 정치 집단이나 국가라면 종족과 지역적 차별은 무의미하다는 인식을 갖게 된 것으로 여겨진다.

## 4. 중국 사서에 대한 인식

이익의 사관은 앞서 고찰한 바와 같이 인의 사상에 근본한 도덕 사관과 형세론(形勢論)에 기초한 사공관이 서로 혼효되어 실공관으로 발전한 역사 인식이다. 중국 사서에 대한 이해도 처음에는 도덕관과 사공관이라는 두 가치관과 역사 인식의 범주에서 고찰되고 있다. 그의 중국 문헌이나 중국 사서에 대한 평가나 이해는 조선 중기 학인의 인식■75과는 일정한 차이를 보인다. 즉 조선 중기의 지식인 대부분이 중국의 문헌이나 역사서에 대해 비판적 인식이 부족했던 것으로 보인다. 조선 중기의 지식인은 중국 사서나 문헌에 대한 비판적 인식보다는 지식 수용이나 교훈적 사실 습득에 급급한 수준의 측면이 높았다. 따라서 중국 사서에 대한 객관적 이해나 역사적 사실에 대한 비판 의식도 극히 부족하였다. 이와 같이 조선 지식인의 중국 사서에 대한 비판 의식이 부족한 측면을 이해하면서도 그러한 사실을 비판적으로 접근한다.

『삼연집(三淵集)』에 "『경세기년(經世紀年)』에 손권(孫權)이 유비(劉備)의 형주(荊州)를 뺏자 관우(關羽)가 죽었다."라고 한 기록과 『자치통감강목』에 "관우를 잡아 목을 베었다." 한 기록과는 그 서법(書法)이 다르다. 소자[邵子: 송대 사상가 소옹(邵雍)]의 『포충강목(襃忠綱目)』은 "진수(陳壽: 『삼국지』 저술)의 것을 인습(因習)하였다."라고 기록하고 있다. 생각하건대 『자치통감강목』이 인습한 것은 본래부터 의론할 만한 점이 있다.■76

삼연(三淵) 김창흡(金昌翕, 1653~1722)은 이익보다 한 세대 앞선 관인이자 학인이다. 당대 노론으로 영의정까지 지낸 김창집(金昌集)의 동생이기도 한 그는 『사기』 등 중국 사서에도 조예가 깊었다. 그의 사실(史實) 기록의 의미 부여가 부족한 측면을 이익은 지적하고 나선 것이다. 문인 소남(邵南) 윤동규(尹東奎)와 나눈 서찰에서도 그는 조선에서의 중국 사서의 원용(援用)을 특히 경계한다.

우리나라 산수의 이름은 서로 착오가 있어 밝히기가 어렵다. 우리나라 사람은 아둔하고 거칠어 본국의 역사를 믿지 못하고 중국의 역대 지지(地誌)에 근거하여 기록함으로써 더욱 어렵게 만든다. 중국인은 (멀리서) 전하여 들은 것으로써 증거를 삼는데 (그들이) 천만리 밖의 일을 어찌 일일이 밝힐 수 있었겠는가![77]

이익은 중국 지지의 비객관성을 냉철히 비판, 우리나라의 지명을 천리 타국의 외국인이 만든 지지에 근거하는 비현실성을 지적하고 있다. 우리 사서의 신빙성을 불신하고 비하하여 중국 문헌이라면 무조건 원용하려는 자세를 경계한 것이다. 그는 중국 자료를 비판적으로 수용하고, 동시에 중국 문헌에 대한 고증적 접근의 필요성을 주장한 것이다. 이어서 그는 요의 원년을 중국 사서에서 고찰하면서 『사기』 기사의 오류까지 지적한다.

기년 간지의 근거가 가능한 것으로 『사기』를 고찰해 보면 시작은 공화(共和) 원년부터라고 할 수 있는데 이전의 기록에는 고증할 것이 없다. 소옹(邵雍)의 역법으로 추산해 보면 당요(唐堯) 원년은 갑진(甲辰)이라 할 수 있는데, 즉위 연수를 배정해 보면 모년 모간지(某年某干支)가 된다. 후대에 내려오면서 모든 사가들은 비록 이 학설을 따랐으나, 그것이 반드시 그렇다고 할 수 있는지는 모르겠다.[78]

이익은 『사기』의 중국사 편년의 시작이 공화 원년 경신년(庚申年)까지
만 기록해 놓고 그 이전은 고구(考究)할 만한 기록 내용이 없음을 밝히고,
그 이전의 기년을 알아보고자 소자(邵子)의 역법을 좇아 그 이전의 간지를
역산해 보니 요의 원년이 갑진년이 된다는 해석이다. 이익의 이러한 역산
법 계산은 즉위년에 따라 셈한 것이 되는데, 이것을 후대의 작사자(作史者)
들이 따르고 있지만 이를 모두 믿을 수 없다는 주장이다. 『사기』의 기사와
는 차이가 있는 소옹(邵雍)의 역산법이 믿을 수 없음을 고찰하여 결국 후
대 작사(作史)의 오류에 대한 비판 의식을 나타내고 있다. 그는 후대에 내
려와 위작(僞作)으로 사료되는 『죽서기년(竹書紀年)』의 기록 내용에 대해
서도 다음과 같이 이해한다.

『죽서기년』은 위나라 사람이 편찬하였는데, 이는 진(晉)의 『승(乘)』과 같은
사서로 틀림없이 징험할 만한 가치가 있을 것이다. 그 기록 가운데 "익(益)
이 계(啓)의 즉위를 간섭하여 계가 익을 죽였다."라는 내용과 태갑(太甲)이
이윤(伊尹)을 죽였다는 기록이 경(經)의 내용과 다르다는 이유로 선유(先儒)
들이 믿지 않았다. ■79

원래 『죽서기년』은 진의 『승』과 같이 원전류로서의 역사서로 가치가 있
었는데, 후대로 오면서 첨삭된 기록들이 그 이전의 경서 내용과는 차이가
있음을 고찰하여 "원전으로서의 가치가 없다(爲不經)."라고 이해해 온 것
이다. 그렇지만 『죽서기년』의 원래 기록 내용이 그대로 전해지는 일부 간
지의 기사는 다음과 같이 그 기록이 개관적인 사실(史實)로 인정된다고 긍
정한다.

무왕(武王)의 연대는 『죽서기년』의 간지 기록을 당연히 따르면 54년이 되는데, 선현들도 그 기사를 버리지 않고 믿은 것이다. 이 문헌은 진초(晉初)에 발굴되었는데, 모든 사가들이 기록한 「무제본기(武帝本紀)」의 함녕(咸寧) 5년과 「속석전(束晳傳)」을 고찰해 보면 알 수 있다. 이 서적은 진시황의 분서갱유(焚書坑儒) 때도 소실되지 않은 것이다. 사마천이 보지 못하여 그 기사 가운데 경의 내용과 같지 않은 것은 믿을 수 없다. 하지만 간지와 기년은 근거할 만한 가치가 있다.■80

무왕의 즉위 연대나 그에 관한 간지를 경서(經書) 등의 내용에 대조해 보면 기년과 맞고, 요의 원년이 병자년(丙子年)인데 『사기』의 공화견신(共和庚申)의 기록 사실을 역으로 계산해 보면 오차가 없음이 확인된다고 이해한다. 이로써 보면 후대 역사를 기록하는 자들이 소옹의 역산법에 맞춘 간지(甲辰)를 따르지 않았다고 이해하고 있다. 그는 이어 중국 사서의 구체적 내용에 대한 사실의 진위 여부를 확인하는 데까지 이르고 있다.

무왕이 은나라를 정벌한 사실에 대해 『사기』에는 "무왕이 주(紂)의 머리를 베어 흰 깃대에 달았다."라고 기록하였으나, 대부분 이 기록을 믿지 않았다. 나중에 『죽서기년』이 발견되었는데 이 책에도 『사기』와 똑같이 기록되어 있었다. (중략) 『사기』에는 "두 재상 주공(周公)·소공(召公)이 함께 정사를 하면서 그 명칭을 공화(共和)라 하였다."라고 기록하고 있는데, 『죽서기년』에는 "공화를 '공백화(共伯和)'라 기록하고, '화(和)'는 바로 이름을 가리키는 것이다."라고 하고 있다. 『한서(漢書)』 고금인표(古今人表)에도 이미 이 공백화라는 이름을 밝히고 있으니, 반고(班固)는 무슨 재간으로 땅속에 묻혀 있던 『죽서기년』의 내용을 알게 되었을까? 더구나 "탕(湯)은 열한 차례나 정벌하였다."라고 『맹자』에 기록되어 있는 것으로 보아 이는 더욱 분명한 증거라 할 수 있다. 그 역시 무슨 수로 『맹자』의 기록을 미리 알아 거짓 꾸미기를 이와 같이 하였을까? 지금의 사람들은 대부분 이것이 전기에 나타난 것과 다르다는 것만으로 믿지 않으려 하니 이는 잘못된 것이다.■81

『사기』 기록 내용의 진위를 확신하기 위해 『한서』, 『죽서기년』, 『맹자』 등에 기록된 같은 기사 내용을 일일이 고구하여 방증(傍證)하고자 하였다. 이는 중국 사서에 대한 이해에서 기왕의 인식들을 불식하고 객관적인 사실 검토와 확인한다는 태도로 고구(考究)하려는 것이었음을 읽을 수 있다. 중국 사서의 체재에 대해서도 폭넓은 식견과 엄정한 비판적 사고를 가진다. 그는 사서로서의 요건과 체재를 문인 순암 안정복에게 적시하면서 다음과 같이 밝히고 있다.

이판서(李判書)의 『명사강목의례(明史綱目義例)』는 명확하지 않다. 편의대로 한결같이 같은 부류의 서책을 모아 교정을 보지 않은 듯하다. 따라서 간행을 하여도 별로 의미가 없을 것 같다. (중략) 포폄에 어찌 휘(諱)하고 존(尊)하는 의리가 있을 수 있는가? (중략) 어떤 근거에서라도 일을 바르게 기록하면 그 의리는 자연히 드러나는 것이다. 그 외에 오류가 한둘이 아니므로 책 이름을 '잡록'이라 하는 것이 옳을 것이다. 책명을 '강목(綱目)'이라 하면 사가(史家)의 체례(體例)가 근엄해야 하는데, (이로써 미루어 보면) 그렇지 못한 듯하다. 또한 부록도 불가능한 것 같다. (중략) 어찌 편년체의 사서가 부록을 두고 신사(信史)를 지어 허몽(虛夢)을 빙자하는가.■82

사가의 체례는 엄정해야 함을 들어 이기진[李箕鎭, 1687~1755: 자는 군범(君範), 호는 목곡(牧谷)]의 명사(明史)에 관한 강목 형식의 편서는 책 이름 자체부터 문제가 있음을 그는 지적한다. 이기진이 강목체 형식으로 명나라 역사에 대한 전범의 내용을 선정하여 '명사강목의례'라는 제하의 결과물을 이익에게 문의하자, 이에 대한 그의 지적이다. 즉 포폄은 잡다한 자료의 잡록이 아니라 존휘(尊諱)에 구애되지 않는 작사자(作史者)의 근엄한 비판과 첨삭에 있음을 알려 주고 있다.

이익의 포폄이란 방법과 체재로 기록한 역사서의 평가는 물론 도덕 사관에 의한 인의와 의리론에 기초하고 있다. 도덕 사관에 근본하고 있는 사서들은 중국사를 사상적인 정통(도통)과 정치적인 정통(치통)에 무게 중심을 두고 왕조 중심으로 기록한 것이 일반적이다. 그렇지만 치통의 역사도 도통의 의미를 포함하고 있을 때 도덕 사관의 입장에서는 가치 있는 사서로 평가받는다.

그러나 앞서 고찰한 바대로 중국의 역사 전개는 대체로 삼대 이후부터 도덕적 가치기준에 의하면 정명(正名)의 그것이 아니었다는 이익의 이해이다. 그는 대체로 형세와 우연으로 전개된 중국 역사는 왕조사로 지배 계층을 위주로 기록되었다고 보았다. 그러므로 중국 사서는 관찬(官撰)이나 사찬(私撰)이 모두 정치사가 대부분이다.

한편, 중국 사서에 대해 이익은 모든 왕조의 역사를 서술할 때는 기원을 어떤 기준에서 평가하여 잡느냐가 중요하다고 보았다. 그 시작의 역사 내용도 도덕 사관 등에 비추어, "무릇 역사를 기록할 때는 그 시작 기준점의 연대기사가 신빙성이 있어야 한다."■83라고 전제한다. 이익은 황탄원시(荒誕遠時: 아주 오랜 시기의 역사는 고증할 수 없는 황탄한 내용)의 관점에서 불명확하고 객관적이지 않은 내용을 중국 역사의 시작에서 제외하고자 하였다. 따라서 주대를 중국역사가 시작되는 무난한 시기로 보고자 한 측면이

높다. 우선 주대의 정치적인 정통, 즉 치통에 대한 중국 사서의 기록 내용
들을 다음과 같이 비판, 수용하고 있다.

주자의 『자치통감강목』을 고찰해 보니 난왕(赧王)이 입진(入秦)한 을사년
(乙巳年)을 주나라의 정통이 단절된 것으로 기록하고 있다. 따라서 그 이듬
해인 병오년부터는 무통(無統)의 시대가 되는 것이다. 그 뒤의 왕응린(王應
麟)·남궁정(南宮靖) 등은 모두 동주(東周)가 망한 뒤에 크게 "주가 망했다."
라고 기록하여 『춘추』가 진(晉)에 대한 의리를 지킨 기록의 예를 좇았다. 호
쌍(胡雙)·호심(胡深)이 왕응린 등의 입장을 따랐고, 유섬(劉剡)의 『통감절
요(通鑑節要)』는 그 (호쌍·호심) 설을 좇아 그들의 설을 이론적으로 뒷받침
하였다. 그 결과 병오년부터 임자년에 이르러 동주가 망한 7년을 크게 정통
이라 기록하여 전대의 학설을 뒤집게 되었다.■84

이익은 왕응린·유섬 등의 학설에 대해서 의문점을 가지고 다음과 같이
비판한다.

이른바 동주(東周)와 서주(西周)는 모두 고왕제(考王第) 하남환공(河南桓公)
의 후손인데, 하남은 서주이다. 후대 혜공왕(惠公王)에 와서 그의 어린 아들
공(鞏)을 봉한 것이 동주이다. 주라고 일컫는 것은 천자 기내(畿內)의 지역
에 봉하였기 때문이다. 이것은 오히려 별자(別子)로 종통(宗統)을 삼았기 때
문에 주나라의 정통을 계승한 것이 아니므로 소열(昭烈) 진원(晉元)의 예와
는 다른 것이다. 더욱이 당시에는 연(燕)나라나 위(衛)나라가 다 희성(姬姓)
으로 무왕의 제후국으로 존재하고 있었다. 그렇지만 그들이 주나라의 정통
을 계승한다고 볼 수는 없으며, 오히려 고왕(考王)이 봉한 동주가 어떻겠는

가? 여성공(呂成公)의 『대사기(大事記)』에도 난왕이 항복함으로써 주나라의 정통은 이미 단절된 것이라 하고, 동주가 비록 망하지는 않았으나 특히 주(邾)나 여(莒)와 같은 부용국(附庸國)일 뿐이라고 기록하고 있다. (나라가) 존재한다고 해서 (정통으로) 논할 수는 없기 때문이다.■85

부용국이나 제후국이 천자의 성을 유지한다고 해서 주나라의 정통을 계승한 것은 아니라는 입장이 이익의 견해이다. 주나라 천자의 제실(帝室)의 정명(正名)을 계승할 수 있는 정통은 주자의 『자치통감강목』 내용을 긍정적으로 받아들이려는 입장에 있음을 보여 주고 있다. 역사적 포폄의 기준에 의한 정명을 밝힘은 역사 서술의 탁시(託始)에 있음을 분명히 인식하고 있었다. 이익은 후대 작사자(作史者)의 기록을 불신하는 근거로, "이단이 수없이 일어나고 처사들의 논의가 제멋대로 일어날 적에 그사이에 이설과 왜곡되는 말들이 어떻게 없겠는가. 그러한 논의들을 후대 작사자들이 받아들여 기록하는 것이면 그 기록된 내용이 과연 모두 옳겠는가."■86라고 하면서, 후대 기사자(紀事者)의 의미부여가 사실을 곡해할 수 있으므로 이에 대한 기록의 사실 여부를 엄격히 고증해야 한다는 입장이다. 따라서 주자 이래로 나온 강목체의 중국 사서들이 주자가 정통으로 보고 있는 사실(史實)을 왜곡시키는 것으로 이익은 해석한다. 그는 강목체의 중국 사서의 정통적 계승을 다음과 같이 분명히 한다.

『춘추』를 쓸 때 성인(聖人)의 붓은 "기린(麒麟)을 잡았다." 하는 데서 끝마쳤고, 경(經: 공자의 『춘추』은 "공모(孔某)가 죽었다." 하는 데에서 끝마쳤으며, 전[傳: 『춘추좌전(春秋左傳)』]은 "애공(哀公)이 공손(公孫)과 함께 주(邾)를 쳐서 월(越)로 갔다."는 데서 끝마쳤는데, 그 뜻을 따져 보면 모두 마찬가지이다. (중략) 위열왕(威烈王) 24년에 위(魏)·조(趙)·한(韓) 삼가(三家)가 함께 진(晉)을 없애고 그곳의 땅을 나누어 제후를 삼았다. 『자치통감강목』이 여기서부터 시작되는데, 그 시말을 따져 보면 그 뜻이 아주 분명하다. 이로써 본다면 좌씨(左氏)는 실상 『춘추』에 미진한 뜻을 끝마친 셈이고, 『강목』은 또 구명[丘明: 좌구명(左丘明)]의 글을 이어 한 꿰미로 꿰어 놓은 셈이다.■87

춘추 → 춘추좌전 → 자치통감강목으로 사서의 법통이라는 견해를 밝힘에서 도덕적 기준에 의한 포폄의 전통적 역사 인식을 그대로 수용, 이해하고 있음을 알 수 있다. 그렇지만 그의 중국 사서에 대한 인식은 전통적 포폄관에 그치지는 않는다. 그는 중국 사서의 이해에서 춘추대의를 체계적으로 밝힌 그 성명(正名) 자체의 평가에도 뿌리를 두고 있지만, 다른 역사관을 드러낸 부분은 다음과 같이 객관적인 사실(史實)을 이해하는 데 중점을 두고 있다.

진국(秦國)이 시월로 세수(歲首)를 정한 것은 비록 그릇된 예이기는 하지만, 시황(始皇)이 천하를 통일하여 정삭(正朔)을 고친 뒤에는 의당 그대로 따라 기록해야 할 것이다.■88

이는 도덕성에 기초함과 관련 없이 주자의 『자치통감강목』에 대한 객관적 기록이라는 작사자의 기본적 사관이 결여되어 있음을 비판하고 있으며, 이어서 도덕 사관과 무관하게 무력과 같은 힘으로 성공한 패권적 입장에서 역사를 기록한 것을 비판한다.

주나라가 망하고 진(秦)나라가 아직 통일을 하지 못한 동안에는 의당 주나라의 정삭(正朔)을 써야 할 것이요, 진나라가 강대국이라 해서 곧 그릇된 예를 쓸 수 없음이 분명한데, 『자치통감강목』에는 진 효문왕(秦孝文王) 원년으로부터 시황 10년에 이르는 사이에도 모두 10월을 세수(歲首)로 기록하였으니, 그것은 무슨 까닭인가? 진나라가 망하고 한나라가 아직 통일하기 이전에는 오히려 진나라의 정삭으로 기록하였으니, 그것은 어찌 전례와 다른가?■89

이익은 주자의 『자치통감강목』이 사실 기록이나 그 역사적 평가에서 일관된 사관을 보여 주지 못하고 있음을 비판한다. 즉 진나라의 관점에서 세수를 기록함으로써 진나라 전후 시기가 되는 주나라와 한나라에 대한 세수 시기가 전례에 맞지 않는다고 고찰해 낸다. 이어 그는 다음과 같이 사서의 객관성 결여로 인한 사실의 오류도 지적한다.

『자치통감강목』에 의하면 시황 9년 4월에 장신후(長信侯) 노애(嫪毐)가 난을 일으켰으므로 사로잡아 죽였고, 10년에 여불위(呂不韋)가 연좌되어 파면되었다고 한다. 『사기』 여불위전에는 "9월에 노애의 삼족을 멸하고 태후(太后)가 낳은 두 아들을 죽였으며, 태후를 별궁으로 옮기고 10년 10월에 여불위를 면직시켰다."라고 하였다. 따라서 노애는 4월에 죽고, 두 아들은 태후 때문에 즉시 죽이지 못하고 삼족을 멸하는 법을 적용하여 9월에 이르러서야 죽였다. 그런데 『자치통감강목』에는 노애가 난을 일으킨 것을 9월의 일이라고 기록하였으니 이는 잘못된 것이다. 노애가 만약 9월에 죽었다면 당연히 "노애를 죽이고 삼족을 멸하였다."라고 하였을 것인데, 『사기』에는 그렇게 기록되어 있지 않다. 글 뜻이 분명하니 다시 자세히 보아야 할 것이다.■90

이 인용문은 중국 역사 사실의 전개에 따른 이익의 합리적 유추 해석을 명석하게 드러내 주는 부분으로 이해하고자 한다. 역사 사실 자체를 합리적으로 해석하는 그의 명석한 태도는 다른 사서에 대해서도 마찬가지로 나타난다.

가) 『한서(漢書)』 예문지에 "『춘추』에 「추씨전(鄒氏傳)」 11권과 「내씨전(夾氏傳)」 11권이 있다." 하였는데, 주(註)에 이르기를 "목록만 있고 책은 없다."고 한다. 상고하건대 광무제(光武帝) 때 박사 범승(范升)이 글을 올려 '비씨역전박사(費氏易傳博士)'를 세우자고 하면서 "『춘추』의 전을 지은 자 중에 또 추씨(鄒氏)·협씨(夾氏)가 있으니, 만약 좌씨(左氏)·비씨(費氏)의 박사를 둔다면, 고씨(高氏)·추씨·협씨 등이 오경(五經)의 기이한 내용들을 아울러 다시 박사를 세우기를 요구하여, 각각 주장하는 바가 있어 서로 분쟁하여 어긋날 것이다." 하였으니, 그 말의 뜻을 자세히 살펴보건대 어찌 목록만 있었겠는가? 이 책은 반드시 동한(東漢) 때 없어진 것이리라."■91

나) 『자치통감강목』 한(漢)의 순제(順帝) 한안(漢安) 2년(143) 11월조에, "양주(涼州)에서 9월 이래로 땅이 180번이나 흔들렸다." 하였는데, 대체로 9월로부터 11월까지는 100일도 안 되는데, 이는 숫자로 환산해 보면 하루에 2~3번은 흔들렸어야 한다. (중략) 역사를 편수하는데, 주도면밀하지 못함이 가끔 이와 같다.■92

다) 건문제[建文帝: 명 혜제(明惠帝)의 연호]의 사건 같은 경우 돈을 왕지명(王之明)이 받았다 하나 그것은 잘못된 기록이다. (고염무)가 지은 『신명사(新明史)』에, "균주(勻州) 사람 양행상(楊行祥)이 거짓으로 꾸며대다가 하옥되어 죽었다."라고 하였다. 그러나 (중으로) 출가하여 나이가 90이 넘었는데, 꾸며댄들 무슨 이익이 있어서 죽음을 버리고 망령되게 범했겠는가? 이

러한 사실은 틀림없이 없는 사실을 이치로 꾸며낸 것이다. 역사 기록을 읽
는 사람은 반드시 참고해야 할 것이다."■93

라)『문헌통고』를 살펴보니 건양[建康: 후한의 충제(忠帝)] 원년(144)에 "양주
(涼州)에 지진이 일어났는데, 지난해 9월부터 이듬해 4월까지 모두 180일이
흔들렸다."라고 기록하고 있다. 건양이라 함은 한안(漢安) 2년을 말하는 것
이다. 역사를 기록하는 데 주도면밀하지 못함이 이와 같다.■94

이익은 가)·나)·다)·라)의 인용문에서『한서』,『자치통감강목』,『신명
사』,『문헌통고』등의 내용에 대한 사실 오류를 지적해 내는가 하면,『사
기』나『춘추좌전』의 내용까지도 비판하는■95 신사관(信史觀)을 보여 준
다. 그의 냉철한 고증적 사관은 중국 사서를 역사 자료로서 엄격한 관점에
서 바라보고자 한 것으로 사료된다. 그는 중국 사서로는 최초의 완전한 연
구서로 평가받는 유지기(劉知幾, 662~721)와 그의『사통(史通)』의 사실 기
록들을 객관적으로 수용하면서 긍정적으로 해석한다.

한(漢)의 역사에 고조(高祖)를 요(堯)의 후손이라고 기록한 사실에 대해 세
평은 이론이 없었다. 그러나 유지기가 찬한 유씨가사(劉氏家史) 및 보고(譜
考)에만 "한(漢)의 선조를 미루어 본다면 육종(陸終)의 자손이 되고, 요의 후
손은 아니다."라고 기록하고 있다. 이 기록으로 본다면 안거(按據)가 명심
(明深)하고 의론이 높고 넓으므로 그는 반드시 증거할 만한 것이 있어서 그
랬으리라.■96

이와 같이 한이 요의 정통이 아니라고 한 유지기의 역사 기록을 수용하
면서 그 고증의 심원함을 감탄하여 긍정하고 있다. 또한 그는『죽서기년』

기록 내용의 진실 여부를 확인하는 과정에서도 『사통』이 위치하는 사서로서의 가치를 깊이 긍정한다.

> 이백(李白)의 [당나라 악부(樂府)의 가곡인] 원별리(遠別俚) 같은 말도 호응린
> (胡應麟)은 "유지기의 『사통』의 기록을 근본으로 삼고 그중 자질구레한 사
> 실을 인용하였다."라고 하였으니 이 말이 일리가 있는 것 같다. ■97

이 인용문을 통해 호응린의 사실 평가를 인용하여, 『사통』의 내용을 이해하고 있음이 엿보인다. 이익은 중국 사서의 이해뿐만 아니라 사서에서 사료 선택의 합리성과 사가의 서술 태도 및 체재에 대한 인식도 매우 탁월하였다. 특히 그는 사마천의 『사기』가 차지하는 사서로서의 위치를 높이 평가한다.

> 정초(鄭樵)가 "사마천의 『사기』는 7~8가지의 서적에만 국한하여 뽑았으니
> 다른 많은 자료를 널리 보지 못한 것이 애석하다." 하였다. 그러나 금궤(金
> 櫃)와 석실(石室)에 비장(秘藏)된 서적에서 뽑았을 것인데, 어찌 7~8가지의
> 서적뿐이었겠는가? ■98

전래 『사기』가 인용한 문헌 자료의 수효가 적다고 비판한 정초를 이익은 사마천의 사료 인용이 그 수준에 그쳤을 리 없다고 비호하고 나선 것이다. 그리고 그는 『사기』의 문헌 자료 인용의 수가 적었다는 비판에 대한 이유도 객관적으로 이해하고자 한다.

> 옛사람들이 사마(司馬)의 『사기』를 평하면서, 그의 단점이 해박하지 못한

데에 있다고 지적하였다. 그러나 그 당시에는 옛날 유서(遺書)가 다 나오지

않았기 때문이다.■99

이익은 『사기』의 사료 인용의 수가 적었던 이유는 사마천 당대에 발굴

된 사료의 한계 때문일 것이라고 사마천의 저술 노력을 비호하고, 더 나아

가 역사서로서 『사기』의 내용적 가치를 적극 긍정하고자 한 것으로 여겨

진다. 또한 사가의 서술 태도의 관점에서도 『사기』를 의미가 있는 사서로

평가한다.

옛사람은 사서를 지을 때 옛 서적에 기록된 글귀와 글자를 그대로 베껴 쓰

지 않고 그 사실에 따라 꼭 알맞도록 했을 뿐이다. 좌씨(左氏)가 백공승(白

公勝)의 사실을 기록할 때 "정(鄭)나라 사람이 여기에 있으니 원수가 먼 데

있는 것이 아니다."라고 하였다. 그런데 『사기』에는 "정나라가 원수가 아니

고 여기에 있는 자서[子西: 춘추 시대 초(楚)나라 영윤(令尹), 백공(白公)에게 죽

음을 당함]이다."라고 기록하였으니, 그 분내고 미워한 사실이 더욱 나타나

게 되고 문장도 더한층 빛나게 되었다.■100

이익은 사마천이 기술한 내용은 당대의 사실(事實)을 역사적 배경을 감

안하여 보다 사실화(史實化)함으로써 역사를 읽는 독사자들의 이해를 높

인 것으로 칭송하였다. 한편 그는 중국 사서의 체재에도 관심을 가지고 있

었는데, 특히 강목체(綱目體)의 사서에 편중되어 도덕적 지식 충족에만 만

족했던 기왕의 역사서에 대한 인식 태도를 탈피하려 한 측면으로 이해된

다. 그는 기전체(紀傳體)의 사서에 대한 이해를 체재에서부터 접근하면서

이를 다음과 같이 비판적으로 이해한다.

사마사(司馬史)에 12편의 본기와 72편의 열전은 사시의 절후에 따라 지었고, 그중 세가(世家)에 인용한 "30개의 살이 모여 한 수레바퀴가 된다."라는 구절은 본래 『도덕경(道德經)』에서 처음 나온 말이다. 그러나 이 본기와 열전의 많고 적은 것은 사람의 수에 따른 것인데, 어찌 저 사시와 절후에 비교해서 그 수효대로 했을 이치가 있었겠는가?

공자세가(孔子世家)도 진실로 의론들이 많다. 만약 열전에 옮겨 놓는다면 (중략) 그렇게 되면 도리에 맞지 않는다는 것인가? (중략) 사마천이 의제본기(義帝本紀)는 짓지 않고 항우(項羽)가 진(秦)나라 계통이라 하여 그의 본기만 지은 것을 비판하였으니, 이 비판은 매우 옳다. 만약 항우를 세가에다 옮기고 의제를 본기에 지었다면 그 수도 고르게 되었을 것이다. ■101

여러 역사적 정상으로 볼 때 세가에 실린 공자는 열전으로 옮겨 기록하는 것이 옳다는 왕안석의 견해를 이익은 좇고자 하였다. 그의 견해가 세가와 열전에 국한된 것이기는 하지만 정명(正名)의 역사도 이제는 강목체에만 의존해서는 안 된다는 실공관적 측면의 사관이 엿보인다. 그는 지(志)에 대한 이해에서도 소박하기는 하지만 다음과 같은 견해를 보인다.

사마천이나 반고는 모두 병지(兵志)를 저술하지 않았다. 사람들은 "형벌의 큰 것을 병이라고 한다. 따라서 우서(虞書)에 만이(蠻夷)들이 중화(中華)를 어지럽히는 것을 고요(皐陶)가 맡아 보게 된 것이다."라고 하였는데, 이는 그렇지 않은 듯하다. 염제(炎帝) 때는 진운씨(縉雲氏)가 있었는데, 삼묘(三苗)는 바로 그의 후손이요, 소고씨(少皞氏) 때에는 저구씨(鴡鳩氏)가 있었으니, 이들은 형(刑)과 병(兵)을 동시에 관장한 사람이 아니었음은 예부터 그러하였다. 그런데 이것을 나누지 않고 생략해서 다루는 것이 옳겠는가?

반고의 지(志)에 남북군(南北軍) 두어 조목을 형법지(刑法志)에 부록하여 놓은 것은 그 뜻을 자세히 이해할 수가 없다. 사마천이나 반고의 글은 모두 완전한 편찬을 이루지는 못한 것이다. 사마천의 『사기』의 예·악·귀책(龜策)은 바로 저소손(褚少孫)이 보충한 것[이는 청나라 전대흔(錢大昕)의 『이십오사고이(二十五史考異)』에 보이는 내용]이고, 반고의 지도 조대가(曹大家)가 계속 이어 완성하였음(『후한서』 열녀전에 보이는 내용)을 알 수 있다.■102

이익은 『사기』와 『후한서』에서 각각 병지를 두지 않고 형법지에 통합한 체재의 미흡을 주장, 독사자들의 이해를 돕는 데는 미흡하다고 지적하고 있다. 그는 중국사의 이해를 통해 강목체 사서의 한계를 인식하고 일정 부분 이미 탈피하고 있음이 보인다. 정주학에 기초한 포폄적 역사 인식의 한계를 딛고 새로운 역사관으로 변전되어 가는 그의 사서 접근은 기전체 사서로까지 시야를 넓혀 가고 있었다.

그렇지만 기본적으로 그의 사관은 여전히 포폄적 도덕 사관이 깊이 자리하고 있고, 중국 역사에 관한 이해와 해석도 그러한 차원을 완전히 극복해간 것은 아니라는 것이 필자의 생각이다. 이익은 일찍이 중국의 역사를 문(文)과 질(質)의 상호 작용에 의한 전개로 이해하고자 하였다.

주나라 말기에는 문(文)이 편중되었다. 문이 편중되면 질(質)이 깎이고, 질이 깎이면 허위가 자라남과 동시에 실공(實功)이 묻히게 된다. (중략) 은나라 사람은 질을 숭상하여 문이 오히려 성하지 못하였으니 그 풍기의 유래는 실로 탕임금으로부터였다. (중략) 한(漢)이 천하를 얻자 다스리는 이치도 돌고 돌아 문을 버리고 충(忠)으로 돌아와 사람으로써 다스림을 구하고 능(能)으로써 사람을 선택하였으므로 그 공(功)이 있고 (중략) 문이란 무엇인가? 질이 밖으로 나타난 것이니 대체로 위의(威儀)·도수(度數)의 볼 만한 것이 이

것이다. 문에 편중된 주나라도 오히려 자기 일신의 행동에 치중하였는데, 진(晉)·송(宋)·제(齊)·양(梁)·진(陳)·수(隋)를 거쳐서 당(唐)에 이르자, 문의 폐습이 극도에 달하였다.

처음에는 문은 도(道)를 싣는 그릇이라 하였다가 이윽고 그 그릇만을 취하여 그 싣는 것을 잊었으며, 끝내는 그 그릇만 쓰고 그 싣는 것은 변경하여, 박잡(駁雜)·음예(淫穢)·황탄(荒誕)·기괴(怪奇)한 물건을 자못 문이라고 하는 데 이르렀다. 한편으로는 간간이 5~7언(言)의 장단편(長短篇)과 사율(詞律) 등으로써 세상을 현란하게 하였으니, 이에 이르러 천하의 어지러움이 극에 달하였다. 이리하여 파도가 넘실거리고 바람이 소란하듯이 실(實)의 자취는 씻은 듯이 없어져 날로 위의·도수로부터도 천 리나 멀어지게 되었다. ■103

문과 질의 상호 작용에 의한 중국의 역사 전개는 그들 사서에서도 그대로 담아내고 있다고 이익은 고찰하였다. 그는 우주와 인간관계의 내면적인 질서나 원리를 도덕(=질)으로 보고, 객관적 사물에 대한 인위적 행위를 사공(=문)으로 인식한 것 같다. 그러한 이해에서 그는 역사 전개가 오래될수록 지나친 사공(=문)으로 말미암아 도덕의 본질(=질)이 왜곡, 와전됨으로써 실공을 잃어 갔다고 해석하였다.

따라서 그의 실공관은 바로 도덕과 사공의 합리적인 조절이 이루어진 실체를 바르게 드러내는 사관이라고 해석해 볼 수 있을 것이다. 한편, 그는 『강감(綱鑑)』의 기록에서 명나라 태조가 태어난 날을 이미 정통으로 삼은 사실을 가지고 역사 서술이 역사의 진실을 해치는 사례라고 혹평하였다. ■104 그의 실공관은 제자 안정복에게도 이어진다. 즉 안정복은 스승 이익에게 "중국인들은 논리를 전개하는 것을 위주로 하였기 때문에 중국의 역대 사론은 그 수를 헤아릴 수가 없다."■105라고 토로한 사실은 이를 잘 입증해 준다고 하겠다. 따라서 입론을 위주로 한 중국 사서에 대한 이익의 비판 의식은 역사적 사실의 객관성이 결여된 것으로 이해한 것으로도 읽히는 것이다.

강목체 사서의 주제는 도덕적 가치 기준에 의한 포폄을 가하여 정명(正名)을 세우는 데에 있다. 그러므로 역사적 사실 여부는 그 부차적인 것에 불과했던 것이다. 그런데도 이익이 『춘추좌전』, 『자치통감강목』, 『명사강목』 등과 같은 강목체 사서 자체에 대해서조차 고증적 태도를 가진 측면은 이미 앞에서 고찰한 바이다. 이와 같이 이익은 중국 사서의 이해와 해석에서 종래 교훈적 사실 확인에 만족하였던 도덕 사관에 머물지 않고 역사적 사실을 합리적 인식의 관점에서 객관적 사실(fact)로 구명(究明)해 내려는 실공관을 가지는 단계로 역사적 시야를 깊이 하였음을 알 수 있다. 그는 동중서(董仲舒)나 유향(劉向) 같은 인물이 천재지변을 인간관계에 연계시켜 기록한 천운설을 다음과 같이 이해한다.

『춘추』 이후로 불길한 징조가 나타날 적마다 반드시 이를 인간관계와 결부시켰는데, 동중서와 유향 같은 이는 누구보다도 철저하였다. 그러나 쳐다보고 내려다보아도 서로 들어맞지 않은 것이 많으므로 왕들이 두려워하지 않게 된 것이다.■106

이익은 『춘추번로(春秋繁露)』의 기사 내용에서 천재와 인간관계를 결부시켜 꿰어 맞춰 신비로운 사건적 사실로 조작한 것처럼 해석되는 천운설을 비판하였다. 한편, 중국 사서에 대한 이해에서 그는 원전의 기록을 더 신빙하고자 하였다.

『사기』오태백세가(吳泰伯世家)에 "태백(泰伯)·중옹(仲雍)이 마침내 형만(荊蠻)으로 달아나 머리를 자르고 문신(文身)한 것은 다시 쓰지 못할 것을 보여 주기 위함이다."라고 기록하고 있다. 이 사실은 『오월춘추(吳越春秋)』에서 나왔는데 사마천이 따른 것이다. (중략) 『좌전』애공(哀公) 7년에 노인(魯人) 자복경백(子服景伯)이 오인(吳人)을 대하여 "태백이 단복위관(端服委冠)으로써 주나라의 예를 다스렸거늘 중옹이 이어받아 머리를 자르고 문신을 하여 나체로써 식(飾)을 삼았으니 어찌 예라 하겠는가?" 하였으니, 문신을 하고 머리를 자른 것은 태백이 아니다. (중략) 『좌전』이 『오월춘추』나 『사기』에 비하여 어느 것이 믿을 수 있으며, 먼저인가? ■107

이 인용문은 물론 존주 사상에서 나온 것이지만 편찬한 시기가 보다 앞선 문헌 기록을 신뢰하고 따르겠다는 사관이 드러난다.

『사기』에는 "주공·소공 두 재상이 행정(行政)하여 공화(共和)라 하였다."라고 기록하고 있다. 그런데 『급총서[汲冢書: 부준(不準)이 무덤 속에서 찾아낸 자료]』의 발견으로 공백화(共伯和)가 사람 이름으로 밝혀졌다. 하지만 대부분의 사람들은 『급총서』의 내용을 불신하고 있다. 『여람(呂覽)』개춘편(開春篇)에 "공백(公伯) 화(和)가 그 행실을 닦아 현인을 좋아하였다."라고 기록하고 있으니, 여씨(呂氏) 때는 『급총서』가 나오지도 않았는데 두 기록의 내용이 합치되고 있으므로 이것이 어찌 잘못된 기록이겠는가?

나의 친구 안백순[安百順, 백순은 안정복의 자]은 "『급총서』는 (중략) 신서(信書)로 삼아야 하며, 이른바 공화는 바로 사마천의 오문(誤聞)인 것이다." 하였다. 또 그는 "소자(邵子: 소강절(邵康節)을 이름)가 역산(曆算)을 추연(推演)하여 요의 기원을 갑진(甲辰)으로 삼음으로써 역대 제왕의 기년이 비로소

정해졌다. 그러나 (중략) 무슨 근거로 요의 기년을 갑진으로 잡았는지 알 수

가 없다. 그런데 『급총서』에는 요의 기년을 병자(丙子)로 삼았는데, 이 설

이 극히 정밀하여 소홀함이 없다."라고 하므로 다시 상고(詳考)해 보아야 겠

다."■108

이익은 『사기』보다 뒤에 발견된 기록이지만 그 기록된 시점이 더 앞선

『급총서』의 기록 내용을 믿고자 하였다. 원전류에 보다 가까운 문헌 사료

신뢰에 대한 그의 긍정적 사관은 경전과 중국 사서 이해에서도 그대로 보

여 주고 있다.

『사기』에는 미중(微仲)을 "미자(微子)의 아우이다."라고 하였다. 그러나 『예

기』의 단궁(檀弓)을 상고하면 "미자가 그의 손자 둔을 버리고 연(衍)을 왕으

로 세웠다."하였으니, 어찌 일찍이 미자의 위를 아는 미중이란 자가 있었던

가? 자장(子長, 사마천의 자) 역시 『맹자』의 본문에 따라 이같이 해설한 것이

니 마땅히 상고하여 보아야겠다.■109

그가 사실 여부에 대한 해석을 잠시 유보하기는 하였지만 사서(『사기』)

보다는 전(『맹자』)을, 전보다는 경(『예기』)의 내용을 더욱 사실로 신뢰하고

자 하였음을 간접적으로 표출하고 있다. 물론 경전을 사서로 이해하였는

지 그렇지 않았는지는 구체적으로 고찰하지 못하였다. 그렇지만 그가 경

서와 사서를 명확히 구분하지 않고 중국사의 실체를 해석하고자 한 측면

은 앞선 사관에서 고찰한 바가 있다. 육경의 내용을 모두 역사적 사실로 파

악한 입장과 육경을 사실(史實)을 담은 원전류로 보고자 측면은 경서와 사

서를 모두 역사서로 인정한 것으로 볼 수 있을 것이다.

또한 그가 『성호사설』에서 「경문(經門)」과 「사문(史門)」 등으로 나누지 않고 「경사문(經史門)」으로 통합한 분류 체계적 인식을 보여 준 단면은 한 가지 역사적 사실의 내용을 사실적으로 고증해 내기 위해 사서와 경전을 같은 비중의 사료로 받아들이고 있었다는 반증으로, 이 모두를 사서로 인식해 간 태도가 강했던 것으로 여겨진다.

## 5. 요약 및 결론

중국 역사에 대한 이익의 이해는 인의 사상에 근본한 내면적 도덕 사관과 사실 또는 물질을 객관적으로 직시하고자 하는 사공관으로 드러난다. 전자는 유가 본래의 내재적 학문과 사고에서 형성된 것이고, 후자는 유가 경학의 내재적 사상과 외래 문물이 교접(交接)된 세계관의 확대에 따른 사유이다. 그는 두 가지 사관을 통해 상대적으로 해석하였지만 여전히 도덕 사관에 더 큰 비중을 두었던 것으로 읽혀진다.

따라서 이익은 도덕의 내면적 본질을 밖으로 드러내는 외형적 작위를 사공관으로 보여 주었고, 도덕적 가치 기준에 근거한 사공관을 바르게 드러내어[=正功] 정명의 사실로 규정짓는 일[=正實]을 실공(實工)으로 인식해 간 것으로 이해된다. 그는 실공관에 기초하여 중국 강역과 종족, 그리고 경전과 사서 및 기타 문헌 등을 사료로 중국 국가, 종족 및 역사적 전개 사실을 이해하고자 하였다.

이익의 도덕 사관에서 바라본 중국 역사에 대한 이해는 삼대 문화인 존주 사상(尊周思想)의 정통적 계승과 계승의식 및 흔적을 찾는 데 있었던 것으로 사료된다. 그가 중국 역사에서 삼대 문화의 정통적 계승의 면모를 절실히 고찰해 내고자 하는 과정에서 전통적 화이관(華夷觀)인 화족 중심의 중화 의식은 역사적 실체와 차이가 있음을 깨닫게 된다. 그는 한족을 중심에 두고 화와 이로 차별화시켜 온 중화관은 중국 고대부터 전개된 객관적 사실이라기보다는 10세기 송대와 14세기 명대 이래 중세기의 정치적 의미가 실린 사실임을 고구(考究)하게 된다.

강역에 의한 종족의 차별은 주대 말기를 거쳐 진·한 이후부터는 그 의미를 상실한 것으로 이해하였다. 그리고 종족 차별 자체도 요와 순을 역사적 실체로 파악, 순임금을 동이(東夷)의 인물로 드러냄으로써 이(夷)의 역사적 의미와 그 개념을 객관화시키고자 하였다. 강역과 종족은 도덕적 기준의 사관으로 고찰해 보면 화(華)와 이(夷)가 원초적으로 뚜렷한 구별이나 차별이 없었다고 그는 이해하고자 한 것이다.

이익은 그러한 인식을 기초로 하여 중국 전체 역사에서 삼대 이후 한나라 때가 삼대의 정통 사상을 회복할 수 있었던 가장 좋은 기회로 보았는데, 결국 한나라도 그 기회를 살리는 데 실패하였다고 해석하였다. 그는 국가적 차원의 거시적 존주 사상의 정통적 계승에 대한 그 연원을 찾는 데 실패하자 존주 사상의 미시적 계승의 흔적을 고찰하기도 하였는데, 진대(秦代)의 처사(處士)나 한대의 육향(六鄕) 제도를 그러한 자취를 발견할 수 있는 흔적의 일부로 보았다. 특히 한대의 가의(賈誼)라는 인물에 대해서는 『성호사설』의 여러 논제의 내용으로 소중히 다루면서 그 존숭과 극찬을 나타내고 있다.

또한 이익은 미래 존주 사상의 계승이 가능한 곳을 고구하여, 모든 종족 자체는 보편하다는 대동사상(大同思想)의 전개 지역을 중국 민족과 강역권을 벗어나서 찾기도 하였다. 성현에 대해서도 우주 생명의 유기체인 나충(裸虫)의 하나로 해석함으로써 전통적 성현관을 탈피하여 성현조차도 보편적인 인간으로 직시하고자 하였다. 보편적인 인간관계에 근본한 그의 대중국관은 결국 중국 자체를 조선을 비롯한 다른 국가들과 대등한 위치로 바라볼 수 있는 시각으로 바뀌는 기회로 삼음으로써 조선후(朝鮮侯)의 동주론(東周論)으로까지 추론하기에 이른 것이다. 심지어 자신의 정파적 입지를 두고 해석하고자 한 측면이 내면적으로 자리하고 있다고 볼 수도 있지만, 존주 사상의 정통적 계승에 대한 근원적인 연계를 조선의 영남에서 찾기도 한다.

한편 중국 사서에 대해서도 이익은 『춘추』의 기록을 가장 많이 인용하고 있고, 강목체의 사서에 대해 『춘추』→『춘추좌전』→『자치통감강목』의 순으로 사서의 법통을 그대로 받아들이고 있다. 그리고 사서가 기본적으로 가장 중요시해야 할 역사의 시작을 어느 시기, 어떤 왕조로부터 어떻게 잡느냐에 따른 가치 기준을 철저히 도덕 사관에 기초하고 있다. 그의 탁시(託始)의 사관은 그러한 가치 기준에서 출발하고 있으며, 제자 안정복이 그를 이어 받아 『사론(史論)』■110을 저술하게 된 것이다. 사마천의 『사기』를 비롯한 순수한 사서의 기록도 도덕 사관에 맞는 내용이 있으면 철저히 그 기사를 긍정적으로 수용하였다.

결국 이익의 실공관에서 바라본 중국의 역사 전개는 도덕 사관을 기본으로 한 강역과 종족을 초월, 지극히 객관적 문물 변화를 인하고자 하는 데 있었다. 그는 중국 역사 전개를 문(文)과 질(質)의 상호 작용으로 이해하였는데, 특히 삼대 이후의 중국 역사적 전개는 문이 질을 적절히 조화해 내지 못한 잘못된 과정으로 이해하였다. 한편, 그는 사공관의 관점에서 진나라의 상앙, 한나라의 왕안석 등의 제도 개혁을 일단은 긍정하였다.

그리고 화와 이의 차별적 관점을 탈피하여 여러 종족들을 비수한 입장에서 바라볼 수 있고, 중국 전체를 세계 판도 내에서 한 편토로 인식한 점 등은 서구 문물을 접하면서 얻은 그의 실공관에 기초한 객관적 사유에서 나온 것으로 해석되어야 할 것이다. 또한 동주론이나 성현을 바라보는 인간 보편적 관점도 결국은 내재적 도덕 사관의 비판적 연장선에서 서구 문물의 영향으로 인한 합리적 사고로부터 나온 사관이라고 사료된다. 그리고 17세기까지 명나라에 대한 명분적 의리론이나 청나라에 대한 절대적 적대감을 탄력적 사유로 극복하고자 하면서, 명나라라는 과거의 명분을 손상시키지 않으면서 현실적인 힘의 존재(=청)를 있는 그대로 직시해야 한다는 그의 사관도 도덕적 가치 기준에 근거하고 있기는 하다. 그렇지만 객관적 사실의 실체도 도덕관의 상대적 가치로 중요한 비중을 두어야 한다는 사공관의 입장이 도덕 사관과 함께 중화(中和)된 실공관을 보여 주는 것으로 해석된다.

중국 사서에 대한 이해에서도 철저히 도덕관과 사공관이 합리적으로 조절된 실공관이 드러나고 있다. 특히 그는 인의의 도덕적 명분론에 비중을 둔 강목체 사서의 중요성만을 강조하지 않았는데, 조선 전 기간에 걸쳐 『춘추』나 주자의 『자치통감강목』에 대해 조선 학인들이 가졌던 도덕 사관이 기저(基底)하고 풍미(風靡)한 편애된 사고에서 벗어나 기전체의 『사기』나 『사통』 등은 말할 것도 없고, 심지어 전대(前代) 위서(僞書)로 자료적 가치가 부정적으로 평가되던 『죽서기년』의 기록까지 일부는 수용하는 사관을 보였다. 그것은 객관적인 사실(史實)을 사실로 고찰해 내고자 한 엄정한 사료에 대한 그의 높은 이해 수준을 보여 주는 것이다.

그렇지만 이익 자신이 현실 참여, 즉 관직생활을 하지 않은 측면과 중국 국가나 지리에 대한 직접 경험이 없었던 사실, 그가 목도한 당대의 시대적 제한은 그의 사상 및 사관의 한계에 분명한 영향이 있었음이 고려되어야 할 것이다. 따라서 이익은 도덕 사관이라는 전통적 가치를 여전히 기저에

품고 있었다. 즉 존주 사상에 대한 철저한 사관을 바탕으로 한 화(華)의 이해나, 경전을 사서와 엄정히 구분하지 않고 사서보다 원전류로 분명히 중요한 사료로서 수용하고 있었던 측면 등은 그가 당면한 시대적 한계에서 오는 당연한 귀결이라고 여겨진다.

1. 한국사 이해를 위한 중국 사서의 연구와 이해는 별도로, 중국사 자체만을 놓고 조선 학자들이 중국을 이해하려는 노력의 시도는 많았을 것이다. 그럼에도 불구하고 아직은 그 연구 노력이 극히 미미한 듯하다. 현재까지 이에 대한 연구 논문은 2편에 불과하다. 吳金成, 1983, "朝鮮學者의 明史研究", 『韓中關係國際硏討會論集』, 臺北; 이성규, 1992, "朝鮮後期 士大夫의 『史記』 理解", 『震檀學報』 74. 그것도 1980년대에 들어와서야 처음 시도되었다. 특히 이성규는 이에 대한 연구의 불모를 간곡하게 지적하고 있다. 논자도 이에 적극 동의하는 바이다.

2. 1979년에 문교부의 연구 지원으로 조선에서 저술된 중국 사서의 목록을 연구, 조사한 결과물이 보고만 되었을 뿐 공간되지는 않았던 것으로 알려져 있다. 하지만 이러한 성과물에 대한 연구 논문은 한 편만 발표(이성규, 1980, "『宋史筌』의 編纂背景과 그 特色 - 朝鮮學人의 中國史編纂에 關한 一硏究 - ", 『震檀學報』 49)되었을 뿐, 그 이후는 전혀 진전이 없었다.

   그리고 중국사 이해 수준의 연구 성과로는, 정옥자, 1987, "江漢 黃景源의 宋史認識", 『三佛金元龍教授停年紀念論叢』 2, 美術史學 · 歷史學 · 人類民俗學); 이성규, "朝鮮後期 士大夫의 『史記』 理解"(주 1 참조)가 있다.

3. 1997년 12월 현재까지 필자가 조사한 바에 따르면 100여 편의 논저가 발표되었다. 이 가운데 개인 저서(한우근, 1980, 『星湖李瀷研究』, 서울大出版部)도 한 권 나왔다. 일일이 섭렵하지는 못하였으나 성호 이익의 중국사나 중국 사서를 중심으로 한 이해나 비판에 대한 논저는 아직 나오지 않은 것으로 생각된다.

4. 한우근, 1957, "星湖 李瀷의 硏究 - 그의 史論과 朋黨論 - ", 『社會科學』 1; 이우성, 1966, "李朝後期 近畿學派에 있어서의 正統論의 展開 - 歷史把握에 있어서의 體系性과 現實性", 『歷史學報』 31; 송찬식, 1970, "星湖의 새로운 史論", 『白山學報』 8; 한영우, 1987, "李瀷의 史論과 韓國史理解", 『韓國學報』 46; 정창열, 1990, "實學의 歷史觀 - 李瀷과 丁若鏞을 中心으로 - ", 『碧史李佑成教授停年紀念 - 民族史의 展開와 그 文化 - (下)』; 정창열, 1991, "實學의 歷史發展 認識 - 李瀷과 丁若鏞을 中心으로 - ", 『제4회 東洋學國際學術會議論文集』, 성균관대 대동문화연구원.

   이상의 논문 외에 성호를 중심으로 다룬 논저 외의 논저에서 단편적으로 그의 사론을 언급하기는 하였으나 이상의 논저 내용을 벗어나지는 못하고 있는 것 같다.

   그리고 이상의 논저에서는 한국사 자체에 대한 사론을 중심으로 다룬 것이 대부분이며,

간헐적으로 중국에 대한 새로운 인식을 논급한 논저도 있어 이 분야는 논자도 얼마간의
도움을 받았다.

5. 정만조, "성호 이익의 학문 탐구와 정치적 위상",『성호학보』10, pp.5~34 참조.

6. 『성호사설』「경사문」, 심호재덕(心好才德): 事功見外 德性在內 試以人事功而德性可
   知矣.
   이익은「인사문」의 영강사공(永康事功)과 공험(恭儉)이란 논문에서도 유술(儒術)과 사
   공(事功)에 대해 논술하였는데, 여기서 유술에 우위를 두고 있기는 하다..

7. 『대학』의 격물치지에 대한 해석과 이해의 연원에서 명백히 드러나고 있다. 이익은 격물
   구절에 더욱 관심을 보였는데, 윤동규와 하룻밤을 지내면서 회고한 기록에 잘 나타나 있다.
   『성호사설』「경사문」, 유학(儒學): 格則窮在其中 章句之訓亦精矣 身中有心 心中有知
   苟欲致知 先格其物 理亦宜然 然致非有他路 不過格其一物二物至於無不格物而已 聖
   人言簡 雖去此一條 不憂致知不格物也 又格窮至也 只言格物而物格 則致知其中.

8. 이 논리는 가설로 논자가 논고의 정리를 용이하게 전개하기 위한 이론임을 밝혀 둔다.

9. 『성호사설』「경사문」, 성선(性善). '위미집중(危微執中)'이란『서경』우서(虞書) 대우모
   (大禹謨)에 "인심은 오직 위태롭고 도심은 오직 희미하다. 오직 정밀히 살피고 오직 한결
   같이 지켜야만 중도(中道)를 행할 수 있다."라고 한 기록이다.

10. 『성호사설』「천지문」, 강하(江河): 余每謂中國之有黃河 非古也 自唐堯始 遂擧孟子
    爲證 人猶以爲疑(하략).

11. 『성호사설』「경사문」, 육경소무자(六經所無字).

12. 『성호사설』「경사문」, 유향반고(劉向班固),『성호사설』「경사문」, 관중천현(管仲薦賢)
    에도 비슷한 기록이 있다.

13. 『성호사설』「경사문」, 맹자수업(孟子受業).

14. 주 13) 참조.

15. 『성호사설』「경사문」, 이비지년(二妃之年).

16. 신사(信史)라는 용어는 성호가 자주 쓰는 말이다.

17. 『성호사설』「경사문」, 광윤자립(匡胤自立).

18. 『성호사설』「경사문」, 당중우(唐仲友).

19. 『성호사설』「경사문」, 한비요후(漢非堯後).

20. 『성호사설』「인사문」, 비지(碑誌): (중략) 朱子之撰狀 雖不可露其惡而所著亦或非實
    當時目睹 尙猶若此 況久遠者乎 此終恐無中道在耳 且鑴在金石 將仕千百歲後人 看若
    數世之內 自有筬藏家傳 何必然哉 是以其於微細不宜載錄 今人則必欲觀縷其歷歈秩
    一漏 則甚缺撰者 亦不得已 循本家之 或仕至三五十年者 職號滿石 殆不成文勢 余知

而亦無奈何也.

21. 『성호사설』「경사문」, 적벽전(赤壁戰).

22. 『성호사설』「경사문」, 위공행장(魏公行狀).

23. 『성호사설』「경사문」, 작사지난(作史之難).

24. 『성호사설』「경사문」, 비정지구(非鄭之仇).

25. 『성호사설』「경사문」, 좌전호칭(左傳呼稱).

26. 『성호사설』「경사문」, 정어중치수서(鄭漁仲治水序).

27. 『성호사설』「경사문」, 부명(符名).

28. 『성호사설』「경사문」, 화덕금덕(火德金德).

29. 『성호사설』「경사문」, 천변(天變).

30. 『성호사설』「경사문」, 진적론성패(陳迹論成敗).

31. 주 30) 참조.
이와 같은 사론은 송찬식, 1970, "星湖의 새로운 史論", 『白山學報』8에서 상세히 다루고 있다.

32. 『성호사설』「천지문」, 명지남경(明之南京).

33. 『성호사설』「경사문」, 단기(檀箕).

34. 『성호사설』「경사문」, 유효무류(有敎無類): 子曰有敎無類 聖人非無端發 此言警時 俗也 時俗皆知如此則聖人亦必無此矣 然則品別族姓古亦有然者乎 想周末文勝 文勝 則質削 質削則虛僞長而實功埋也(하략).
위에 쓰인 것처럼 실공(實功)이란 용어를 쓰고 있고, 『후한서』, 「마융전(馬融傳)」에 '察淫 侈之華譽 顧介特之實功'이라고 기록되어 있다. 『漢文大事典』,(경인문화사, 1981)에는 '實在之功績'이라 풀이하고 있다.
이익은 항상 역사적인 사건에서 교훈적인 '實(도덕적 가치)'을 발견하고자 하였는데, 이러한 '實'을 옳게 밖으로 드러낸 기록을 '實績'이라고 표현하였다. 따라서 이익이 도덕 사관을 기본으로 하면서 상대적인 사공(事功)을 받아들여 정립한 사고를 실공관으로 보고자 한다.

35. 『성호사설』「천지문」, 중토남북(中土南北).

36. 주 35) 참조.

37. 주 35) 참조.

38. 『성호사설』「천지문」, 획계(畫界).

39. 『성호사설』「천지문」, 천하수세(天下水勢).

40. 『성호사설』「천지문」, 하투(河套).

41. 『성호사설』「천지문」, 장령흑룡(長嶺黑龍).

42. 『성호사설』「경사문」, 서역병력(西域兵力).

43. 주 42) 참조.

44. 『성호사설』「인사문」, 화이지변(華夷之辨).

45. 『성호사설』「경사문」, 상앙망진(商鞅亡秦).

46. 주 45) 참조.

47. 주 45) 참조.

48. 주 41) 참조.

49. 주 45) 참조.

50. 주 45) 참조.

51. 주 45) 참조.

52. 『성호사설』「경사문」, 동주(東周).

53. 주 52) 참조.

54. 주 52) 참조.

55. 주 52) 참조.

56. 『성호사설』「경사문」, 흉노(匈奴).

57. 주 56) 참조.

58. 『성호사설』「경사문」, 중국뇌효문(中國頓孝文).

59. 『성호사설』「경사문」, 요금예악(遼金禮樂).

60. 주 59) 참조.

61. 『성호사설』「인사문」, 옹정제(雍正帝)

62. 『성호사설』「인사문」, 변법(變法).

63. 『성호사설』「경사문」, 왕안석(王安石).

64. 주 63) 참조.

65. 주 63) 참조.

66. 『성호사설』「경사문」, 가조이자(賈晁二子).

67. 『성호사설』「경사문」, 한조삼로(漢朝三老).

68. 주 67) 참조.

69. 『성호사설』「인사문」, 정주성인(程朱聖人).

70. 『성호사설』「인사문」, 정주불칭명(程朱不稱名).

71. 『성호사설』「인사문」, 옹정제(雍正帝).

72. 『성호사설』「경사문」, 조벌남조(助伐南朝).

73. 『성호사설』「인사문」, 화이(華夷).

74. 주 72) 참조.

75. 김항수, 1981, 16세기 士林의 性理學 理解 – 書籍의 刊行·編纂을 中心으로 – ", 『韓國史論』7, 서울대.

이 논문은 조선에서의 성리학 수용이라는 측면에서 고찰한 것으로 성리학은 16세기까지 서적의 보급과 이해의 차원에 있었음을 밝히고 있다. 따라서 당시 조선 학자들의 가장 큰 관심 분야이면서 보편적으로 받아들인 성리학의 인식이 이해의 단계였다면, 중국 역사나 역사서에 대한 수준도 이 단계를 크게 벗어나지 않았으리라는 이해의 차원임을 밝혀 둔 것이다.

76. 『성호사설』「경사문」, 관우패사(關羽敗死).

77. 『星湖文集』(驪江出版社, 1987) 권12 「答尹幼章別紙」: 我國郡國山水之名 錯互難明 東人魯莽 不信本史 每據上國歷代地誌而攙錄之 所以尤灘 上國人或因傳聞爲證 千萬里外事如何能一一明著耶 比如人名有名而外人或呼甲爲乙則不信 已之爲甲而反疑其爲乙也 甚可笑也 .

78. 『星湖文集』권15: 「答安百順問目」: 紀年干支之可據者 以史記考之 始自共和元年庚申 前此無徵矣 邵子以曆法推之 謂唐堯元年爲甲辰 排定卽位年數而某年爲某干支 後來編史諸賢 雖皆從之 亦何信其必然也.

79. 『星湖文集』권15: 竹書紀年是魏人所編則晉之乘之類 必有可徵者矣 其中有益干啓位 啓殺之 太甲殺伊尹之說爲不經 故先儒未之信.

80. 『星湖文集』권15: 武王之年 當從竹書爲五十四 然則先賢亦不棄而信之矣 此書出於晉初 考諸賢晉武帝本記咸寧五年及束晢傳則可知矣 是書矣秦火之所未燒 馬遷之所未見 其記事之不經者 雖未可信 其干支紀年則亦有據矣 以堯元爲丙子而接于共和庚申 隱元己未 威烈二十三年戊寅 無所差誤 觀乎此則作史者 似不當拘於邵子甲辰之說矣.

81. 『성호사설』「경사문」, 참주봉무경(斬紂封武庚).

82. 『星湖文集』권15: 李判書明史綱目義例不明 便一類聚書 似是未及校正 然刊行致有此失也 … 則褒貶安在諱尊之義 … 何據事直書 其義自見矣 其他謬例不一而 足若名以雜錄則可矣 旣名以綱目則史家體例謹嚴 似不當若是 又附錄之名亦無謂 … 豈可作編年而有附錄 作信史而憑虛夢哉.

83. 『星湖文集』권15: 凡述史有託始.

84. 『星湖文集』권15: 按綱目以叔王入秦乙巳爲周統之絶 而自丙午始無統之世 後儒王應麟南宮靖輩 皆以爲作史者 當於東周旣滅 方書周亡爲春秋存晉之義 胡雙胡深有取

焉 劉剡通鑑節要 持其說而辨析之 遂自丙午至壬子 東周滅之歲七年 大書正統 以爲發
前賢之所未發也.

85. 『星湖文集』권15: 所謂東周西周皆出於考王第 河南桓公之後 河南卽西周也 後至惠
公于封其少子於鞏 卽東周也 稱周者封于天子畿內之地故也 此猶別子爲宗 未嘗承周
統 固異於昭烈晉元之例也 且當時燕衛皆以姬姓爲武王所封之國 而皆存則不以此謂
之接周統 反以考王所封之東周者何也 呂成公大事記亦云赧王以降周統已絶 東周雖
未亡 特邾莒附庸之國耳 所以存則未論也.

86. 『星湖文集』권15: 當異端群起處士橫議之際 豈無曲說異論行於其間 紀事者因以記
之也 是則紀事者過也.

87. 『성호사설』「경사문」, 좌전시말(左傳始末).

88. 『성호사설』「경사문」, 강목(綱目).

89. 주 88) 참조.

90. 주 88) 참조.

91. 『성호사설』「경사문」, 춘추추협(春秋鄒夾).

92. 주 88) 참조.

93. 『성호사설』「경사문」, 왕지명(王之明).

94. 『성호사설』「경사문」, 양주지진(凉州地震).

95. 『성호사설』「경사문」, 장교(莊蹻).

96. 『성호사설』「경사문」, 한비요후(漢非堯侯).

97. 『성호사설』「경사문」, 죽서(竹書).

98. 『성호사설』「경사문」, 사마사(司馬史).

99. 『성호사설』「경사문」, 제선불호사(齊宣不好士).

100. 『성호사설』「경사문」, 비정지구(非鄭之仇).

101. 『성호사설』「경사문」, 의제본기(義帝本紀).

102. 『성호사설』「경사문」, 남북군(南北軍).

103. 『성호사설』「경사문」, 유교무류(有敎無).

104. 『星湖文集』권15: 昔觀綱鑑 金丹者 自明太祖始生之日 已著正統之號 文勝之弊一
至於此矣.

105. 『순암문집』권2,「上星湖先生書 戊寅」.

106. 『성호사설』「천지문」, 재이(災異).

107. 『성호사설』「경사문」, 태백·중옹(泰伯·仲雍).

108. 『성호사설』「경사문」, 공백화(共伯和).

109. 『성호사설』「경사문」, 미중(微仲).

110. 이 저서는 현재 국립중앙도서관에 상·하 두 책으로 전하고 있는데, 황탄원시(荒誕遠時)라 하여 삼황오제(三黃五帝)를 외기(外紀)로 다루고 위열왕(威烈王)부터 원 말기까지 왕들의 약력(略歷)을 밝힌 사서이다.

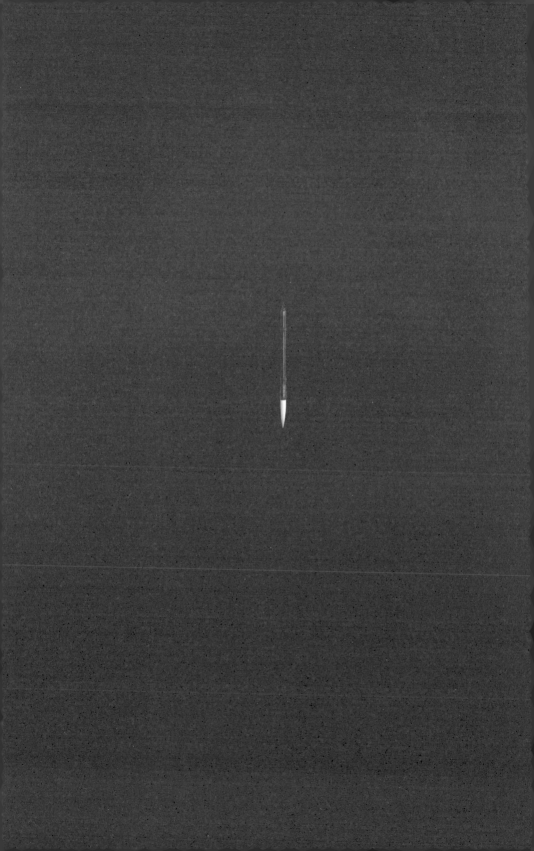

제7장

# 「천지문」의 서학 이해와 대응론

# 1.머리말

성호 이익의 서학(西學) 이해와 대응론에 관한 그동안의 연구 성과는 적지 않다.[1] 그렇지만 동양적 사유 및 질서와는 생소했던 서학 정보를 통해 이해와 대응을 보인 이익의 서학 이론이랄까 서학관은 그가 믿고 있는 경학관(經學觀)에서 전혀 동떨어졌다고는 할 수 없을 것이다. 그의 서학관은 동양적 사유와 질서인 경학관 등과 연장선에 있기도 하고, 동시에 새로운 패러다임의 단절적인 측면으로 이해되기도 하며, 다른 한편으로는 두 학관이 서로 연결된 측면과 단절적 측면이 병존하고 있는 사유와 질서로 혼재되어 해석될 수도 있다.

이와 같이 이해해 본다면 그동안 그의 서학에 관한 비판론이나 대응론 등이 충분히 수긍될 만큼 그 연구 성과를 이루어 냈다고는 생각되지 않는다. 더욱이 이익과 그의 문인들, 특히 성호학파 1세대로 통설되는 윤동규(尹東奎), 신후담(愼後聃), 이병휴(李秉休), 안정복(安鼎福) 등과의 서학 이해와 대응을 서로 비교해 본다는 차원에서 접근할 경우에는 기왕의 연구

성과는 거의 없다고 해도 과언이 아니다.

먼저 본 연구는 성호 이익과 하빈(河濱) 신후담의 서학 이해나 대응을 비교해보려는 입장에서 출발하고 있다. 왜냐하면 당대에 스승과 제자로서 오랜 교유를 했지만 동서양 학문에 대한 두 학인의 인식이나 견해 및 사상적 동이(同異)를 읽을 수 있는 사실들이 기존의 연구 성과에서도 산견되었기 때문이다. 두 학인의 이단론(異端論)과 서학관(西學觀)을 고찰하게 된 동기도 위와 같은 기존의 연구 성과를 해석하는 연구 방향에 관한 이해가 전제되어 있다.

두 학인은 학계 일반에서는 스승과 제자 관계로 잘 알려져 있다. 그렇지만 서학에 관한 이해와 대응론은 일반적 사제 관계로 이해될 수 없을 정도로 상당한 차이가 있다는 필자의 지속적인 의문이다. 그동안 선학들의 연구 성과를 크게 달리할 수 있는 차원의 획기적인 자료 발굴을 한 측면도 없고, 괄목할 의미 부여의 해석을 시도할 단계가 아니라는 인식은 갖고 있지만, 스승과 문인 관계라는 일반적 시각으로 쉽게 받아들일 수 있는 두 학인 사이의 '근본적 차이는 없을 것'이라는 생각을 한 번 더 되짚게 하는 환기적 입장에서 출발하고 있다.

제2장에서는 서학관과 그 대응론의 배경이 될 수 있는 이단 사상의 정치 사회적 환경에 대한 두 학인의 견해를 먼저 고찰해 보고자 한다. 서학은 그동안 조선 사회 대부분이 처해 있던 상황과 마찬가지로 두 학인이 직간접적으로 거의 관심을 갖지 못했거나 경험하지 못한 타자의 문화였다. 그렇지만 내재적인 사상 가운데 이단으로 비판해 왔던 학문이나 사상은 두 학인이 경험해 왔고, 지금까지도 전개되고 있는 현실적인 문물이다. 유학 사상에 비판적으로 녹아 있는 양명학, 불교, 도교, 음사사교(淫祠邪敎) 등이 바로 그것들이다.

즉 내재적으로 경험해 온 이단 비판론에 관해 두 학인의 대응론과 이해 태도가 거의 의식하지 않았거나 경험하지 못했던 서학에 관한 대응론에서 그대로 투영되어 나타날 수 있다는 연장선에 서 있다고 필자는 보는 것이다. 송학(宋學) 혹은 좀 더 좁게는 정주학(程朱學)의 입장에서 이단으로 비판받는 사상이나 학문은 고려 말부터 조선 초기에 이르러 전개되기 시작하였다. 이단 비판론은 정주학 사상의 세상을 만들려는 조선 지배층에 의해 정치 사회적인 통제 수단으로 작용된 측면이 높다.

이단 비판론이 팽배해지면서 조선 후기 이후 정주적 경학 이외의 부분에 해당되는 한학(漢學), 명학(明學), 청학(淸學)은 물론 송학(宋學)조차도 그 추구가 불가능할 정도로 학문적·사상적 위축과 폐쇄성이 심화되어 갔다고 이해된다. 이 장은 18세기 조선 후기의 현실 속에서 이단 비판론의 정치 사회적 추세에 관한 두 학인의 입장이나 대응론 등을 고찰하는 장이 될 것이다. 정치 사회적으로 정주학과 차별화를 통해 해체시키려 했던 불교, 노장학, 양명학, 참위학, 음사사교 등을 이단이라고 비판한 그 시각의 연장선에서 경험이 생소한 서학을 바라보는 관점도 그 이단 비판과 크게 다르지 않았을 것이라는 이해이다. 정주학과 그들의 사상적 가치관의 굴레에 통제되어 이단 비판적 세계에 갇힌 조선 지식인의 보편적인 관점이 그러했을 것이라고 생각된다.

제3장에서는 두 학인의 생애에서 서학을 경험할 수 있었던 환경과 경험한 범위를 살펴보려고 한다. 서학 대응론이나 이해로 나타나는 결과론 이전에 그 배경이 되는 한 요인으로 서학 경험의 유무나 다과에서 찾으려는 것이다. 즉 17세기 후반부터 청나라에서 전래된 한역서학서를 접하게 되는 동기와 그 기회적인 입장을 고찰해 보고자 한다. 조선은 당시 고급 정보였던 서학을 담은 한역서학서를 학인들 누구나가 손쉽게 접할 수 있는 정

보 사회가 아니었다.

이익은 직접 중국 연경의 사회문화적인 추세를 목도하지는 못했지만 간접적으로 서양 문물을 이해할 수 있는 문헌(한역서학서)을 조선(祖先)의 유산으로 보유하고 있었다. 하지만 그와는 대조적으로 신후담은 연경을 직접 왕래한 경험은 물론 생애 초기에는 한역서학서조차 접할 기회를 전혀 갖지 못했던 것으로 생각된다. 두 학인의 서학 대응론과 이해의 차이는 이미 여기서부터 벌어지고 있었다는 사실에 주목하려 한다.

제4장에서는 서학 이해를 크게 과학론과 종교 사상으로 나누어 고찰하고자 한다. 과학 사상은 이익과 신후담의 저술을 통해 드러난 우주관, 역법, 의학론 등을 중심으로 각각 개별적으로 고찰하게 될 것이다. 종교 사상은 이익과 신후담이 전개한 서학 담론이라는 사실을 취해 고찰해 보고자 한다. 그리고 두 학인의 (1) 천문관 (2) 뇌낭설 (3) 천주교 교리 등 3가지의 문제를 담론 형식으로 비교하는 고찰이 될 것이다.


## 2. 이익의 이단론과 신후담의 이학관

### 1) 17세기 이전의 이단 비판론

조선 초기부터 정치 사회적으로 이단의 구극(究極)으로 지목된 종교·사상은 불교가 그 대척점에 있었다. 그리고 유교 탄생의 한 배경이 된 샤머니즘의 계보인 무격신앙(巫覡信仰)도 조선적 유교 확립에는 걸림돌인 이단으로 비판되었다.■2 1410년에 불교 교단이 치르는 정치 사회적인 의례를 이단으로 몰아서 배척하였다.■3 그 뒤 1493년(성종 24)에는 사회 생산 주체의 한 축을 이루던 승공(僧工)들의 노동력까지 이단의 잣대에 의해 비판되면서 사장되는 심화기에 들어섰다.■4

이단에 대한 잣대는 공식적으로 한·당대의 문물과 고려 시대 잔재 등이 남아 있는 과거의 사장 제도(詞章制度)에까지 미치게 되었고,■5 조선 정부에서는 1526년에 노장사상■6, 그리고 도교 자체도 이때부터 이단으로 배척하였다.■7 조선의 정치 사회가 앞장서서 정주학적 경학의 세상으로 만들어 자리 잡아가던 16세기 후반부터는 송학 가운데 정이(程頤)의 학문적 정서를 계승한 주자학의 교의성(敎義性)이 이단의 척도로 굳건히 세워져 가고 있었다.■8

선조(宣祖)의 만류를 뿌리치고 명종(明宗)의 복상 기간이 끝나기 전에 퇴계 이황이 귀향한 사실을 두고 조정을 중심으로 한 정치 사회계 일부에서는 이단 행위로 비판하였다.■9 이황은 이후 이단을 학문적 논리로 성립시켜 조선 사회에 드러내놓게 되는데, 정치 사회적으로 이단 행위자로 지탄을 받은 그는 자신의 처지를 어떤 방식으로든 극복하고자 하였다.

퇴계 이황이 생평 동안 이단 사상, 즉 정주학이 탄생하기까지 정주가 극복하고자 했던 불교, 도교, 노장사상 등은 물론, 정주학의 심학론(心學論)인 양명학까지 공개적으로 극렬하게 이단이라 비판하고 나섰던 것은 자신의 처지에서 발단이 된 측면이 많았다.■10 이황의 학문적 성과를 배경으로 한 조선 후기 지식사회의 이단 사상에 대한 강한 비판은 그가 사망하자마자 조선 조정부터 앞장서서 그 영향을 확대시켜 나갔다.

1571년에는 정부의 공식적인 입장에서 '벽불(闢佛)'이라는 불교 비판 용어를 자주 사용하기 시작하고, 같은 시기 유희춘(柳希春)도 정주학을 비판했던 육구연(陸九淵)을 반비판하고 나섰다.■11 그 뒤 택당(澤堂) 이식(李植, 1584~1647)은 이황에 대해 "그는 모든 인물들에 관해 그 인물 면면의 장단점에 대해서는 절대로 말하지 않았고, 정치를 잘하고 못하는 측면에 대해서도 왈가왈부하지는 않았지만, 이단 사상에 대해서만은 조금도 양보하지 않았다.”라고 자신의 이단 사상 비판을 간접적으로 표명하였다.[12] 유희춘·이식 등과 같은 학인들의 이단 비판의 사상은 16세기 후반부터 조선 성리학을 만들어 낸 사람들이 중심이 되어 널리 확대시키면서 사회적으로 공고화된다.[13]

이황을 사숙했던 조익(趙翼, 1579~1655)도 이단을 비판하는 데 적극적이었다.[14] 그 뒤 율곡 이이의 문묘배향(文廟配享) 달성을 위한 서인(西人)의 배향 운동에 대해 반대 입장에 있던 유림들이 '이이 문묘배향 반대'의 명분으로 삼고자 하였던 것 중의 하나도 이단 비판이었다. 즉 "율곡 이이의 학문이 이단(불교)에서 출발하였고, 그의 사단칠정론(四端七情論)은 양명학과 불교의 이념인 이단에 그 배경을 두고 있다.”[15]라는 비판적인 지적이다.

정주학의 조선적 정착 과정에서 16세기 후반 이후, 정주학 이외의 다른 학문이나 사상에의 관심과 지향을 누릴 사유 자체까지 옥죄어 나갔다. 즉 정주학을 배경으로 정치 사회 지배력을 유지하려는 권력에 의해 하나의 통제 수단으로 강화되어 갔다. 정치 사회의 통제 수단으로 강화된 이단 비판의 영향은 정주학에 위배되는 학문 행위는 물론 반정주학적인 사유까지 자유롭지 못하게 할 정도에 이르렀다고 생각된다.[16]

## 2) 이익의 이단론

18세기 이익 당대까지 조선 학인들이 정주학에 빠져 있는 사유 구조를 해체하여 재구성할 수 있는 기회를 가지는 데 가장 장애가 되었던 것 중의 하나가 이단 비판으로 팽배한 정치 사회 구조였다고 할 수 있다. 정주학 사유구조의 굴레에 갇혀 정주학의 입장과는 다른 학문이나 사상을 객관적으로 접하기 어려운 당시 정치 사회에서 이단 비판에 대한 자신의 견해를 주관적으로 표출하기는 어려웠다고 이해된다.

조선에서 정주학의 정통성을 계승하고 있다고 칭송되던 이황의 학문을 종주로 계승하고자 하였던 근기(近畿)의 성호학파도 정주학 이외의 학문을 닦을 경우 이단 비판이라는 정치 사회적 지탄에서 벗어날 수 없는 형편에 놓여 있었다. 특히 이익은 생애 초기에 '질서(疾書)', 즉 『시경질서』, 『역경질서』, 『서경질서』, 『논어질서』, 『맹자질서』, 『중용질서』, 『대학질서』, 『소학질서』, 『심경질서』, 『근사록질서』, 『가례질서』 등 11개의 질서를 저술하였다. 그런데 이익이 질서라고 이름 붙인 연원은 장재(張載)의 『정몽(正夢)』에 나오는 이른바 '묘계질서(妙契疾書)'에서 따온 말이다. 당시는 노론 측 강경론자 가운데 남인(南人)들의 학문과 사상, 언행 등에 대해 비판적인 실마리를 찾으려는 분위기가 팽배해 있었던 것으로 생각된다. 이익의 삼경사서 질서 가운데 주자의 집주와 다른 해석을 가한 부분을 들추어 세상을 비방하는 내용을 담고 있다는 비판을 서슴지 않았던 사실은 그 대표적인 사례이다. 또한 이익이 지은 시문 중에서 일정한 시구를 자의적으로 해석하여 그가 세상사를 비난한 것처럼 왜곡 해석함으로써 정치희화화하려는 분위기를 만들기도 하였던 것으로 이해된다.

이익은 일찍이 조상의 유산, 즉 증조 이상의(李尙毅), 조부 이지안(李志安), 부친 이하진(李夏鎭) 등이 청나라를 왕래하면서 구해 온 한역서학서를 통해 서학에 관한 정보를 접할 기회를 얻고 있었다. 당시 일반 조선의 학인들은 한역서학서를 직접 열람할 수 있는 기회를 보편적으로 누릴 만한 조건을 갖지 못하였다. 당시 한역서학서에 대한 조선 조정의 인식의 한계,

출판을 위한 재원 조달의 어려움, 정보 이용자의 서학에 대한 수용 자세, 제한된 출판 문화권, 청나라라는 선진 문물에의 직간접적인 경험 부족 등을 감안한 이해이다.

그리고 이익은 한역서학서를 접할 기회를 가졌던 전후 기간으로 생각되는 1715년경에 조선성리학의 쟁론들을 그 자신의 철학으로 정리, 해석한 『사칠신편(四七新編)』을 완성시키고 있었다. 이 저술에서는 이익 이전의 조선 학인들이 주장한 중요한 성리학설을 모두 소개하면서 문제점을 조목조목 지적, 자신의 학설로 보완하고 있다. 또한 그의 제자 하빈 신후담의 새로운 성리학설도 중발(重跋)로 싣고 있는 것이 하나의 특징이다.

먼저 이익은 그동안 주자학을 존숭하여 경전 장구 하나하나에 매달려 주자의 해석을 조금도 벗어나지 못하고 이단 사상 비판에만 몰두해 왔던 학인들이 대부분 관료 세계로 진출하여 지배 세력으로 군림해 왔음을 전제한다.■17 이어 그는 정주학 이외의 학문과 사상을 이단으로 배척하고 정주학만으로 철저히 무장한 그들 대부분이 조선의 조정을 다스려 왔는데도 국가 통치가 제대로 되지 않고, 조선 사회의 백성들은 피폐하게 되었다고 비판한다.■18

조선에는 도류(道流)가 없고 오직 채식(菜食)을 하는 행걸승(行乞僧)만 있을 뿐이며, 이들은 대부분 부세와 요역을 피하는 백성들이라는 것이다. 그러므로 이익은 불교를 믿는 행걸승 등을 이단으로 비판하는 것이 세상을 다스리는 도(道)의 밝고 밝지 않음과 무슨 관련이 있는가라고 반문한다. 그는 자신이 살고 있는 당대에서 도를 밝히기 위한 시대적인 과제는 이단 비판에 몰입하는 학문 지향이 아니라고 인식하고 있었다. 그는 승평한 시대에는 도를 밝히는 것이 매우 중요하고 이단을 배척하는 것이 도를 밝히는 이유가 된다는 이단 비판의 시의성은 긍정한다. 하지만 지금과 같은 후세[亂世]에는 법을 세우는 것이 가장 급선무라는 경세론적 입장을 취한다. 즉 지금은 도를 밝히고 (그러한) 도를 밝혀내기 위한 당면 과제는 이단 배척에 힘쓸 것이 아니라 법과 제도를 바로 세울 때라는 사실을 다음과 같이 지적한다.

지금 도시의 거리에서 사람들이 싸우다가 (서로) 상처를 입히는 일이 벌어지고 있다. (정주학을 닦은) 점잖은 사람이 방산립(方山笠)을 쓰고 원유화(遠遊靴)를 신고서 싸우는 사람들에게 천천히 다가가 유가 경전을 인용하면서 도리에 맞게 시시비비를 가리는 말을 해 준다. 그렇지만 그들이 (서로의) 분을 참아 내면서 싸움을 멈추고서는 (점잖은 정주학자에게) 공경을 표하면서 그의 지시를 듣지는 않을 것이다.

(반면) 이때 붉은 옷을 입은 부졸(府卒: 의금부 소속의 포졸)이 손에 공문을 지니고 지나다가 조금만 나무라도 (싸움을 하던) 사람들은 모두 습복(慴伏)하여 귀를 기울이게 될 것이다. 그리고 싸움을 지켜보던 주위 사람들도 용모를 가다듬고 (의금부 소속의 그 부졸에게) 귀를 기울이게 된다.

정주학을 생평 동안 연구한 학인의 학문으로는 항간에 이해관계로 다투는 사회 문제를 해결하는 데는 웃음거리밖에 안 된다는 조롱적인 실례를 들어 비판하고 있다. 즉 주자가 집주(集註)한 장구 하나하나의 차이를 따지면서 학문을 연마하고, 이단 배척을 일삼아 온 선비가 그 학문을 수단으로 당대 많은 사회적 이해관계나 병폐를 치유하려는 비현실성을 이익은 단호히 드러내고자 하였다. 따라서 그는 이단을 절대적으로 배척하려는 태도에 대해 부정적인 입장을 취하게 된 것이다.

이익이 "공자가 이단을 학문적으로 연마하는 것은 해로울 뿐이다."라고 언급한 『논어』의 구절을 내세운 사실은 이를 반증한다. 그는 공자의 논지에 대해 "공자가 이단 공부를 금지할 것을 논하기는 하였지만 적극적으로 배척하지는 않았다."라고 해석하였다. 또한 당나라 한유(韓愈, 768~824)의 저술 『원도(原道)』에서 몰사회적(沒社會的)인 도가와 불교를 배척한 사실도 인용하고 있다. 한유는 『원도』에서, 농사를 짓는 농가는 한 집인데 곡식을 먹고 사는 집은 여섯 집이며, 상인과 공장(工匠)도 모두 그러한 형세로 당대 무위도식의 현실을 들어 비판하고 있다. 한유의 그러한 현실 비판적 논지에 대해 이익은 지극히 지엽적인 사실에 불과할 뿐 조선의 현실은 더욱 심하다고 하였다.

조선의 현실은 농사를 짓는 힘없는 백성들이 위압적인 토색질에 눌려 편안히 살지도 못하고 생업에 힘쓸 수도 없게 된 처지에 놓여 있다고 한탄한다. 더욱이 힘써 농사지은 곡식조차 마음대로 먹지도 못하게 된 세상이 노장학과 불가(佛家)와 무슨 관계가 있단 말인가?라고 역설한다. 따라서 한유의 『원도』에서 몰사회적인 측면이 있는 도가와 불가를 비판한 논지는 긍정하지만, 도가나 불가를 이단으로 완전히 배척할 필요는 없다고 반비판하고 있다. 즉 그는 저 노장학과 불교는 물욕을 끊고 청정함을 귀하게 여겨 평생 동안 깊은 산중에서 온갖 고통을 다 겪으므로 보통 사람들이 쉽게 수행할 수 있는 길이 아니라는 새로운 자각까지 일깨운다.

따라서 이익은 이단으로 비판되는 사상이나 학문 속에 정주학이 미치지 못하거나 따라가지 못하는 측면이 있다고 보았던 것이다. 이단 비판의 대상인 노장학과 불교는 물욕을 끊고 청정함을 귀하게 여기는 학문으로는 정주학 못지않다고 보았다. 오히려 노장학이나 불교를 수행하는 자들이 겪는 수행 실천은 일반 사람들이 쉽게 닦을 수 있는 길은 아니라고 해석하고 있다.

## 3) 신후담의 이학관

이익보다 21세 연하였던 신후담(1702~1761)도 태어날 때부터 정주학과 이단 비판이 팽배해진 사회구조 환경에서 자랐다. 그러나 신후담은 생애 초기 박학(博學)을 위해 정주학은 물론 도가를 비롯한 제자백가 사상을 추구하였다. 공자의 '박학이약례(博學而約禮)'의 사상에 깊은 감명을 받고 박학을 익히던 시기[19]였기 때문에 이단적 사상이나 학문에 대한 입장은 대체로 유연한 태도를 견지하였다.

신후담은 1713년 『능엄경해(楞嚴經解)』의 구두점을 찍을 수 있을 정도로 한문 실력이 뛰어났다.[20] 이는 당시 이단으로 비판받아 온 불교를 연구하였다는 반증이다. 특히 14~16세까지인 소년기에 저술한 책들의 대부분이 노장학과 관련 있다는 것은 생애 초기에 이단을 대하는 신후담의 인식이 일반적인 조선 사회 현실처럼 폐쇄적이지 않았음을 알 수 있다. 후술하겠지만 신후담은 '이단(異端)'보다는 '이학(異學)'이라는 용어를 대체로 사용하고 있는데, '이단'과 '이학'이란 용어를 당대인들이 다르게 받아들인 것으로도 해석된다. '이단'이 현실적인 문제를 인식하는 바탕에서 보다 포괄적인 범위를 상정한 측면이 있다면, '이학'이라는 용어 사용은 학문 추구그 자체, 즉 존재론(이상론)을 대상으로 하고 있었다고 이해된다.

한편, 1718년에 저술한 『쌍계야화(雙溪夜話)』에서는 붕당의 폐해를 노장의 사상과 불교의 폐해보다 심하다고 주장한 사실에 유추해 본다면 생애 초기에는 이단을 강하게 배척하지는 않았다.[21] 이듬해 1719년에도 유가적(儒家的) 입장에서 제자백가를 평가한 『팔가총평(八家總評)』을 저술하였는데, 제자백가인 팔가 중에서 유가 이외의 묵가·도가 사상 등도 학문적으로 깊이 추구하였음을 보여 주고 있다.[22]

소년기의 신후담은 이단 비판이 융성하였던 정주학 일변도의 정치 사회에서 이단학을 이미 익히고 있었다. 그렇지만 정주학에 빠져 들어간 조선 후기 정치 사회에서 신후담이 이단 사상이나 학문을 지속적으로 수행하기는 어려웠다. 그의 부친 신구중(愼龜重)으로부터도 이미 이단 공부를 그만두고 정주학에 힘쓸 것을 강요받게 된 현실,[23] 그것이 바로 신후담이 직면하고 있던 정주학 사회였다.

신후담이 이학(특히 노장학)과 소설패사류 등의 몰입에서 정주학으로 학문적인 관심을 돌리게 된 것은 부친 신후담을 비롯한 가족권은 물론, 같은 정파인 근기 성호학파라는 학파 권역에서도 분위기적인 강요가 상존해 왔다.[24] 특히 성호학파 중 제1세대의 활동이 활발하였던 18세기 중기에 노론 천하가 되고 있던 정치 상황을 고려해 본다면 그들에게 학문적·사상적 공격의 빌미를 제공하지 말아야 할 입장이었음은 물론이다.

성호 이익이 사서에 대한 '질서'를 저술한 뒤에 전개되었던 사실의 하나가 그 대표적인 예이다. 순암 안정복은 휘원(輝遠) 이기(李墍)라는 학자로부터 '성호의 질서의 특정 내용을 지목하여 비판을 가하고 있다.'는 세간의 목소리를 듣게 되었다. 이 소식을 들은 순암 안정복은 평소 스승 이익의 성품과 몸가짐을 익히 알고 있었으므로 이기에게 다음과 같이 이익을 변호, 두둔하고자 하였다.

그 어른(성호 이익)께서는 한평생 근신(謹愼)하고, 외약(畏約)하셔서 비록 직접 지은 글 구절 한 곳에 대해 만약 칭찬을 하여도 반드시 섬뜩 놀라 두려워하곤 하셨다. 그러한 분이 질서를 저술하면서 남의 입질을 불러일으킬 만한 내용을 주장할 필요가 뭐가 있었겠는가?[25]

안정복은 이익이 쓴 질서의 특정 내용을 꼬집어 비판을 가하려는 이기에게 '그분의 근신·외약의 성품'을 강조하면서 '절대 그럴 리가 없다.'는 확신에 찬 입장임을 강변하고 있다. 즉 이익을 위한 순암 안정복의 강한 변론은 '친형인 이잠(李潛)을 정쟁 과정에서 잃었던 경험이 있는 이익이 현실정치에 자신의 문제로 회자되는 것을 싫어하면서 남의 시선에 예민해져 있던' 당시의 근신외약(謹愼畏約)의 태도를 잘 보여 주고 있음을 알 수 있다. 한편으로 이는 이익의 학문적인 영향력이 사회적으로 그만큼 파괴력을 지니고 있었다는 반증이기도 하다.

그러므로 신후담을 둘러싸고 있는 정치 사회적인 환경도 이익처럼 평탄하지 않았음을 알 수 있다. 당시 재야에 있던 신후담의 가문이었지만 남인이라는 정파에 속한 입장이어서 정치 사회적인 문제에 휘말릴 수도 있었다. 세상 문제에 책임의식과 위기의식이 적었던 소년기에는 이단 사상에 몰두할 수 있는 무모함이 용납될 여지는 있었다. 그러나 사회적인 활동이 많아지고 학문적·사상적 영향력이 높아지는 청년기에는 그 책임성으로 말미암아 학문적인 결과에 따른 파급을 전제하지 않으면 안 되었다.

소년기에 몰입했던 이단학 공부에서 차츰 탈피, 청·장년기에 들어선 신후담은 정주학의 학문 수행에 몰두하기 시작하였다. 그는 『주자대전』, 『성리대전』 등의 탐구에 전념하였고, 정주학적 경학 고구(考究)는 물론 하학 공부(下學工夫)도 병행하였다.■26 이어 공맹 경학과 조선성리학으로까지 그 범위를 넓혔고, 그 결과 『서경해(書經解)』·『시경해제(詩經解題)』·『대학후설(大學後設)』·『중용후설(中庸後設)』, 『사칠동이변(四七同異辨)』 등을 저술하기에 이른다.

그는 공맹 경학과 정주학이라는 정통적 유학의 기초 지식을 익힌 뒤 이단보다는 이학이란 용어를 자주 사용하게 된다. 당시 신후담이 '이단'과

'이학'이라는 두 용어의 차이를 명확히 이해하고 있었는지에 대해서는 다른 과제로 미루고자 한다. 다만 그가 사용하는 용례에서 유추해 보면, '이학'이라는 용어를 자주 사용하면서 현실적·제도적 경세론에 관심의 비중을 높였다기보다는 학문적 논변이나 학설 문제로 자신의 견해를 표방하는 데 그치고자 하였음을 읽을 수 있다.

신후담이 대체로 '이학'이라는 용어를 사용하고, 이학의 주된 대상으로 양명학을 지목한 사실, 양명학도 명말(明末)의 역사적인 사실에 주목한 것 등은 직접 당대의 현실 문제와 결부시켜 이단 비판을 반비판하였던 스승 이익의 경세론적인 '이단 사상'과는 차이가 있다. 즉 신후담 자신이 처한 조선적 현실 문제를 직접 해결하려는 데에서 한 발 비껴선 학설적인 입장에서만 '이학'이라는 용어를 사용하여 비판하고자 한 것으로 해석된다.

신후담은 명말 청초의 중국 학자들 중에서도 정주학을 고수하려는 인물들의 양명학 비판론과 정주학에 관한 저술들에 주목하였다. 학문적인 논리 전개에 만족한 것으로 해석되는 그의 이학 비판론은 정주학 세계의 한계와 문제점을 현실적·객관적으로 바라볼 수 없게 하였을지도 모른다. 신후담의 주된 관심은 양명학, 노장학, 불교 등과는 다른 정주학의 차별성 이론이나 학문적 성격을 고찰해 내는 것이었다.

그는 노장학과 유학의 정통성 내지 차별성을 명확히 하기 위해 '태극도(太極圖)'의 창작자를 두고 논쟁해 온 진단설과 주돈이설에 주목하였다. 신후담 당대까지 두 학설이 팽팽히 맞서 왔다는 중국 사상계의 현실은 유학만의 독자적 전제(專制)가 중국 역사에서는 용이하지 않았다는 사실을 반영하는 것이다. 신후담이 주돈이의 사상을 계승한 학자로 알려진 설선(薛瑄)의 도론(道論)을 고찰한 것도 정주학의 정통성을 노장학의 계보와는 다르다는 입장을 세우기 위한 것으로 해석된다.■27

신후담은 소년기에 노장학에 심취하였고, 청·장년기에는 정주학과 공맹 경학을 터득해 간 인물이다. 그러므로 그는 유학의 태극도를 처음 만든 학자에 대한 관심도 많았다. 태극도의 창견(創見)이 '유학자 쪽에서 나왔을까? 아니면 노장학자 편에서 나왔을까?'에 관한 여러 의혹은 그의 당대는 물론 오늘날까지 이어져 왔다. 신후담은 '태극도는 노장학자 진단이 아니라 유학자 주돈이가 독창적으로 구상해 낸 것'으로 받아들였다.[28]

또한 신후담은 명말 양명학이 주류를 형성하였던 그 시대에 정주학을 견지하였던 학문 태도에 주목하고자 하였다. 명말에 『근사잡록』을 저술한 진진(陳瑱)이 정주학을 계승한 대표적인 학자로 선택된 것은 바로 그러한 이유에서이다. 신후담은 『근사잡록』이 주도면밀하지는 못하지만 정주학의 정통성을 계승하고자 한 뜻은 매우 높다고 긍정하였다.[29] 또한 정주학자 나흠순(羅欽順)이 "주자와 육상산(陸象山)의 학설상 차이점을 명백히 밝힌 측면은 매우 통쾌하다."라고 극찬하고 있다.[30] 그리고 명대 왕수인(王守仁)의 어록이나 경전 해석에 나타난 주장과 학문을 이학이라고 비판하였다. 특히 그가 『대학』을 해석한 내용은 모두 선가(禪家)인 불교 사상과 다를 바 없는 이학이라는 지적이다.[31]

신후담은 명대 정주학을 고수하려던 학설과 학자들을 통해 정주학의 정통성을 확인하고자 하였고, 이어 양명학자들의 학설과 저술 내용에 메스를 가해 이학적 내용을 추출해 내려는 입장을 취하였다. 그는 양명학의 비조인 왕수인의 학설은 선배 학자들이 이미 이학이라 규정한 것이 정설이라고 먼저 전제하였다. 그리고 왕수인의 『대학』 주석에 대한 이해를 고찰한 결과 그가 주장하고 있는 중심 이론은 선가 사상인 불교 사상과 다를 바 없는 이학 사상이라고 해석하였다.[32]

이어 육상산의 학문과 사상을 계승한 진헌장(陳獻章, 1428~1500)의 순허유물론(循虛有物論)도 적극 비판하고자 하였다. 진헌장의 순허유물론은 '문장(文章), 공업(功業), 기절(氣節)은 모두 마음의 함양(涵養)에서 나온다'는 견해로서, 이 세 가지를 모두 실학(實學)이라고 주장한 견해가 있어 왔음을 상기하였다.[33] 그러나 그러한 견해에 대해 신후담은 "문장, 공업, 기절이라는 이름만을 내세운 것은 근본에 근거하여 나오지 않았기 때문에 믿을 수 없는 견해"라고 해석하였다. 또한 명말 양명학 이론인 치양지설(致良知說)은 물론 정주학의 근본 이념인 '이(理)'와 '성(性)'이라는 이념 그 자체를 부정하려는 주장에 대해 "이와 성까지 부정하면 인의(仁義)가 모두 사라지게 되어 생민(生民)의 윤리가 없어지는 지경에까지 이른다."라고 강하게 비판하였다.[34]

그렇지만 신후담은 양명학자들이 주장하는 학설과 견해를 비판을 위한 비판을 하려 한 것은 아니다. 그는 양명학자들의 주장 속에서 정주학에 부합되는 내용은 비판적으로 수용하고자 하였다. 즉 양명학자 왕기(王畿)가 주장한 "치양지설은 결국 허적설(虛寂說)에서 나온 것으로 성학(聖學)의 종지(宗旨)이다."라고 이해한 내용에 대해, 신후담은 그의 성학에 대한 인식은 긍정적으로 해석하고자 하였다.[35]

또한 양명학자 정선부(鄭善夫)가 "진한(秦漢) 이후 경전(經傳)의 본질이 잘 전수되지 않아 잘못된 내용이 많고, 남송의 효종(1174) 이후에는 모든 학설이 수사학(洙泗學)과는 다르게 전개되어 갔다."라고 한 주장을 신후담은 동의한 것으로 생각된다. 즉 남송의 효종 이후 양명학뿐만 아니라 정주학까지 포함한 유학 전반이 본래의 수사학과는 본질이 다르게 전개되어 갔다는 정선부의 해석을 통해, 신후담도 양명학을 긍정한 그의 태도는 비판하였지만 수사학이 잘못 계승되어 갔다는 주장은 긍정한다.[36]

신후담은 왕기나 정선부의 양명학설 수용 자체에 대해서는 엄정한 비판적 견해를 가지고 있었으나, 두 학자의 성학 지향과 수사학에 관한 올바른 해석은 적극 수용하고자 하였다. 이러한 양명학자들에 대한 면밀한 대응적 비판은 그가 지향하고자 하는 학문과 사상이 결국은 수사학, 즉 선진 경학(先秦經學)의 추구로 향하고 있었음을 드러낸 것이다. 그렇지만 그의 선진 경학 지향은 공맹 유학만을 위한 정주학을 부정, 재구성하려는 사상은 물론 아니었다.

## 3. 서학 정보에 관한 경험

서학(西學)이라는 용어는 서태학(西泰學), 서태지학(西泰之學), 서태자지학(西泰子之學) 등과 같이 시대마다 다른 용어와 의미로 조금씩 변화되어 사용된 것으로 이해된다.[37] 그리고 서학서의 명칭도 양서(洋書), 서서(西書), 요서(妖書), 서태서(書泰書), 한역서학서(漢譯西學書), 한역서구학술서, 한역서양서, 한역서학서, 동전한역서학서(東傳漢文西學書), 동전한문서양서 등과 같이 선조대 이전의 중국 이외의 서적을 포함한 '서학'의 연원과 그 범위 등이 매우 포괄적이다.[38]

하지만 서학과 서학서의 경우 이익과 신후담이 활동하던 기간을 전후한 시기를 대상으로 제한하고자 한다. 또한 서학은 천주교 교리를 전하려는 유럽인들에 의해 만들어진 한문으로 된 서양 과학과 천주교 교리를 포괄적으로 의미한다는 차원에서 일반적인 이해 수준의 범위이다. 서학 정보에 관한 직접 경험[39]은 이익이나 신후담 모두 하지 못하였다. 간접 경험도 (1) 한역서학서를 직접 입수하여 읽는 경우, (2) 서적의 명칭이나 간략한 정보를 소개한 문헌을 통해 한역서학서의 문헌적 정보를 이해한 데 그치는 경우 등일 것이다. 이익과 신후담의 서학 경험도 (1)과 (2)의 경우에 해당된다.

## 1) 이익의 서학 경험

부친 이하진(李夏鎭)이 중국 연경에서 구해 온 한역서학서를 이익이 직간접으로 접할 수 있었다는 것은 잘 알려진 사실이다. 그가 직접 읽었거나 적어도 내용 파악 수준에 있던 한역서학서의 종류나 규모를 정확히 알 수는 없지만 기왕의 연구 성과에 힘입은 바를 추정하면 다음과 같다. 서양의 세계지리서와 지도인『곤여도설(坤輿圖說)』,『직방외기(職方外記)』,『만국전도』,『대지전도(大地全圖)』,『곤여전도(坤輿全圖)』등 5가지를 직접 읽었거나 간접 정보를 통해 파악하고 있었다.■40

그리고 천주교 교리와 과학 정보로서 우주론, 역법, 천문도, 천문, 수학, 의술 및 기기(器機) 등의 내용을 담고 있는『직방외기』,『천문략(天問略)』,『주제군징(主制群徵)』,『기하원본(幾何原本)』,『간평의설(簡評儀說)』,『곤여도설』,『혼개통헌도설(混蓋通憲圖說)』,『시헌력(時憲曆)』,『일월식추보서(日月蝕推步書)』,『서국방성도(西國方星圖)』,『칠극(七克)』,『서태수법(泰西水法)』,『천주실의(天主實義)』,『치역연기(治曆緣起)』,『원경설(遠鏡說)』,『건곤체의(乾坤體義)』,『성토탁개도(星土坼開圖)』,『육편방성도(六片方星圖)』등 무려 16가지 지도와 서적을 알거나 직접 보았다.■41

세계지리서와 우주론, 역법, 수학, 의료기술, 기기 등의 문헌을 대부분 읽었을 가능성은『성호사설』과『성호사설유선(星湖僿說類選)』등에서 책명과 발문, 그리고 새롭게 알게 된 서양 문명에 대한 높은 관심을 표명한 데서 추측할 수 있다. 특히『천주실의』는 발문을 지어『성호사설』과『순암

문집』 등에 전한다. 또한 『주제군징』은 서양 중세의 의학 수준을 다룬 책이다. 『성호사설』에는 내용 소개를 다룬 '서국의(西國醫)'란 논문 주제가 누락되어 있으나 『성호사설유선』에는 실려 있다.[42]

그 외 이익이 직접 읽었을 것으로 추정되는 문헌은 『기하원본』, 『칠극』, 『천문략』, 『직방외기』, 『시헌력』, 『원경설』, 『성토탁개도』 등이다.[43] 『직방외기』와 『천문략』 등은 중국 중심의 세계관을 극복해 간 이익의 지리적 세계관에 영향을 주었고, 『천문략』과 『성토탁개도』 등은 지구의 구형설을 사유할 수 있게 하는 내용을 담고 있다. 그리고 『시헌력』은 이익이 지향하던 중농주의에 기초한 경세론에 요구되는 역법을 담고 있다. 그는 신후담과의 서학 담론에서 서양의 역법은 중국의 역법을 훨씬 능가한다는 자신 있는 답변에서 명백히 밝히고 있다.[44]

또한 이익은 원경(遠鏡: 망원경으로 이해됨)에 관한 정보를 얻으면서 매우 관심이 높아 『원경설』을 읽게 되었고, 『기하원본』과 『천문략』은 중국인들이 도저히 좇을 수 없는 높은 수준이라고 찬탄하였다. 또한 화기(火器), 수차(水車), 양마(養馬) 등에 관한 정보를 얻고 있다. 한편, 『성호사설』에 소개되고 있는 서양 인물은 다음과 같다. 아리스토텔레스(亞利斯多, Aristoteles), 로드리게스(陸若漢, J. Rodrigues), 우르시스(熊三拔, S.de Ursis), 아담 샬(湯若望, Adam Schall), 디아즈(陽瑪諾, E. Diaz), 마테오 리치(利瑪竇, M. Ricci), 페르비스트(南懷仁, F. Verbiest), 알레니(艾儒略, G. Aleni), 판토하(龐迪我, D. Pantoja) 등이 그들이다.


## 2) 신후담의 서학 경험

신후담이 서양 문물을 접할 기회를 가질 수 있었던 가장 큰 배경은 성호 이익을 만나면서부터였다. 청소년기에 노장학과 정주학 중심의 학문을 쌓았던 그가 서학을 접하게 된 시기는 1724년 23세의 청년기에 이르러서였다.[45] 1724년 이익의 문인이 되는 과정에서 정주학의 폭넓은 지식과 새로운 학문의 깊이를 알게 되고, 거의 경험이 없었던 서학에 관한 폭넓은 정보도 듣게 된다.

이익이 신후담에게 들려준 서학에 관한 정보(한역서학서)는 『천주실의』, 『천문략』, 『기하원본』 등이었다.[46] 이 세 가지 문헌 중 『기하원본』은 직접 통독하지는 않았던 것으로 추정되지만, 이식(李栻)과의 만남에서 회고한 사실에 비추어 보면 책명은 확실히 알고 있었던 것으로 해석된다.[47] 『천주실의』는 천주교 교리를 담고 있고, 『천문략』과 『기하원본』은 대체로 과학 사상을 많이 담고 있는 문헌이다. 디아즈(陽馬諾, E.Diaz)의 『천문략』은 천문 역법과 우주론을 담은 책이고, 『기하원본』은 주로 수학을 기록한 책이다. 이상은 신후담이 서학 정보를 처음 얻으면서 이익을 만난 그해에 들었던 문헌들이다. 그렇지만 이 한역서학서들을 모두 적극 구입하거나 구하려는 깊은 호기심을 가지지는 않았던 것으로 추측되고, 직접 독서한 것은 『천주실의』와 『천문략』인 것으로 추정된다.[48]

이외 『영언려작(靈言蠡勺)』과 『직방외기』 등은 이익을 처음 만난 전후에 직접 읽었음은 그의 저술 『서학변(西學辨)』의 내용에서 확인된다. 그리고 신후담의 생애 말기인 1759년(1761년에 졸)에 『곤여도설』을 구하여 본 뒤 『곤여도설약론』을 저술했다는 사실로 미루어 보면 『곤여도설』을 직접 읽었거나 보았을 가능성이 있는 것으로 해석된다.[49]

# 4. 서학에 대한 이해와 대응

## 1) 이익의 서학 이해와 대응

### (1) 서양 과학 이해

성호학파의 서학 이해에 관해서는 기왕의 많은 연구 성과가 있으며, 그 대표적인 연구자로는 한우근[■50], 박성래[■51], 이원순[■52], 강재언[■53], 차기진[■54] 등이 있다. 기왕의 선학들이 연구한 방향은 이익을 주제로 다룬 것으로서 대체로 그의 서양 과학 이해에 주목하고 있다. 하지만 그의 서양 과학 이해를 통한 우주관·과학론은 성호학파라는 범주에 의한 분석적 이해가 부족한 측면이 있다는 것이 필자의 생각이다. 즉 이익이 사유하고 있던 우주관·경세론 등이 서학 이해와 수용 등을 통해 드러나고 있는 그 역사적인 위치가 이익 혼자만을 분리, 독립적으로 이해하여 평하고자 하는 측면이 부족했다는 추측이다. 신후담이나 안정복 등과 같이 정주학 시각의 틀을 과감히 벗어 보려는 의지를 갖지 못했던 문인들과 함께 통합적으로 해석해왔던 기왕의 연구 방향을 조금 다른 시각에서 전개할 필요가 있다고 생각된다.

### 우주론

동양의 전통적 우주론인 개천설(蓋天說)과 혼천설(渾天說)이 조선 시대에도 수용되고 있었다. 전자는 천원지방(天圓地方)이라는 관점이, 후자는 달걀의 노른자처럼 땅이 우주의 중심에 위치하고 둥근 하늘이 그 둘레를 감싸는 모양이라는 이론이다. 두 학설은 천동설(天動說)이라는 관점에서는 동등하며, 지구가 네모지다는 '지방'의 관점도 같다. 혼천설이 지구를 달걀의 노른자로 비유한 것을 전제로 '지구가 둥글다는 인식을 하였을 것'이라는 해석은 오해이다. 18세기 당시 조선의 학계는 지구의 구(球: 지구가 둥글다)에 대한 개념을 가지는 수준에 이르지 못하였다.

이익은 『성호사설』의 「담천(談天)」이라는 논문■55에서 동양의 전통적인 우주론을 고찰하고 있다. 먼저 송대 채침(蔡沈)의 『서경집전(書經集傳)』에 있는 개천(蓋天)·혼천(渾天)·선야(宣夜) 등 3가지 설이 있다는 것을 확인하고,■56 『이아(爾雅)』의 소(疏)에 채침의 3가지 이론 외 흔천(昕天)·궁천(穹天)·안천(安天) 등 3가지 설을 합쳐 6개의 학설이 있어 왔음을 주목하였다.■57 또한 명대 유기(劉基)의 『관상완점(觀象玩占)』에는 이 6가지 학설에 방천(方天)·사천(四天)의 2개 학설이 보태어져 있다는 사실을 추가로 확인하고 있다.

이익은 개천설과 혼천설을 통합적으로 이해하고자 한 '혼개설(渾蓋說)'을 동양적인 우주론으로 수용하고자 한다.■58 동양적 우주론을 '혼개설'이라는 이론으로 해석한 그는 구중천설(九重天說)에 대한 관심으로 심화시켜 나갔다.■59 '구중천'이라는 용어는 굴원(屈原)의 『천문(天問)』에서 처음 나온 것으로, 서양에서는 종동천(宗動天)으로 불리는 것이라고 이해하였다.■60 한편, 서학의 우주관은 태양·달·오성(五星) 및 경성(經星)이 도는 각각의 하늘 바깥에 또 하나의 하늘이 있어서 '종동천'이라고 한다는 것이다.■61 따라서 이익은 굴원의 『천문』에 나오는 구중천설을 서학의 우주론에서 다시 확인하고, 구중천설의 진위 여부에 관계없이 동서양의 학설상의 소통을 느끼게 된다. 이익이 서학에 대해 적극적인 배척 태도를 취하지 않고 있었다는 사실은 여기서도 확인된다.

서학에의 지속적인 관심으로 이익은 구중천설에서 더 나아가 십이중천설(十二重天說)로까지 관심을 옮기게 된다.■62 십이중천은 기존의 구중천에다 동서세차(東西歲差)와 남북세차(南北歲差)를 만드는 하늘이 종동천 안에 첨가되고, 종동천 밖에 영정부동천(永靜不動天)이 더 추가된다. 사실 십이중천설은 서양에서는 프톨레마이오스(C. Ptolemaeos)의 학설로 15세기 유럽의 그리스도교 사회에 지배적인 이론으로 자리 잡은 학설이다. 이익이 이 학설을 동서양 문헌 중 어디에서 고찰해 냈는지에 대해서는 밝혀 내기가 쉽지 않다. 다만 십이중천설은 구중천설과 마찬가지로 '천동설'을 벗어나지 못하고, 지구가 우주의 중심이라는 데는 이의가 없다.

이 십이중천설과 1543년 천문학자 코페르니쿠스(N. Copernicus)의 지동설을 절충한 학설이 티코 브라헤(Tycho Brahe)의 이론인데, 이익은 티코 브라헤의 학설에 근접한 우주론을 수용하고 있었다.[63] 즉 수성과 금성은 다른 행성과 달리 태양의 둘레를 돌고, 태양이 지구의 둘레를 돈다는 이론이 튀코 브라헤의 학설이다. 그 이론을 중국에 처음 소개한 서양 학자는 자크 로(羅雅谷, Jacques Rho)로 그의 저술 『오위역지(五緯曆指)』에 자세히 소개하고 있다. 이 학설과 비슷한 이론이 장재(張載)의 『정몽(正蒙)』에 기술되고 있는데, 중국에서는 처음으로 금성과 수성이 태양의 둘레를 돈다는 행성의 우주관을 주장한 학설이다. 이익은 『정몽』을 확실히 통독한 것으로 생각되지만[64], 『오위역지』를 직접 읽었는지는 명확지 않다. 하지만 많은 동서양 문헌을 읽고 천문에 관한 자신의 견해를 가지게 된 것만은 확실해 보인다. 그의 우주관은 지구가 어떤 형태로든 둥글고, 태양을 중심으로 금성과 수성이 돌고 있다는 부분적인 태양중심설을 확신해 가고 있었던 것으로 추정된다. 그런데 1543년 코페르니쿠스가 지구자전설을 주장한 이후에도 이를 강력하게 부인해 온 유럽 예수회의 입장인 '십이중천설'과 '지구자전설'을 절충한 튀코 브라헤의 이론 핵심이 중국으로 전래된 것이 자크 로의 『오위역지』의 학설이었다. 이 이론이 통설로 받아지고 있었던 것이 중화 질서 세계의 최신 정보였던 사실■65에 비추어 보면 이익의 우주관은 명철한 선진 정보를 이해한 수준이었음을 확인하게 된다.

이익은 『오위역지』를 접할 수가 없었던 것으로 추정되는데, 그럼에도 불구하고 튀코 브라헤의 학설에 근접한 수준의 우주론을 사유하게 된 것은 우연이 아니다. 그는 이단 비판의 조선적 현실을 이미 객관적으로 들여다보고 있었다. 이는 조선 사회 전체가 이단으로 몰아 배척해 온 그런 학문과 사상이 모두 비현실적·비과학적이지 않다는 것을 이미 깨닫고 있었다는 반증이다. 그가 서학을 객관적으로 바라볼 수 있는 안목을 지니게 된 것은 이단 비판 세상을 반비판의 입장에서 바라보는 냉정한 사유를 가질 수 있었기 때문이다.

16세기 전반에 코페르니쿠스가 지동설을 주장하였지만 그 이론이 서구 유럽의 지배 이론이 되기까지는 몇 세기가 더 필요하였다. 유럽 예수회 선교 사제단의 우주관으로 중국에 전해졌던 튀코 브라헤의 절충적인 학설은 공식적인 학설로 통했음에는 틀림없다. 그럼에도 불구하고 조선이라는 변방에서 이익은 코페르니쿠스적 사유의 자유를 다음과 같이 주장하고 싶었는지도 모를 일이다.

굴원의 「천문」에 대한 유자후(柳子厚)의 답변이 있지만, 장자의 기이하고 웅장한 변론이 그럴듯하다. 하늘의 운행에 관하여 "하늘이 움직이는 것인가? 지구가 돌아가고 있는 것인가? 해와 달이 달리기 경쟁을 하는 것인가? 누가 이러한 운동을 주재하고 얽매이고 있는가?" (중략) 그 뜻은 사람들이 '하늘이 움직이고 지구는 정지하고 있다'고들 하는데, 하늘이 정지해 있고 지구가 돌고 있는지를 어찌 알겠는가? 하늘은 언뜻 보기에도 하루에 한 바퀴를 돌아야 한다. 그런데 그 모양이나 규모가 대단히 크고 운행도 매우 빨

라야 하는데 그렇지 못할 것 같아 의심스럽다.[66]

즉 굴원의 「천문」에는 우주 전체에 대한 다양한 의문을 제기하고 있고, 이에 대한 답변을 겸하여 유종원(柳宗元)은 「천대(天對)」를 저술한 바 있다. 그러나 이들보다 먼저 『장자(莊子)』 천운편(天運篇)에 우주 전체에 관한 의혹, 즉 지구가 움직이느냐 정지해 있느냐를 넌지시 암시하고 있다는 사실을 이익은 알고 있었을지도 모른다. 그는 장자의 사유를 포함한 우주관을 굴원의 「천문」에 담긴 이론, 유종원의 「천대」의 학설을 통합적으로 해석하여 「천문천대(天問天對)」라는 논문으로 지동설을 사유하게 된 것으로 추정된다.

그러나 이익은 다시 지동설적인 자신의 사유를 유학적 세계관으로 혼효(混淆)시키고 있다.

비록 이 이론이 이치는 있지만 『주역』에 하늘은 끊임없이 움직인다는 내용이 있으니, 이것이 믿음직하지 않을까?[67]

이어 그는 결국 다음과 같이 결론을 맺고 있다.

성인은 모르는 것이 없고, 이 한마디야말로 믿을 만하니, 따라서 이를 좇겠다.[68]

### 의학론

이익은 의학 기술 정보에도 관심이 많았는데, 이러한 깊은 관심은 동서양 의학을 동시에 이해하고자 하는 데 이르렀다. 서양 의학 기술에 관한 이해는 아담 샬의 『주제군징(主制群徵)』(1610년 이후 완성)을 읽고 난 뒤에 정리한 자신의 견해에 잘 나타내주고 있다. 『주제군징』은 주지하다시피 서양의 중세적 의학론을 대표하는 의학관이다.

18세기 이전까지도 조선은 우주론의 한계, 유학의 강상윤리의 제약, 유심주의와 존재론 등이 특히 외과 의술의 발전을 가로막고 있었다. 이익이 활동한 18세기에도 인체를 직접 확인하면서 그린 인체 오장과 같은 오장도(五臟圖)나 인체해부도는 실제로 존재하지 않거나 작성되지 못하였다.[69] 그러므로 이익 자신도 제대로 그려진 '인체해부도'를 볼 수가 없었다.

조선 의학계에서 외과 의술인 인체해부도가 정확하게 그려질 수 없었던 배경에는 여러 가지가 있을 수 있다. (1) 의료 행위를 주체적으로 할 수 있는 신분이 중인들이었고, (2) 유학 사상 가운데 인체의 손상을 금기시하는 공자의 '효사상[신체발부 수지부모 불감훼상 효지시야(身體髮膚 受之父母 不敢毀傷 孝之始也)]'이 사회를 지배해 왔으며, (3) 사대부가 직접 유의(儒醫)로 활동한 사실도 있고, (4) 『맹자』의 '불인인지심설(不忍人之心說)'[70] 등등이 일찍이 인간 육체의 내부를 직접 들여다볼 수 없게 하였을지도 모른다.

17세기 유의 전유형(全有亨)이 임진왜란 당시 일본인 사체 3구를 해부하여 「오장도」를 그린 구전(口傳)이 있었다. 그 사실을 알게 된 이익은 전유형이 인체해부도를 그린 행위를 매우 높게 평가하였다.[71] 그런데 전유형은 1624년 이괄(李适)의 난 때 무고로 참형을 당하였는데, 세간에서는 이 참형이 사체 3구를 해부하여 「오장도」를 그렸기 때문이라는 소문이 돌았다는 전언(傳言)이다. 이익 자신은 세간에서 시체 3구를 해부한 뒤에는 의술이 더욱 정통해졌다는 소문이 났던 그 당시 사실을 두고 그의 참형을 매우 안타까워하였다.[72] 또한 자신이 보고 싶어 한 전유형이 그린 '인체해

부도'가 전해져 내려오지 못한 사실도 못내 아쉬워하였다.■73

### 역산론(曆算論)

고려 시대 원나라에서 수시력(授時曆)이 들어온 이후 조선에는 명나라의 대통력(大統曆)도 들어오게 되었다. 대통력은 수시력과 크게 다르지 않아 조선에서는 『칠정산내·외편(七政算內外篇)』이 만들어지기 전까지는 수시력 역법을 적용하고 있었다. 그 뒤 17세기 중국에서 들어온 서양의 역법은 중국과 조선에서 그 정밀성 또는 정확함 때문에 찬사를 받았다. 이익도 청나라로부터 들어온 서양 역법인 시헌력만이 일식과 월식 등을 정확히 예보해 낼 수 있다고 이해하였다. 그가 신후담을 만나서 서학의 『기하원본』과 『시헌력』 등은 중국이 미칠 수 없는 학문 수준이라 극찬하고,■74 서학을 "가볍게 보아서는 안 된다."라고■75 충고한 사실 등은 서학에 관한 대응 태도가 매우 긍정적이었음을 말해 준다.

## 2) 신후담의 서학 대응과 비판

### (1) 서양 과학의 이해

신후담은 이익을 만나기 전에는 서학에 관한 직간접 정보에 관심을 갖지 못하였다고 생각된다. 앞 장에서 인용하였듯이 그는 노장학과 소설패사류에 빠진 소년기를 지나 정주학 공부를 본격적으로 시작하면서 이익을 만났고, 그 과정에서 서학에 눈을 뜨게 되었다. 그러므로 그가 서학 정보를 처음 접하게 된 시기는 1724년 23세의 청년기로 스승 이익과의 만남에서부터이다.■76

신후담이 처음 서학을 접하면서 관심을 보인 과학 사상은 천문과 지리

부분에 관한 것이었다. 그는 『영언려작』, 『천주실의』, 『직방외기』 등 3가지 한역서학서를 읽고 자신의 해석으로 비판한 내용 3편이 『서학변(西學辨)』이다. 그런데 그의 서양 과학 사상을 고찰할 수 있는 부분은 「직방외기편」이다. 즉 그는 「직방외기편」에서 세계지리에 관한 새로운 정보를 접하고도 관심은커녕 조목조목 비판을 가하고 있다.

생애 전반기 신후담의 과학 사상은 『직방외기』를 비판하는 견해에서 잘 드러내 주고 있다. 『직방외기』라는 책명이 붙여진 배경은 '직방(職方)'이라는 용어가 주나라 관명의 뜻을 담고 있고, '외기'는 '중국 바깥의 세계'라는 의미를 가지고 있다. 즉 지도를 관장하면서 조공을 맡았던 관직이 '직방'이고, 전통적인 중국의 여지도(輿地圖)에 없는 '직방이 관장하지 않은 권역의 세계를 다룬 책'이라는 뜻이 '외기'이다. 『직방외기』의 내용이 세계지리와 학교 제도 등을 담고 있는데도 불구하고, 신후담은 서문의 내용을 꼬집어 비판하고 있다. 그는 『직방외기』는 결국 불교를 조술(祖述)하고 있고, 그 견해가 매우 고루하다고 격하(格下)한다.■77 이 저술의 서문은 세상 사람들을 유혹하여 끝없이 전도하면서 서학화(西學化)를 꾀하고자 하는 불교 사상과 다를 바 없다고 강하게 폄하하고 있다.

한편, 서학에 담긴 학문관과 학교 제도에 대해서도 신후담은 긍정적으로 바라볼 수 있는 내용이 전혀 없다고 전제한다. 즉 그들의 학문은 천명본연(天命本然)의 선(善)에서 벗어나 있을 뿐만 아니라 인륜 일용(人倫日用)의 일상생활에 어둡다고 해석하면서 유학의 교육 제도나 학문의 우월성을 들어 경시하고 있다.■78 그들의 학문이나 학교 제도는 유학의 제도를 견강부회하여 짜 맞추기에 불과하고, 우리 유학과는 근본적으로 다르므로 더 이상 거론할 가치가 없다고 비판한다.

신후담은 세계지리에 관한 이해에서도 중국 중심의 세계관에서 조금도 탈피하지 못하는 태도를 견지한다. 즉 유학은 "실제로 답사하여 경험하지 못한 세계에 대해 군자는 언급하지 않는다."라고 해석한다.■79 그러므로 『직방외기』에 기록된 5대주에 관한 기사는 믿을 수 없다는 이해이다. 지구의 궁벽진 데까지 직접 답사할 수 없는데도 불구하고 실제로 그들은 문견(聞見)한 것처럼 세계지리를 기술한 것으로 호도하면서 그 내용은 전혀 믿을 수가 없다는 것이다.■80

세계지리가 중심 내용으로 기술된 『직방외기』를 불교 사상과 똑같은 이학의 저술로 단정하고, 그들의 학문관과 학교 제도에 관한 기록도 단지 유학과 다르다는 이유로 거론조차 할 필요가 없다고 배타적인 입장을 취하였다. 중국 이외에 5대주의 세상이 있다는 새로운 정보에 관한 불신은 (조선의 과학 수준 시각으로는) 직접 답사하지 못했을 것이라는 선입관이 그 배경에 깊이 깔려 있음을 확인할 수 있다.

한편, 생애 후반기 신후담의 서양 과학 사상과 우주관을 이해할 수 있는 『천문략론』의 저술이 현전하지 않아 생애 전반기 서학에 대한 배타적 입장이 후반기가 되면서 변화되는 여부를 고찰해 내지 못하고 있다. 『천문략론』은 1759년 신후담이 죽기 2년 전에 완성한 저술로, 디아즈가 저술한 『천문략』을 읽고 자신의 해석을 담은 저술로 추정된다. 「하빈연보」에는 『천문략론』과 『곤여도설약론』의 저술을 소개하면서, "신후담이 『천문략』은 서술 전개가 매우 정핵하다고 하면서도 결국은 이학서(異學書)로 결론 내리고 있다."■81는 사실이 주목된다.

『천문략』은 동양의 전통적 천원지방설인 구중천의 우주관을 극복하고, 지원설(地圓說)의 우주관으로 발전시킨 문헌이다. 수성과 금성이 태양의 주위를 돌고 하늘이 지구를 돈다는 튀코 브라헤의 우주관보다 조금 뒤진 이론이지만, 지구가 네모지다는 천원지방설을 극복하고 있다는 사실에서는 중세 우주관에서 앞서가는 학설이다. 신후담이『천문략』을 읽었기 때문에 지원설에 관한 자신의 견해를『천문략론』에 담았을 것으로도 추정해 볼 수 있다.

또한『곤여도설』을 보았다는 사실에서도 그가 지구에 관심을 가졌다면 '지구가 둥글 수 있다'는 지원설을 간파해 낼 수도 있었을 것이다. 그러나 청장년기의『서학변』에는 여전히 천원지방설을 그대로 믿고 있었음이 확인된다. 즉 신후담은『직방외기』를 비판하는 내용 중에서 "천지사궁지애(天地四窮之涯)"■82라는 표현을 쓰고 있다. 지구가 5대주로 구성되어 있다는 사실과 세계전도 등을 통해 '지구가 둥글다'는 사실을 간파할 수 있는 사유 체계가 '이학'에 물든 정주학적 시각에 가려 형성되지 못하고 있음을 확인할 수 있다.

## 3) 이익과 신후담의 서학 담론

이익과 신후담이 첫 번째로 만난 것은 1724년(숙종 50)이었다. 이익은 44세의 장년 후반기이고, 신후담은 23세의 청년기에 들어선 나이였다. 신후담은 이익을 만나기 전에 한역서학서를 직접 본 적은 없었던 것으로 생각되고, 일본에서의 천주교 전래 소식과 일본 내 천주교 신자들에 관한 정보를 들은 것으로 여겨지는데,■83 서학에 거의 관심을 가지지 못할 정도로 한역서학서는 직접 접해 보지 못하였다.

한편, 이익의 경우『성호사설』과『성호사설유선』등에 밝힌 한역서학서가 21권이나 소개되고 있다. 그렇지만 그가 21권 모두를 신후담을 만날 당시 이미 알고 있거나 읽었는지는 명확하지 않다. 다만 신후담과의 대화에서 서학에 관한 정보가 매우 깊다는 사실은 확실해 보인다. 그런데 1724년 신후담을 만나기 전 이익은 이미 당시 이천에 살고 있던 당대 거유 이식(李栻, 1659~1729)과 서학 담론을 벌인 적이 있었다.

두 학인의 논쟁 주제는 사람의 정신(精神, 또는 精과 神)에 관한 의학적인 문제였다. 사실 동양 철학이나 의학론에서 이른바 '정신'이란 용어로 통할 수 있는 이칭으로는 정(精)·신(神)·심(心)·의(意)·지(志)·영(靈)·혼(魂)·백(魄)·혼백·영혼·지(智)·혈(血)·맥(脈)·기(氣)·성(性) 등등이라고 할 수 있다.■84 특히 혼백·영혼·정신 등이 인간 육체와 독립적인 존재인지 종속적인 부속물인지에 관한 논쟁은 유럽 예수회의 입장과 중국 학인들 간에 이미 있어 왔다. 『천주실의』와 『영언려작』 등의 예수회 사제들의 성리학 비판도 이 문제에 초점이 맞추어져 있었다. 이익이 이식과 벌인 논쟁도 그 연장선에서 전개된 의학관(醫學觀)이었다.■85

예수회의 입장이 반영된 이익의 뇌낭설(腦囊說)과 성리학 이론이 반영된 심신론(心腎論)이 바로 그 이론이라고 생각된다. 한역서학서에서 '뇌낭'이란 용어를 보게 된 이익과 누구의 학설인지 확실하지는 않는 심신론을 익히 알고 있던 이식과의 의학설 논쟁은 서로 견해 차이만 확인하고 일단 중단되었다. 두 학인의 의학설 논쟁은 이후로 몇 년의 세월이 흘러갔는데, 마침 신후담이 이익에게서 서학에 관한 정보를 들으면서 두 학인의 의학설 논쟁 사실이 다시 드러나게 된 것이다.

이익과 신후담의 담론 역시 스승과 문인 사이라서 그렇기도 하였지만, 신후담의 의학관도 이식이 이익과 논쟁을 벌인 연장선과 크게 다를 바가 없었던 것으로 이해된다. 이익과 신후담의 담론은 학문 논쟁이 아니었고, 대체로 신후담이 질문하면 이익이 답을 하는 형식을 취한 것이다. 그 담론의 개략적인 전개 내용을 정리해 보면 다음과 같다.

이익과 신후담은 1724년(갑진년)에 두 번, 1725년(을사년)과 1726년(병오년)에 각각 한 차례씩 네 번 만나서 서학에 관한 담론을 벌였다. 담론의 내용은 신후담의 저술『서학변』의「기문편(紀聞編)」에 모두 기록되어 있다. 네 번의 만남에서 (1) 과학론 중에서는 천문 역법과 의학론, (2) 천주교 교리 중에서는 영혼론을 중심으로 문답한 서학론이 대부분이다. 또한 식산(息山) 이만부(李萬敷)와 익위(翊衛)를 역임한 이식(李栻) 등을 각각 한 차례씩 만나서 담론한 내용들을 정리한 것도『서학변』의「기문편」에 함께 실려 있다.▪86

두 사람의 첫 번째 만남에서 신후담의 첫 번째 관심은 '이익이 서학을 어떻게 받아들이고 있는가?'였다. 이익은 신후담의 관심적인 질문에 대해 "그들의 학문을 소홀히 넘길 수 없고, 『천주실의』와『영언려작』같은 서학서는 우리 유학과 반드시 합치되는지는 모르겠지만 그들이 주장하는 도(道)를 살펴보면 성인(聖人)이라고 할 수 있다."는 긍정적인 이해의 입장에 있음을 알려 준다.▪87 이어 그는 "그들이 내세우는 도가 우리 유학의 심성설(心性說)과 같지 않다고 하더라도, 결국에는 반드시 그렇지 않다는 것을 또한 어찌 알겠는가?"▪88라고 유학과 서로 관련 있는 측면도 있을 수 있다는 확신까지 표명한다.

한편, 불교에 대해 이학이라는 용어를 사용하면서까지 차별화하여 비판하고자 하였던 신후담에게 이익은 서학 이론은 불교의 사상과는 다르다는 주장을 편다. 즉 "천주교 교리에는 불교의 천당지옥설과 같은 내용이 있지만, 불교는 (결국) 적멸(寂滅)일 뿐이고, 서태지학(西泰之學)은 실용적인 내용이 담겨 있다."▪89는 것이다. 그러자 신후담은 "그 실용적 측면은 요순시대의 성세(盛世)와 같은 치도(治道)가 있는지?"▪90 등 서학을 배타적인 시각으로 비판하는 질문을 이었고, 이익은 다음과 같은 구체적인 사실을 들어 설명한다.

그들의 주장을 들여다보면 치도를 내세우는 것도 있고, 성군현주(聖君賢主)의 일을 살핀 내용도 있네. 그리고 실용적인 측면으로는 『천문략』과 『기하원본』 등과 같은 천문주수법(天文籌數法)을 소개한 내용도 있는데, 이는 우리 유학에서는 지금까지 미처 깨닫지 못하여 상세히 밝혀내지 못했던 것일세. 그렇기 때문에 이들은 경세에 큰 도움이 되는 유익한 내용을 담고 있네.■91

서학에 관한 정보를 얻지 못하고 있던 정주학자 신후담의 입장에서는 서학에 관한 구체적인 정보를 알고 싶기도 하였지만, 스승 이익의 긍정적인 서학관을 의아해하는 측면이 강했던 것으로 판단된다. 첫 만남이 있은 지 4개월 동안 신후담은 『직방외기』와 『천주실의』 등을 직접 읽고 난 뒤 자신의 견해를 가지고 두 번째로 이익을 찾았다. 같은 해 가을 두 번째 만남에서 신후담은 아무것도 몰라 듣기만 했던 첫 번째 만남과는 달리 이익에게 '서학은 사학(邪學)이다'라는 단정적인 주장을 하고 나섰다.

신후담은 "『직방외기』에 담긴 도(道)는 불교를 완전히 답습한 것으로 사학임에 틀림없다."라고 거듭 주장하고 나섰다.■92 그렇지만 신후담은 '서학이 사학임에 틀림없다'는 확신을 가지면서도, 첫 번째 만남에서 '서학에서 취할 부분이 있다'는 이익의 긍정적인 태도를 다시 상기하게 된다. 그래서 신후담은 '이익의 서학에 대한 깨달음의 수준에 자신이 못 미치는 무엇인가가 있을 것'■93이라는 미심쩍은 정보를 얻기 위해 확인 차원의 질문을 다시 한다. 이익은 신후담의 서학은 '사학(邪學)이라는' 주장에 대해 '그렇지 않다'고 단호하게 대응하면서 "서학은 그렇게 가볍게 볼 수 없다."■94라는 충고를 하게 된다.

'서학을 가볍게 보지 말라'는 이익의 충고를 들었는데도 불구하고, 집으로 돌아온 신후담은 스승의 가르침을 무시하고 지우들에게 서학을 비판하고 다녔다. 그 결과 직접 신후담에게 '서학 비판 주장'을 들은 바 있는 소남 윤동규가 이익에게 그 소식을 전하게 되었다. 그러자 이듬해(1725) 가을 세 번째로 만난 자리에서 이익은 다음과 같이 신후담의 강한 서학 배척이 경솔한 태도라고 지적한다.

내가 윤유장(윤동규의 자가 幼章)에게 들은 바 자네는 서학을 배척하는 데 온 힘을 쏟고 있다는데, 서학이 도대체 어떤 것인지 알고나 그렇게 행동하고 다니는가? (중략) 그들의 천주설도 비록 애매하기는 하지만 그 이론을 유학 경전의 상제(上帝)·귀신론(鬼神論)과 비교해 보면 연관이 되는 측면도 있네. 그 때문에 중국 학자들이 무턱대고 천주설을 배척하려고만 날뛰다가 서양 학자들의 논리에 굴복하게 된 것이네. 그렇다면 자네가 취하고 있는 (강경한) 서학 배척 태도도 그들의 이론을 제대로 연구하지 않고서 경솔하게 행동하는 것이 아닐까 매우 염려가 되네.■95

즉 서학에 관한 구체적인 연구 결과에서 나온 언행이 아니라는 지적이다. 서학을 대하는 태도가 경솔하다는 이익의 엄정한 지적에, 신후담은 자신이 서학에 대해 깊이 있게 연구하지 못했음을 솔직히 시인하면서 또한 『직방외기』에 실린 내용이 황탄하다는 심회를 소남 윤동규에게도 털어놓았다고 고백하였다.■96 이익은 신후담의 고백에 서학자들이 중국으로 건너 온 과정을 구체적으로 설명해 주고, 그 설명을 들은 신후담은 다음과 같이 자신의 소회를 밝히면서 다시 질문을 하게 된다.

지금에서야 선생님의 가르침으로 서학의 시비(是非)를 짧은 시간의 이론으로 타파할 수 있는 (가벼운) 것이 아님을 비로소 알게 되었습니다. 그러나 저의 소견으로 저들은 대개 재주가 있고 술(術)에는 고단수인 것 같습니다. 그러므로 그들의 성력 이론(星曆理論)은 정묘(精妙)한 곳이 있으므로 수용할 만합니다만, 그 도(道)를 논함에 있어서는 황탄한, 이른바 현지(賢智)가 지나친 것 같습니다. 도대체 저들의 성역 이론은 고인(古人)들의 성력 이론과 이동(異同)은 어떤 것인지요.■97

신후담은 서학의 역법은 긍정적으로 수용할 만하지만 천주교 교리는 도저히 받아들일 수 없다고 단호한 배척 태도를 취하였다. 신후담은 그들의 역법도 수용할 만하기는 하지만 우리 전통적인 역법의 한계 내에 있는 수준에 불과할 것이라는 추정에서, 그들과 우리 고인의 역법의 차이점을 다시 확인하고자 하였다. 이익은 신후담의 질문에 일식과 월식에 관한 서학 이론을 지구에서의 관점에서 입론되었음을 답변해 주고 있다.

즉 그는 "일식이나 월식이 서쪽에 있으면 서쪽에서는 볼 수 있지만 동쪽에서는 보지 못하는데, (어느 쪽에서) 볼 수 있고 볼 수 없는 것으로 인해 일식·월식이 되고 되지 않을 뿐이라서 일경도(日景圖)를 그려 그 까닭을 밝힌 것이다. 대체로 그들의 모든 학설은 지금 중국 역서를 살펴보면 옛날에는 없는 이론이다."■98라고 자세히 논증해 주고 있다. 이처럼 구체적인 서학 정보에 관한 설명을 신후담에게 논증해 주고도 미흡하였던 지 다음과 같이 자신의 확신에 찬 견해로 거듭 강조하여 들려준다.

(그들의 이론들은) 서국이라는 먼 곳에서 와서 하루아침에 창견(創見)한 이론은 아니네. 나는 일찍이 서학서를 접하여 그들의 이론을 경험해 보았더니 하나하나가 참으로 옳아서 믿지 않을 수가 없었네. 나는 위서(緯書) 중에서

정현의 한 학설을 보았는데, 지구 두께가 3만 리라는 것이었네. 정현의 학

설은 서태학이 지구 둘레가 9만 리라고 한 것과 암묵적으로 서로 부합되고

있네. (중략) 그러나 이미 그 논지의 당연한 이치를 알았다면 어찌해서 (우리

전통의 학설인) 옛날과 다르다는 이유로 그것을 취하지 않으려고만 하는 것

인가?■99

이익의 확신에 찬 답변에도 신후담은 의아심을 풀지 않았다. 그리고 그

의아심의 해결 방법은 향후 서학과 전통 유학에 관한 더 많은 연구를 통해

스스로가 확인해 가고자 다짐하였다. 그러고도 여전히 다른 의혹을 풀지

못해 이익에게 다시 서학자들의 역학 이론(曆學理論)을 중국 학자들이 얼

마나 따르고 믿었는지에 대해 질문하였다.■100 이 질문에 이익은 "당시 중

국 학자들 중 역학 이론을 접한 자들이 많이 믿고 경청하였는데, 이지조(李

之藻)는 그들 학설을 혹신(酷信)하여 그것을 전하기 위해『혼개통헌(渾蓋

通憲)』을 저술하기도 하였다."■101라는 사실을 들려주었다.

신후담은 세 번째 만남에서 돌아온 뒤『천주실의』와『영언려작』등에

관한 공부를 한 뒤, 1726년 네 번째로 이익을 찾게 된다. 신후담은 "두 저

술에서 논하는 이론은 완전히 불씨(佛氏)를 답습하고 있고, 영혼설을 뒷받

침하는 내용들은 교탄(矯誕)하고 이치에 닿지 않아 혹세무민의 뜻이 현저

히 드러나 있어 그 도(道)를 배척하지 않을 수가 없다."라고 주장한다. 이에

이익은 신후담의 천주교 교리를 비판하고 배척하는 태도에 대해, "서양의

선비들이 어찌 반드시 혹세무민하고자 하겠는가? 다만 귀신을 혹신할 뿐

이라서 그런 것일 뿐이네."라고 지적하면서 객관적 수용 태도를 취할 것을

간곡히 요청하였다.

신후담은 마지막 질문으로 서학 이론에서 양명학설를 일부 원용하여 정

주학의 태극설을 비판한 사실을 들춰내고자 하였다. 그는 "태극설 비판은 서학자들에서 나온 견해가 아니라 중국의 호사자(好事者)들이 견강부회하기 위해 만들었지 않았나 하는 의심까지 하기에 이른다."■102라고 하였다. 이익은 신후담의 그런 의심에 대해 "태극설을 변척(辨斥)하는 이론도 비록 육왕학(陸王學)과 우연히 합치되기는 하지만 그 학설 또한 스스로 주견이 담겨 있다."■103라고 해명하였다.

네 차례의 서학 담론에도 불구하고 신후담은 스승 이익의 서학에 관한 정보 전달 내용을 자신 있게 받아들이지 않고 있었다. 이익이 전한 서학에 관한 정보 내용을 명확하게 판단하기 위해 그는 당시 정통 정주학자로 명성이 높은 이식(李栻, 1659~1729)과 식산(息山) 이만부(李萬敷, 1664~1732)를 차례로 방문하였다. 신후담은 1728년 먼저 익위(翊衛)를 역임한 이식을 방문하여 이익이 들려준 서학 이론으로 '뇌낭설'과 '삼혼설(三魂說)'이 있다는 사실을 알려 주면서 이익은 두 학설을 확실히 믿고 있는 것 같다고 전한다. 그러자 이식은 몇 년 전 자신과 이익이 '심신설(心身說)'을 가지고 학설 논쟁을 한 사실이 있었음을 회고하였다. 결국 두 학자의 '심신설'에 관한 논쟁은 결론을 얻지 못한 채 중단되었다는 사실■104 은 전술한 바와 같다.

이식을 만난 이듬해인 1729년 가을 신후담은 또 다른 정주학자 식산 이만부를 방문하게 된다. 이 방문에서 이만부가 서학에 관해 묻자, 신후담은 '삼혼설'과 '뇌낭설'이 있음을 전해 주었다.■105 신후담의 자세한 설명을 들은 이만부는, 삼혼설은 유학에서 그 연원이 있는 이론으로 바로 성리학의 '인물통색지론(人物通塞之論)'에 불과하다고 하였다.■106 또한 뇌낭설도 전통 의서(醫書)의 이론인 '수해설(隨海說)'과 관계가 깊은 학설로 이름만 새롭게 붙인 것에 불과하므로 그 술(術)이 절출(絶出)한 견해가 아니라고■107 단정적인 답변을 주고 있다.

1730년을 전후한 시기로 추정되는 신후담의『서학변』저술은 이와 같은 배경에서 나온 것으로 해석된다. 그러므로 그의 서학 대응 태도는 성호 이익과의 담론에서 차별적으로 드러나고 있으며, 이식과 이만부를 만나고 난 뒤 서학 배척 입장을 더욱 굳힌 것으로 해석된다.

## 5. 요약 및 결론

성호 이익과 하빈 신후담에 대한 이상의 고찰에서 두 학인의 서학 이해와 대응론은 다음과 같이 정리될 수 있다. 첫째, 조선적 정주학 지상주의의 이단 비판 사회에 대응하는 두 학인의 태도에서 차이가 드러나고 있다는 해석이다.

성호 이익은 조선 후기 이단 비판 사회가 경세론과는 동떨어져 비현실적으로 전개되고 있음을 개탄하고 있다. 정주학만의 정치 사회를 지향해 온 양반들이 타 사상과 학문은 모두 이단으로 배척하는 이념적 태도가 옳다면 "왜 조선 정치 사회가 붕당으로 얼룩지고 백성들의 생활이 피폐해지고 있는가."라고 반문한다. 그리고 정주학만을 공부한 선비들이 길거리에서 이해 다툼으로 싸우는 백성들을 전혀 설득해 내지 못한 비현실적인 상황을 비판하였다. 또한 그는 '불가의 수양 방법이 마음 닦음 공부에는 유학보다 더 어렵고 힘든다.'는 이단 비판의 맹점들을 지적한다. 그 결과 외과 의학에 필요한 인체해부도를 제대로 그린 사실조차 없고, 그려진 인체해부도조차 전승되지 못하는 이단 비판의 정치 사회적 현실을 안타까워하였다.

한편, 신후담도 소년기에는 이단학이던 노장학에 몰두한 전례가 있다.

그러나 청·장년기에 들어 다시 정주학을 공부하면서 불교와 양명학을 이 단 사상으로 지목하여 철저한 비판 의식을 지니게 된다. 특히 서학 정보를 접하면서 불교와 양명학을 서학과의 연장선에서 이단학으로 주목하여 이 학(異學) 사상을 견지하게 된다.

둘째, 한역서학서를 접하는 서학 정보에 관한 이해에서는 두 학인 간에 처음부터 차이가 있었다. 이익은 조상의 덕으로 일찍이 한역서학서에 관 한 정보를 많이 얻어 서양의 역법은 물론 천주교 교리인 삼혼설과 뇌낭설 까지 이해하게 된다. 그가 직접 읽거나 알게 된 한역서학서는 21종이다. 새로운 정보에 관한 선습득(先習得)은 성호 이익의 사상과 학문에 많은 영 향을 주었음은 물론이다.

이와 반대로 신후담은 이익을 만나기 이전에는 일본에서 전개되고 있는 천주교 전파 사실 몇 가지만 전해 듣고 있었다. 그 뒤 이익을 만나 서학 정 보를 얻게 되면서 『천주실의』, 『영언려작』, 『직방외기』, 『천문략』 등을 읽 었다. 따라서 두 학인은 서학 정보에 관한 다과(多寡)와 선후습득(先後習 得)의 기회에서 이미 많은 차이가 드러나고 있다. 그리고 새로운 정보에 접근하더라도 그 새로운 정보를 이해하려는 태도는 기왕에 형성된 학문과 사상의 배경적인 특성이 어떤 위치에 놓여 있는지에 매우 중요한 영향을 받는다고 판단된다.

셋째, 서학 자체는 물론 서학 가운데 과학 사상과 천주교 교리에 대한 관 심과 대응에서 두 학인은 확연한 차이를 드러내고 있다.

성호 이익은 천주교 교리인 삼혼설과 뇌낭설에도 관심을 두고 의학적 관점에서 해석해 보려는 노력과 지혜를 발휘하였다. 그리고 그들의 과학 사상에도 깊은 관심을 가지고 서학자들의 지혜를 이해하려 하였다. 지구 구형과 지전설(地轉說)까지 사유하는 수준에까지 이른 것은 서학의 영향이 미친 결과라고 생각된다. 망원경에 대한 이해, 십이중천설·종동천설 등을 천주교리와 연결시켜 해석하려는 태도, 뒤코 브라헤의 학설에 근접한 우주관은 당대 동양적인 보편적 학문과 사상을 뛰어넘는 수준이라고 이해된다.

이익의 긍정적인 접근과 이해와는 달리 신후담은 처음부터 서학을 이학으로 단정, 그들의 천주교 교리에만 관심을 집중시켰다. 비록 『천문략론』과 『곤여도설약론』을 저술하여 서양 성력학에 관심을 나타냈지만, 그가 주목한 것은 이학 세계인 오직 천주교 교리였다. 그 결과 성호 이익의 긍정적 서학관을 믿지 못하고 정통 정주학자인 식산 이만부와 이식을 찾아 자신의 정주학적 입장의 이학적 서학관을 공유적으로 견지하고자 하였다. 결국 '서학은 이학'으로 단정하여 배척하려는 『서학변』을 저술한 사실은 그 연장선에서 해석될 성격이다.

넷째, 특히 우주관에서 두 학인은 동시대 인물로서 서로 매우 다른 세대를 사유하고 있었다고 이해된다.

성호 이익은 서학 역법의 우수성을 확실히 긍정하여 수용적인 태도를 취하고 있고, 지구의 구형설을 서학을 통해 이해하기 시작하였으며, 심지어는 도가인 『장자』를 빌리기는 했지만 지전설의 가능성을 사유하는 근대적 사상에 한 발 다가서고 있었다. 천주교 교리 자체에 대해서도 적극 긍정하지는 않았지만 '삼혼설'과 '뇌낭설'을 인간의 생명론과 연결시켜 의학적 시각에서 과학 사상으로 이해하고자 하였다.

한편, 하빈 신후담이 이익의 서학 정보 전달에 수긍했던 사실은 서양 역법의 우수성을 인정했던 측면으로 해석된다. 그러나 그는 지구의 구형설을 이해하지 않았거나 못하고 있었고, 지전설이 학설로 존재하는 것조차 알지 못하였으며, 삼혼설과 뇌낭설에 대해서도 과학적인 해석이나 합리적인 사유를 하기보다는 이학설로 단정하고 『서학변』을 저술하여 비판하면서 정주학적 세계관을 강하게 표출하였다. 더욱이 문화적 중화세계관은 조선 후기 모든 학인이 극복하지 못했던 사실이지만, 지리적 세계관의 새로운 지평을 이해할 수 있는 『직방외기』의 지리 정보조차도 비현실적인 사실로 치부하여 외면하려 한 사실은 그의 학문과 사상이 성호 이익과는 시대를 달리해 간 측면을 잘 보여 주는 것이라고 해석된다.

1. 한우근, 1980, 『성호 이익연구』, 서울대학교출판부; 한중실학연구회, 1998, 『한중실학
   연구』, 민음사; 한국철학사연구회, 2002, 『한국실학 사상사』, 다운샘; 금장태, 2003, 『조
   선 후기 유교와 서학』, 서울대학교출판부; 貫井正之, 1964, "성호 이익", 『조선연구』 30,
   일본연구소; 이용범, 1972, "이익의 지동론과 그 논거-附 홍대용의 우주관-", 『진단학
   보』 34; 이원순, 1977, "성호 이익의 서학세계", 『교회사연구』 1; 박성래, 1978, "한국근세
   의 서구과학 수용", 『동방학지』 20; 유제광, 1983, "조선의 천주교 수용과 전례문제에 관
   한 연구", 단국대 교육대학원 역사전공 석사학위논문; 전중배, 1987, "조선학인들의 지
   구설 도입과 대외관 -특히 성호 이익을 중심으로-", 동국대 사학과 석사학위논문; 이용
   범, 1988, "이조실학파의 서양 과학수용과 그 한계 -김석문과 이익의 경우-", 『동방학지』
   588; 강재언, 1990, "서학수용의 선구자 이익", 『조선의 서학사』, 대우학술총서·인문사회
   과학 47, 민음사; 김용걸, 1991, "성호 이익의 근대적 사유』, 『도암유풍연박사회갑기념논
   문집』; 허종옥·이명남, 1992, "조선후기에 있어서 상제·귀신론관의 사회사상적 의의에
   관한 고찰 1-성호 이익과 신서파 및 공서파의 경우를 중심으로-", 『사회과학논집』 11(1);
   김홍경, 1993, "성호 이익의 과학정신-신비주의사상 비판을 중심으로-", 『대동문화연
   구』 28(3); 남명진, 1993, "조선조 실학에 있어서 근대정신의 형성과 전개", 『유학연구』 1;
   구만옥, 2000, "성호 이익의 과학 사상", 『민족과 문화』 9; 금장태, 2000, "성호 이익의 서
   학인식", 『동아문화』 38; 서종태, 2001, "이익과 신후담의 서학논쟁-『둔와서학변』의 기문
   편을 중심으로-", 『교회사연구』 16; 김성수, 2008, "조선후기 서양의학과 인체관의 변화-
   성호학파를 중심으로-", 『민족문화』 31.
2. 『태종실록』 태종 8년 9월, 경신조(庚申條). 태종의 장인이었던 민제(閔霽)가 사망하자
   그의 사평에서 "이단을 배척하고, 음사(淫祠)를 미워하고, 자신의 방 안 벽에 개를 통해 승
   려와 무당을 쫓는 그림을 그려 놓고 보았다."는 것이다.
3. 『태종실록』 태종 10년 9월, 계유조.
4. 『성종실록』 성종 24년 5월, 기유조.
5. 『중종실록』 중종 15년 1월, 경자조. 남곤(南袞)은 "사장(詞章)은 국가의 중대한 일입니
   다. 예로부터 우리나라가 문헌(文獻)의 국가라고 일컬어진 것은 빛나는 문장이 있었기 때
   문입니다. 그런데 근래에는 음풍영월(吟風詠月)을 모두 그르다고 하여 이단이라 비판하
   므로 문장이 보잘 것이 없어지고 경술도 황망해졌으니, 만약 중국에서 문사(文士)가 사신
   으로 나온다면 누가 그 책임을 맡아 해답하겠습니까."라고 사장을 복원하고자 하였다. 바

로 그 이면에는 사장이 폐지되어 가고 이단으로 지목되어 비판받고 있다는 반증도 엿볼 수 있다.

6. 『중종실록』 중종 21년 2월, 정묘조.

7. 『중종실록』 중종 21년 2월, 정묘조.

8. 정호(程顥)·정이(程頤)형제 중 조선 후기의 조선성리학이 정이를 높이 산 데에는 정호의 학문적 영향이 양명학으로, 정이의 학문적 영향이 주자학으로 계승성을 갖고 있었다는 의미가 깊게 내포되어 있었을 것으로 사료된다.

9. 『선조실록』 선조 1년 1월, 무인조. 지중추부사(知中樞府事) 이황은 자신의 처신에 대해 "신은 작년 한성에 들어와 망극한 변고를 당하고 저의 몸에 갑자기 병이 도져 직무를 받들 수가 없었습니다. 제 몸을 돌보지 않고 충성을 다해야 할 지위에서 본뜻을 이미 펴지 못했을 바에는 다만 물러나는 것이 의리의 하나가 된다는 분명한 생각을 하였습니다. 그러한 이유로 산릉(山陵)의 일이 앞에 있는데도 머물러 기다리지 못하고 갑자기 빨리 돌아왔던 것입니다. (중략) 이를 두고 이름을 내기를 좋아한다 하고 혹은 꾀병을 부린다고 하며, 어떤 자는 산새[山禽]로 비유하기도 하고, 혹은 이단으로 배척하기도 하였습니다." 하였다.

10. 양명학은 정주가 극복하고자 한 대상이 아니고, 오히려 정주학의 마음 다스림의 수행체계인 '수기치인(修己治人)'의 한계를 비판하고 나선 데서 출발했다고 이해된다.

11. 『선조실록』 선조 4년 3월, 정묘조.

12. 『澤堂別集』 권15, 「追錄」: 曹南冥與退溪同時而南冥遯世標早著 固俯示退溪矣 退溪謙冲自守 絶不談人 物長短時事得失 惟於闢異端處 未嘗退讓 見先輩名儒立言或過 恐流於異端 則必力加分析而折衷之.

13. 장지연, 1922, 『儒敎淵源』, 匯東書館. 『유교연원』에 택당 이식이 이황의 이단 사상을 평가한 내용을 그대로 전재하고 있음을 볼 때, 16세기 이후 퇴계 이황의 주장과 같은 이단 배척 사상은 조선 사림들에게 널리 전개된 것으로 해석된다.

14. 『효종실록』 효종 즉위년(1649) 11월, 기사조.

15. 『효종실록』 효종 1년 2월, 을사조.

16. 윤휴(尹鑴)와 박세당(朴世堂)의 사문난적(斯文亂賊)으로의 지목은 그 단초에 불과할 뿐이다. 이를 계기로 관료 사회에서 공개적으로 정주학을 비판하는 인물은 거의 나오지 않았다는 이해이다.

17. 『성호사설』 「인사문」, 이단(異端): 今讀書談道之士 紛爭於句字之間 辨析於毫芒之際 無非尊程慕朱趨趨步步 雖或些些差誤了 不見異端之岐惑 從此而登公登卿.

18. 『성호사설』 「인사문」, 이단: 壯行其幼學 然民不蘇而國不治 何與道之明不明耶.

19. 『河濱先生全集』 3(아세아문화사, 2006), 「八家搜評」 序說三段: 余幼時 專以博學爲

務而不求其要.

20. 『河濱先生全集』9, 「河濱年譜」, 숙묘 40년(아세아문화사, 2006. 이하 인용은 생략). 12 세 때 『능엄경주해』를 구하여 독서를 하였는데, 그 구두(句讀)가 명료하였다고 한다.

21. 『河濱先生全集』8, 「雙溪夜話」: 今聖朝專尙儒術 異端之說莫行 乃於儒術之中 自 相是非 遂成朋黨其害 豈止老佛哉 耳老 曰爲今之務 必去朋黨然後 方可言治.

22. 『河濱先生全集』9, 「河濱年譜」 肅廟 41~43년(아세아문화사, 2006). 특히 13세부터 16세까지 노장설과 노불사상(老佛思想)을 담은 다수의 저술은 지금도 전하고 있다. 『河濱先生全集』9, 「河濱年譜」, 肅廟 44년.

23. "四十四年 戊戌 先生十七歲春 畏窩公召至前戒之 曰汝近來溺於雜家說如老莊浮誕 之說 非君子所當玩孫吳諸兵書 亦非士之急先務 其他小說稗史 莫非害於吾人心術者 也 汝於此心上受病已深矣 不可不急速反求於經書 以革前習 然經書中大學一書最爲 學者 門路先從大學上定其規模則遍讀他經書 無所不可 此吾所聞晚湖先生 而晚湖先 生亦聞於觀雪許先生者 也 今以告汝 汝其勉之哉 公於是退而讀大學 以其暇取性理大 全看之 公旣取性理大全 潛心一閱然後 始知聖人之道 大中至正 非諸子之所可彷彿 自 是歸心於道學 必以闡明斯文爲期."

24. 성호 이익이 사서 질서를 저술한 뒤 그가 해석한 내용이 직간접적인 비판의 대상이 되 었고, 그가 지은 시의 구절을 가지고 정치적인 해석으로 사회를 비난한다는 비판을 받고 있었다는 사실은 앞에서 논급하였다.

25. 『順庵文集』권5, 答李輝遠暨問目 乙亥.

26. 『河濱先生全集』8, 「自警說」: 口雖云云 而不能實下工夫 則眞古人所謂能言之鸚鵡 也 可不戒哉.

27. 『河濱先生全集』3, 「皇明諸家評要」評文淸公雪瓊道論: 文淸此書 和氣和 可見其中 所養之厚 論道則以太極爲宗 論學則以虛中爲本 是盖祖述乎濂溪者也 其中如 曰太極 一圈 中虛無物 人能中虛無物 則太極之妙 可嘿識矣 (중략) 聖賢之書 其中必有體要 如 明德爲大學之體要 誠爲中庸之體要 體要者 何一理而足以該萬殊也.

28. 강병수, 2001, "하빈 신후담의 역학 연구와 이해", 『한국사상사학』16, pp.73~75.

29. 『河濱先生全集』3, 「皇明諸家評要」評陳瑨近思雜問: 陳氏此書 雖未見有精緻之味 而皇朝之末異學披昌 此獨守程朱舊說爲可貴也 其論爲人爲己一條 最爲可味 曰已爲 是 眞實無僞.

30. 『河濱先生全集』3, 「皇明諸家評要」評泰和羅欽順困知記: 羅泰和此書 其擧經傳及 先儒書而隨見論列者可想 其用功之博而但精至之味 其論朱陸異同一段 最爲痛快.

31. 『河濱先生全集』3, 「皇明諸家評要」評王守仁陽明語錄: 陽明之爲異學 先輩已有定

論 今就此書考之 其論大學諸說 要體禪家意思.

32. 『河濱先生全集』3,「皇明諸家評要」評王守仁陽明語錄: 陽明之爲異學 先輩已有定
論 今就此書考之 其論大學諸說 要皆禪家意思.

33. 『河濱先生全集』3,「皇明諸家評要」評陳獻章白沙要語: 內有格言一條 今取而錄之
曰 文狀功業氣節 果皆自吾涵養中來 三者皆實學也.

34. 『河濱先生全集』3,「皇明諸家評要」評朱俊柵讀書錄: 朱氏此書 雜取經書中 性命微
妙之說 以議論釋末附以太極 議良知之說 而其說皆幻亡可駭 如釋易之窮理盡性 以至
於命曰 至命者 與道一也 與道一 則理性皆剩語矣 夫以理性爲剩 則是仁義可遺而生民
之倫廢也.

35. 『河濱先生全集』3,「皇明諸家評要」評王畿三山麗澤及南遊會記: 麗澤錄南遊會記
兩書 皆王畿之與其師友追逑陽明學者也 而其所逑之該 則推以致良知爲要 其在麗澤
錄者有曰 致良之學 原本虛寂 而未嘗離於倫物之感應 固聖學之宗也.

36. 『河濱先生全集』3,「皇明諸家評要」評鄭善夫經世要談: 要談有曰 元東陽庶皮子謂
秦漢而下 說經善者不傳 傳者多未善 淳熙以來 講說尤與洙泗不類.

37. 김옥희, 1973, "서학의 수용과 그 의식구조-이벽의 『聖敎要旨』를 중심으로", 『한국사
론』1, 국사편찬위원회, p.173.

38. 배현숙, 1981, "17·8세기에 전래된 천주교서적", 『교회사연구』3, pp.5~8.

39. 중국에서 서양 선교사나 학자들을 직접 만나거나 연경에서 서학서를 직접 구입하는 경
우로, 엄격히 이해한다면 유럽을 직접 경험한다는 것은 당시에는 거의 불가능한 일이었
다.

40. 이성무, 1997, "성호 이익의 생애와 사상", 『조선 시대사학보』3, p.125.

41. 이원순, 1986, 『조선 서학사연구』, 일지사, p.116. 21종의 문헌이나 지도 작품을 분류하
여 싣고 있다. 하지만 아직 『성호사설』의 정확한 규모와 내용, 『성호사설유선』의 편집 과
정 및 편집 의도 등에 관한 연구가 선행되어야 제대로 규명되리라고 생각된다.

42. 『성호사설유선』「기예문」, 서국의(西國醫). 『성호사설』의 전체 규모를 파악하려는 기
왕의 연구 성과가 없으므로 판본에 따라 가변성이 있을 수 있지만, 현재까지의 판본을 기
준으로 할 때 '서국의' 주제는 『성호사설』에는 누락되어 있다.

43. 『성호사설』의 주제 목차로 다룬 것은 칠극, 시헌력, 성토탁개도 등이고, 내용 속에 소개
되는 문헌은 『기하원본』, 『주제군징』, 『천문략』, 『원경설』, 『직방외기』 등으로 확인된다.

44. 『河濱先生全集』7,「西學辨」紀聞編, 甲辰春見李星湖紀聞.

45. 『河濱先生全集』7,「西學辨」紀聞編, 甲辰春見李星湖紀聞: 余問 曰嘗見一書言西
泰之學 蓋以尊奉天神爲宗 故曰本平行長 嘗爲其學而所居必置天神像云.

46. 『河濱先生全集』7, 「紀聞編」, 甲辰春見李星湖紀聞 名瀷居安山.

47. 『河濱先生全集』7, 「西學辨」, 「紀聞編」, 戊申春見李翊衛紀聞 名栻居利川.

48. 『천주실의』는 『서학변』에서 읽었음이 확인된다. 『천문략』은 「하빈연보」(경진, 1760)에 의하면 신후담 말년에 저술한 『천문략론』이 있었던 기록으로 보아 그렇게 추정된다. 이 저술은 현전하지는 않는다.

49. 『영언려작』과 『직방외기』를 읽었다는 사실은 『서학변』에서 명확히 확인되고, 『곤여도설』은 1759년(「하빈연보」, 경진조)에 『곤여도설약론』을 저술했다는 기록으로 미루어 읽었을 가능성을 추측할 수 있다.

50. 한우근, 1980, 『성호 이익연구』, 서울대학교출판부.

51. 박성래, 1985, "성호사설 속의 서양 과학", 『진단학보』59, pp.177~198 및 토론(p.219).

52. 이원순, 1986, "성호 이익의 서학세계", 『조선서학사연구』, 일지사.

53. 강재언, 1990, "서학수용의 선구자 이익", 『조선의 서학사』, 대우학술총서·인문사회과학 47, 민음사, pp.97~107.

54. 차기진, 2002, 『조선후기 서학과 척사론 연구』, 한국교회사연구소.

55. 『성호사설』「천지문」, 담천(談天).

56. 『성호사설』「천지문」, 담천: 談天家見於書註者 三蓋天朱子雖 不取而及渾蓋之書 出而知蓋是渾之半規 主北極而言 無復可疑所爲宣夜以意推之 主赤道而言四時晝夜皆均 無長短之差 周地上下九萬里間 此晝則彼夜 此夜則彼晝 遞相嬗變而遍不留也.

57. 『성호사설』「천지문」, 담천: 爾雅疏云 有六段宣夜者 殷代之制.

58. 『성호사설』「천지문」, 혼개(渾蓋): 儒者論天有蓋天渾天.

59. 『성호사설』「천지문」, 구중천(九重天).

60. 『성호사설』「천지문」, 구중천: 九重之說始於屈原 (중략) 西曆所謂宗動天也.

61. 『성호사설』「천지문」, 구중천: 天問謂日月五星及經星之外 更有一重 西曆所謂宗動天也.

62. 정성희, 2000, "서학이 유교적 천문관에 미친 영향", 『국사관논총』90이 십이중천설(十二中天設)의 전래에 관한 이해를 돕는 데 선구적인 논문이라고 생각된다.

63. 박성래, 1985, "성호사설 속의 서양 과학", 『진단학보』59, pp.177~198 및 토론(p.219).

64. 사서질서(四書疾書) 등을 저술하면서 '질서'의 명칭을 주자의 「장황거화상찬(張橫渠畵像贊)」의 '묘계질서(妙溪疾書)'라는 용어에서 따온 것으로 이해된다.

65. 박성래, 1985, "성호사설 속의 서양 과학", 『진단학보』59, pp.177~198 및 토론(p.219).

66. 『성호사설』「천지문」, 천문천대(天問天對): 屈子天問柳子厚對之 猶未若莊周之奇譎雄深也 其天運曰 天其運乎 地其處乎 日月其 爭於所乎 孰主張是孰綱維 (중략)是其意

蓋曰 人謂天運而地靜 安知天不動而地回轉耶 天其形至大 其行至疾 一日之間 疑若不
能旋復.

67.『성호사설』「천지문」, 천문천대: 其說雖有理 乾大象云天行健 此非可信耶.

68.『성호사설』「천지문」, 천문천대: 聖人無所不知 此一句爲可信且從之.

69. 김두종, 1966,『한국의학사』, 탐구당, pp.282~283. 중국 당송 이래로 전해진 인체해부
도(오장육부도)가 조선 초기『의방류취(醫方類聚)』에 책록되어 있고, 임진왜란 이전에는
『고사촬요(攷事撮要)』등에 오장도(五臟圖)가 그려져 있다. 그 뒤 17세기에는 유성룡(柳
成龍)의『침구요결(鍼灸要訣)』속에 오장도가 그려져 있지만 이들 모두 구조적인 모양이
나 생리적인 기능, 위치 등이 조선 초기의 그것을 벗어나지 못하고 있다. 허준(許浚)의『동
의보감』에도 종래의 장부도(臟腑圖)를 확대하여 그려져 실었을 뿐 더 이상의 진전된 인체
해부도는 아니다.

70.『맹자』,「梁惠王章句上」.

71.『성호사설』「인사문」, 오장도: 我國全參判有亨 素曉醫方 至有撰著成書 以利後人 於
無窮活人之功爲如何.

72.『성호사설』「인사문」, 오장도(五臟圖): 甲子之亂 斬亦以非辜不面 人爲全當壬辰倭
亂行道間 三屠死屍 然後其術益精通 然其橫命之死 亦坐此爲殃云爾.

73.『학송집(鶴松集)』은 1713년에 간행되었고, 초간본은 쉽게 찾아지지 않으며, 이본(異
本)은 성균관대학교 조경각, 고려대학교 중앙도서관, 동국대학교 중앙도서관 등에 소장
되어 있다. 특히 조선 후기의 황윤석(黃胤錫)의『이재유고(頤齋遺稿)』에도 '書全有亨鶴
松集後'로 소개되어 있다.

74.『河濱先生全集』7,「紀聞編」, 甲辰春見李星湖紀聞: 李丈 曰考其文字 亦有論治道
者 (중략) 其天問略幾何原本等諸書中 所論天文籌數之法 發前人之所未發 大有益 於
世治.

75.『河濱先生全集』7,「紀聞編」, 乙巳秋見李星湖紀聞: 李丈問 曰吾嘗聞尹幼章之言
則君斥西泰之學不遺餘力云 君知西泰之學 爲何如耶.

76.『河濱先生全集』9,「河濱年譜」.

77.『河濱先生全集』7,「西學辨」, 職方外紀編: 歐羅巴之學 頗行於中國 我東人多悅慕
者 今因此書所記而觀之則其說要皆祖述乎佛氏而其見之陋.

78.『河濱先生全集』7,「西學辨」, 職方外紀編: 今歐羅巴之學 旣外於天命本然之善 又
昧於人倫日用之常 其與吾儒不同者 固不待多言而卞矣.

79.『河濱先生全集』7,「西學辨」, 職方外紀編: 天下萬區 自職方外紀之外其在寰瀛廣漠
之際者 道理絶遠梯船不通 雖有奇形異狀之國棋布其中 顧無以親歷而驗其實則君子

所以存而不議也.

80. 『河濱先生全集』7, 「西學辨」, 職方外紀編: 今西士雖善遠遊 要不能極天地四窮之涯 徒以耳目之所嘗及者 區區編錄指定五州傲然自謂已盡乎天下之觀 何其爲見之小哉.

81. 『河濱先生全集』9, 「河濱年譜」, 三十六年庚辰 先生五十九歲: 有天問略坤輿圖說略 論 其序曰 西洋之學 今大行於天下矣 (중략) 其論天地度數及物理說 最爲精微 而往往 弔詭不可盡信 如天問略坤輿圖說二書 其所載者 可見其槪.

82. 『河濱先生全集』7, 「西學辨」, 職方外紀編: 今西士雖善遠遊 要不能極天地四窮之 涯.

83. 『河濱先生全集』7, 「西學辨」, 紀聞編 甲辰春見李星湖紀聞. 그는 서학에 관한 내용을 전하는 책을 한 권 보았는데, 그 책에서 설명하기를 그 학문을 행하는 사람들은 거처하는 곳에 반드시 천신상(天神像)을 둔다는 것이다.

84. 加納喜光, 1991, 한국철학 사상연구회 기철학분과 옮김, 『중국의학과 철학』, 여강출판 사.

85. 신후담의 『서학변』 내용은 중국에서 유럽 예수회의 성리론 비판에 대해 초기에 대응한 정주 유학의 논리 수준이었음을 확인하게 된다. 특히 理에 대한 해석의 입장 차이라든가 상제와 천주의 상관관계에 대한 이해 차이가 그 대표적인 예이다.

86. 서종태(徐鍾泰)가 일찍이 「기문편」을 번역하여 발표한 바 있다(『교회사연구』16, 2001). 그 뒤 이익과 신후담 사이에서 전개된 뇌낭을 중심으로 다룬 연구도 나오게 되었 다. 강병수, 2003, "성호 이익과 하빈 신후담의 서학 담론-뇌낭에 대한 인식을 중심으 로-", 『한국실학연구』6.

87. 『河濱先生全集』7, 「西學辨」, 紀聞編, 甲辰春見李星湖紀聞: 星湖 曰此人之學 不可 歇者 今以其所著文字如天主實義天學正宗等諸書觀之 雖未知其道之必合於吾儒 而 就其道而論其所至則亦可謂聖人矣.

88. 『河濱先生全集』7, 「西學辨」, 紀聞編, 甲辰春見李星湖紀聞: 此雖與吾儒心性之說 不同 而亦安知其必不然也.

89. 『河濱先生全集』7, 「西學辨」, 紀聞編, 甲辰春見李星湖紀聞: 李丈 曰此等處雖與佛 氏略同 而佛氏則寂滅而已 西泰之學則有實用處.

90. 『河濱先生全集』7, 「西學辨」, 紀聞編, 甲辰春見李星湖紀聞: 余問曰 若有實用處 則 其言豈有及於治民定國之術者 而其先亦有能與治道如堯舜禹湯之盛者乎.

91. 『河濱先生全集』7, 「西學辨」, 紀聞編, 甲辰春見李星湖紀聞: 李丈 曰考其文字亦有 論治道者 亦有記聖君賢主之事者 而若吾之所謂實用者 取其天問略幾何原本等諸書 中所論天文籌數之法 發前人所未發 大有益於世治.

92. 『河濱先生全集』7,『西學辨』, 紀聞編, 甲辰秋見李星湖紀聞: 舍問曰 頃見先生深取
西泰之學 竊嘗求西泰所撰職方外紀觀之 則其道全襲佛氏 其爲邪學無疑.

93. 『河濱先生全集』7,『西學辨』, 紀聞編, 甲辰秋見李星湖紀聞: 問 曰頃見先生探取西
泰之學 竊嘗求西學所撰職方外紀觀之 則其道全襲佛氏 其爲邪學無疑 先生取他之意
竊所未曉.

94. 『河濱先生全集』7,『西學辨』, 紀聞編, 甲辰秋見李星湖紀聞: 李丈不以爲然曰 西泰
之學不可歇看.

95. 『河濱先生全集』7,『西學辨』, 紀聞編, 乙巳秋見李星湖紀聞: 李丈問曰 吾嘗聞尹幼
章之言 則君斥西泰之學 不遺餘力云 君知西泰之學爲何如耶 (중략) 至其天主之說 昧
者瞠焉 而今以經傳所載上帝鬼神之說觀之 則其說亦有嘿相契者 此中士斥天主之說
所以見屈於西士者也 然則君之今日之斥(西泰之學) 亦恐有未深考者也.

96. 『河濱先生全集』7,『西學辨』, 紀聞編, 乙巳秋見李星湖紀聞: 余對曰 西士之書 固未
深考矣 之獨見職方外紀所載多涉荒誕 嘗對尹兄有所云云.

97. 『河濱先生全集』7,『西學辨』, 紀聞編, 乙巳秋見李星湖紀聞: 今者奉敎始知西學之
是非有非猝然立說之可破者也 然以鄙見論之 彼蓋有才而高於術者也 故其星曆之說
容不無精妙處而至其論道之荒誕 則所謂賢智之過也 抑彼之所以論星曆者 其與古人
同異何如.

98. 『河濱先生全集』7,『西學辨』, 紀聞編, 乙巳秋見李星湖紀聞: 但其食之在東 則東見
而西不見 其食之在西 則西見而東不見 因其見不見而食不食耳 遂爲日景圖 以明其所
以然 凡此諸說 今以中國曆書驗之 則古所無也.

99. 『河濱先生全集』7,『西學辨』, 紀聞編, 乙巳秋見李星湖紀聞: 其在西國遠有來歷 盖
一朝之所創 吾嘗卽其書而 驗其理 則一一良是 不得不信 抑吾於緯書中鄭康成一說曰
地厚三萬里 此與西泰所謂地圍九萬里者 暗相符合(중략) 然旣 知其言之當理 則豈以
其異於古而不取之乎.

100. 『河濱先生全集』7,『西學辨』, 紀聞編, 乙巳秋見李星湖紀聞: 抑西泰之論曆學也 中
士之信從而聽受之者 果有幾人.

101. 『河濱先生全集』7,『西學辨』, 紀聞編, 乙巳秋見李星湖紀聞: 李丈曰 當時中士之接
其論者 盖多信聽而李之藻尤酷信之 終傳其法 嘗著渾盖通憲一書 謂其法與渾天盖天
相發也.

102. 『河濱先生全集』7,『西學辨』, 紀聞編, 丙午冬見李星湖紀聞: 至其辨斥太極之說 則
全襲陸王氏餘論 鄙意則竊恐此未必西士所爲也 或是中國之好事者 傅會而成之也.

103. 『河濱先生全集』7,『西學辨』, 紀聞編, 丙午冬見李星湖紀聞: 星湖曰其言天神之事

雖涉荒誕 然西士豈必欲惑世而誣人者哉 至其辨斥太極之說 雖與陸王偶合 然其說亦
自有見.

104. 『河濱先生全集』7, 『西學辨』, 紀聞編, 戊申春見李翊衛紀聞 名居柣利川: 李丈曰
嘗以心腎說 與安山有往復 而彼此不能歸一 嫌於强辨而自止.

105. 『河濱先生全集』7, 『西學辨』, 紀聞編, 己酉秋見李息山衛紀聞 名萬敷居尙州: 余對
曰 西泰之說曰 草木之魂 則生而已 禽獸之魂 則生而又覺 人之魂 則生覺矣而又靈 又
曰 人有腦囊在顧恖之際爲說含之主 安山嘗稱其言有理.

106. 『河濱先生全集』7, 『西學辨』, 紀聞編, 己酉秋見李息山衛紀聞 名萬敷居尙州: 李丈
曰 三魂之說 雖若創新而觀其分等之意 實出於吾儒家人物通塞之論 腦囊之說 又與醫
書之所以論隨海者 此不過新其名奇其術 而未必有絶出之見也.

107. 『河濱先生全集』7, 『西學辨』, 紀聞編, 己酉秋見李息山衛紀聞 名萬敷居尙州: 李丈
曰 (중략) 又與醫書之所以論隨海者 此不過新其名奇其術 而未必有絶出之見也.


■참고문헌

[원전류]

• 『論語』

• 『孟子』

• 『朝鮮王朝實錄』

• 全有亨, 『鶴松集』

• 李植, 『澤堂別集』

• 李瀷, 『星湖全書』

• 愼後聃, 『河濱先生全集』

• 安鼎福, 『順庵文集』


[논저류]

• 강병수, 2001, "하빈 신후담의 역학 연구와 이해", 『한국사상사학』16.

• 강재언, 1990, "서학수용의 선구자 이익", 『조선의 서학사』, 대우학술총서 · 인문사회과학
47, 민음사.

• 구만옥, 2000, "성호 이익의 과학 사상", 『민족과 문화』9.

• 금장태, 2000, "성호 이익의 서학인식", 『동아문화』38.

- 금장태, 2001, "둔와 신후담의 서학비판이론과 쟁점", 『종교학연구』 20.

- 금장태, 2003, 『조선후기 유교와 서학』, 서울대학교출판부.

- 김두종, 1966, 『한국의학사』, 탐구당.

- 김성수, 2008, "조선후기 서양의학과 인체관의 변화—성호학파를 중심으로—", 『민족문화』 31.

- 김옥희, 1973, "서학의 수용과 그 의식구조—이벽의 『聖敎要旨』를 중심으로", 『한국사론』 1, 국사편찬위원회.

- 김용걸, 1991, "성호 이익의 근대적 사유", 『도암유풍연박사회갑기념논문집』.

- 김홍경, 1993, "성호 이익의 과학정신—신비주의사상 비판을 중심으로—", 『대동문화연구』 28.

- 남명진, 1993, "조선조 실학에 있어서 근대정신의 형성과 전개", 『유학연구』 1.

- 박성래, 1978, "한국근세의 서구과학 수용", 『동방학지』 20.

- 박성래, 1985, "성호사설 속의 서양 과학", 『진단학보』 59.

- 배현숙, 1981, "17·8세기에 전래된 천주교서적", 『교회사연구』 3.

- 서종태, 2001, "이익과 신후담의 서학논쟁"—『둔와서학변』의 기문편을 중심으로—, 『교회사연구』 16.

- 유근호, 1984, "18세기 벽서파의 서양관연구", 『한·중 정치의 전통과 전개』, 심촌 추헌수교수화갑기념논문집.

- 유제광, 1983, "조선의 천주교 수용과 전례문제에 관한 연구", 단국대 교육대학원 역사전공 석사학위논문.

- 이성무, 1997, "성호 이익의 생애와 사상", 『조선시대사학보』 3.

- 이용범, 1972, "이익의 지동론과 그 논거—附 홍대용의 우주관—", 1972, 『진단학보』 34.

- 이용범, 1988, "이조실학파의 서양 과학수용과 그 한계 – 김석문과 이익의 경우—", 『동방학지』 58.

- 이원순, 1969, "직방외기와 신후담의 서양교육론", 『역사교육』 11·12.

- 이원순, 1977, "성호 이익의 서학세계", 『교회사연구』 1.

- 이원순, 1979, "조선 후기 실학지성의 성야교육론", 『교회사연구』 2.

- 이원순, 1986, 『조선 서학사연구』, 일지사.

- 장지연, 1922, 『朝鮮儒敎淵源』, 匯東書館.

- 전중배, 1987, "조선학인들의 지구설 도입과 대외관—특히 성호 이익을 중심으로—", 동국대 사학과 석사학위논문.

- 정성희, 2000, "서학이 유교적 천문관에 미친 영향", 『국사관논총』 90.

- 차기진, 2002, 『조선후기 서학과 척사론 연구』, 한국교회사연구소.
- 최동희, 1975, "하빈 신후담", 『실학논총』, 이을호박사정년기념.
- 최동희, 1988, 『서학에 대한 한국실학의 반응』, 고려대학교 민족문화연구소.
- 한우근, 1980, 『성호 이익연구』, 서울대학교출판부.
- 허종옥·이명남, 1992, "조선후기기에 있어서 상제·귀신론관의 사회사상적 의의에 관한 고찰 1 –성호 이익과 신서파 및 공서파의 경우를 중심으로–", 『사회과학논집』 11(1).
- 홍이섭, 1976, 『實學の理念的一貌 –河濱 慎後聃著 "西學辨"の紹介』, 한국연구원.
- 한국철학사연구회, 2002, 『한국실학 사상사』, 다운샘.
- 한중실학연구회, 1998, 『한중실학연구』, 민음사.
- 加納喜光, 1991, 한국철학 사상연구회 기철학분과 옮김, 『중국의학과 철학』, 여강출판사.
- 貫井正之, 1964, "성호 이익", 『조선연구』 30, 일본연구소.

제8장

# 『성호사설』·『동사강목』의 단군조선 인식

# 1. 머리말

조선 후기의 단군과 단군조선에 관한 연구 방향 혹은 연구 성과는 (1) 단
군 인격체에 관한 문제, (2) 단군조선의 강역 문제, (3) 단군조선의 고유문
화적 측면의 문제, (4) 단군조선의 정치 사회적 독자성 문제 등의 고찰로
이해된다. 그렇지만 네 가지 분류 모두 근현대 서구 민족주의 개념이라는
역사 인식을 극복할 수 없는 한국사 전반의 한계가 전제된 것으로 이해해
도 무리는 아닐 것이다.

(1)은 단군이 실존 인물인가, 그렇다면 그 실체는 역사적 전개에서 어떤
위상의 역할을 하였는가가 그 하나이고, 단군을 동북아 시대의 보편적인
신앙숭배 대상인 신화적 존재로 해석할 것인가 등이 그것이다. (2)는 중화
문화권과 상대적 처지에 있었던 다른 민족의 측면을 고찰하려는 문제, 지
리적으로 한반도 영역을 벗어난 중국 동북 지역에서 우리 고대의 역사적
발자취나 활동 무대를 사실적으로 고찰해 내려는 문제, 고조선의 역사적
사실을 단군조선과 연계시켜 고찰하면서 삼한 이동설과 마찬가지로 시대

적 변천에 따라 단군조선의 중심지를 추적해 내려는 연구 지향들이 그것이다.

(3)은 단군과 기자의 관계, 단군조선과 기자조선의 관계 등의 설정 문제, 지리적·문화적 중화주의 보편적 질서를 전제한 소중화주의(小中華主義)와 지리적 세계관의 변천에 따른 문화적 보편성만을 기초로 하는 문화상대주의 소중화 사상의 성격, 또한 서구 문물의 유입에 의한 세계관 변화 속에서 지리적 인식이 확대됨에 따른 단군조선에 대한 당대의 인식을 어떻게 규명할 것인가를 고찰하는 것이 대체적인 주류 연구 동향이라고 할 수 있다.

(4)는 종족주의·국가주의·민족주의가 명백히 분리적으로 이해되어야 할 성격의 내용을 포함하고 있다. 특히 조선 후기 당대인들의 역사적 인식을 근대 민족주의 역사관으로 확대 해석하려는 경향이 강하게 주장되는 연구 고찰들은 순수한 학문적 영역을 벗어나 역사적 발전 단계를 간과할 수 있는 여지도 엄존한다는 조심스런 태도이다. 더욱이 민족 주체적 입장이 역사적 사실의 객관적 고찰과 일정한 거리가 있는 역사관도 문제점으로 내재되어 있다.

이상의 네 가지 연구 방향은 역사적 사실의 합리성, 그리고 사료에 대한 이해와 해석의 관점을 모두 수렴하여 고찰해 보더라도 여전히 민족주의 개념의 문제가 전체적으로 해결되지 않고 있음이 전제된다. 한편, 문화라는 실체가 창조가 아니라 교류적인 측면에서 역사를 해석해 보려는 문제, 서구적 관점에서 나온 근대적 의미의 민족주의를 특수하게 동북아 질서에서 어떻게 구명해 내느냐의 문제, 민족주의에 앞선 종족 개념이나 국가주의 지향적 측면으로 해석해 보려는 노력은 여전히 결핍된 문제점으로 남아 있다고 이해된다.

따라서 필자가 성호 이익을 중심으로 한 성호학파의 단군관이나 단군조선관에 대한 연구 성과가 이미 일부 있음에도 불구하고■1 성호학파의 단군조선관을 다시 고찰해 보려는 뜻은 바로 이상의 연구 지향이나 방향에 대한 보완적 의미와 그 성격을 더 고찰해 내고자 하는 의지에서 출발한다. 그동안 성호학파의 단군조선관에 대한 연구 방향과 성과는 조선 시대 당대에 한정된 관점에서 출발하고 있다고 이해된다. 그 결과 조선 전기와는 다른 중화 문화의 상대적 극복, 즉 기자조선에 몰입되었던 중화적 질서를 극복하여 우리 고유의 시조와 사상을 발견하려는 노력 속에서 단군과 단군조선을 재해석하려는 학인들의 민족주의적 지향을 고찰해 내고자 하는 것 등이 그 대표적인 연구 성과이다. 그러한 연구 지향은 민족주의적 관점, 즉 조선 후기는 정치 사회적으로 변화의 시기로 전개되고 있다는 통설을 수용한 측면에 기초하고 있음은 당연하다.

　　그러나 그러한 관점과 지향에도 불구하고 단군조선에 관한 조선 후기 학인들의 선구적 인식이나 이해를 해석하는 선학들의 견해에 필자는 외람되게 다음과 같은 이의를 가지게 되었다. 첫째, 조선 후기 학인들의 단군조선에 대한 인식을 민족주의로 해석할 수 있는가에 관한 비판적 인식이 그 이견이다. 둘째, 고려 말기부터 조선 초기까지 단군조선에 관한 당대인들의 인식을 어떤 성격으로 규명해 내야 할 것인가가 전제되어야 한다는 입장이다.

　　필자는 성호학파의 단군조선관과 소중화 사상 등은 전근대적 민족주의, 즉 민족주의보다 상대적으로 국가주의 관점에 더 높은 비중을 두고 해석되어야 할 성질의 것이라고 사료된다. 또한 몽고 간섭기를 거치며 고려인들이 자각한 고려라는 국가의 정체성 정립 과정에서 단군조선의 새로운 인식과 발견이 16세기 중화주의의 성리학 질서가 채 자리 잡기 전인 조선

초기까지 그대로 이어졌다는 이해를 전제하고자 한다.■2

　바로 이 두 가지 관점에서 성호 이익과 순암 안정복의 단군조선에 관한 이해를 재해석해 보는 연구 고찰이 될 것이다. 여기서는 단군이라는 용어의 개인 인격체에 대한 고찰은 제외하고자 하였다. 그 이유는 당대 조선 후기 사회가 정주학 질서에 더욱 견고해져 간 사실, 중화 문화가 전 조선을 지배해 간 유교적 합리 사관을 완전히 극복할 수 없었던 시대적 한계와 그 입장을 미리 전제하고 출발하지 않으면 안 된다.

　특히 제2장에서는 조선 후기, 즉 18세기 전반과 후반에 걸쳐 성호학과 당대의 세계관 내지 사유의 깊이를 먼저 살펴보고자 한다. 제1절에서 근기남인의 선각자로 활약한 미수(眉叟) 허목(許穆)으로 시작된 정주학적 경학에서 선진 경학으로의 지향, 이어 성호학파의 선진 경학 지향의 그 실체적 내용, 제2절에서 선진 경학 지향이 궁극적으로 그리는 세계, 그리고 그와 함께 선각하기 시작한 서양 문물에 대한 이해와 대응 등을 살펴보고자한 것 등이 바로 그 것이다.

　제3장은 제2장에서 고찰한 중국 중심의 세계관에 몰입되었던 정주학 일통주의관(一統主義觀)에서 차츰 벗어나 전근대 민족의식적 발로(필자는 종족주의 혹은 국가주의로 이해하고자 함)에 기인한 것으로 해석되는 단군조선에 대한 그들의 이해를 고찰할 것이다. 제1절에서는 단군조선에 대한 성호학파의 입장은 무엇인지를 구명하고, 제2절에서는 그들의 단군조선 이해와 해석에서 단군조선 강역에 대한 이해까지 고찰해 보고자 한다.

　제4장은 자국사에서 국가 혹은 왕조로서 단군조선 내지 단군조선 강역이 어떻게 규명되어야 할 것인가를 보여 주는 단군조선의 역사적 위상과 위치를 살펴보고자 한다. 이는 주로 안정복의『동사강목(東史綱目)』을 중심으로 살펴보게 될 것이다. 본 연구의 주제를 너무 넓게 설정한 것이 문제

점으로 지적될 수도 있다. 하지만 고찰의 범위를 엉성하게 종합적으로 넓혀 놓는 것이 단군조선에 대한 그들의 인식 이해의 최적의 사실을 얻는 데에 근접하는 연구 방법이라고 이해하였다.

다만, 여기서 선후 대에서 드러나는 시대적인 변화 사실, 동시대의 다른 학파나 학인들과 함께 비교·고찰하는 고증적 천착이 매우 부족함을 미리 밝혀 둔다. 이는 역사 연구의 기본 정석에 크게 미흡한 측면으로 질정을 감수하고자 한다. 변명이라도 조금 늘어놓자면 선행 연구 성과의 부족도 부족이거니와 그러한 연구 고찰은 필자의 후일을 기약하는 과제로서 무거운 책임을 느끼고 있다는 신념으로 대신하고자 한다.

## 2. 성호학파의 사유 세계

### 1) 정주학적 경학에서 선진 경학 지향

재야학 역할에 만족했던 송대의 정주학이 명나라의 등장으로 관학으로 자리 잡으면서 외교의 힘으로 고려 말부터 고려에 밀려오기 시작하였다. 이어 조선 건국 후 지배 권력자들은 고려 이전 유학에 대한 재편은 물론 고려 시대 문물을 극복하는 명분 찾기에 나섰던 것이다. 더욱이 조선 건국의 주체 세력인 개국공신을 중심으로 한 정치권에서는 고려 왕조를 극복하는 우선적인 과제가 고려 왕조의 사상과 이념을 극복하는 문제였고, 그 대표적인 사상이 불교였으며, 유학도 고려 지배층에서 크게 융성했던 사장학(詞章學) 수준을 뛰어넘는 것이었다.

조선 왕조에 들어와 재조적(在朝的) 입장에서 출발하여 재야 쪽으로 흘러간 것으로 이해되는 사장학 중심에서 정주학 중심으로의 재편은 자연스런 시대적 흐름의 반영이었다고 생각된다. 그러므로 조선 전기 관료의 길에 들어선 유학자들은 공공연히 정주학 자체를 '경학'으로 받아들인다거나 경학이라 일반적으로 칭하게 된다.■3 즉 선진 시대 육경(六經)뿐만 아니라, 정주학이 재편해 놓은 사서(四書)를 비롯한 선진 육경의 주해서 등등의 전반적인 정주학 질서를 경학이라고 칭하였던 것으로 해석된다.■4

경학은 의미 자체만을 보더라도 전(傳)·논(論)·소(疏) 등과는 그 수준과 차원이 다르며, 일반 학자들의 학설적 비판조차 쉽게 용납되지 않는 성학(聖學)임은 분명하다. 선진 시대 경학에 대한 재편과 재해석을 가미한 정주학까지 경학이란 명칭으로 '경학'의 범주를 확대시킨 사실은 조선 학인 스스로가 자신들의 입지를 높여가는 수단으로■5, 또는 오랜 이민족 지배를 극복하려는 명나라가 한족(漢族) 중심의 문화 질서를 집약시키려는 연장선에서 관학으로 자리매김한 정주학인 한류 문화(漢流文化)의 흐름이 조선으로 침투된 측면이 높다는 해석이다.■6

정주학 자체까지 경학의 범주로 자연스레 수용되던 조선적 경학관은 16세기 사림의 등장으로 그들의 정치사회적 지배력을 넓히는 수단으로 더욱 활용되어 견고해져 간 것으로 이해해 볼 수 있고, 다른 측면에서는 정권의 권력 지배자들이 조선 사회 전체의 학문적 지배 경향으로 유도하여 자리 잡아갔다고도 할 수 있다.■7 더욱이 서인 정권이 들어선 뒤 그들의 정치적 명분으로 줄기차게 딛고 선 학문과 이념인 정주학을 주자학으로까지 더욱 좁혀서 전개시키고자 하였던 주자학 지상주의는 다른 이념이나 사상을 내세워 비판할 수 있는 정치 사회적 기회를 허여하지 않으려는 성역의 학문으로 이어지게 된다.■8

17세기 이전 조선 사회에 경학으로까지 자리 잡아 간 정주학 일통주의는 대외적인 측면에서 중국 중심의 질서를 넘어서 사상적·이념적 측면으로까지 중화주의 중심의 체제로 편입되는 것이었다.■9 주자의 『가례(家禮)』에 의한 사회 질서화, 예제적 통제에 의한 조선 민인(民人)의 지배, 선진 경학에 대한 주자의 주석서를 통해 조선 학인들이 주자적 사유에 구속되어 간 3세기 이상 동안 지속적으로 교조된 조선 사회는 주체적 자아를 상실하고 있었다고 생각된다.

한편, 17세기 말부터 18세기에 들어서면서 노론 독주의 정치권에서 배타적으로 밀려나다시피 하여 현실정치 참여가 힘들었던 남인 정권은 거의 대다수 재야 학인으로만 그 역할이 제한된 추세에 있었다고 해도 과언이 아니다. 특히 18세기 영남 지역의 남인들은 조선정부의 정치 중심지인 한성으로부터 멀리 떨어져 있어 지역적 특성도 불리하여 중앙 정부와 인접한 정치권에 발을 들여놓을 기회가 쉽지 않았으며, 노론 정권도 아예 경계를 늦추었다. 근기남인은 지역적인 유리함 때문에 중앙 정치 참여가 가능하였지만 실제로는 노론 정권에 의해 극히 일부 인물만 정치 관료로 참여하게 되었다.■10

조선 건국으로부터 3세기가 지난 18세기는 정주학 지배 체제가 제도권이나 재야 학인들은 물론 일반 민인(民人)들에게까지 미치게 되었다고 이해된다.■11 정치·경제·사회·문화 분야에 걸쳐 정주학 지배 체제는 조선 전체 관료, 학인과 일반 민인들의 사유까지 한계시키기에 이른 것이다. 그러나 또 다른 면에서는 조선 사회 전체의 고유적인 물질적 발전과 조선적인 역사 전개로 인한, 정주학 세계가 해결할 수 없는 그 이상의 인간적 갈증을 해결할 탈정주학 사상이나 학문 추구가 극히 일부 선각자들로부터 점차 일어나고 있었다.■12

성호학파로서 성호 문인 1세대를 이룬 윤동규, 신후담, 이병휴, 안정복 등을 중심으로■13 정주학적 경학 지향을 넘어서서 선진 유학인 경학을 추구하는 원시 유학 지향이 대두되었다. 특히 순암 안정복과 하빈 신후담은 선진 유학에 관한 재고찰과 연구를 통해 정주학이 누락하거나 곡해한 해석들을 보완하려 하였고, 이 과정에서 간접적으로 정주학 일통주의적 지식과 사유에서 차츰 벗어나는 결과가 도래하고 있었다. 그렇지만 그들은 당대의 정치 사회적 분위기에 압도되어 주자학에 대한 근본적인 비판은 할 수 없었던 것으로 이해된다.■14

순암 안정복은 성호학파 1세대 가운데 가장 보수적인 입장에 서 있던 인물로 평가받는 것이 통설이다.■15 그러한 그가 정주학 지상주의 시기였던 그 당대에 정주학에 대해 절대적인 긍정을 하지 않았고, 젊은 시절에는 정주학 자체를 극복하려는 강력한 의지를 가졌던 기억을 후배 학인들에게 서슴없이 들려주곤 한 사실이 있다.■16 이러한 그의 태도는 주자의 『참동계(參同契)』에 대한 주석서를 분석한 내용 속에 주자의 오류를 지적한 사실에서 그 대표적인 사례를 보여 주고 있다.

주자가 일찍이 『참동계』를 주해하고 편차도 바로잡았습니다. 그 후 석함(石函)에서 고본(古本)이 발견되었는데, 거기에는 경문(經文)과 주(註)가 따로따로 분명한 반면, 주자가 편차한 것은 경문과 주를 구분하지 못하고 뒤섞어 한 덩어리로 만들어 버렸습니다. 그 글이 심진(深津)의 『백가류찬(百家類纂)』 내용에 있습니다. 주자가 『효경』을 오간(誤刊)하였고, 『대학』의 장구를 바로잡아 후세에 손댈 수 없는 책으로 인정받고 있는데, 『참동계』는 그렇게까지 틀리게 해 놓았으니, 이러한 사실로 미루어 본다면 독서는 반드시 선진 시대 고본을 위주로 해야 한다는 말이 참으로 옳은 말이라 하겠습니다.

당시 정주학 지상주의에 대해 철저한 보수의 입장으로 앞장섰던 순암 안정복마저 주자학의 오류를 고찰한 뒤 이를 지적하면서 선진 유학에 기초할 것을 주장하고 나선 것은, 성호학파가 정주학 질서에 대한 일정한 비판적 지향을 하고 있음을 보여 주는 것이라고 하겠다. 순암 안정복의 정주학 오류 지적은 여기에 그치지 않고 『시경』·『서경』 등과 같은 선진 육경의 주해에 잘못된 내용까지 예리하게 비판하기에 이른다.[17]

정주학 비판에서 출발하고 있는 성호학파는 선진 유학, 즉 선진 경학 세계를 지향하는 학문을 추구하는 과정에서 자국 고대사의 존재에 대한 새로운 깨달음을 얻게 되었다고 생각된다. 조선 지식인 사회 전체가 정주학에 몰입되어 중국 중심의 중화 문화만 있는 것으로 착각한 교조적 지배이데올로기에 빠짐으로써 잊혀 갔던 자국 문물 인식에 눈을 뜨게 된 것이다. 요순 시대에 대비되는 우리의 선조를 발견하고, 그들이 지배하고 생활하였던 터전에 관심이 확대되면서 단군조선을 발견한 것이다.

한편, 일찍이 반계(磻溪) 유형원(柳馨遠)은 전근대 민족의식의 발로에서 『여지지(輿地志)』를 통해 단군의 실체에 대한 인식의 차원으로 발전하고 있었고,[18] 미수(眉叟) 허목(許穆)은 단군조선에 대한 인식을 통해 아족(我族: 종족 개념)의 존재를 새롭게 전개하고자 하였다.[19] 특히 허목은 「단군세가(檀君世家)」의 논증에서 단군이 처음으로 '조선(朝鮮)'이라는 국호를 열었고, 이 국호는 동표일출(東表日出)의 뜻을 가진다고 전하는가 하면, '선(鮮)'이라는 의미는 '선(仙)'과 그 뜻이 같다는 데 긍정하고자 하였다.[20]

그동안 조선 사회가 정주학에 갇혔던 17세기적 사유를 벗어나면서 선진 시대 경학 추구에 의한 선각적 단군조선의 재발견은 성호 이익과 그의 문인들에게도 계승되었다. 즉 선진 시대 유학을 추구하는 과정에서 우리 문화의 기원이나 역사를 깨닫게 되면서 단군 또는 단군조선에 관한 역사적 실체를 재발견하려 하였던 것이다. 비슷한 시기에 한역서학서를 먼저 접한 성호 이익은 그의 문인들과의 학문적 토론을 거치면서 중국 중심의 사유에 빠졌던 한계를 극복해 가고 있었다.

## 2) 서양 문물에 대한 대응

조선은 16세기 말 임진왜란을 통해 들어온 서양 선교사의 내방 이래 표류한 서양인들의 정박 등이 있었지만 이들에게 관심을 가질 수 있는 조선 사회의 역사적·문화적 단계가 도래하기는 아직 일렀던 것으로 생각된다. 이는 중국 중심의 문물에 오랫동안 매몰된 폐쇄적 사유와 체제 및 문화 현상에 크게 기인한 정주학 지상주의 세계에 몰입된 과정이었기 때문이다.

16세기 조선 사회의 지배 체제를 선도하였던 사림(士林)들이 정주학을 기반으로 딛고 서 있는 한 그 극복을 기대하기 어렵기 때문에, 그들 스스로 깨뜨리든가 아니면 정주학을 대신할 수 있는 새로운 패러다임의 문물이 수용되는 과정 속에서 자연스럽게 극복되는 오랜 시기를 기대해야 하는 것이었다. 17세기까지도 정주학 일통주의의 지배와 흐름을 일부 지식인들은 아직도 미흡한 것으로 받아들이고 있었다. 17세기 전반까지 정주학 일통주의에 처해 있던 조선 사회, 특히 정주학 자체에 관한 학문적 해석이나 이해가 여전히 미흡하다고 전제한 조선 학계나 정치계의 예송 논쟁(禮訟論爭)은 그 대표적인 사실이다.■21 17세기 조선의 정치 사회 지배 세력의 정주학에 대한 사상적·이념적 굴레를 최고의 가치로 축적해 가는 편향을 통해 정주학 이외의 문물에 대한 대응이나 수용적 자세조차 준비되어 있지 않음을 직시하게 된다. 즉 정주학을 중심으로 한 중화 문물 이외에 서양 문물이라는 새로운 패러다임인 타자(他者)에로 눈을 돌릴 기회조차 갖지 못하는 폐쇄적 환경에 놓여 있었던 것이다.

17세기 전반 병자호란을 통해 볼모로 갔던 왕실이나 청나라에 사신 왕래를 통해 서양 문물을 접하는 기회를 가졌지만 그에 대한 적극적인 관심으로까지 확대되지는 않았다.[22] 그러나 17세기 말부터 한역서학서를 통해 일찍이 서양 문물을 접할 기회를 가진 대표적인 조선 학인은 성호 이익이었다. 그는 서양 학문을 통해 그들의 역법(曆法)의 우수성을 긍정하고, 유학과 대치되는 천주교 교리인 삼혼설(三魂說)까지 학문적 입장에서 대응적으로 수용해 가고 있었다.[23]

또한 이익은 자신만의 선각적 지식에 만족하지 않고 이러한 선지적 학문 내용을 그의 문인인 순암 안정복과 하빈 신후담 등에게도 전하였다.[24] 그러나 이들도 당시에는 여전히 정주학 일통주의 사유 구조에 폐쇄되어 정주학과는 다른 사상이나 학문을 모두 이단으로까지 비판하던 일반 조선 학인의 학문 추구 경향과 크게 다르지 않았다.[25] 다만 신후담과 안정복은 이전의 학인들과는 달리 저술을 통해 학문적으로 천주교를 비판하고자 하였으며, 안정복은 나중에 역법 등 과학적인 지식에 대해서는 긍정적인 관심을 드러내게 된다.[26]

성호 이익은 서양의 역법을 보고 중국이 도저히 미칠 수 없다고 찬탄하였고[27], 신후담과의 서학 담론에서 이익은 천주교 교리의 핵심인 삼혼설을 배타적으로 비판하지 않고 긍정적으로 이해하고자 하였다.[28] 나아가 퇴계 이황 이후 정주학 지상주의에 빠져 정주학 이외의 다른 사상과 학문을 이단으로 지목하여 그 진리 추구 자체뿐만 아니라 다른 학문을 접할 기회조차 갖지 못하게 하는 이단 비판의 폐쇄적 조선 사회를 반비판한 사실[29]은 그의 사유 세계가 전근대를 넘어서고 있었음을 입증해 준다고 해석하겠다.

이익은 조선 중기 이후 정주학 이외의 사상이나 학문을 이단이라고 지탄하는 배타적인 학문 태도에 대해 이들의 고루한 학문 태도를 오히려 반비판하면서 세계관적 사유를 과학적으로 넓혀 가고 있었다. 그 일례로 조선에서 직접 경험을 통해 의학 전문가가 작성한 '인체해부도'가 하나도 없음을 한탄하였다. 직접 경험을 통한 '인체해부도'의 부재는 정주학 일통주의에 매몰된 폐쇄적 윤리관 때문이라고 인식하였다.[30] 즉 임진왜란 때 죽은 일본인 시체를 해부하여 해부도를 그린 조선 학인 전유형(全有亨, 1566~1624)의 그것이 후대로 전해지지 못한 것을 매우 한탄하기도 하였다.[31] 이익에 의하면 전유형이 유학적 지식을 가진 의학자로서 전쟁에서 희생된 일본인 시체 2구를 해부하여 '해부도'를 직접 그렸다는 것이다. 그러나 이 '해부도'는 말로써 전해져 왔을 뿐 이익 자신이 직접 접할 수 없음을 안타까워하면서, 오히려 세간에서 전유형의 비정상적인 죽음을 두고 '시체를 해부한 죗값을 치렀다'고 하는 속설을 전하면서 정주적 질서에 매몰된 윤리관을 간접적으로 비판하였다.

이단 비판에 매몰된 조선 사회의 폐쇄성에 대한 반비판적 사유를 지향하던 성호 이익은 자신이 딛고 서 있는 지구에 관한 객관적 사유로까지 확대되어 '지구가 돌 수 있다'는 추론을 하기에 이른다. 그는 배가 강물 위에서 앞으로 달릴 때 앞으로 가는 것보다는 물가의 산이 뒤로 밀리는 것처럼 인식되는 원리를 상기시키면서 "지구도 도는 것처럼 느껴지는 것은 하늘이 움직이는 것이 아니라 지구 자체가 스스로 움직이고 있는지 누가 알겠느냐!"라고 의심해 본 사실은 이를 잘 대변해 준다.[32]

또한 뇌낭설과 삼혼설에 기초하여 인간의 몸속에서 '정신(精神)의 자리[位置]'를 새롭게 인식하는 데까지 사유 세계를 넓혀 가고 있었다. 즉 조선 사회의 정주학적 사유 세계가 전유형의 '해부도' 작성 경위를 비판받는 의

학적 지식 세계에까지 그대로 지배하였듯이, 『동의보감』에 담긴 사유 세
계 수준도 인간 몸속에서 '정신의 자리'가 차지하고 있는 인식은 고대 도교
적 상식 수준에서 크게 벗어나지 못한 단계에 머물고 있었다.[33]

18세기까지도 대다수 조선 지식인들의 학설 수준은 사람 몸속에서 '정
신이 깃들어 있는 자리'는 '머리'보다는 '오장(五臟)'에 존재하고 있는 것으
로 이해한 측면이 강하였다.[34] 중국을 중심으로 한 동북아와 조선의 과학
수준은 인간 몸속에서 '정신의 자리'가 오장을 벗어나지 못하였다.[35] 이
러한 조선적 의학 수준은 서양 의학 지식이 전래된 상황에서도 정주학 세
계를 버리지 못한 한계를 지니고 있었던 것이다.

그런데 18세기 성호 이익에 이르러 처음으로 서양의 의학 지식을 받아
들여 인간의 몸속에서 '정신의 자리'가 머리에도 있을 수 있다는 가상적 사
유를 하게 된 것이다. '정신의 자리'로서 머리에 관한 이익의 과학적 사유
는 130여 년 뒤 혜강(惠崗) 최한기(崔漢綺)에 의해 20세기적 과학 지식 수
준인 인간 몸속에서 '정신의 자리'를 머리로 인식하는 단계에 이르기 전까
지는 어느 인물도 그보다 앞선 수준의 사유 체계를 가진 자가 없었다고 이
해된다.[36]

성호 이익과 그의 문인들은 중국 중심의 문물에 매몰되어 폐쇄적으로
갇혀 있던 사유 세계가 새로운 문물인 서양 문물을 목도하면서 차츰 중국
의 그것이 전부가 아님을 알게 되어 중화 문명 중심의 감옥에서 탈출하게
된 것이다. 이러한 폐쇄적 사유 구조에서 점점 자유로워지고 있었던 사유
세계의 연장선에서 그들은 주체적 문물에 관한 지식으로 관심을 돌리고,
자국의 문물을 새롭게 인식하는 데 눈을 뜨게 된 것이다.

서양 문물도 중국의 문물도 아닌 자국의 문화인 단군 문물을 고찰해 내
려는 의지도 바로 사유 체제가 중국 중심의 지리적 세계관을 넘어서 세계

5대주로 확대된 넓어진 안목의 전개 과정에서부터 시작된 것이라고 해석된다. 그러므로 성호 이익의 단군조선관은 당대 이종휘(李種徽)·홍만종(洪萬鐘) 등의 그것과 단순히 비교된 측면이 없지 않은 선학들의 연구 성과에서 고찰되는 한계에 머물러서는 안 될 것으로 사료된다.

## 3. 단군조선 강역에 대한 인식

### 1) 중국 중심의 지리적 세계관 극복

　순암 안정복과 하빈 신후담 등 성호학파도 한역서학서들을 처음 대하던 1720년대 이전 시기에는 정주학 일통주의 사유에서 크게 벗어나 있지 않았다. 순암 안정복은 한역서학서 가운데 『천주실의』나 『영언려작』 등 주로 천주교 교리에 관한 사상과 이념 문제에 관심이 높았던 반면, 『직방외기』와 『천문역법』 등 과학적 지식이 필요한 서적에는 상대적으로 관심이 적었다. 이와 같은 지향은 신후담과 윤동규 등도 마찬가지였다고 이해된다.

　신후담은 1724년 이후 『서학변』을 저술하면서 그 이론 속에 『천주실의』와 『영언려작』 등에 실린 천주교 교리와 사상을 정주학 일통주의 사유의 잣대로 강하게 비판하고 나섰다.■37 이 두 저술이 담고 있는 중심 내용이 천주교 교리이기 때문에 신후담이 딛고 서 있는 정주학 세계의 입장에서 바라본 그 내용은 당연히 이단시되는 비판의 대상이 된다고 할 수 있다. 그렇지만 지리적 지식을 담고 있는 『직방외기』에 대한 이해와 그 접근에서도 신후담은 비록 이론을 갖춘 논리를 펼치지만 여전히 내용의 객관

적 사실 여부보다는 배타적 태도로 일관하는 이단적 자세를 취하고 있었다.[38]

물론 『직방외기』도 천주교 교리를 일부 내용으로 소개하고 있지만, 그 이외 서양의 학교 제도, 지지 등의 내용도 기록되어 있다. 그 가운데 세계 지리 기록에 관한 대응적 이해에서 신후담은 중국 중심의 지리적 세계관을 굳게 신뢰하는 태도를 견지하고자 하였다. 그것은 『직방외기』에 기록된 세계 지리 지식에 관한 기록 자체를 신후담은 새롭게 이해하거나 일부라도 신뢰해 보려는 입장을 전혀 취하지 않았다.[39]

신후담은 유학자들의 입장에서 흔히 논하는 '직접 답습하거나 경험하지 않은 것을 가지고 논의하지 않는다'는 자세를 전제하면서, 서양인들이 주장하는 5대주론은 신뢰할 수 없는 비현실적인 기록으로 해석하였다.[40] 오랫동안 굳어진 정주학 일통주의 사유를 극복하고 새로운 타자(他者) 문물을 진리로 수용하기 위해서는 당시 성호학파 내에서도 많은 세월이 필요함을 하빈 신후담의 사유와 학문적 태도에서 드러나고 있다.

즉 신후담은 "『직방외기』를 저술한 서양인들조차 그들이 직접 지구 곳곳의 궁벽진 지역까지 실제 답사를 할 수 없었을 것"으로 정주학 인식 수준에서 확신하고 있었다. 그러므로 그는 『직방외기』에 실린 기록 대부분을 "서양인들 자신이 극히 일부 문견한 사실만을 가지고 지구 전 지역을 답사한 것처럼 확대 해석하여 기술해 놓은 것"으로 이해하고 있었다. 다시 말해 중국 중심 세계관에 교조된 신후담의 사유 구조에서 『직방외기』의 오대주론(五大洲論)은 신후담 자신이 직접 목도하지 않은 한 당시로서는 긍정할 수 없는 시대적 한계였다.[41]

신후담은 중국 풍속의 아름다움과 인물의 많음으로 미루어 볼 때 구라파(歐羅巴) 등 다른 국가는 감히 중국에 미칠 수 없다고 확신하면서 『직방외기』의 기록을 전혀 이해하려 하지 않았다. 더욱이 그는 구라파는 지구의 궁벽진 지역에 위치해 있으면서 땅 넓이만을 가지고 문명국인 중국과 대등한 반열에 세우려는 그들의 오만함은 유교적 입장에서 윤리 강령을 크게 해치는 행위라고 강하게 비판하였다.[42] 그는 『직방외기』에 기록된 지지(地誌)의 내용, 즉 5대주의 실체를 허황되게 날조한 사실로까지 해석하려 하였다. 당시 세계 지리에 관한 지식 이해에서조차 중국 중심의 세계관에서 전혀 탈피하지 못한 정주학 일통주의 사유는 성호학파 제1세대로 자처하는 안정복과 신후담 등도 마찬가지였다. 이러한 인식 수준은 성호 이익과의 빈번한 학문적 서신 내왕과 직접 방문을 통한 대화와 토론 과정에서 차츰 변화를 보이게 되었다.

이익은 당시 서학을 제대로 이해하지 못한 상태에서 부정적으로 배척적인 태도로만 일관하고 있던 신후담에게 "서학에 대해 그대가 얼마나 이해한 상태에서 비판하고 다니는가?"라고 질타하면서, 서학을 제대로 이해한 뒤에 비판이 뒤따라야 한다는 학문 태도까지 지적하기에 이르렀다.[43] 이익의 이러한 지적은 성호학파 1세대는 물론 권철신, 이벽, 권일신 등 제2세대들도 삼혼설을 긍정한 이익의 입장을 수용해 갔다.[44]

성호학파 가운데 가장 먼저 한역서학서를 통해 세계 지리 위치에 관한 정보를 구체적으로 확인한 이익은 중국의 지역적 위치가 세계의 중심이 되지 않는다는 사실을 확실히 알게 되었다. 특히 『직방외기』 등을 통해 5대주를 인식하면서 중국보다 더 큰 지역이 세계 도처에 있음을 확신하게 되었다. 이는 중국 중심의 세계 지리관에 갇혀 왔던 폐쇄적 사유구조가 극복되면서 조선 고대사의 활동 무대를 고찰, 천착하게 된다.

서양의 문물, 특히 『직방외기』를 통해 세계 지리를 익히면서 세계의 중심 지역으로만 알고 있던 중국이 지리적 세계 판도에서 극히 일부분에 불과하다는 객관적 사실의 눈을 가지게 되었다. 18세기 근기(近畿) 지역을 중심으로 한 성호학파의 조선 사회에서의 지향은 이러한 세계사의 지리적 위치를 객관적으로 인식해 가는 역사적 상황에 놓여 있었다. 그리고 근기 남인 성호 이익이 바로 그중심에 선 선구적 지식인으로 나서고 있었다.

## 2) 단군조선 강역에 대한 이해

서양 문물에 대한 대응적 해석을 통해 중국 중심의 지리적 세계관이 허구임을 알게 된 성호 이익은 중국 문물조차도 절대적 진리가 될 수 없다는 확대 이해의 시각을 가지게 되었다. 더욱이 정주학적 경학을 극복하고, 선진 고학(古學) 중심의 경학 세계를 지향하면서 조선 고대사에 대한 인식을 새롭게 가다듬고 있었다. 요순 시대와 하·은·주 삼대의 강역이나 문화가 중화 중심이라고만 인식하고 있던 정주학적 사유 세계에서 차츰 벗어나 지리적 세계관에 눈뜨면서 조선 고유의 역사와 문화를 새롭게 고찰할 필요성을 인식하였다.

중국 요순 시대와 나란히 하였던 단군조선, 중국 하대에 대응하는 구이(九夷) 지역의 동하(東夏)를 고찰해 내려는 의지, 은대의 기자(箕子)에 대한 주체적 해석, 중국 주대와 대비되는 동주(東周) 등을 설정하여 조선 고유의 고대사를 주체적으로 해석해 내려는 전근대 민족의식이 표출되기에 이르렀다. 즉 중국 중심의 지리적 세계관을 극복한 세계 5대주 존재에 대한 확대된 세계관으로 그 문화적 지평까지도 넓히게 된다.

그렇지만 다음에 고찰되듯, 성호 이익은 시대적인 큰 흐름 속에서 인위적인 작용의 역사 전개는 극히 미약한 측면으로 해석한 신사관(信史觀)을 가졌고, 순암 안정복은 역사적 기록의 신빙성을 기초로 한 신실(信實)한 자료만을 인용, 수용하려 한 합리적 유교 사관을 견지하고 있었다. 그러므로 두 학인은 우리 민족 고유의 역사에 대한 고찰과 이해에서도 합리적 사관에서 크게 벗어난 황탄하다고 판단되는 기록들은 수용하려 하지 않았다.

전근대 민족의식의 표출로 발전한 18세기 이익의 사관과 새로운 인식은 민족의 시조가 단군임을 다시 알게 되면서 신사관에 의한 단군조선 문화와 강역에 대한 고찰로 전개되었다. 그는 먼저 고대 중국 전역으로 관심을 돌려 종족과 강역을 연관시키면서 두 가지 측면으로 이해하고자 하였다. 그는 중국 왕권의 흥망과 문화적 측면을 다 같이 고려하였는데, 이는 화이관(華夷觀)■45에 대한 입장으로 다시 되돌아간 것이다.

그런데 그의 화이관을 분석해 보면 화(華)와 이(夷)를 각각 시기적으로 달리 보고자 한 것이다. 중국 진(秦)·한(漢) 이전의 단순한 지리적 방위 개념으로 '이'라는 지역을 기준으로 한 '문화적 화이관의 차별이 원천적으로 없었던 시기'와 정치적 입장이 반영된 민족이 개입되면서 '화'와 '이'로 구분하려 한 시기로 구별하여 이해하고자 하였다.■46 다시 말해 민족 구성원과 문화 창조자가 혼재하여 명백하게 구별되지 못하던 시기에 '화'와 '이'로 구분 짓는 그 자체가 의미가 적은 것으로 이해하였다.

그러한 사실의 하나로 흉노에 대한 해석에서도 오랑캐 '兇(흉)' 자는 고대에는 가슴 '胸(흉)' 자와 통용된다고 하여 오랑캐가 후대에 와서 문화적으로 문맹인인 것처럼 치부되었던 후대의 상식과는 다르게 해석되어야 한다는 것이다. 즉 선진 시대의 오랑캐와 그 이후의 오랑캐는 역사적 의미가 다르므로, 구이(九夷) 등으로 통칭되었던 종족들은 모두 후대 야만적인 오랑캐와는 다르게 이해되어야 할 성격의 것으로 받아들였다.

또한 그는 『맹자』의 기사를 인용하여 "순은 동이 사람"■47이라는 기록을 사실로 확신함으로써 '화'와 '이'가 공존하는 중국 주원(周原)과 경계한 저풍(儲馮) 지역은 "종족과 강역을 구분한 문화적 차이를 나타내는 화와 이의 변별은 어렵다."라는 문화 공존적 사실을 확인하려 하였다.[48] 그러므로 그는 처음부터 화이 문화의 지리적·종족적 차이는 크게 드러나지 않았다고 보았고, 중국 화족 중심의 중원 문화도 동북 지역의 동이 문화와 혼재된 시기를 거쳐, 중국 북쪽에서 남하하면서 차츰 형성된 것으로 보고, 중화 문화의 기원을 동북 지역의 '동이 문화'에서도 일부 흘러간 것이라는 '동이류(東夷流)' 현상으로 해석하고자 하였다.

그러므로 이익은 고대 역사 시작 시기에는 중국의 전 강역에 걸쳐 문화적 차이나 질적 수준 문제를 지역권을 가지고 명확히 구별 지을 수 없는 사실로서, 중국 본토나 동북 지역 사이에도 질적인 문화 수준은 종족 구성에 따라 크게 차이가 없었던 것으로 이해하고자 하였다. 그는 특히 인의 문화(仁義文化)가 전개된 실지(實地)가 단군조선과도 교류된 사실을 고찰해 냄으로써 고대 '화 문화'의 창조와 전개는 중국 고유의 것이 아님을 은연히 비판한 것이다. 그는 요순 시대부터 시원된 단군 강역은 화 문화의 중심 지역이 아니고 그 변방에서부터라는 사실을 긍정하고자 하였다. 그렇지만 그 지역의 범위는 요순 시대 문화와의 교통이 가능한 근접한 동북 지역의 판도를 중심으로 전개되고 있다고 해석하였다. 이익은 인의 문화가 일정한 지역과 종족이 창조하여 일방적으로 다른 종족이나 지역으로 흘러갔다고 이해하지 않고, 지역과 종족이 서로 교통하던 혼돈기 문화 흐름의 선상에서 단군 강역과 문화를 고찰해 내고자 했던 것으로 이해된다.[49]

그는 당대의 학인들에 비추어 비교적 합리적으로 역사를 이해한 신사관(信史觀)에 의해 당시 단군조선 강역을 명확히 규정하지는 않았지만 초기·중기·후기적 역사 인식을 보인 것으로 추정되는 단군조선 전후사를 통해 고찰해 내고자 하였음을 엿볼 수 있다. 그러므로 그가 주장하는 단군조선 강역에 대한 고구(考究) 시기는 요순 시대와 비견되는 단군조선 초기를 지나 하·은·주 삼대로 이어져 내려온 것이었다고 할 수 있다. 즉 그는 요하(遼河)와 심양(瀋陽)에 주목하여 "백이가 살았던 고죽(孤竹)·요심(遼瀋: 요하와 심양)은 순임금이 터전을 닦은 곳이다. 단군·기자 시대에 이곳을 통합하였다."■50라고 한 견해에서 요하와 심양을 중심으로 한 지역을 명확히 단군조선 강역의 범주로 인정하고자 하였음을 엿볼 수 있다. 또한 "순이 맨 처음 12주를 설치하였을 때 유주(幽州)·병주(幷州)·영주(營州) 3개 주는 모두 동북 지역이다. 이를 순이 맨 처음으로 설치하였다."■51라는 사실을 인용하고, "순은 저풍에서 태어났는데 동이 사람이다." 하였으니, "저풍이란 곳은 요심과 서로 가까이 연접한 모양이다."■52라고 해석하여 요하와 심양 지역이 단군조선 강역임을 재차 확인한 듯하다.

이어 그는 "『주례』 직방조(職方條)에 '유주에는 의무려산(醫巫閭山)이 있고, 생산물로는 어염(魚鹽)이 있다.'라고 하였는데, 지금 연경으로 가는 길 오른편에 의무려산이 보이고, 어염 역시 요동 바다에서 생산되므로 유주란 곳이 우리나라와 연접해 있었다는 것을 짐작할 수 있다. 그러므로 맨 처음에는 요동과 심양이 모두 조선의 소유였으니, 반드시 저풍과 멀리 있지 않았을 것이다."■53라고 해석하였다. 이러한 그의 단군조선 강역 범주 설정에 의하면, 이 지역을 중심으로 단군조선 강역이 설정되었음을 엿볼 수 있다.

그러나 그가 순임금 시대라고 인용한 동북 지역은 단군조선 초기의 강역이라기보다는 그 후대인 주나라 말기에 해당되는 기간에 획정된 강역이 아닐까 추정된다. 단군조선과 인접한 지역에 요순 시대의 정치 문화 중심지였다면 이들의 강역 설정도 광범한 획정을 전제해서는 역사적 의미를 잃게 될 것이다. 왜냐하면 역사문화적 발전 단계에서 철기 문화가 크게 발전하지 못했던 시기에 광대한 강역을 지배한다는 것 자체가 불가능하기 때문이다.

당시 요순 시대에는 광범한 강역 지배의 의미보다는 정착 생활 이전의 이동 생활이 보편적이라고 이해될 때 지역적·문화적 동질성을 함께 가졌을 것으로 해석된다. 그러므로 단군조선 강역 자체도 초기에는 중국 중원과 지리적으로 동떨어진 동북 지역을 문화적 차이 또는 문명적 질의 차이로 구별 지으려는 후대 화족들의 역사적 의미 부여와 함께 매몰되어서는 안 될 것으로 생각된다.

한편, 안정복도 "단군조선 강역은 상세히 고찰할 수는 없지만 기자가 단군을 대신하여 왕노릇을 하였는데, 그 제후 봉지(封地)의 반이 곧 요하 지역이었으니, 단군조선 시대에도 그와 같았을 것이다."[54]라고 이해하였는데, 이는 모두 요하 지역을 중심으로 단군조선 강역이 형성되어 있었음을 여실히 보여 주는 견해라고 생각된다. 안정복의 단군조선 강역 추정도 사실 단군조선 초기의 그것이라기보다는 단군조선 후대의 것으로 이해되어야 할 것이다.

객관적 사실을 기초로 한 고증적 사관에서 나온 강역 인식이라는 측면에서 두 학인의 단군조선 강역 추정에 대한 견해는 사실 단군조선 초기의 강역 범주는 아닌 것으로 이해해야 한다. 성호 이익은 기원전 4세기 초에서 기원전 3세기 말에 해당되는 고조선과 연(燕)의 전쟁[55]에서 2,000여 리나 되는 땅을 잃었다고 한탄하면서, 이때의 경계 지역이 요양과 심양이라고 이해한 사실이 그것이다.[56]

이 시기는 조선의 학인들 대부분이 기자조선으로 이해하고 있었던 시기로 단군조선 초기 강역과는 상당한 차이가 나는 것이다. 더욱이 단군조선 초기의 강역으로 여겨지는 역사적 활동 무대를 정착적인 지역 범주를 설정하여 고찰하기보다는 이동적인 측면이 상대적으로 많고 강했던 시기라고 이해해 본다면, 초기 강역의 획정 여부를 논하는 것 자체가 큰 의미가 없을 수 있다. 그러므로 연과의 전쟁 이전의 단군조선 활동 무대는 심양과 요하는 물론 중국 북쪽에도 있었음을 유추해 볼 수 있다고 생각된다.

성호 이익은 단군조선 시대는 원시적이어서 문화가 개척되지 못하였다고 이해하면서■57, 단군조선 건국 이후 천년 뒤의 기자조선에 이르러 문화시대가 열렸다고 해석하였다. 이어 900여 년 뒤 삼한(三韓) 시대에 남쪽으로 경계선이 모두 정해져 우리 민족의 판도가 달성된 것으로 규정하였다.■58 기자조선에 이르러 문화 시대가 열렸다는 이익의 이해는 중화사상의 영향이라는 정주학적 사관으로 해석될 수도 있다. 그렇지만 전술한 바와 같이 이익은 문화권과 종족권을 고대부터 명확히 구별 짓는 태도를 비판하였다. 그는 문화나 종족은 시대적인 변천 과정에서 자연스럽게 혼융되고 주고받는 것으로 이해한 것이다. 즉 단군조선이 이룩한 문화가 중국으로 일부 흘러가고, 기자조선의 도래로 중국 문화의 일부가 단군조선으로 들어오는 문화 교류라는 큰 틀에서의 해석이 타당성을 지닌다면 이익의 신사관은 당대 일반 학인들의 단군조선관에서 몇 단계 앞선 사유 전개라고 할 수 있다.

한편, 성호 이익은 남쪽으로의 단군조선 강역은 "주대 말기에 조선후(朝鮮侯)의 활동을 통해 만심한(滿瀋汗: 만주와 심양) 지역을 경계로 하고 압록강 북서쪽 요하와 심양을 경계로 하여 남쪽으로는 삼한과도 경계를 이루었다."■59라고 본 것은 전술한 바와 같다. 그리고 안정복도 강화 전등산은 일명 삼랑산(三郎山)인데, 세속에서 단군이 세 아들을 시켜 쌓은 것이라는 『고려사』 「지리지」를 인용하면서 "단군조선 강역 남쪽은 한수(漢水)를 경계로 삼아야 한다."■60라는 견해를 피력한 바 있다.

이익과 안정복의 이와 같은 단군조선 후기의 강역 고찰은 단군조선 초
기의 역사 기록물들을 쉽게 찾을 수 없거나 발견할 수 없어서이다.■61 그
렇지만 이들이 단군조선 후기의 사실에 관심을 가진 것으로 해석되는 것
은 합리적 유교 사관에 따른 사실 고증과 신빙성 있는 자료로 이용되는 기
록물들이 대체로 중국 사서이거나 중국 사서를 전재한 후대의 기록에 의
존하였기 때문일 것이다.

단군조선 초기 강역 중 요하 서북쪽 경계의 범위를 확실히 추정할 수 없
지만, 앞에서 논급하였듯이 그 역사적 의미를 찾을 수도 없다. 순암 안정
복이 "『고기(古記)』에 '북부여는 단군의 후손이다'라고 하고, 상고하건대
부여는 요동 북쪽 1,000리에 있으니, 이는 아마 단군 세대가 쇠하자 자손
이 북쪽으로 옮기고 옛 강역이 기자의 봉지에 흡수된 것이다."■62라는 인
식을 보인 것 등은 시기적으로 보면 모두 단군조선 건국 이후 수 세기가 지
난 후대의 성세기(盛世期) 또는 쇠퇴기의 자취를 고증해 주는 측면이라고
해석된다. 즉 안정복의 견해를 추정해 본다면 북부여 지역을 단군조선의
계승 지역으로 범위를 확대시켜 이해하려 한 것만은 사실인 듯싶다. 이는
이 지역이 단군조선 초기에는 통치력이 미치지 못한 곳이라는 역사 인식
에 기초한 우리 고유 종족이라는 차원의 역사적 상황을 피력한 것으로도
해석할 수 있다. 다시 말해 단군조선 초기 민족 형성 이전의 종족적 분포
범위가 북쪽으로 넓게 산발적으로 범주화되어 있었다는 고증으로 해석해
보고자 하는 것이다.■63

한편, 이익과 안정복이 단군조선에 주목하면서 그 시대 강역을 살피는
데까지 이어진 것은 이상과 같은 민족주의 이전의 종족 개념 또는 국가주
의에 기초한 문화적 자부심에서 나온 것이라고 생각된다. 이들이 요하를

중심으로 한 동북 지역, 즉 흑룡강 서남쪽과 장령(長嶺) 사이의 정치 문화 담당자의 역사적 추이에까지 주목하게 된 것은 전(前) 민족주의의 주체적 사유에서 나온 객관적 사실 이해력에 의한 것이었다.■64

그러므로 이익과 안정복은 단군조선 강역이 국가주의든 종족주의든 자국 미래의 역사적 전개 중심지임을 간접적으로 드러내고자 하였음을 엿볼 수 있다. 단군조선 강역에 대한 시기적 고찰에까지 역사적 성찰을 하지는 못하였다고 하더라도 모든 기록을 찾아 밝혀 보려는 노력은 자국사에 대한 깊은 충정 없이는 불가능하다. 그러므로 이익과 같은 선각자가 단군조선의 강역을 당대 인식으로 재고찰해 낸 것은 그 의의가 크다.

다시 말하면 이익은 중국 전 역사 속에서 본토는 물론 중국 동북 지역에 걸쳐 석권한 정치적 주인공이 여러 차례 바뀐 그 시발 지역은 요하 부근으로 특히 요하 지역을 그 중심으로 보려 하였다는 측면에 주목할 필요가 있다. 단군강역 중심지로 화족(華族) 이외의 민족이 석권한 청나라의 발원지가 바로 요하 이동 지역인 장령과 흑룡강 사이라는 점에 주목한 것도 그러한 인식의 연장선에서 나온 것이라고 해석된다.

더욱이 성호 이익은 제자 안정복에게 철령(鐵嶺)에 대한 지리적 입지, 산수세 등을 시대적인 배경과 함께 상세히 고찰하여 기록으로 남겨 둘 것을 강력하게 주지시킨 사실이 있다. 그가 안정복에게 철령 지역도 우리의 고대 역사 강역임을 명백히 기록해 두는 것이 역사를 짓는 자[作史者]의 임무라고 한 사실 등■65은 당시 단군조선 강역의 지리적 입지가 중국 전체로 볼 때도 정치문화적 핵심 지역으로 지속될 수 있는 곳으로 선지(先知)한 예지는 전근대 종족 주체적 차원의 인식에서 나온 것이라고 해석된다.

## 4. 단군조선 정통론 전개

16세기 이후 정주학 일통주의는 혈연성에 대한 종족 의식이나 국가주의보다는 문화적 가치를 상위 개념으로 갖고자 하는 방향으로 지향하고 있었다.[66] 이는 조선 건국부터 계승된 혈연적 시조로서 단군조선관이 퇴색되어 가는 측면이라고 할 수 있다. 조선 초 정도전(鄭道傳)의 『조선경국전(朝鮮經國典)』 권근의 『동국사략(東國史略)』과 노사신(盧思愼) 등이 편찬한 『삼국사절요(三國史節要)』에서 나타난 단군 관련 기록은 단군조선 → 기자조선 → 위만조선으로 이어지는 삼조선설(三朝鮮說)을 통하여 단군의 정통성을 부여하고 있다.[67]

그러나 15세기 말부터 이러한 지향은 명나라의 외교적 영향과 함께 기자조선이 크게 부각되면서 차츰 단군조선의 자리가 변화되어 갔다. 이 시기 조선 정부적 입장에서 편찬된 『동국통감(東國通鑑)』은 단군과 단군조선에 관한 기록을 황탄한 사실로 별기(別記)로 처리하는 등 단군조선을 부정하고, 기자조선을 문화적 중심으로 부각시키려 하였다. 또한 16세기 사림의 등장과 정주학 지상주의는 단군조선보다는 기자조선을 우위에 두고자 하는 지향으로 변했다.[68] 이는 단군조선보다는 기자조선을 중심으로 한 우리 역사의 물줄기를 잡아가는 흐름으로 지속되게 하였다. 단군조선의 왜곡된 흐름은 극단적인 경우 기자조선을 정통성으로 부여하고 단군조선이 완전히 부인되는 지경에까지 이른다. 그 단적인 사실로 홍여하(洪汝河, 1620~1674)의 경우 『동국통감제강(東國通鑑提綱)』에서 삼조선(三朝鮮)을 구성하는 조선 초기 고대사의 구성체계를 완전히 부정하고자 하였다.[69] 그는 단군조선 대신에 기자조선을 우리 역사의 시작으로 해석, 단군조선의 정통성을 비판한 것이다.

그러나 양란을 거친 17세기 중기부터 전근대적 민족의식의 발로와 함께 단군을 재인식하려는 움직임이 나타나게 되었다. 남인 허목은 정주학 일통주의를 배격하면서 선진 유학 중심의 경학적 학문 지향을 전개하는 과정에서 『동사(東史)』를 저술하였다. 이 저술에서 그는 단군에 대해 새로운 견해를 제시하였는데, 단군은 물론 단군조선 이전의 신시 시대(神市時代)를 새로이 상정하였다.■70 순대(舜代)의 한계를 극복하고 요대(堯代)까지 우리의 고유 역사를 넓히려고까지 하였던 것이다.

이어 홍만종(洪萬鐘, 1643~1725)도 『동국역대총목(東國歷代總目)』에서 단군조선에 대한 재인식을 보여 주고 있는데, 단군을 신군(神君)으로 지칭하여 단군정통론을 새롭게 부여하고자 하였다. 조선 왕조의 공식적 입장에 서 있던 『동국통감』의 단군조선관에 관한 역사의식을 극복하고자 단군조선을 기자조선과 함께 우리 역사의 정통적 계승 국가로 다시 인정하는 역사관을 드러낸 것이다.■71 특히 그는 『해동이적(海東異蹟)』의 편술을 통해 우리 고유 사상과 단군을 확고히 재정립하고자 하였다.

한편, 미수 허목의 『동사』와 홍만종의 『해동이적』에 담긴 단군관은 성호 이익과도 연결된 것으로 이해된다. 특히 이익은 「고려비기(高麗秘記)」라는 논문을 통해 단군조선에 관한 야사적인 은밀한 기록들도 고찰하려 한 바 있다.■72 단군조선 역사와 문화를 찾으려는 열정적 노력은 단군사(檀君祠)에 대한 기록들을 천착, 고찰하였고,■73 환인·환웅·단군 세 성인을 모시는 삼성사(三聖祠)를 『동국여지승람(東國輿地勝覽)』에 실린 내용 그대로 긍정하고자 하였다.■74

한편, 이익은 『문헌통고(文獻通考)』 등의 기록에서 "단궁(檀弓)은 낙랑(樂浪)에서 생산된다."라는 기록을 인용하여 "단(檀)은 활을 만드는 나무가 아니라 국호에 활의 이름을 붙인 것이다."라고까지 적극 해석하였다.■75

그러므로 '단궁'의 단은 나무가 아니라 국호로서 '단국(檀國)의 화살'이라고 확신하였다.[76] 이를 기초 자료로 단군에 대한 의미 해석도 '단국의 임금'이라고 결론지었다.

이익의 단군조선 내지 단군에 관한 신사관은 안정복과의 질의응답을 통해 서로 연구하고 『동사강목(東史綱目)』 저술 과정 속에서 확고히 재정립된다. 5대주의 서양 세계까지 알게 된 새로운 세계관적 사유를 통해 저술을 시작한 성호학파의 『동사강목』은 18세기 조선 학인들의 사상적 흐름 속에도 일정하게 비쳐지고 있었다. 당시 역사학계는 두 가지 방향으로 흐르고 있었는데, 하나는 우리 역사의 계통을 일원적으로 파악하려는 부류, 다른 하나는 이원적 또는 다원적으로 파악하려는 경향이 그것이다.

이익과 안정복 등은 이 가운데 우리 역사를 일원적으로 파악하려 한 학인이었다. 그리고 일원적이든 이원적이든 우리 역사를 계통적으로 파악하려 한 지향은 정치사회적 정통성을 찾으려는 역사의식이 투영된 사실로 받아들여진다. 특히 역사의식은 정치 사회와 문화에 대한 당대의 이해가 관련되어 있고, 미래 가치 지향과도 연결되어 있다. 그러므로 이익과 안정복의 단군조선 정통론도 이러한 이해의 선상에서 나온 것으로 보아야 할 것이다.

『동사강목』은 17세기 후반 이후 주자학의 강목체 형식의 역사 인식이 유행하던 흐름에서 나온 한계를 지니고 있기는 하다.[77] 즉 강목체 자체가 포폄을 위주로 하는 성리학적 역사 서술 경향의 체재를 지니고 있었다. 그렇지만 당시 성호학파는 전술한 바대로 성리학 자체에 대해서도 정주학주의의 그것을 극복하고자 하였다. 특히 이기론에 근거한 철학 이론까지 '공칠정이발설(公七情理發說)'에 근거하여 퇴계학의 사단칠정론(四端七情論)까지 극복하려 한 이론은 이익의 『사칠신편(四七新編)』 중발(重跋)로 실리

게 된다.■78

그러므로 앞 장에서 고찰하였듯이 정주학을 경학의 범주로 설정한 정주학 지상주의에 대해 일정한 비판 의식을 가졌던 성호학파의 역사 인식은 『동사강목』에도 그대로 적용되고 있다. 즉 『동사강목』은 15세기 말 정주학주의가 만연한 시기에 저술된 『동국통감』의 역사 인식을 극복하는 단계에서 시작된다. 『동국통감』이 단군조선에 관한 기사를 정사에서 제외하여 외기(外紀)로 처리한 반면, 『동사강목』은 비록 기자조선의 부기로 다루었지만, 「역대전수지도(歷代傳受之圖)」에서는 단군조선을 우리 역사의 첫머리로 그려 놓고 있다.■79

한편, 순암 안정복은 『동사강목』을 저술하는 과정에서 이익과는 책이 완성될 때까지 질의를 지속하면서 기록해야 할 사실 요목들을 정제, 선정하였다. 논의 과정에서 단군과 단군조선 강역에 대한 내용도 많았던 것으로 이해되는데, 다음과 같은 기사는 『동사강목』에 단군에 관한 기사를 어떻게 실을 것인가에 대한 이익과 안정복의 사관이 드러나는 부분이다.

저의 생각으로는 단군과 기자 이후 비록 연대가 자세하지는 않지만 기초할
근거가 있는 사실로서 우선 '강(綱)'을 세우고 목(目)을 입론하여 실되, 연대
가 자세하지 않은 시기는 빼버리는 것이 마땅할 듯한데, 저의 견해가 어떠
한지요.■80

안정복은 『동사강목』 첫머리 범례에서 "역사적 사실을 자세히 살펴보니 단군은 맨 먼저 나라를 다스리고, 기자는 문물을 처음 일으켜서 각각 1천 년을 지냈으니, 신성한 정치를 매몰시켜서는 안 된다."라는 자신의 견해를 피력하고 있다.■81 또한 그는 『동국통감』에서 단군조선을 외기(外紀)로 처

리한 기록 방식을 바로잡고자 하였다. 외기는 『자치통감』 저술 시에 유서(劉恕)가 「통감외기(通鑑外紀)」를 지을 때 처음 적용한 역사 서술 방식이라고 이해하면서 단군에 관한 역사적 사실을 외기로 처리하는 역사 인식은 잘못된 사관이라고 비판하였던 것이다.[82]

순암 안정복은 단군조선의 역사가 비록 구체적 기록으로는 부족하고 인멸되기는 하였으나 「통감외기」에서 처리한 역사의식과 같은 서술 방식은 잘못된 역사 기록임을 비판하고자 하였다. 즉 「통감외기」의 기사들은 포폄적 입장에서 폄훼한 사실, 역사적 사실이 불명확한 사실 내용 등이 함께 기록된 것이므로 단군조선 역사에 관한 내용들은 이와는 전혀 다르다고 변별하고자 한다.

그는 『동국통감』이 단군과 기자를 외기로 기술한 역사적 서술 방식은 잘못된 역사의식에서 나온 것이라고 비판하였다. 비록 기자조선 기사에서 부기로 기자조선 앞에 기술하였지만, 「역대전수지도」에서는 단군조선을 맨 먼저 기록하고 차례로 기자조선 등을 지도로 그려 실었다.[83] 이는 단군조선에 관한 역사 기록 자체가 기자조선보다 엉성한 데 기인한 합리적 유교 사관의 입장이지만 전수 지도를 통해 단군조선의 정통성을 드러내고자 함을 읽을 수 있다.

이어 안정복은 『고려사』 「지리지」에 단군 전조선과 기자 후조선이라는 기록을 사실로 수용하고, 이러한 기록 내용을 역사적 진실로 따르겠다는 확고한 역사의식을 표방하였다.[84] 또한 『삼국유사』가 『위서(魏書)』에서 인용한 단군 기사를 확인하고, "지금으로부터 2천 년 전에 단군왕검이 나라를 세우고 조선이라 불렀던 시기가 요(堯)와 같은 때였다."라는 사실을 재천명하면서 '조선'이라는 칭호도 단군조선에서 유래된 것임을 다시 확인하고자 하였다.[85]

그는 우리 역사의 정통성을 단군(조선) → 기자(조선) → 마한 → 신라 문무왕 → 고려 태조 → 조선 태조의 계승으로 잡고[86], 이러한 입장에서 조선단군 → 조선기자 → 마한 → 삼국(무통) → 통일신라(정통) → 고려 → 대조선이라는 체계도를 마련하였던 것이다.[87] 안정복의 단군조선 정통론 확립은 15세기 말부터 17세기 전반기까지 중국 중심의 질서에 한계된 『동국통감』적 역사의식을 극복한 것이다.

이익과 안정복의 단군조선 정통론 확립이라는 역사의식은 허목의 단군사실(檀君事實)에 관한 역사 인식의 계승과 18세기 초 홍만종의 『동국역대총목』에서 비롯된 단군조선 재인식의 자각이라는 흐름에 있는 것으로서 18세기 지리적 중화주의 세계관을 극복한 선상에 서 있는 것이다. 성호학파의 단군조선 정통론은 단군조선 강역에 대한 천착으로 이어졌고, 그 고찰은 단군조선 후대 강역의 고증으로 나타났다.

마침내 요동[88]과 장령 지역을 단군 강역의 중심지로 주목하기에 이른 것은[89] 앞 장에서 살펴보았다. 전술한 바대로 단군조선 강역 중심지이던 이 지역을 성호 이익은 일찍이 중국 문물을 일으킨 첫 원천 지역으로 주목하고 있었다. 비록 그 지리적 위치가 외이(外夷) 지역에서 출발하고 있지만, 그때는 종족적·문화적 차이가 큰 변별력이 없었던 시기임을 재확인하고자 하였다.

그러므로 이 지역을 중심으로 한 정치문화적 새로운 기운이 싹트는 계기가 발생하면 중국 전체를 석권하는 정치 세력으로 발전하였다는 역사적 사실을 다시 강하게 주목하였던 측면으로 해석된다.[90] 그리고 한족이 아닌 이민족으로 몽고와 청나라가 지배했던 역사적 사실을 상기시키려 하였다. 그러므로 이들은 단군조선 이후 그 중심지였던 요하와 장령 지역을 후대에 잃게 된 것을 매우 한탄하였던 것이다.

특히 성호 이익은 발해가 망하고 고려가 북진 정책을 추진하려다 실패한 사실을 매우 안타깝게 여기고 있었다.[91] 단군조선 강역 중심지로서 원래 고구려 땅이었던 요하와 장령 지역을 단군조선 정통론에 입각한 그 계승국인 고려가 이 땅을 회복할 여력이 없었던 역사적 사실에 못내 가슴 아파 하였다. 이익은 이러한 자신의 열망적 희망을 안정복에게 철저히 인식시키려 하였다.

『동사강목』 내용에 단군조선 정통론을 내세우는 역사적 입장을 지도로나마 싣게 된 것은 이익의 역사관이 순암 안정복에게도 철저히 전수되었기 때문인 것으로 이해된다. 『동사강목』을 저술하게 된 동기부터 서술이 완성될 때까지 이익과 안정복은 단군조선에 관한 많은 역사적 기록들을 가지고 서로의 입장을 충분히 토의하였다. 그 결과 단군조선에 관한 역사적 사실을 강목에서 처리하는 방법, 지도로 그리는 방법 등이 결정된 것으로 이해된다.

한편, 이익은 자신의 후대에 언젠가는 이 지역, 즉 단군조선의 중심 강역을 회복하여 그 문화를 일으키고, 요하와 장령 지역에서 다시 출발하여 단군조선 정통론을 명실상부하게 재건하기를 간절히 바라고 있지 않았을까 하는 비역사적 추론마저 든다. 이 추론으로 가정해 본다면 이익의 가슴 저변에는 중국 동북 지역의 요하와 장령 지역을 회복하여 단군조선 강역과 정통론이 계승된 문화를 다시 일으켜 중국 전체를 한 번 석권하는 우리 역사의 원대한 이상 실현을 꿈꾸었을 것임도 의심치 않는다.[92]

이익을 중심으로 한 단군조선 인식은 후대 남인학파에 이어졌고, 그 흐름은 다산(茶山) 정약용(丁若鏞)에게도 계승되었던 것으로 이해된다. 주지하다시피 정약용은 이익의 학문과 사상을 많이 계승하였는데, 특히 정주학 지상주의를 극복하려는 사유를 계승한 것으로 이해된다. 단군조선 정통론은 그 시기 이후의 단군조선 강역 중심지에 주목하려 한 성호학파에 이어 정약용도 계승하려 하였다. 정약용의 『아방강역고(我邦疆域考)』는 합리적 사관의 저술로서 후대 단군조선 강역을 자세히 다루고 있음을 확인하게 된다.[93]

## 5. 요약 및 결론

성호학파의 단군조선 인식과 이해는 다음과 같이 몇 가지로 정리될 수 있다.

첫째, 조선 사회의 정주학 지상주의를 반성, 성찰하고 선진 경학을 지향하면서 단군조선을 재인식하고자 하였다. 정주학은 한족 중심의 폐쇄적 문화 인식을 담고 있어 인류 보편성에 가까웠던 선진 경학 세계의 문화 인식과는 차이가 있었다. 더욱이 선진 경학이 전개되던 시기에는 종족 차별이나 문화적 구별이 크게 없었던 시기였다. 이익은 이 시기에는 '화(華)'와 '이(夷)'의 문화적 차이는 별로 없었고, 흉노의 '흉(兇)' 자도 당시에는 가슴이라는 의미를 가지고 있었다고 해석하였다.

둘째, 중국으로부터 들여온 한역서학서를 통해 지리적 세계관과 서양 문물에 관한 새로운 지식 습득으로 선진 시대 단군조선 강역을 구체적으로 고찰하고자 한 것이다. 중국 중심의 지리적 세계관에 몰입되어 중국 이외의 세계 5대주가 엄존한다는 새로운 사실을 전혀 모르고 있던 조선 학인 성호 이익은 『직방외기』를 읽어 보고, 중국 대륙보다 더 큰 서방 세계가 있음을 인지하게 되었다.

중국 문화와 중국 대륙의 엄청난 크기에 짓눌렸던 중국 중심의 세계관이 전부가 아님을 알게 되면서 조선의 고대사 활동 무대에 관심을 돌렸고, 그 과정에서 중국 선진 시대와 대등한 왕조가 단군조선임을 재인식하면서 단군조선 강역을 고찰하게 된 것이다. 하지만 이익과 안정복은 신사관과 성리학적 합리 사관에 기초하여 신빙성 있는 자료에만 가치 평가를 크게 두고 있었다. 그 결과 중국 중심의 사료와 유교적 가치관에 입각한 자료들만 그 내용을 신뢰하고자 하였다. 이러한 역사관은 초기의 단군조선 강역의 역사를 천착해 내지 못하고 기원전 4세기 이후로 내려와 고증하려 하였고, 기원전 4세기 이후의 단군조선 강역 이해에서도 명확히 획정(劃定)하는 경계 지역을 제시한 것이 아니라 당시 전개된 사건을 중심으로 동북쪽 경계선 가운데 주요 활동 무대를 중심으로 듬성듬성 추정할 뿐이었다.

셋째, 단군조선 이해와 단군조선 강역 성찰을 통해, 고려 이후 반도로 폐쇄되어 갔던 자국사를 중국 동북 지역 대륙으로 넓히는 안목을 갖게 되었다. 중국 선진 시대 단군조선의 역사적 무대가 한반도보다는 중국 동북 지역이었음을 재인식하게 된 성호 이익을 중심으로 한 성호학파는 부여와 고구려 이후의 국토 상실을 한탄하였다. 특히 성호 이익은 단군조선 강역 중심지로서 원래 고구려 땅이었던 요하와 장령 지역에 주목하였다. 따라서 그는 단군조선 정통론에 입각한 그 계승국인 고려가 이 땅을 회복할 여력이 없었던 역사적 전개 사실에 매우 가슴 아파하였다.

넷째, 단군조선을 자국사의 정통에서 제외시켜 외기로 처리한 조선 중기의 『동국통감』적 역사 인식을 극복하고 단군조선을 정통으로 세워 우리 역사의 맨 첫머리에 두고자 하였다. 비록 성리학적 역사 인식에서 벗어나지 못하였던 이익과 안정복 등이었지만 안정복은 우리 역사를 단군(조선) → 기자(조선) → 마한 → 신라 문무왕 → 고려 태조 → 조선 태조의 계승으로 잡고, 이러한 역사 인식에서 조선단군 → 조선기자 → 마한 → 삼국(무

통) → 통일신라(정통) → 고려 → 대조선이라는 자국사 정통론의 체계도를
마련한 것이다.

다섯째, 단군조선 강역의 재고찰을 통해 요하와 심양 사이의 지역이 새
로운 중국 왕조가 들어설 때의 발흥지로 인식하게 되었다. 요순 시대에는
화 문화와 인접한 지역으로서 그중요성이 있었고, 그 뒤 구이(九夷)의 문
화 중심지로 또는 청나라의 발흥지로 지리적 중요성을 깊이 알게 되었다.
이익의 은연중 내심 청나라 발흥지로서 중요성뿐만 아니라 우리도 미래에
이 지역을 터전으로 하여 중국 동북 지역을 지배하는 왕조 탄생을 바라고
있었던 것이다.

이상과 같은 고찰에서 피상적으로 확인되는 내용은 성호학파의 단군조
선 강역 인식과 단군조선 정통론은 민족 주체적 입장에서는 당대 다른 학
인들과 비교하여 크게 앞선 선각적 역사 인식은 아니었다. 그러나 다른 측
면에서 해석해 본다면 그렇게 이해되어서는 안 될 것으로 사료된다. 즉 근
대적 사유에 닿아 있는 성호 이익의 경우는 단군조선 강역과 단군조선의
문화를 역사적 기록에 기초하여 우리 고유의 역사로 우뚝 세우고자 하였
다는 데 있다.

또한 순암 안정복의 경우 유교적 합리 사관이기는 하지만 성호학파 중
가장 보수적 학인인데도 불구하고 단군조선을 정통으로 민족의 첫 국가로
기록하고자 하였다. 『동국통감』의 중세적 역사 인식, 즉 정주학 세계관에
몰입된 역사관에서 별기로 처리한 단군조선을 부기(附記)의 형식을 취하
였지만 민족사의 시원으로 기록해 두고자 하였다. 이러한 역사 기록 방식
은 합리적 역사관에 부합되는 단군조선에 관한 역사적 문헌 기록을 찾지
못한 데서 나온 것일 뿐 중세적 역사 인식을 크게 극복한 것이었다. 그는
단군조선에 관한 역사적 사실을 충분히 고증할 만한 자료를 발견하지 못

하여 단군조선을 기자조선 앞에 부기로 기록하였던 것이다. 그렇지만 자신이 딛고 서 있는 자국사의 첫 국가를 기자조선으로 받아들이는 데는 단호히 비판적 자세를 취하게 된 것이다. 부기적 역사 기록 방식을 극복하는 수단으로 「역대전수지도」에서 지도로 대신하였다. 이 지도에서 단군조선을 역사의 첫머리에 두는 정통론을 그린 것이다.

1. 대표적인 연구 성과로는 김일권, 1996, "단군이해의 민족주의적 경향(2)", 『종교학연구』 15, 서울대 종교학연구회; 전형택, 1980, "朝鮮後期 史書의 檀君朝鮮 敍述", 『한국학보』 21(겨울) 등이 있다.

2. 단군조선 또는 단군에 대한 인식은 조선 초기에도 지배 계층에게 깊이 각인되어 있었다. 그러나 명의 사신들이 내왕하면서 기자와 기자조선을 지속적으로 강조하는 등 유교 문화를 지배 사상으로 만들어 가는 과정 속에 단군 사당과 단군조선의 실체에 대한 지배 계층의 보편적 인식은 차츰 역사의 뒷면으로 잊혀져 갔고, 그 자리를 기자와 기자조선이 채우게 되었다. 『조선왕조실록』에는 고려 말부터 전해져 내려온 것으로 이해되는 단군사당이나 단군묘 등이 차츰 없어지거나 기자사당에 밀려나는 사례들이 자주 고찰된다.

3. 『태종실록』 태종 9년 9월 4일, 계유조.

4. 경학(經學) 연구와 이를 제도화하기 위한 조선 정부의 노력은 명나라와의 사대 관계, 고려 정권을 극복하려는 의지, 중앙과 지방을 통치하기 위한 관리 양성 등의 목적에서 시작되었다고 이해된다.

5. 조선 건국의 합리적 명분을 찾아 고려 왕조를 극복하려는 대표적인 수단이 포스트 불교 사상이라고 이해된다. 이 과정에서 권력을 장악하려는 조선 관료와 학인들은 정주학의 해석을 가지고 학파와 정파로 나누어지면서 서로 자신들의 해석이 정주학에 대한 정답이라고 학문적 논쟁을 벌였고, 권력을 장악한 노론 정권은 권력 유지를 지속하려는 수단으로 정주학 일통주의를 내세워 비판의 틈을 주지 않으려 정주학 자체를 경학으로까지 성역화 시키는 학문으로 만들어 갔던 것이다.

6. 『성호사설』 권25 「경사문」, 소중화관(小中華館). 당대에는 신라를 군자의 나라라 부르고, 송대에는 고려를 예악의 나라라고 칭하였다고 한다. 이는 신라나 고려 입장에서는 대국의 문화적 인정으로 긍정적인 반응이 있을 수 있으나, 상대적 자주성이라는 측면에서는 중국 한족이 자신들의 유교 문화를 퍼뜨리기 위한 전략에 휘말리는 형세가 된 것이다. 이후 명이 건국된 고려 말에 고려 사신이 명나라를 방문하면 하마소(下馬所)마다 '소중화관(小中華館)'을 설치한 사실은 고려 사신들을 통해 의도적인 중화사상 심기에 심혈을 기울였던 것으로 해석된다.

7. 이러한 추세는 정주학을 수단으로 하려는 정치 세력이 조선 사회를 지배해 갔으나, 차츰 정주학 자체가 조선 사회 전체를 지배해 가는 흐름으로 전개되었음을 부인할 수 없을 것이다. 이 문제는 필자도 다음 연구 과제로 한 번 고찰하고자 한다.

8. 당대 노론 정권의 대부였던 송시열은 산림(山林)으로 대접받으면서 오직 정주학만을 교조적으로 좇는 신봉자로 자처하였음은 주지의 사실이다.

9. 한족(漢族) 문화를 이식시키려는 중화주의(中華主義)의 조선 침투는 정주학을 최우선 수단으로 내세우려 한 듯하다. 한족의 유교 문화가 중화의 중심 이념 내지 사상이라고 해석될 때, 중화주의 핵심인 유교 문화를 가장 잘 정리한 학자가 정자와 주자였다는 사실이다. 중국은 신라 및 고려 시대나 조선 시대에 외교 사절이 지나는 곳에 소중화관 등을 설치하여 조선 지배층을 외교적으로 훈자되게 하였고, 조선 학인들은 소중화국이 되기 위한 지름길이 중국의 유교 문화를 익히는 것으로 이해하게 되었다.

   정주학은 유교 문화의 핵심 이념이나 사상을 배우는 최고의 교과서로 차츰 조선 사회에 자리 잡게 되었다. 정주학을 배우려는 조선 사회 전반의 흐름 속에 정주학은 자연스럽게 경학으로 보편화되어 갔다. 외교적 방법으로 중국 국내에서는 소중화관을 설치하여 조선 지배층을 의식화시켰고, 중국 사절이 조선에 들어와서는 기자조선을 상기시켜 중국의 유교 문화 전수자로 자리매김하도록 지도해 나갔다고 할 수 있다. 기자왕조의 사실을 조선 사절에게 질문하는 형식으로 외교적 압박을 가하였고, 또한 교묘하게 기자사당·기자묘·기자무덤에 대한 관심을 자주 표출함으로써 조선 왕조가 기자에 대한 관심을 지속하도록 또는 숭배하게까지 하였다. 그 결과 중요한 묘제에서 항상 중앙에 자리를 차지하였던 단군조선 또는 단군의 위치는 차츰 주변부로 배제시키키도록 유도되는 추세가 전개되었다.

10. 강병수, 2001,『하빈 신후담의 학문과 사상연구』, 동국대 박사학위논문.

    성호 이익은 물론 성호의 제1대 문인들인 소남 윤동규, 정산 이병휴, 하빈 신후담, 순암 안정복 등은 학덕이 높은데도 불구하고 모두 과거를 보지 않았다. 그리고 성호 문인 제2세대의 대표격인 권철신이 과거를 포기하고 학문에 전념한다는 소식을 접한 이익은 그러한 그의 행동을 극히 칭찬한 사실 등이 있다.

11. 조선 전기는 『주례』의 제도를 거의 본받은 『경국대전』 체제의 중앙 관료 체제가 마련되었고, 법률도 『대명률』에 기초한 법전들이 마련되어 선진 경학 체제의 조선 정부가 들어섰다고 해도 과언이 아닐 것이다. 조선 중기 이후 주자의 『가례』가 조선 사회 혼례와 상례 제도의 기틀이 되면서 더욱더 정주학 체제의 사회로 들어서게 된 것이다. 물론 하층민이나 일부 다른 지배층은 상례에서 불교 형식의 의식을 가졌고 고유 의식도 전개되었지만, 이들은 보편적인 추세라기보다는 예외적인 측면이 높았다고 할 수 있다.

12. 백호 윤휴와 서계 박세당 등이 정주학 지상주의 정권을 견고하게 지키고 있던 노론에 의해 사문난적(斯文亂賊)이라고 지탄, 지목된 것은 그 대표적인 사실이다.

13. 성호학통에 대한 최근의 연구는 강세구, 2003, "성호사후 성호학통의 변천과 성격", 『성호학연구』 창간호, pp.185~214 참조.

14. 재야 남인들은 약자의 입장에서 노론 정권의 학문적·정치적 공격의 빌미를 제공하려
    하지 않았기 때문으로 해석된다. 순암 안정복의 술회에 의하면, 스승 이익은 자신이 저술
    한 글 하나하나에 대한 다른 학자들의 견해에 민감하여 누가 칭찬하였다는 말을 전해도
    정색을 하면서 되묻곤 하였다고 한다.

15. 그동안 순암 안정복을 중심 주제로 한 연구 논저는 150여 편을 상회하고 있다. 그러나
    그의 학문과 사상을 두고 대부분의 선학들은 진보적인 학자로 이해하지는 않는다고 확인
    된다.

16. 『順庵文集』, 答權旣明書 丙戌條.

17. 강병수, 2004, "순암 안정복의 정주학과 경학관 연구", 『중앙사론』16.

18. 『정조실록』, 정조 10년 8월 9일 기유조.
    반계 유형원은 『여지지』를 통해 단군의 묘소를 알리는 내용을 기록해 놓고 있다고 실록은
    전하고 있다. 그런데, 필자는 미처 『여지지』를 찾아 고찰해 보지 못했음을 밝힌다.

19. 『記言』권33, 東事 一, 檀君世家 참조.

20. 『記言』권33, 東事 一, 檀君世家: 檀君始有國號曰朝鮮 朝鮮者東表日出之名 或曰鮮
    仙也 其國有仙水故曰朝鮮.

21. 현종대 두 차례 예송 논쟁은 정권을 지켜내려는 서인, 정권을 차지하려는 남인들 간의
    정쟁이었지만 그 내용은 정주학 질서의 한계까지 파고드는 학술 논쟁이기도 하였다.

22. 강병수, 2003, "성호 이익과 하빈 신후담의 서학 담론", 『한국실학연구』6, pp.31~32.

23. 강병수, 2003, "성호 이익과 하빈 신후담의 서학 담론－腦囊에 대한 인식을 중심으
    로－", 『실학 사상연구』6, pp.47~48.

24. 하빈 신후담은 1720년대 전반에 스승 이익에게 서학에 관한 정보를 얻고, 곧바로 천주
    교 교리를 비판하는 『서학변』을 저술한다. 그리고 순암 안정복은 1740년 초 중반부터 서
    학을 알고 성호 이이과 학형 윤동규에게서 그들의 과학적인 문물을 듣게 된다.

25. 강병수, 2003, "성호 이익과 하빈 신후담의 서학 담론", 『한국실학연구』6.
    순암 안정복이 1746년 이익을 처음 만났을 때 토로한 내용을 고찰해 보면 그도 서양 문물
    에 대한 대응은 매우 배타적이었다. 신후담과 안정복은 결국 각각 『서학변』과 『천학고(天
    學考)』·『천학문답(天學問答)』을 저술하여 천주교를 이단이라고 학술적으로 비판한 사
    실이 이를 증거해 준다고 할 수 있다.

26. 차기진, 1996, 『성호학파의 서학인식과 척사론에 대한 연구』, 한국정신문화연구원, 한
    국학대학원 박사학위논문.

27. 강병수, 2001, 『하빈 신후담의 학문과 사상연구』, 동국대 박사학위논문, p.176.

28. 『하빈전집』에 실린 「기문편(紀聞編)」에 의하면 1725년 이익은 신후담과의 담론에서

삼혼설도 무조건 배척만 할 것이 아니라고 한 내용이 있고, 신후담은 영남 학파의 이식과 이만부 등에게 스승 이익은 삼혼설을 믿고 있다고 발설하고 다녔던 사실 등으로 이해해 본다면 이익은 당시 삼혼설을 믿고 있었다고 해석된다.

29. 강병수, 2003, "성호 이익과 하빈 신후담의 서학 담론-뇌낭에 대한 인식을 중심으로", 『한국실학연구』 6.

30. 강병수, 2003, "성호 이익과 하빈 신후담의 서학 담론-腦囊에 대한 인식을 중심으로-", 『실학 사상연구』 6.

31. 강병수, 2004, "조선후기 성호학파의 서학 담론-성호 이익과 하빈 신후담의 뇌낭설을 중심으로-", 『실학 사상연구』 9.

32. 강병수, 2003, "성호 이익과 하빈 신후담의 서학 담론-腦囊에 대한 인식을 중심으로-", 『실학 사상연구』 6, p.39.

33. 가노우 요시미츠, 1991, 한국철학 사상연구회 기철학분과 옮김, 『중국의학과 철학』, 여강출판사, pp.165~249.

34. 이는 조선 전반에 걸쳐서 『황제내경』 등과 같은 중국의 의학 수준을 벗어나지 못한 단계에 있었음을 직시해야 한다. 임진왜란 이후 조선 의학을 대표하는 허준의 『동의보감』도 '정신의 자리'가 '머리'가 아니라 '오장'이라는 사실을 전하고 있다.

35. 물론 도교적 입장에서 고대에 정신의 자리는 머리에 있었다는 인식을 긍정하는 추론들이 있지만, 이는 고대 관념적인 수준에 있었던 측면에서 이해해 볼 때 합리적이고 과학적인 데서 인지된 것은 아니었다고 할 수 있다.

36. 정약용도 이러한 사유를 하지 못하였는데, 이는 당시 천주교 박해를 의식하여 삼혼설이 자리하고 있는 머리에 관한 깊은 이해를 할 수 없는 역사적 상황도 있었을 것이다.

37. 강병수, 2001, 『하빈 신후담의 학문과 사상연구』, 동국대박사학위논문, pp.129~153.

38. 신후담은 그의 후대에 가서는 서양의 과학 지식을 일부 긍정하려는 정향적인 자세를 취하였다고 이해된다.

39. 강병수, 2001, 『하빈 신후담의 학문과 사상 연구』, 동국대 박사학위논문.

40. 『河濱全集』下, 『西學辨』, 職方外記: 天下萬區 自職方外記之外 其在寰瀛廣漠之際者 道里絶遠梯船不通 雖有奇形異狀之國 棋布其中 顧無以親歷而驗其實 則君子所以存而不議也.

41. 『河濱全集』下, 『西學辨』, 職方外記: 今西士雖善遠遊 要不能極天地四窮之涯 徒以耳目之所掌及者 區區編錄指定五洲 傲然自謂已盡乎天下之觀 何其爲見之小哉.

42. 강병수, 2001, 『하빈 신후담의 학문과 사상 연구』, 동국대학교박사학위논문, p.156 참조.

43. 『河濱全集』下, 紀聞編.

44. 차기진, 1993, "녹암 권철신의 학문과 서학", 『청계사학』 10.

45. 화이관은 신라 시대 중국 한족이 소중화 사상을 동북아 질서 속에 심으려고 의도적으로 전개한 것이었다. 이러한 전략에 말린 신라, 고려, 조선의 지배층이 자신들의 지배권을 견고하게 유지하기 위한 수단으로 활용되었다. 그리고 병자호란 이후에는 정치적·문화적으로 서인과 노론 정권이 오히려 확대 해석하고 활용해 갔다.

46. 전해종, 1979, 『한중관계연구사』, 일조각, pp.9~13.

47. 『맹자』, 이루편 하.

48. 『성호사설』「인사문」, 화이지변(華夷之辨).

49. 인의 문화의 창조자가 순임금처럼 오히려 동이족이고, 그 지역권도 중국 본토가 아니라 동북 지역에서 출발하고 있었음을 직시하고자 한 이익의 사관과 사유 세계에서 그러한 측면으로 이해된다.

50. 『성호사설』「인사문」, 부설축북해(傅說築北海).

51. 『성호사설』「경사문」, 단기(檀箕).

52. 『성호사설』「경사문」, 단기.

53. 『성호사설』「경사문」, 단기.

54. 『동사강목』 부록 하권, 「地理考」.

55. 박대제, 2006, "고조선과 연·제의 상호관계-기원전 4세기 말~3세기초 전쟁 기사를 중심으로-", 『사학연구』 83, pp.1~83. 이 시기 단군조선의 후신으로 고조선의 강역을 어림할 수 있는 좋은 연구로 평가된다.

56. 『성호사설』「천지문」, 단기강역(檀箕疆域).

57. 『성호사설』「천지문」, 동방인문(東方人文).

58. 『성호사설』「천지문」, 동방인문.

59. 『성호사설』「천지문」, 조선지방(朝鮮地方).

60. 『동사강목』 부록 하권, 「地理考」.

61. 조선 초기에 정주학 질서로의 재편을 위해 공명 유학과 정주학을 제외한 다른 학문과 사상은 이단으로 지목되었다. 그 결과 단군과 단군조선에 관한 기록물들이 조선 정부에 의해 수거되고, 폐기 처분된 사례가 『조선왕조실록』에 산견(散見)된다.

62. 『동사강목』 부록 하권, 「地理考」.

63. 이는 한말 일제강점기 민족주의 사학자들이 대단군주의를 표방하는 이론적 뒷받침이 되었다고 생각된다. 이영화, 2005, "최남선의 단군론과 민족주의", 『한국 근현대의 상고사 담론과 민족주의』, 한국학중앙연구원편. 물론 최남선의 단군론은 일제하에 친일적 견해

를 보였지만, 그의 초기 학설인 대단군주의는 안정복 등의 실학자적 견해를 계승한 것으로 보아도 좋을 듯하다.

64. 『성호사설』「천지문」, 장령흑룡(長嶺黑龍). 이익은 요하 부근을 중심으로 한 우리 민족 문화가 역사의 시작부터 자리 잡았다고 이해하고, 고려 태조와 조선 초기의 철령 수복의 의지는 당연한 것이라고 주장하면서 실지 회복을 하지 못하였음을 매우 안타깝게 생각하였다.

65. 『성호문집』 권15, 書 答安百順問目.

66. 이이, 『箕子實記』.

67. 한영우, 1981, 『조선전기 사학사연구』, 서울대학교출판부.

68. 한영우, 1981, "16세기 사림의 도학적 역사서술", 『朝鮮前期 史學史硏究』, 서울대학교 출판부.

69. 『東國通鑑提綱』 권1,「朝鮮紀」上, 殷太師.

70. 『기언』,「東事」序.

71. 한영우, 1985, "17세기 중엽 영남남인의 역사서술 ―『휘찬여사』와『동국통감제강』―", 『변태섭박사화갑기념논총』.

72. 『성호사설』「천지문」, 고려비기(高麗秘記).

73. 『성호사설』「인사문」, 상벌(尙閥).

74. 『성호사설』「경사문」, 삼성사(三聖祠).

75. 『성호사설』「인사문」, 화영(和寧).

76. 『성호사설』「인사문」, 화영.

77. 김영심·정재훈, 2004, "조선 후기 정통론의 수용과 그 변화",『한국실학연구』8.

78. 『星湖文集』,「四七新編」重跋.

79. 『동사강목』,「범례」.

80. 『성호문집』 권15, 書「安鼎福問目」: 愚意則檀箕以下 雖年代難詳 隨其可據者 立綱 而目則隨類附之 年代之難詳者 只當闕之而已 未知如何.

81. 『동사강목』,「범례」.

82. 『동사강목』,「凡例通系」.

83. 『동사강목』,「범례」.

84. 『동사강목』 부록 상권, 考異.

85. 『동사강목』 부록 상권, 雜說.

86. 『동사강목』 부록 범례, 통계.

87. 『동사강목』, 圖上, 東國歷代傳授之圖.

88. 『성호문집』 권15, 書 答安百順問目: 遼東西以遼水爲界 首出白頭來脈 其名長嶺冬 家江亦出長嶺之西入鴨綠 所謂婆猪也 清之興王之也 與金之鏡泊絶遠 鏡泊長嶺之東 也 遼本句麗地也 新羅末不能統攝.

89. 『성호문집』 권15, 書 答安百順問目: 遼東地方甚大 按盛京通志 南北七百餘里 東西 千餘里 而居華夷之間 故在古爲必爭之地也 自古外夷入主中國者 恒起於東北 故遼金 之亡 皆在中國之地 其勢然也.

90. 『성호문집』 권15, 書 答安百順問目: 自古外夷入主中國者 恒起於東北 故遼金之亡 皆在中國之地 其勢然也.

91. 『성호문집』 권15, 書 答安百順問目: 遼本句麗之地 新羅末不能統攝 爲渤海所居 渤 海東窮於海 廣三千餘里 渤海之亡 麗祖欲復之 而未暇及也.

92. 특히 이익은 실학적 사유를 통해 이단 비판을 반비판하였고, 정신의 자리가 오장에만 머물렀다고 인식한 중세적 사유를 넘어 머리에 있다고 이해하였다. 하늘이 돈다는 천동설 적 사유를 뛰어넘어 지구가 돌 수 있다는 지동설을 생각했던 그 입장에서 이해해 본다면 충분히 이러한 해석이 가능하다고 판단된다.

93. 『여유당전서』 제6집, 「강역고」 권1 朝鮮考 참조.

■참고문헌

[원전류]

• 『경국대전』

• 『東國通鑑提綱』

• 『맹자』

• 愼後聃, 『河濱全集』

• 安鼎福, 『順庵文集』

• 安鼎福, 『東史綱目』

• 李珥, 『箕子實記』

• 이익, 『성호사설』

• 이익, 『성호문집』

• 丁若鏞, 『與猶堂全書』

• 『조선왕조실록』

• 『주례』

• 許穆, 『記言』

[논저류]

• 가노우 요시미츠, 1991, 한국철학 사상연구회 기철학분과 옮김, 『중국의학과 철학』, 강출판사.

• 강병수, 2001, 『하빈 신후담의 학문과 사상연구』, 동국대박사학위논문.

• 강병수, 2003, "성호 이익과 하빈 신후담의 서학 담론", 『한국실학연구』 6.

• 강병수, 2004, "순암 안정복의 정주학과 경학관 연구", 『중앙사론』 16.

• 강세구, 2003, "성호사후 성호학통의 변천과 성격", 『성호학연구』 창간호.

• 김영심·정재훈, 2004, "조선 후기 정통론의 수용과 그 변화", 『한국실학연구』 8.

• 김일권, 1996, "단군이해의 민족주의적 경향(2)", 『종교학연구』 15, 서울대 종교학연구회.

• 이영화, 2005, "최남선의 단군론과 민족주의", 『한국 근현대의 상고사 담론과 민족주의』, 한국학중앙연구원.

• 전해종, 1979, 『한중관계연구사』, 일조각.

• 전형택, 1980, "朝鮮後期 史書의 檀君朝鮮 敍述", 『한국학보』 21.

• 차기진, 1993, "녹암 권철신의 학문과 서학", 『청계사학』 10.

• 차기진, 1996, 『성호학파의 서학인식과 척사론에 대한 연구』, 한국정신문화연구원 한국학대학원 박사학위논문.

• 한영우, 1981, 『朝鮮前期 史學史硏究』, 서울대학교출판부.

• 한영우, 1985, "17세기 중엽 영남남인의 역사서술 – 『휘찬여사』와 『동국통감제강』 –", 『변태섭박사화갑기념논총』.

• 한영우, 1989, "16세기 사림의 도학적 역사서술", 『朝鮮前期史學史硏究』, 서울대학교출판부.